Marc Halévy

Sans l'intelligence des mains, l'humanité en serait toujours à la peur de vivre. C'est la main qui engendre le cerveau, et non l'inverse !

L'Âge de la Connaissance

Principes et Réflexions sur la révolution noétique au 21ème siècle

*A vous cher Lolo,
de la part de votre soeur Néa.
Bonne lecture !
Amitiés
Marc
05.03.2016*

MM2 Editions

V2.0 - ISBN: 2-9520514-6-1

MM2 Editions
Paris
mm2editions.com

MM2 Editions
Les livres pour participer
aux MétaMorphoses du 21ème siècle

Parutions récentes

Les Réseaux Sociaux, pivot de l'Internet 2.0 de *Alain Lefebvre*,
dessins de *Fix*

Rss, Blogs : nouvel outil pour le management de *Jean-Claude Morant*

L'Age de la Connaissance, Principes et Réflexions sur
la révolution noétique au 21ème siècle de *Marc Halévy*

Foules intelligentes de *Howard Rheingold*

Les Blogs de *Benoît Desavoye, Christophe Ducamp,
Xavier de Mazenod et Xavier Moisant*

Les Wikis de *Jérôme Delacroix*

2010 Futur Virtuel de *Malo Girod de l'Ain*

Le Management de l'Intelligence collective d'*Olivier Zara*

Catalogue disponible à www.mm2editions.com

Marc Halevy - van Keymeulen

Polytechnicien, docteur en sciences appliquées, élève du prix Nobel Ilya Prigogine, Marc Halévy développe depuis plus de vingt ans des interventions managériales de terrain auprès d'entreprises en situations complexes. Dès le début des années 1990, il se lance dans la prospective (scénarios possibles/souhaitables sur base de l'analyse de l'actuel). Sa conviction : le monde bascule radicalement d'une économie industrielle (fabrication et échange d'objets matériels) vers une économie de la connaissance (création et prolifération d'idées immatérielles). Il accompagne les dirigeants et les entreprises dans ce grand changement.

Bibliographie

- « L'info-centre » : contribution à l'ouvrage collectif : « Organisation et Informatique » - Ed.: Presses Universitaires de Bruxelles - 1985
- « Les métamorphoses de l'homme papillon » - Ed.: Presses Inter-universitaires Européennes - 1989
- « Lorsque je devins roi… » - Ed.: Le Hêtre Pourpre - 1995
- « Quadrillage du Futur » - SCEPS - Ed.: Presses Inter-universitaires Européennes - 1997
- « L'œil de Pinocchio » - Ed.: Maran Communications - 1999
- « Valeurs féminines et Management » : contribution à l'ouvrage collectif sur « La Femme » des Facultés de Namur - Ed. PUN - 2003
- « L'Entreprise réinventée : le grand virage des managers » - Ed. : Editions de Namur - 2003.
- « Flâneries en Noétique » : contribution à l'ouvrage collectif : « Théories et pratiques de la création » sous la direction du Centre Interdisciplinaire d'Etudes Philosophiques de l'Université de Mons-Hainaut - Ed. CEPHUM - 2003.
- « Tao et management » – www.arbredor.com – 2004
- « De l'Etre au Devenir » – www.arbredor.com – 2004

Nombreux articles sur l'économie, la prospective et le management parus dans la presse économique, ainsi que dans diverses revues professionnelles.

Noétique

Mot rare, plus fréquent en anglais (noetic) qu'en français, le mot « noétique » vient du grec noos qui signifie : « connaissance, intelligence, esprit ».

La définition la plus académique de la noétique couvre l'ensemble des sciences et techniques qui traitent de la connaissance, de l'intelligence et, plus généralement, de l'esprit : on pourrait y inclure les sciences cognitives et les modèles neurobiologiques du fonctionnement de la mémoire, de la créativité et de la pensée.

Une définition moins universitaire et plus large pourrait inclure, de plus, l'évolution et de l'organisation vivante des idées au sein de la noosphère humaine, c'est-à-dire de cette « couche » supplémentaire qui entoure notre planète bleue d'un réseau global, dense et vivant de connaissances et d'activités intellectuelles, artistiques et spirituelles.

En un mot, la noétique traite de l'économie des idées. Elle se concentre sur l'étude et le développement de toutes les formes de connaissance et de création qui engendrent et nourrissent la noosphère. L'on peut parler d'un nouveau domaine ; celle-ci s'appuie sur d'autres disciplines comme la philosophie, l'anthropologie, la physique, la systémique.

L'Age de la Connaissance

Sommaire

Première partie : Les deux sources de la révolution noétique

Deuxième partie : La Noosphère

Troisième partie : La Révolution Noétique

Prologue

Sans être ni circulaire, ni déterministe, l'histoire de l'humanité est parcourue de cycles : elle se déroule en une spirale irrégulière qui coupe régulièrement les mêmes axes ou phases : rupture, essor, acmé et déclin. Notre époque est de rupture.

Nous quittons un cycle et pénétrons dans un autre.

Le cycle d'hier était l'âge dit « moderne », né d'une autre rupture vers le milieu du XVème siècle, à la charnière entre l'âge féodal finissant et la Renaissance italienne.

Un demi-millénaire de « modernité » se termine. Il s'était développé sur des valeurs clés : humanisme, matérialisme, étatisme, capitalisme, rationalisme, scientisme, progressisme, hédonisme, individualisme, etc. Il avait abouti à Verdun et Ypres, d'abord, à Auschwitz, Hiroshima, le goulag et Tienanmen, ensuite. Il tressaille encore à Bagdad, en attendant ailleurs.

Toute rupture est passage d'un cycle au suivant. Elle implique l'enfantement, toujours dans la douleur, d'un nouveau paysage humain, fondé sur de nouvelles valeurs, de nouveaux repères, de nouveaux modes de vie, de nouvelles priorités.

Nous vivons un tel enfantement. Les premières contractions datent des années 1920 dans le monde des savants (physiciens et biologistes, surtout) et des artistes (poètes, peintres et musiciens) juste avant les cataclysmes nazi et stalinien. La seconde vague est venue, dès les années 1950, avec les décolonisations et l'américanisation. La troisième vague, née des crises pétrolières au début des années 1970, s'est éteinte au pied du mur de Berlin en 1989 avec l'effondrement du communisme.

Depuis, un cap a été franchi. Irréversiblement. L'explosion des technologies de l'information et des télécommunications a radicalement transformé nos modes de fonctionnement tant domestiques que professionnels : les mondes dits « virtuels » induisent la dématérialisation de bien des aspects de la vie quotidienne, à commencer par la carte bancaire qui remplace l'argent, symbole et cœur de l'âge moderne finissant. Et puis :

La globalisation mondialise l'économique et le politique. Les dérégulations de fait, malgré les sursauts de sur-réglementation, stimulent les délocalisations, les organisations mafieuses et les banlieues de non-droit.

La démassification traduit un individualisme frileux et hédoniste qui ronronne la tête sous la couette d'un cocooning autiste. La qualité de la vie supplante de plus en plus souvent la quantité de pouvoir d'achat.

L'obsolescence rapide des savoirs, des produits, des technologies, des modes force le rythme effréné des innovations. L'hyper-spécialisation croissante des métiers et des niches implique à la fois un centrage précis sur ce que l'on peut faire soi-même et un décloisonnement large afin d'entrer en collaboration avec d'autres. Les organisations en réseaux souples et fluides prennent partout le pas sur les pesantes et lourdes hiérarchies pyramidales. Les téléphones cellulaires et les ordinateurs portables autorisent un nouveau nomadisme qui rend indépendants l'activité que l'on fait et le lieu que l'on habite.

La complexité

Jusqu'il y a cent ans environ, tout le monde croyait, en bon cartésien, que le monde n'était que le fruit de la juxtaposition de briques élémentaires immuables cimentées par des lois universelles immuables. Descartes lui-même l'avait clairement spécifié : les parties expliquent totalement le Tout et le Tout est l'exacte somme de ses parties. Pour comprendre une horloge, il suffit de la démonter, d'examiner toutes ses pièces avec soin, d'en comprendre la fonction, et de remonter le tout.

Toutes les sciences classiques opèrent ainsi, avec les immenses succès que l'on sait.

Analycisme et réductionnisme fondent la méthode dite scientifique que l'on s'est efforcé d'appliquer à tout, psychologie, sociologie, politique et économie comprises... avec les échecs que l'on sait aussi.

Depuis les années 1920, cependant, apparaissent de plus en plus de problématiques, même dans le domaine des sciences « dures », qui se montrent récalcitrantes à entrer dans ce moule cartésien analytique. Une cellule vivante ne se réduit pas à la somme de ses atomes. La pensée humaine ne se réduit pas à la somme des neurones. Les turbulences d'une rivière autour de la pile d'un pont ne se réduisent pas la somme des filets laminaires. L'équipe de basket ne se réduit pas aux prouesses individuelles de ses joueurs. Même l'eau qui bout, au sein des cellules de Bénart, ne se réduit pas à la juxtaposition des mouvements individuels de ses molécules.

Bref : le cassoulet est bien plus que la simple juxtaposition de ses ingrédients, comme le poème est bien plus que la simple juxtaposition des lettres de ses mots.

La clé de tous ces mystères ? La complexité.

Les systèmes simples sont effectivement réductibles à leurs composants et aux interactions mécaniques entre eux : ils sont totalement compatibles avec la méthode cartésienne.

Mais dès lors que ces interactions entre composants deviennent plus intenses et diverses, des propriétés émergentes apparaissent qui n'appartiennent à aucun des composants mais qui surgissent des processus interactifs eux-mêmes. C'est le cas typique des propriétés émulsives de la mayonnaise, qui n'appartiennent ni aux œufs, ni à la moutarde, ni à l'huile, mais qui naissent de leur interaction forte sous le fouet de la cuisinière.

On comprend que ces propriétés émergentes interdisent l'usage du scalpel analytique, qui cisaillerait et détruirait ces interactions pour ne laisser que des ingrédients désarticulés.

Plus un système est complexe – donc non réductible à ses seuls composants –, plus le nombre et la prégnance des propriétés émergentes sont prépondérants.

A l'ordre mécanique des systèmes simples, souvent bien maîtrisés par les méthodes cartésiennes, vient se surajouter un ordre organique qui fonde les systèmes complexes et qui appelle de nouvelles méthodes d'étude.

Pour résumer d'un mot : un système est complexe lorsque son tout est plus que la somme de ses parties. Et plus il est complexe, plus son tout dépasse de loin ses parties et plus il devient autonome et imprévisible puisqu'il échappe de plus en plus aux déterminismes mécaniques. Enfin, l'importance croissante des propriétés émergentes, indépendantes des matériaux composant le système complexe, implique la prépondérance de l'information (de la « forme ») sur la matière (la « substance ») : toute complexification est aussi une dématérialisation. Complexité et densité d'information sont synonymes.

Descartes avait systématisé la méthodologie qui porte son nom (et qui date de Platon et d'Aristote) en quatre principes :
– l'évidence (douter de tout sauf de ce qui est évident),
– l'analycisme (le tout doit s'expliquer intégralement par ses parties),
– la réduction (le tout se réduit à l'exacte somme de ses parties)

– l'exhaustivité (pour comprendre le Tout, il faut tout comprendre de chacune de ses parties).

La pensée complexe est post-cartésienne dans ce sens qu'elle observe que la méthode cartésienne ne s'applique qu'aux systèmes simples. Dès qu'un système est complexe, rien n'est évident puisque tout dépend du regard que l'on porte (relativisme), le tout et ses parties évoluent dialectiquement (systémisme), le tout est bien plus que la somme de ses parties (holisme) et le tout se comprend à partir de ses finalités indépendamment de ses parties (téléologie).

L'évolutionnisme

Lorsque Lamarck, suivi par Darwin, propose le principe de l'évolution des espèces, se douta-t-il qu'il déclenchait une révolution intellectuelle d'une ampleur colossale ?

Du point de vue de la cosmologie, suite au modèle de la théorie de la relativité générale d'Albert Einstein (1916), développé en modèle d'univers ouvert et infini (par de Sitter en 1917) et non statique (par Friedman en 1922), le chanoine Lemaître, en 1931, propose la théorie de l'atome primitif qui sera reprise sous le nom « big-bang » par Gamow en 1948. Cette cosmologie est aujourd'hui universellement adoptée par la communauté scientifique. Elle considère l'univers comme le déploiement d'une singularité originelle ponctuelle qui explosa il y a quelques milliards d'années et qui, depuis, se dilate en s'organisant progressivement.

Du point de vue philosophique, l'évolutionnisme cosmique est une théorie née de la rencontre entre relativité générale et big-bang d'une part, et vision téléologique à la Bergson ou à la Teilhard de Chardin d'autre part. L'idée centrale est que l'univers, pris comme un Tout unique et unitaire, est un système complexe qui évolue en dilatant et en se complexifiant.

Le moteur de l'évolution cosmique est donc la complexification : une montée progressive dans l'échelle de la complexité.

Et, on l'a vu, cette montée implique qu'à chaque échelon, les systèmes résultants deviennent de plus en plus autonomes, de plus en plus imprévisibles et de plus en plus « informés » (donc dématérialisés ou « spiritualisés » pour reprendre le mot de Teilhard de Chardin).

Aujourd'hui, il est possible de dessiner cette échelle cosmique de la complexité autour de quatre phases (Energie, Matière, Vie et Esprit) possédant chacune deux échelons : celui résultant d'abord des forces d'individuation qui engendre de nouveaux « objets » et celui résultant ensuite des forces d'intégration qui pousse ces nouveaux « objets » à s'associer dans des structures de plus en plus complexes.

Deux échelons énergétiques : celui de l'énergie pure et celui de l'énergie vibrante (photosphère).
Deux échelons matériels, ensuite : celui des atomes et molécules (nanosphère), et celui des agrégats cristallins ou visqueux (lithosphère).
Deux échelons vivants, par-dessus : celui des végétaux et animaux y compris humains (biosphère) et celui de leurs associations sociales, homogènes ou hétérogènes (sociosphère).
Deux échelons pensants, enfin : celui des idées (noosphère) et celui des connaissances comme associations idéelles (gnoséosphère).
L'évolution cosmique traduit donc le développement successif de chacun de ces échelons, sachant que l'échelon inférieur doit être suffisamment accompli pour que l'échelon supérieur, latent depuis l'origine, puisse commencer à se développer.

Nous vivons, aujourd'hui sur Terre, l'émergence d'un nouvel échelon : les sociétés humaines, grâce au néo-cortex, ont pu développer à la fois des langages puissants permettant la formulation d'idées complexes, et des technologies efficaces (informatique et télécommunications) permettant le traitement en masse et la transmission rapide de gros volumes d'information.
Le mariage de ces langages et de ces technologies, depuis moins de 50 ans, rend possible l'émergence et le développement des noosphère[1] et gnoséosphère[2] terrestres.

---

[1] La noosphère est cette « couche » de savoirs et de connaissances qui recouvre toute la Terre et ses réseaux, elle se superpose à la sociosphère. Ce mot a été créé par Teilhard de Chardin (1881-1955) qui lui donnait cette définition : « Noosphère (ou sphère pensante) super-imposée coextensivement (...) à la biosphère » in *La Place de l'homme dans la nature* (éd. Seuil, 1995). La noosphère désigne génériquement l'ensemble des réseaux d'idées et de connaissances où se déroulent les processus de création, de mémorisation, de transformation et de transmission des noèmes (voir ce mot). Elle est le lieu de leurs proliférations autonomes.
La noosphère est une « couche » immatérielle souchée sur la sociosphère humaine mais distincte d'elle (comme l'arbre est souché dans l'humus mais distinct de lui).

Bref, sur Terre, grâce à et par l'homme, la Vie peut commencer d'accoucher l'Esprit.

La révolution noétique

La révolution noétique (du grec noos : esprit, intelligence, connaissance) exprime ce passage, ce saut, ce pont entre la sociosphère et la noosphère. Philosophiquement, les conséquences en sont immenses : non seulement, en tant que porteuse de la révolution noétique, l'existence humaine, individuelle et collective, prend un nouveau sens, capital, fondamental, mais aussi, l'humanité devient porteuse d'une responsabilité cosmique car cette indispensable (r)évolution ne peut passer que par nous et nous devons l'assumer et la réussir. L'homme devient l'artisan de l'émergence de l'Esprit au départ de la Vie : le défi et la responsabilité ne sont pas minces.

Il s'agit d'un enfantement. Il ne sera pas sans douleurs. Mais le mouvement est irréversible, aussi irrépressible que l'eau d'un torrent qui doit couler vers la mer, quoiqu'il arrive, quelque obstacle y ait-il. Historiquement, le fait est colossal : nous, humains de ce siècle, sommes les porteurs d'un saut de complexité inouï. Nous vivons, nous portons la germination de l'arbre noosphérique au départ de notre humus sociosphérique.

Face à ce défi, il n'y a que deux scénarios possibles.
Un scénario de suicide : l'humanité refuse le défi pour s'enfermer dans sa sociosphère – pour s'y étioler et s'y dessécher – et continuer de se croire et de se prétendre le centre, le but et le sommet de l'univers.
Un scénario d'audace : l'humanité sort de sa sociosphère et prend conscience qu'elle fait partie intégrante du cosmos et qu'elle a un rôle à y jouer qui la dépasse infiniment.

---

[2] Ce mot, forgé sur le même structure que lithosphère, biosphère, sociosphère ou noosphère, mais sur la racine « gnoséo » (connaissance globale), indique la « couche » qui viendra se superposer à la noosphère, dès que celle-ci aura construit la capacité de la faire émerger.

La gnoséosphère sera le lieu de l'appariement et de l'interaction des connaissances (noosphère) en systèmes de connaissance, exactement comme la sociosphère est le lieu de l'appariement et de l'interaction des êtres vivants en sociétés organisées et structurées. (cf. glossaire en fin d'ouvrage)

C'est évidemment ce second scénario qui doit prévaloir : partir à la rencontre du cosmos et de son évolution tant écologiquement – vers la biosphère – que noétiquement, vers la noosphère. La vision nietzschéenne de l'homme comme pont entre la nature et le surhumain devient criante de vérité : la vie humaine prend sens, une nouvelle métaphysique du devenir prend place, une nouvelle éthique du devoir et de l'accomplissement prend forme.

Le premier scénario n'est pourtant pas à exclure : l'humanité du XXème siècle a suffisamment montré qu'elle pouvait être suicidaire (bombes atomiques et écologiques) et qu'elle pouvait cultiver les forces de Thanatos (nazisme, communisme, nationalisme, racisme, intégrisme, colonialisme, impérialisme, mercantilisme).

De nouveaux fondements

Puisqu'il nous faudra assumer la complexité et l'évolution pour cultiver ce petit germe noosphérique, il faudra bien renouveler nos caisses à outils intellectuels. La méthode cartésienne, si centrale pour le rationalisme, le scientisme et le progressisme anciens, doit être complétée et dépassée par de nouvelles méthodes systémiques, capables d'assumer le holisme, l'indéterminisme et l'évolutionnisme propres aux systèmes complexes.

Nos langages naturels si linéaires, si hiérarchisés, si codifiés, si univoques, doivent aussi être complétés et dépassés par de nouveaux métalangages poétiques, métaphoriques et symboliques aptes à assumer la globalité, la fluidité, la rapidité et le flou des situations et des processus complexes.

Notre logique aristotélicienne coincée entre vrai pur et faux pur, doit aussi être complétée et dépassée par de nouvelles métalogiques non aristotéliciennes, intuitives, analogiques, dialectiques, trialectiques, etc... qui puissent prendre en compte l'opacité, la multivocité, la relativité et l'évolutivité des mondes réels.

Les modèles mathématiques, naguère seuls garants de la validité scientifique, doivent aussi être complétés et dépassés par des métamodèles qualitatifs et intuitifs, imagés et visionnaires, afin d'échapper au réductionnisme quantitatif et comptable.

Au-delà de ce profond renouvellement des outils (y compris des outils intellectuels de base), c'est aussi de valeurs qu'il nous faudra changer radicalement. Une nouvelle éthique se dessine où les devoirs se superposeront aux droits, où les droits seront subordonnés à l'accomplissement, où l'humanisme moderne devra être dépassé dans un sur-humanisme post-moderne et nietzschéen.

L'humanisme est l'expression morale et politique du principe plus général d'anthropocentrisme. « L'homme est mesure de toute chose » en est l'expression la plus forte et la plus ancienne. Tout est ramené à l'homme, tout est amené à l'homme et pour l'homme.

L'homme se considère comme le centre, le sommet et le but de l'univers. En somme, l'homme n'a de compte à rendre qu'à lui-même. L'homme a une dignité inaliénable et incontournable du simple fait d'être homme et indépendamment de ce qu'il fait.

Cette vision narcissique est incompatible avec la vision noétique pour laquelle l'homme n'est qu'un instrument et un chaînon dans le processus cosmique d'évolution et pour laquelle l'homme ne prend de valeur qu'au travers de sa contribution à cette cosmogenèse.

Le passage de l'enfant à l'adulte est un affranchissement de la relation d'autorité normative et coercitive (modèle parental) et l'entrée dans l'autonomie (prise en charge de soi). Le passage de l'âge moderne à l'âge noétique lui est similaire : l'homme devra s'affranchir de la tutelle des institutions (Etats, Lois, gendarmes) qu'il s'est inventées et il devra construire son autonomie, se prendre en charge et assumer ses propres responsabilités par rapport à lui-même, aux autres, à la nature et au monde. Contrairement à la morale humaniste, la valeur de l'homme sera subordonnée à la valeur de ses actes et de ses contributions.

De plus, la société actuelle de consommation, de gaspillage et de pillage éhontés devra disparaître par application systématique du principe de frugalité. Cette notion est l'exact opposé du moteur de la société de consommation. Il s'agit de vivre en consommant frugalement, c'est-à-dire le moins et le mieux possibles. Il ne s'agit ni d'ascétisme, ni de privation, ni de jeûne, ou autres. Il s'agit de prélever ce qui est nécessaire et de refuser le superflu (tous les superflus). Il s'agit d'engendrer plus que l'on ne détruit pour vivre.

Entrer dans l'âge noétique...

Entrer dans l'âge noétique, c'est d'abord sortir de l'âge « moderne » de la sociosphère.

Et de sa logique de fonctionnement... La sociosphère humaine tourne autour du rapport dialectique entre le politique et l'économique qui ont des logiques de pouvoir différentes, parfois alliées, parfois contradictoires, mais toujours centrales. Sortir de la sociosphère, c'est donc sortir de ces deux logiques et les marginaliser en les mettant au service du développement noétique et noosphérique.

L'économie classique était basée sur les notions de rareté et de pénurie : un objet m'appartient ou ne m'appartient pas, et sa valeur dépend de sa rareté. L'économie des idées est toute autre. Une idée n'appartient à personne et le fait de la partager ne lèse pas celui qui la détient. Au contraire, une idée prend d'autant plus de valeur qu'elle devient norme, c'est-à-dire qu'elle est plus partagée, et elle sera d'autant plus vite partagée par prolifération qu'elle est plus gratuite. On pourrait presque parler d'anti-économie : celle des actifs immatériels (intangible assets) et des processus de créativité au-delà des normes de productivité (cf. par exemple Peter Drucker – voir bibliographie).

Le politique, au sens classique, s'arrogeait un statut et un rôle paternalistes. Il chapeautait la nation et le peuple de façon à pourvoir à ses besoins et attentes, ledit peuple étant infantilisé au nom de la démocratie. L'Etat et ses appareils prenait la place du Père auquel ses citoyens-enfants devaient tout à la fois amour (de la Patrie, le mot est éloquent), respect et obéissance, en échange de sa protection et de tous ses assistanats.
Comme en témoignent amplement le marasme et l'inefficience actuels, cette vision est devenue obsolète pour de nombreuses raisons, parmi lesquelles la complexification et la globalisation du monde qui laissent les pouvoirs locaux sans aucune influence sur le cours réel des choses. Le politique, dans l'âge noétique, s'apparentera plus à un ensemble de services payants (par l'impôt) que l'on pourra souscrire librement et qui garantiront les infrastructures et le climat adéquats au développement de la noosphère. La carte d'identité deviendra une carte de crédit donnant accès aux services réservés aux membres.

Concrètement, les chantiers prioritaires à entamer pour réussir la révolution noétique, sont la totale refonte des systèmes éducatifs, la réorientation complète de la recherche, le développement des infrastructures de connectivité informationnelle, l'instauration de l'allocation universelle, l'abolition réelle de toutes les frontières, le passage de la valeur d'échange à la valeur d'usage pour tous les biens, la gestion holistique, douce et préventive de la santé, la chasse aux gaspillages et aux déviances consuméristes.
Il y a du pain sur la planche !

Introduction

Entrez (ou entrée) dans l'âge noétique

Il y a trois manières classiques de regarder le temps qui passe. Il y a le temps immobile qui considère l'essentiel comme immuable (Parménide) et le changement comme des accidents de l'apparence (Zénon d'Elée). « Rien de nouveau sous le soleil ! » clamait pour sa part l'Ecclésiaste.

Il y a le temps cyclique qui est celui, agraire, de l'éternel retour du même : cycle des saisons et des lunaisons, cycles des naissances et des morts, cycle des vaches grasses et maigres.

Il y a le temps orienté qui donne un sens à l'histoire, comme une flèche vers une cible (l'Alliance vers la Terre promise), comme un processus irréversible (Héraclite d'Ephèse) qui va du simple au complexe, du chaos au cosmos, du désordre à l'ordre.

Il y a donc trois manières de regarder notre époque et ses ruptures :
— Ces ruptures ne sont que des apparences, l'essentiel demeure immuable.
— Ces ruptures sont cycliques et tout, bientôt, reprendra sa juste place.
— Ces ruptures sont autant de signes d'un passage, d'un saut, du franchissement irréversible d'un seuil.

Le fil rouge

Tout ce livre est construit sur cette conception du temps orienté et donc sur cette troisième lecture des ruptures de notre époque. Voici nos hypothèses fondamentales.

De la Vie, qui est complexification de la Matière, a émergé au travers des langages sociaux la Pensée, qui est expression de l'Esprit. Mais gare : point de dualisme, point de rupture ontologique. Ce qui est, est Un ; il y a continuité absolue entre elles, entre Vie et Pensée, entre Matière et Esprit. Mais le saut qualitatif de complexité est énorme entre la Vie (la Biosphère) et la Pensée (la Noosphère).

Ce saut est le grand défi de l'homme, cet animal pensant et conscient de sa propre pensée.

Un saut qui n'était pas possible tant que les technologies humaines ne permettaient pas de brasser d'énormes quantités d'informations à très grande vitesse et sur des supports extrêmement légers quasi dématérialisés.

Maintenant, depuis moins d'un demi-siècle, ces technologies, certes encore balbutiantes, existent et ouvrent des horizons insoupçonnés en matière de connaissance et de créativité.

La noosphère (les mondes de la connaissance et de la création) peut enfin émerger et s'affranchir de la sociosphère (le monde des sociétés humaines reposant sur le double pilier politique et économique). Le moment de cette émergence et de cet affranchissement est précisément ce que nous appelons la « révolution noétique ». Ce moment, qui correspond à notre époque, inaugure un nouvel âge : l'âge noétique.

Avec lui, la société de la connaissance et de la création prendra le pas sur l'ancienne société industrielle et capitaliste aujourd'hui moribonde. Il ne s'agit pas là d'un vœu idéologique mais d'un radical dépassement. L'homme noétique n'est ni de droite ni de gauche, il est en avant !

Mais il s'agit aussi de bien plus que d'un basculement d'âges : il s'agit de donner à l'homme, à l'humanité, au genre humain une nouvelle vocation, un nouveau sens, une nouvelle finalité. Car si la noosphère est bien la nouvelle étape à franchir, la nouvelle « couche » à construire dans l'évolution cosmique, on comprend que, puisque cette étape repose toute entière sur le faible cerveau humain, cela donne à l'homme un rôle, une responsabilité, une vocation, une mission inouïe.

Rien ne peut plus être pareil.

L'homme qui, si longtemps s'est pris pour le nombril, le centre, le sommet et le but du monde, se retrouve dans un rôle de rouage, d'ustensile, de porteur dans l'histoire cosmique.

L'homme est devenu le bagagiste de la Pensée et de l'Esprit...

Si sa portée n'était pas si intense et immense, l'expression aurait de quoi faire sourire.

Le rôle et la place de l'humanité en sont complètement bouleversés.

La vocation de l'Homme

Plutôt que de rester douillettement enfermé dans sa sociosphère à piller le monde pour satisfaire ses caprices et se contempler le nombril, l'humanité entière fait exploser cette enfermement anthropocentrique et devient le pont entre la biosphère (la Vie au sens large) et la noosphère (la Pensée ou l'Esprit au sens large aussi).

L'autisme humaniste explose : l'homme n'est plus au service de l'homme, mesure de toute chose, l'homme entre au service de l'évolution cosmique avec toute sa superbe insignifiance. Il devient le pionnier de la noosphère. Il devient l'homme noétique.

Connaissance et création deviennent les maîtres-mots de la vie quotidienne, de la naissance à la mort. Toutes les sociétés humaines devront être retravaillées en fonction de ce seul but : Connaissance et Création. Le politique et l'économique, aujourd'hui centres ennemis de la sociosphère, deviendront singulièrement périphériques face à l'immense défi humain : elles ne seront plus que des services d'intendance, l'une garantissant paix sociale et liberté individuelle, l'autre assurant subsistance alimentaire et assistance technologique. Connaissance et Création deviendront l'aune de l'évaluation économique, éthique et esthétique de tout ce qui se fait, se dit, se pense. Le Bien n'est que ce qui est le mieux pour l'enrichissement de la noosphère : une nouvelle morale émerge.

Les répercussions de ce changement de paradigme seront immenses et toucheront toutes les facettes de l'activité humaine, collective comme individuelle. On peut parler de métamorphose comme de cette chenille rampante et velue qui devient ce papillon chamarré qui prend son envol et s'élève bien au-dessus de sa feuille de chou[3].

On peut parler aussi de passage de l'homme de l'âge enfantin à l'âge adulte : fini l'homme enfant gâté qui se prend pour le centre de l'univers, qui casse tout pour satisfaire ses caprices, qui se prend pour un cow-boy, qui abat un chêne pour s'en faire un cure-dent et qui saccage la nature pour empiler des cailloux pour sa fronde. L'arbre noosphérique ne s'épanouira que solidement et bellement enraciné dans une biosphère saine et propre, respectée et cultivée.

---

[3] Clin d'œil à notre ouvrage de jadis : « Les métamorphoses de l'homme papillon » (Presses Interuniversitaires Européennes – 1989)

Fini cet homme-là qui est encore l'homme d'aujourd'hui.

L'homme qui accumulait des objets cèdera la place à l'homme qui crée des connaissances.

La nouvelle richesse sera cognitive et culturelle, imaginative et artiste : le capital essentiel de demain sera le talent, celui de l'intelligence, celui de la mémoire, celui de l'intuition, celui de l'imagination.

La matière première de demain sera la matière grise ; et cela change tout.

Tout dans l'éducation. Tout dans l'entreprise. Tout dans la cité.

Jusque dans les familles et les loisirs.

Trois scénarios pour l'humanité

Il n'y a que trois scénarios possibles quant à l'avenir prospectif de l'humanité.

Premier scénario : il peut être envisagé que l'homme s'enferme dans la sociosphère et refuse d'en sortir, ni vers la biosphère, ni vers la noosphère.

Bref, le monde reste tel qu'il est, l'homme demeure la mesure de toute chose, et son orgueil et son égoïsme continuent de lui laisser croire que tout lui est permis et qu'il peut continuer à tout casser autour de lui pour satisfaire ses caprices de sale enfant gâté.

Ce scénario conduit évidemment à la catastrophe majeure : la Terre ne pourra plus supporter les tortures que lui inflige l'homme.

Deuxième scénario : il peut aussi être envisagé que l'homme, sous la pression des mouvements écologistes principalement, se détourne de la sociosphère et de ses activités économiques et culturelles, pour se replonger totalement dans la biosphère.

C'est le scénario du retour massif à la Nature. Nous serons tous des chevriers cévenols ou des bergers sur le Larzac.

Le scénario est plausible à l'échelle de deux générations. Mais il impliquerait une baisse énorme de la démographie : la Terre est devenue trop petite pour porter et nourrir cinq ou six milliards d'apprentis paysans. Il n'y a plus assez de terres cultivables sur Terre pour que chacun puisse, avec sa famille, y vivre en autarcie vivrière naturelle.

Donc, si « retour à la nature » il doit y avoir, ce sera dans la perspective des mouvements dit de « deep ecology »4 qui estiment que la Terre peut

---

4 Ces mouvements, californiens à l'origine, prône un renversement des valeurs et mettent la vie humaine au service de la Vie (ce qui est positif) mais

nourrir et porter au plus 500 millions d'êtres humains. Que deviennent alors les quatre milliards et demi qui sont de trop ?

Bref, on le voit, ce second scénario n'ouvre guère de réjouissantes perspectives, non plus...

Troisième scénario : il peut enfin être envisagé que l'homme relève son défi, qu'il assume sa mission, qu'il reconnaisse sa vocation. L'homme alors devient noétique, pionnier de la noosphère. Il échappe à la sociosphère par le haut tout en se mettant au service de la biosphère par le bas.

Noologie et écologie se rejoignent en amenant l'homme à se dépasser lui-même, à devenir adulte et mature, à créer beaucoup de Connaissance tout en prélevant peu de Nature.

C'est la fin de l'homme égocentrique et des sociétés anthropocentriques.

C'est la fin du primat du politique et de l'économique sur l'humain.

C'est évidemment ce troisième scénario qui est celui de la révolution noétique.

---

considère l'homme comme un parasite infect qu'il faut faire cesser de nuire par tous les moyens (ce qui peut moins l'être).

Première partie :

Les deux sources de la révolution noétique

« Une cause très petite, qui nous échappe, détermine un effet considérable que nous ne pouvons pas ne pas voir, et alors nous disons que c'est l'effet du hasard. »

Henri Poincaré

(XIXème s. PCN)

Quelques mots d'introduction

Cette première partie invite à visiter les deux événements intellectuels majeurs du XXème siècle : l'émergence de deux idées phares qui se sont propagées, peu à peu, dans les noyaux scientifiques les plus fermés, d'abord, et vers le grand public éclairé, ensuite.

Ces deux idées phares sont celle d'évolutionnisme cosmique (la théorie du Big Bang déduite par le chanoine Lemaître à partir de la théorie de la relativité générale d'Albert Einstein) et celle de complexité (c'est-à-dire d'irréductibilité du réel à la juxtaposition de « briques » élémentaires soumises à des lois universelles et fixes d'interaction entre eux).

Ces deux idées, on le verra, révolutionnent totalement non seulement notre vision du réel, mais aussi notre manière de l'appréhender, de l'étudier et de le gérer. Elles se combinent et, de leurs amours, naît sous nos yeux la révolution noétique, objet de ce livre. Rien ne sera plus jamais comme avant, ni dans nos vies, ni dans nos idées et conceptions.

L'idée d'évolutionnisme cosmique extrapole à l'entièreté du réel, le principe d'évolution des espèces tel que mis en évidence par Lamarck et Darwin, tel que décliné à leur suite, philosophiquement, par Henri Bergson (« L'Evolution créatrice ») et par Pierre Teilhard de Chardin (« Le Phénomène humain », « Le Milieu divin » et « Hymne à l'univers »).

Soulignons aussi le rôle éminent de précurseur joué par Friedrich Nietzsche qui, dans sa « Généalogie de la morale », par exemple, a eu, contre les opinions de son temps, la géniale intuition d'un évolutionnisme global appliqué aussi aux idées et aux valeurs.

L'évolutionnisme révolutionne de fond en comble notre rapport au temps, ce qu'ont magistralement montré Ilya Prigogine et Isabelle Stengers dans « La Nouvelle Alliance » et dans « Entre Le Temps et l'éternité ». C'est ce même Ilya Prigogine, maître de l'auteur, qui est aussi (et ce n'est pas un hasard, on le comprendra dans les pages qui suivent) un des pionniers de l'émergence de l'idée de complexité et de systèmes complexes.

Complexité et évolution sont intimement liées puisque le nom que porte la flèche du temps pour l'évolution cosmique est précisément « complexification ». S'il est une loi au-dessus et en amont de toutes les lois, c'est bien celle de la complexification cosmique globale : l'univers va du moins complexe au plus complexe, partout, en tout, toujours.

Il a fallu près de 40 ans depuis les premiers balbutiements de von Neumann et von Bertalanffy dans les années 1950, jusqu'à la stabilisation des premiers concepts clés dans les années 1990, pour que l'idée de complexité fasse son entrée dans le monde de la pensée, tant scientifique que philosophique. Quelques noms prestigieux doivent être signalés comme autant de jalons le long de cette route naissante : Edgar Morin, Jean-Louis Le Moigne, Fritjof Capra, Trinh Xuan Thuan, Paul Feyerabend, Henri Atlan, Hubert Reeves, Laurent Nottale, James Lovelock, Rupert Sheldrake, Benoît Mandelbrot... et tant d'autres.

Pour vous aider dans la lecture de cet ouvrage, mais aussi pour vous donner un accès résumé aux termes et aux noms prestigieux cités dans le livre, vous trouverez un glossaire ainsi qu'une liste des personnalités en fin d'ouvrage.

1. L'ÉVOLUTIONNISME

« Ce qui importe, c'est l'éternelle vivacité et non pas la vie éternelle. »

Friedrich Nietzsche (XIXème s. PCN)

1.1. Le temps, dans le temps, changea avec le temps

L'occident chrétien avait oublié le temps cyclique de l'éternel retour comme le pensaient les vieilles philosophies de la nature, inspirées des pratiques agraires. Oublié aussi le temps juif, ce temps de la création progressive en six jours de labeur divin clos par le shabbat du repos et de la satisfaction du travail accompli. Parménide avait triomphé d'Héraclite : le temps était immobile et le monde, le cosmos furent immuables pour des siècles. Le temps chrétien était un temps fixe, achevé, illusoire, épiphénoménal, apparent : la vraie réalité, forcément divine, était immuable, parfaite, achevée.

Mais dans le ciel bleu de ces belles certitudes, dès la fin du XVIIIème siècle, avec Buffon, Lamarck et bien d'autres, les déchirures du doute s'installent : la biologie révèle au monde ébahi que des espèces animales et végétales ont disparu, que la Terre d'avant, d'il y a longtemps, était très différente de celle d'alors, que l'immuabilité supposée était loin d'être corroborée par les premières données paléontologiques...

Un peu plus tard, arriva Darwin... « L'homme descend du singe ! » : la nouvelle claqua et fit mal... L'évolutionnisme était né. Les espèces s'étaient engendrées progressivement à partir d'une petite souche de vie qui avait, peu à peu, déployé son arborescence dans toutes les niches écologiques de notre bonne vieille Terre. Cantonné d'abord aux cercles restreints de la Royal Society londonienne, le darwinisme naissant fut perçu plus comme une curiosité – choquante mais amusante – intellectuelle que comme une remise en cause radicale du temps et de ses structures.

L'évolutionnisme, ensuite, entra en philosophie : Nietzsche d'abord, bien sûr, le grand précurseur, l'un des trop rares philosophes du Devenir contre les philosophies de l'Être, fils d'Héraclite l'obscur, l'oublié, le renié. Nietzsche le maudit qui étend l'évolutionnisme aux idées : les généalogies de la morale brisent les carcans pesants de tous les idéalismes. Platon est un cuistre, Aristote un faussaire... rien n'est absolu, il n'y a pas d'absolu, tout est mouvement, tout est métamorphose. Zarathoustra est d'abord un chemin !

Aux côtés de ce poète visionnaire et fiévreux à la moustache flamboyante et aux yeux fous, marche un autre philosophe du devenir : Henri Bergson. Bergson : le minutieux, le rationnel, le précis. Bergson et « L'évolution créatrice » : le temps immobile se brise dans l'élan vital dont les énergies créatrices malaxent la chair du monde et en tirent toutes les formes vivantes.

L'évolution n'est plus seulement vieillissement et déliquescence, elle devient créatrice de vie, génitrice, maternelle.

Mais le temps sera aussi bientôt remis sur l'établi de la pensée par les physiciens. Les thermodynamiciens d'abord. Ils découvrent que contre les lois classiques de la physique newtonienne dont les équations montrent un temps réversible, le temps réel des systèmes réels ne l'est pas ! Le temps s'écoule, mais toujours dans le même sens : il est une flèche orientée.

Tout ce qui existe, tous les systèmes tendent à maximiser leur entropie[5] : cette évolution naturelle de tout système est irréversible, le temps va dans un

---

[5] Entropie : concept thermodynamique qui mesure, au sein de tout système délimité, le taux d'inhomogénéité ; l'entropie est maximale lorsque l'homogénéité est parfaite, lorsque tout est uniforme, lorsqu'il n'existe plus aucun gradient de quoi que ce soit. Le second principe de la thermodynamique, dit principe de Carnot, exprime que tout système fermé tend naturellement à maximiser son entropie et donc à évoluer vers l'état le plus homogène. possible. C'est en vertu de ce principe que la chaleur « s'écoule » du chaud vers le froid dans le « but » d'uniformiser la température.

seul sens ! Et ce sens ne semble guère réjouissant puisque, à la fin des temps, l'univers entier serait promis à une homogénéisation finale dans une bouillie d'énergie uniforme et froide : tout serait condamné à disparaître dans le marais entropique final.

Mais cette funeste prévision thermodynamique n'était que le prélude au grand chambardement conceptuel. Enfin Einstein vint ! Le temps fondamental, celui de la mécanique et du mouvement, était alors galiléen et newtonien, c'est-à-dire absolu, unique, univoque, le même pour tout et pour tous, s'écoulant partout, toujours, exactement de la même manière. Un temps idéal, idéalisé, idéaliste. Un temps platonicien, en somme...mais un temps faux !

Le temps réel, lui, est relatif, c'est-à-dire qu'il s'écoule différemment selon la vitesse de celui qui le mesure : il se dilate avec la vitesse (et les longueurs, elles, se contractent proportionnellement). Et si vous voyagez à la vitesse de la lumière, il ne s'écoule plus du tout: les durées deviennent infinies et les longueurs nulles !

Avec la relativité générale, Einstein va un pas plus loin et fonde une cosmologie totalement et radicalement neuve. Avec le chanoine Lemaître, cette cosmologie établira le modèle de base généralement accepté aujourd'hui par tous les physicien : le modèle du big-bang qui généralise l'évolutionnisme darwinien non seulement à tous les systèmes, mais au système ultime, au système des systèmes, donc à l'univers pris dans son entièreté, dans sa globalité.

Au début du temps était une micro tête d'épingle pleine de toute l'énergie de l'univers.

Elle explose dans un grand « bang » et l'énergie se répand en créant de l'étendue pour s'y déployer et de la durée pour y évoluer. Ainsi naquirent l'espace et le temps. L'énergie, d'abord pure lumière, coagula peu à peu en globules matérielles (des super-cordes, des quarks, etc...) qui s'agglomèreront progressivement dans le temps en particules, en atomes, en molécules, en liquides visqueux, en cristaux, etc... et qui se regrouperont progressivement dans l'espace en nuages de poussières, en étoiles, en galaxies, en amas de galaxies, etc...

Et sur Terre ?

Pierre Teilhard de Chardin fait faire un pas de plus à l'évolutionnisme : fort de ses connaissances et découvertes paléontologiques, Teilhard, au grand dam de l'ordre jésuite et de la papauté, développe une vision quasi mystique de l'évolutionnisme. L'univers se spiritualiserait peu à peu et convergerait vers le point ultime, vers ce point Oméga qui figure, chez Teilhard, l'avènement christique final. Teilhard est le premier à avoir perçu si clairement ce processus de spiritualisation, c'est-à-dire de dématérialisation de l'organisation cosmique.

Il invente pour cela un mot qui sera central dans tout ce livre-ci : « noosphère ».

L'idée est simple et s'explique aisément avec la métaphore de l'oignon : le cosmos se construit progressivement (c'est la thèse centrale de l'évolutionnisme) comme un oignon, par couches successives[6]. Sur Terre, il y a la couche minérale : la lithosphère. De cette minéralité a émergé la Vie qui a foisonné jusqu'à remplir toutes les niches possibles de cette lithosphère initiale pour engendrer la biosphère, cette couche vivante qui se déploie à la surface de la lithosphère, dans les eaux, dans les airs, sur et dans la terre. Et ces êtres vivants, en s'organisant pour mieux survivre, ont engendré des écosystèmes plus ou moins homogènes où des interactions réciproques entre les êtres façonnent des conglomérats très divers dont les sociétés humaines.

Grâce aux langages que le cerveau humain a développé au sein de ces sociétés, la pensée a pu émerger et engendrer des concepts, des idées, des savoirs, des connaissances[7] qui vivent de leur vie propre, se propagent,

---

[6] Voir aussi, plus loin, le chapitre 5 intitulé : « L'échelle cosmique de la complexité ».

[7] Savoir et connaissance : tout au long de cet ouvrage, nous ferons une distinction essentielle (mais conventionnelle) entre « savoir » et « connaissance ». Nous prendrons le mot « savoir » dans son sens factuel, encyclopédique, érudit : je sais que l'eau bout à 100° C à pression standard ; je sais que Nietzsche est né à Röcken en 1844 ; je sais que les équations de Maxwell du champ électromagnétique sont invariantes dans la transformation de Lorentz ; etc.... Pour être factuels, les savoirs ne sont pas forcément ponctuels : un savoir peut être extrêmement vaste comme lorsqu'il est : je sais l'histoire de France ou je sais la théorie de la relativité générale ou je sais les structures esthétiques des diverses écoles de peinture du XXème siècle, etc.... La connaissance, par contre, est évolutive, vivante, structurante : elle est le processus cognitif lui-même dont les savoirs sont les résultats pétrifiés. La connaissance associe les savoirs dans de vastes structures mouvantes et transformantes : la connaissance de l'homme, la connaissance du

s'enrichissent, se heurtent, se combinent ou meurent au fil des cerveaux dans lesquels ils élisent domicile. Remarquons que les matériaux de cette nouvelle couche émergeante sont... immatériels, purement informationnels et dématérialisés, spiritualisés dirait Teilhard.

C'est l'ensemble de ces concepts, idées, savoirs et connaissances ainsi que leurs infinies interrelations que Teilhard a baptisé du nom de « noosphère », du grec *noos* qui signifie « connaissance, esprit, intelligence ».

Et c'est à sa suite que nous appelons, avec d'autres, « noétique » l'ensemble des sciences, techniques et outils propres à cette noosphère.

Avec Teilhard, l'évolutionnisme aboutit à cette conclusion provisoire : <u>au travers de l'homme et de son cerveau, le cosmos commence d'engendrer une nouvelle « couche » évolutive qui est la noosphère et qui a la particularité d'échapper à presque toute matérialité.</u>

Cette idée est centrale pour tout le développement de ce livre et de tous nos travaux.

1.2.   Le temps d'ailleurs

Loin de l'Occident, les deux autres grandes terres de pensée et de culture sont l'Inde et la Chine. Comment vivent-elles, pensent-elles le temps ?

L'Inde, que ce soit dans sa veine hindouiste ou dans sa veine bouddhiste, nie le temps.

Le monde est illusion, *maya*, inconsistance. Le monde est un masque d'apparence qui cache l'essentiel immuable : le Soi védique ou la Vacuité bouddhique. Le temps, parce qu'il est porteur et vecteur du changement, de l'impermanent, donc de l'illusoire, est lui-même illusion des sens et de l'ego. Le Sage, à force de méditation, échappe à son ego, aux illusions de ses sens et donc au monde pour s'immerger totalement dans l'indifférencié où le temps n'existe pas, où il n'y a que l'instant et l'éternité sans rien entre eux. Qu'il y ait ou non évolution dans le monde, le Sage des Indes ne s'y intéresse pas : tout

---

cosmos, la connaissance de Dieu, la connaissance de la nature, etc... Rien là de figé, de fixe, d'achevé : tout ce qui est connaissance est fugace, impermanent, perpétuellement en chantier.

cela n'est qu'illusion qui dévoie l'homme du chemin de la Connaissance suprême et de l'extinction de soi dans le Soi ou le Vide.

En Chine ancienne, l'approche est toute autre. Deux tendances s'affrontent depuis près de 3000 ans[8] : le taoïsme et le confucianisme. Ces deux tendances (et les myriades de courants, nuances, écoles, sectes qu'elles ont engendrées) s'opposent sur à peu près tout. Pour les deux grandes écoles chinoises, l'évolutionnisme est une évidence mais dans des sens nettement différents qu'en Occident.

Pour le confucianisme, pendant chinois de l'idéalisme platonicien, l'ordre humain doit prévaloir sur l'ordre naturel et doit viser l'immuabilité absolue symbolisée par les étiquettes et protocoles impériaux : le temps doit donc y être aboli dans la fixité idéale de la perfection humaine accomplie. Pour les confucianistes, l'évolution du monde est l'œuvre des hommes contre le chaos naturel : cette évolution mène à l'ordre parfait et immuable symbolisé par le Fils du Ciel.

Pour le taoïsme (dont dérive le zen par ch'an interposé), c'est l'ordre naturel qui prévaut et doit prévaloir, et cet ordre naturel est d'abord foisonnement chaotique et créatif, impermanence foncière et absolue. L'ordre humain n'est qu'une illusion d'orgueil : la seule voie de vie est l'harmonie totale avec la Nature et son ordre bouillonnant et changeant. Pour les taoïstes, l'évolution du monde est un processus créatif continu, un flux cosmique d'énergie, un torrent d'impermanence − c'est d'ailleurs précisément ce flux cosmique que le chinois nomme Tao − sur lequel l'homme doit apprendre à s'harmoniser, en résonance en quelque sorte.

L'eau coule. Elle symbolise bien le temps orienté et irréversible des thermodynamiciens : l'eau coule toujours dans le même sens, du haut vers le bas, elle finit toujours par atteindre l'océan final et par éroder tous les galets jusqu'à les transformer en sable ou en boue.

---

[8] Lire absolument le magnifique « Histoire de la pensée chinoise » d'Anne Cheng au Seuil (1997) ou encore le classique « La pensée chinoise » de Marcel Granet chez Albin Michel (1934).

On comprendra mieux, dans la suite de cet ouvrage, pourquoi le taoïsme philosophique d'un Lao-Tseu ou d'un Tchouang-Tseu est une des grandes racines par où la noétique naissante puise sa sève.[9]

1.3.   *Révolution évolutionniste*

Le concept d'évolution est une profonde révolution (ô ironie des mots...) dans l'histoire de la pensée occidentale. Celle-ci, à quelques exceptions près comme Héraclite ou Nietzsche, a toujours été à la recherche des briques élémentaires immuables dont les assemblages et combinaisons pouvaient rendre compte du monde. Cette quête d'immuabilité est le cœur et le centre de la civilisation helléno-chrétienne[10] qui ne voit dans le changement – donc dans l'évolution – qu'un « accident » (au sens scolastique). La pensée occidentale est définitivement allergique à l'éphémère, à l'impermanent, au turbulent.

C'est pourtant le grand défi actuel que de virer cette cuti-là : depuis près de deux siècles, tout démontre, pas à pas, que la quête d'immuabilité est vouée à l'échec et que le Réel[11] est d'abord mouvement, métamorphose, création, impermanence, turbulence : rien n'est permanent, rien n'est écrit, rien n'est

---

[9] Lire à ce sujet nos édités : « Tao et management » (www.arbredor.com – 2004) ou « Le management selon Lao-Tseu » (L'Harmattan – 2004).

[10] Parler, comme trop souvent, de civilisation judéo-chrétienne est un non sens. Rien n'est plus éloigné du weltanschauung platonico-aristotélicien du monde chrétien que la tradition et la mystique juives infiniment plus proche du monisme ou du panenthéisme orientaux que du dualiste idéaliste monothéiste occidental.

[11] Le Réel : cette notion métaphysique désigne le fond ultime de tout ce qui existe et qui est la source unique et profonde de tous les messages perçus ou conçus par notre conscience humaine. Le Réel est cet océan sans fond, inconnaissable et indicible, dont tout ce qui existe n'est qu'une vague superficielle et éphémère. Le Réel est ce qui advient en lui-même par lui-même pour lui-même. Le Réel, au-delà des mondes et des dieux, est le fondement ultime de tout ce qui existe.

Par ailleurs, le précepteur de Dionysos fut le grand Silène, pétri de difformités et plein d'ivresses, semant les vérités inouïes dans ces oreilles chastes impropres à les accueillir... Silène revient dans notre monde et le Grand Pan est en train de ressusciter...

préétabli car tout s'invente et se crée perpétuellement. Le mythe ancestral de l'ordonné et du géométrique s'effondre : les astrophysiciens savent désormais que l'ordre céleste newtonien et l'harmonie des sphères coperniciennes ne sont que très apparents et que la réalité du ciel rejoint celle de la terre en ceci qu'elle est infiniment complexe, chaotique, turbulente et instable à toutes les échelles.

La révolution évolutionniste, donc...

Il y eut un « avant l'homme »... on peut donc parier qu'il y aura un « après l'homme ».

Voilà le nœud de la révolution évolutionniste.

La révolution copernicienne avait déjà sorti l'homme du centre de l'univers pour le reléguer sur une misérable planète d'une petite étoile à la périphérie d'une banale galaxie. L'homme devint alors spatialement marginal. Mais il croyait rester le centre du temps : centre, sommet et but de l'histoire cosmique. L'homme apogée et finalité du Tout. Même ce rêve-là, la révolution évolutionniste l'a brisé irrévocablement. L'homme n'est qu'une pierre du chemin, il n'en est pas la destination.

Cette marginalisation de l'homme (proclamée depuis 3000 ans par Héraclite et Lao-Tseu), l'Occident a bien du mal à la digérer. L'orgueilleuse pensée occidentale avait fait de l'homme « la mesure de toute chose » et le centre de l'univers. Dieu lui-même n'était plus que son faire-valoir. Mais ce Dieu de l'Occident chrétien, créé à l'image de l'homme pour la gloire de l'homme par l'orgueil de l'homme, n'a pu résister à l'évolutionnisme: l'homme n'est ni centre, ni sommet, ni but de rien, et aucun Dieu n'est crédible s'Il affirme le contraire !

L'homme est un des chemins de Dieu, mais pas son chef-d'œuvre...

Le problème est profond : c'est tout le procès de l'idéalisme platonicien qu'il faut instruire.

De deux choses l'une : ou bien le mouvement est un accident dans les mondes inférieurs et épiphénoménaux et l'absolu est bien immuable (un Dieu extérieur au monde, figé dans son infinie perfection éternelle), ou bien le mouvement est l'essence même du Réel et rien, pas même Dieu, n'est immuable, achevé, accompli et fixe.

Ou Platon, ou Héraclite !

Ou l'Être, ou le Devenir !

Ou l'absolument absolu, ou le relativement relatif !

L'Occident chrétien s'est bâti tout entier sur le mythe platonicien de la caverne: l'homme errerait en aveugle dans une caverne où il ne percevrait du Réel que des ombres projetées sur les parois de sa finitude par le soleil immuable de l'Idée de Bien.

Le nœud du mythe réside bien dans la croyance forte en l'existence de ce soleil fixe et immuable, dans cette Idée préétablie, parfaite, éternelle et définitive du Bien que les chrétiens ont identifiée à leur Dieu préexistant à tout, parfait, éternel et totalement étranger à toutes les vicissitudes des mondes sublunaires.

Face à ce mythe délabré par les observations récentes, la pensée contemporaine prend le large, se libère, se désemprisonne et s'évade : il n'y a rien de préétabli, il n'y a rien d'immuable, il n'y a rien d'absolu puisque tout se transforme, puisque tout se crée tout le temps, puisque rien n'est permanent.

Le monde réel n'est pas la projection floue et tremblante d'un monde idéal prédéfini, niché quelque part auprès d'un Dieu extérieur, étranger et inaccessible. Non ! Le monde réel est le seul monde, il est en création continue et en métamorphose perpétuelle : il est la chair et la manifestation d'un Dieu inaccompli qui se crée et se construit dans l'espace et dans le temps ![12]

1.4.   *Mystique teilhardienne*

Il est paradoxal que ce soit précisément un prêtre jésuite chrétien qui ait formulé si radicalement le changement de paradigme induit par la conscience évolutionniste. La vie d'un homme fidèle et droit, saccagée jusqu'à la souffrance insoutenable, par l'aveuglement des institutions religieuses de son temps.

C'est bien de mystique qu'il faut parler, même si ce mot, trop souvent confondu avec mysticisme, sent un peu le soufre tant aux narines rationalistes qu'aux nez théologiques. L'évolutionnisme est plus qu'un courant scientifique : c'est une philosophie du temps, c'est une métaphysique du devenir, c'est une mystique de l'accomplissement. Derrière l'apparence posée et sereine du mot, se cache une force inouïe de destruction massive des certitudes et repères classiques : si tout évolue, c'est que rien n'est fixe ! Si rien

---

[12] Ces propos anticipent le contenu de la seconde annexe : « Une métaphysique holistique ».

n'est fixe, si tout est mouvant, impermanent, fluant, alors rien n'est certain, rien n'est assuré, rien n'est acquis : tout est vivant, tout est à créer, à inventer, à construire, partout, tout le temps.

Derrière tout cela, il y a de l'existentialisme, bien sûr. Un manière d'apologie de la liberté et de la créativité... et donc de la responsabilité. Car, si tout est à créer et à inventer et à construire, celui qui ne bâtit rien (c'est le cas majoritaire) est aussi coupable que celui qui bâtit mal. Coupable ? Mais coupable par rapport à quelle Loi, par rapport à quel Dieu, par rapport à quel Jugement ou Juge ? Ni lois, ni dieux, ni juges. Coupable par rapport à son propre accomplissement[13], seulement, et c'est déjà énorme...

Dès lors que l'on quitte les roches artificielles de l'idéalisme, la pensée affronte les sables mouvants. Tel est le grand défi de l'Occident à l'âge noétique[14] : rompre les artificielles et illusoires amarres avec le fixe imaginaire d'un quai irréel et prendre le large.

Assumer l'impermanence et l'incertitude. Se nourrir de mystère et d'inconnu. Vouloir le Réel en toute inconnaissance. Renoncer aux artificielles sécurités de la survie carcérale et plonger dans les risques de l'aventure de Vie vraie.

Créer ! Créer tout, partout, tout le temps... Créer les mondes à venir. Créer tout ce qui reste à créer, à inventer, à construire. Créer la Vie et l'Esprit qui peupleront la Terre demain matin. Se créer, en définitive, et, se créant, créer le monde alentour et le rendre plus beau.

---

[13] Accomplissement : l'arbre est l'accomplissement de la graine. L'œuvre est l'accomplissement de la vocation. L'accomplissement est ce processus universel d'actualisation et de réalisation des potentialités originelles de tout être au gré des rencontres avec les opportunités offertes par le monde alentour. L'accomplissement est le moteur du devenir. Aristote parlait d'entéléchie... Voir aussi le chapitre 7 de la seconde annexe.

[14] Âge noétique : l'âge noétique est le nom qu'avec d'autres nous donnons au nouveau paradigme qui émerge sous nos yeux sous la forme, notamment, de la société de la connaissance et de l'information, et en remplacement de l'âge « moderne » (et de la société industrielle). Par « âge moderne », il faut entendre la « modernité » comme suite au Moyen-Âge, qui, depuis la Renaissance jusqu'à la chute du mur de Berlin (événement symbole plus qu'événement majeur) a produit l'économie industrielle et capitaliste et la politique étatiste et coloniale, et qui se nourrit de pensée cartésienne c'est-à-dire de pensée rationaliste, analytique, mécaniste et déterministe. L'âge noétique commence par le dépassement de toute cette « modernité » sur tous les plans, notamment économique, politique et épistémologique.

2. LA COMPLEXITÉ

« Allons au fond de l'inconnu pour trouver du nouveau. »

Charles Baudelaire (XIXème s. PCN)

2.1.   Histoire d'un concept

L a notion de complexité est née bien après celle d'évolution. Elle est sortie du langage commun peu après la seconde guerre mondiale et elle a mis près de trente ans à se trouver une légitimité à part entière.

L'idée de complexité est simple (ironie des mots) même s'il a fallu tant de temps pour qu'elle émerge. Depuis Aristote, relayé par Descartes, l'Occident croit dur comme fer que, malgré son inextricable écheveau de phénomènes et processus tellement disparates et imbriqués, le réel est toujours réductible, par la pensée, à du simple : de simples briques élémentaires et immuables interagissant au travers de simples lois universelles et intemporelles. Pour tout comprendre, il suffit de tout disséquer, de tout démonter, de tout décomposer, de tout analyser, jusqu'à trouver la brique élémentaire : l'atome ou la particule ou le quark ou la super-corde dans la matière, la cellule ou le nucléotide ou l'ADN dans le vivant, l'individu ou la famille nucléaire dans la société, le phonème ou le noème dans les langages, etc.

Observer et comprendre, ensuite, comment cette brique fondamentale interagit avec ce qui l'entoure. Formuler ce que l'on a compris de ces comportements en lois universelles. Recomposer ensuite ce que l'on avait démonté jusqu'à reconstituer le « machin » que l'on avait à étudier. Et le tour est joué !

Cette méthode est la méthode cartésienne que René Descartes a magistralement formulée dans son « *Discours de la méthode pour bien conduire sa raison et chercher la vérité dans les sciences* » paru en 1637. Cette méthode est aussi nommée « réductionnisme » en ceci qu'elle réduit le Réel à une collection de briques élémentaires impérissables interagissant selon des lois sur-naturelles[15]. Cette méthode a donné d'excellents résultats pendant un demi millénaire : elle a inventé toutes les machines, elle a créé toutes les technologies mécaniques et électromagnétiques, elle nous a fait aller sur la Lune, elle a produit la société industrielle et capitaliste, elle a engendré toutes les idéologies... elle a même conçu l'organisation scientifique du travail, les armes de destruction massive, tous les totalitarismes fascistes, communistes et colonialistes, les camps de concentration et l'extermination méthodique, rationnelle et efficace du peuple juif et de quelques autres...

A la fin du XIXème siècle, c'est elle qui a permis au fameux chimiste Berthelot (l'inventeur de la thermochimie) de proclamer que la science était achevée à quelques détails de calcul près.

Il faut à ce stade profondément comprendre que la méthode cartésienne repose sur un acte de foi implicite et jamais exprimé : le tout s'explique par ses parties. Et leurs interactions, faudrait-il ajouter. L'hypothèse implicite du « *le tout s'explique par ses parties* », stipule encore tacitement que ce tout est démontable et que ses parties sont remontables : le tout est la juste somme de ses parties, donc. Un plus un égale deux. Deux égale un plus un.

On sent bien que, par-dessous, il y a comme un présupposé de réversibilité : ce qui est démonté peut se remonter, ce qui est analysable est synthétisable.

Mais en est-on si sûr ? En mettant dans une éprouvette tous les atomes qui la compose, et même en secouant très fort très longtemps, en sortira-t-il un jour une cellule vivante ? La question fut bien posée dans les années 1920. Elle ne reçut sa réponse qu'un demi siècle plus tard : non ! La cellule est plus que la somme de ses atomes. La cellule vivante n'est pas réductible à ses composants atomiques. Mais là, j'anticipe...

---

[15] Les lois que décrit la pensée scientifique classique, sont sur-naturelles en ceci qu'elles gouvernent la nature sans lui être inféodée : elles lui sont préexistantes, donc lui sont étrangères, donc au-dessus d'elle, donc sur-naturelles. CQFD.

La croyance en l'existence de briques élémentaires discernables et éternelles est le fondement ultime de toute la méthode cartésienne c'est-à-dire de toute méthode analytique.

Les physiciens ont bâti toutes leurs théories classiques sur ce présupposé... qui est pur acte de foi, rappelons-le.

Et Monsieur Berthelot, fier de son tableau de Mendeleïev, pouvait bien croire, en effet que sa connaissance des quatre-vingt et quelques atomes naturels ainsi que des lois de la physico-chimie lui donnait l'explication potentielle de tous les phénomènes connus et inconnus : la science était achevée puisque toutes les briques élémentaires et toutes les lois (sur)naturelles étaient répertoriées et connues.

2.2.   *Grand patatras dans les sciences physiques*

Ainsi en était-il vers la fin du XIXème siècle : triomphe absolu et définitif de la pensée scientiste, positiviste, rationaliste, matérialiste, laïque et républicaine. Apogée de la modernité et du cartésianisme radical.

La plupart de nos contemporains en sont toujours là malgré tout un siècle de grands chamboulements... et d'immenses déconfitures... et d'incroyables démentis.

Mais n'allons pas trop vite...

Fin XIXème : Röntgen, Becquerel et les Curie découvrent la radioactivité : les atomes insécables et éternels ne sont ni insécables, ni éternels, ils ne sont pas les briques élémentaires, l'ère des particules « élémentaires » s'ouvre, l'édifice de Berthelot se lézarde, s'effrite, s'effondre. Qu'importe : allons à la recherche de ces particules élémentaires constitutives des atomes : on s'était gouré d'échelon sur l'échelle, voilà tout.

Il suffit de descendre d'un étage, et tout reprend place : électrons, protons, neutrons... et le tour est jouer. Même plutôt mieux qu'avant puisque la centaine d'atomes se réduit à trois particules définitivement élémentaires et éternelles. Ouf ! on avait eu chaud !

Mais l'enfoncement (enlisement ?) dans le microscopique ne s'arrêtera pas là.

Ce n'est pas le lieu ci d'entrer dans ces détails mais que l'on se souvienne seulement de ceci : la course à la brique élémentaire se solde par un échec final : il n'y a pas de brique élémentaire. Chaque échelon descendu sur l'échelle de l'infiniment petit finit toujours pas se révéler tout ce que l'on voudra <u>sauf</u> simple et élémentaire. L'ingéniosité des modèles ne peut plus cacher l'essentiel : la matière ne se réduit jamais, à aucune échelle de grandeur, à de l'assemblage mécanique de briques élémentaires bien discernables, bien éternelles. Bien au contraire, la matière apparaît aujourd'hui de plus en plus... immatérielle... du vide mathématisé !

Mais ce ne fut pas tout. Lorsque la mécanique, de newtonienne qu'elle était, devint quantique, tout un monde s'écroula. Non seulement ce que l'on prenait pour des particules, ces petites billes d'énergie concentrée qui se baladent dans le grand vide cosmique, devient tout à coup aussi des ondes qui vibrent à l'infini sur une mer d'énergie. Non seulement ces ondes ne sont pas localisables puisque co-extensives à l'univers tout entier. Non seulement ces ondes particulaires oscillent, mais pas à n'importe quelle fréquence puisque certaines seulement leur sont permises (c'est l'effet quantique proprement dit). Mais par-dessus tout, les concepts fondateurs de position et de vitesse s'évanouissent dans le principe d'incertitude d'Heisenberg.

La position et la vitesse d'une « particule » quelle qu'elle soit, sont conjointement inconnaissables. Non du fait de la bêtise du physicien ou de l'imprécision de ses instruments, mais bien intrinsèquement : la nature se révèle non mesurable, donc inconnaissable.

Rien n'est réellement prévisible ; tout n'est, au mieux, que probable. Tout est incertain.

Même le royaume pur de la perfection mécaniste ne sera pas épargné. L'astronomie, en devenant astrophysique, vit s'effondrer ses rêves de pure et belle mécanique céleste : l'harmonie des sphères est bien plutôt le chaos galactique. Avant : des corps célestes bien définis, bien ronds, qui se baladent dans le grand vide spatial en y brodant de jolies coniques, ellipses, paraboles ou hyperboles... Après : océan de matière noire inconnue piqué de trous noirs, remué de tourbillons galactiques où tout est explosions, débauches d'énergie, crachats de rayonnements, où tout, sans cesse, naît, croît, mature, décline et meurt. Le ciel non plus n'est plus ce qu'il était !

Et pour couronner le tout, en 1905 d'abord, et en 1916 ensuite, voilà notre bon Albert qui nous flanque les claques relativistes sur le nez. Même les sacro-saints absolus originels, l'espace et le temps, cessent d'être des absolus lisses et parfaits : ils se mettent à se tordre, à se déformer et... à évoluer : l'espace-temps est en expansion.

2.3.   *Comment va la Vie?*

Il n'y a pas que la physique qui ait été chamboulée par le XXème siècle. L'émergence des sciences de la vie a été déterminante dans l'évolution de la pensée spécialement en ceci que la Vie est radicalement réfractaire à être réduit à ses constituants physico-chimiques. Dans les éprouvettes, la vie naît toujours de la vie, jamais de la chimie. La vie ne se laisse pas démonter et surtout pas remonter comme une horloge. Comme l'on clairement exprimé les biologistes de l'entre deux guerres, l'étude de la Vie se heurte méthodologiquement et épistémologiquement à ce paradoxe : son étude passe par le scalpel mais le scalpel tue. Comment dès lors étudier le vivant si l'on ne peut travailler que le mort ?

Face à ce mystère, il n'y a que deux attitudes possibles : ou bien la méthode est bonne mais elle est mal appliquée, ou bien la méthode est mauvaise parce qu'elle n'est pas applicable.

Après avoir vainement, durant des décennies, tenté la première voie, force est aujourd'hui d'y renoncer et de tirer toutes les conclusions de la seconde. La vie (et, avec elle, d'autres domaines comme la sociologie, la psychologie, l'écologie, le management, l'économie, etc...) possède des propriétés spécifiques qui rendent inefficace et inopérante la méthode analytique cartésienne classique. En fait, ces propriétés mystérieuses et bien embarrassantes se ramènent à une seule : la complexité.

2.4. Le cassoulet : un système complexe

Il a fallu pas moins de trente ans pour cerner cette difficile notion de 'complexité'.

La question est : « pourquoi la méthode analytique ne fonctionne-t-elle pas pour les systèmes complexes ? ». La réponse est triviale : parce que ce qui est complexe ne peut pas être réduit, par l'analyse, à un ensemble de composants. Donc : le système « contient » quelque chose en plus que ses composants. Donc : le Tout est plus que la somme de ses parties.

Prenons un exemple alléchant pour mieux nous comprendre : le cassoulet.

Les haricots lingots, le confit d'oie ou de canard, la tomate, les aromates, les saucisses de Toulouse, l'ail, le jambon, le mouton, le jarret de porc et la chapelure en sont les ingrédients, certes, mais ils ne font pas le cassoulet. Le cassoulet, c'est bien sûr ces ingrédients, mais c'est en plus la liaison, la fusion, la combinaison intime de ces ingrédients, de leurs arômes, de leur saveur à la faveur d'une lente cuisson amoureusement dorlotée et suivie. La cassoulet est bien plus que la juxtaposition additive des ingrédients. Par la cuisson douce et lente, de la combinaison intime de ceux-ci sortent des arômes neufs, des textures neuves, des saveurs neuves que n'ont aucun des ingrédients initiaux. Ces propriétés émergentes sont typiques de tous les systèmes complexes, propriétés qui naissent des relations fortes entre les ingrédients mais qui ne sont réductibles à aucun d'eux.

Un autre exemple : un poème de Rimbaud ou de Baudelaire ou de votre poète favori. Bien plus que la simple juxtaposition des lettres qui le composent, le texte contient une propriété que ne possède aucune d'elles : du sens. L'analytique se contentera de reconnaître les lettres et de les épeler, mais il passera à côté de l'essentiel : le sens du poème, sa portée, son émotion, sa musique, ses images, etc.

D'autres exemples : le couple qui s'aime est bien plus que la somme de deux individus, l'équipe de basket NBA est bien plus que la juxtaposition de cinq joueurs surentraînés, la foule meurtrière du drame du Heizel à Bruxelles, il y a quelques années, fut bien plus que le simple rassemblement des bons pères de famille de la veille.

Au travers de ces exemples, on retrouve les mêmes caractéristiques. Dans un système complexe, le tout est plus que la somme de ses parties et n'est jamais réductible à celles-ci.

Des propriétés émergentes apparaissent que ne possédait aucun de ses composants. Ces propriétés typiquement complexes naissent des interactions denses et fortes entre les parties et engendrent des caractéristiques secondes, collectives, globales. En somme, dans un système complexe, le tout est égal à la somme de ses parties *plus* l'ensemble des processus d'interactions combinatoires entre ces parties.

On comprend dès lors pourquoi le scalpel analytique est impuissant face à la complexité : en disséquant le réel, ce brave scalpel coupe ces interactions secondes, et sabre de fait dans l'essence même de cette complexité qu'il cherche à découvrir mais qui ne peut être appréhendée que globalement. En disséquant la cellule vivante, on trouve bien les composants chimiques « morts » de la vie, mais on a brisé les processus d'interaction qui, précisément, forment l'essence profonde de la vie.

2.5. *Complexe et compliqué*

C'est Edgar Morin[16] qui posa naguère la question : quelle différence y a-t-il entre un système complexe et un système compliqué ? La question est infiniment moins anodine qu'il n'y paraît.

L'auteur disait : « Le propre de la théorie n'est pas de réduire le complexe au simple, mais de traduire le complexe en théorie. (...) La simplification fabrique le simplifié et croit trouver le simple. »

D'abord, elle permet de faire une distinction nette et franche entre les problématiques ardues mais réductibles à leurs composants (c'est le compliqué) et les problématique pas forcément ardues, mais toujours non réductibles à leurs composants (c'est le complexe). Une chose compliquée n'est jamais complexe, mais une chose complexe n'est pas jamais compliquée, au contraire, une chose complexe peut très bien, en définitive, être très simple.

---

[16] Voir « La méthode » d'Edgar Morin (4 vol. au Seuil) : l'une des premières tentatives d'exposer les thèses systémiques à un large public.

Ceci n'est pas écrit par goût du paradoxe, je m'explique par quelques exemples.

Un recueil de procédure administrative est un objet compliqué – et terriblement ennuyeux – mais pas complexe : avec un peu de patience et d'application, il est aisé – mais fastidieux – de mettre toutes ces procédures « à plat » et de les étudier comme des séries régulières et linéaires d'actes élémentaires concaténés les uns aux autres.

De même un écheveau de laine (c'est l'exemple de Morin) est compliqué, mais à la condition d'y mettre le temps et le soin, il est loisible de le dénouer en une botte de fils de laines élémentaires que l'on pourra filer. Rien de complexe là-dedans.

De même l'horloge du salon ou le moteur de ma voiture ou l'organigramme d'IBM ou de Saint-Gobain (pour citer deux de mes clients).

Par contre, le maintien de la température corporelle à 36,2 °C, quelles que soient les conditions climatiques et ambiantes, dans toutes les zones du corps en même temps et avec une précision du dixième de degré, voilà bien un phénomène complexe (appelé « homéostasie ») même si sa description et sa formulation sont en fait bien simple.

De même, les turbulences d'un fluide de grande vitesse autour d'un obstacle (le caillou dans le torrent, le panneau publicitaire dans le vent fort) ne sont pas réductibles à une suite de mouvements laminaires et développent des structures complexes globales intégrées qu'aucune mathématisation ne pourra jamais exprimer.

2.6.   Questions de méthodes

Allons au bout des raisonnements. Comme la complexité est la règle générale dans l'univers réel et comme la méthode cartésienne s'y casse les dents, il faudra lever le paradoxe et en assumer les conséquences.

Il y aura toute une épistémologie de la complexité à penser et à écrire.

Faudra-t-il, pour ce faire, partir du regard de l'homme qui, parce que son regard et son cerveau sont ainsi faits, refuse de voir la complexité telle qu'elle est et tente désespérément en tout, de la réduire à des « simples » qu'il s'invente ?

L'histoire des sciences viendrait-elle à notre rescousse ? Force est d'admettre que jusqu'il y a peu, elle se résume à l'étude des systèmes simples, de ces systèmes mécaniques symbolisés par l'horloge, où la méthode analytique s'applique avec succès. Elle s'y applique bien tout simplement parce que les énergies mises en jeu dans les interactions entre composants sont très faibles en regard des énergies internes des composants eux-mêmes, et parce que ces interactions ne développent pas de combinatoires non linéaires[17]. L'approximation additive y est suffisante et tout se passe « comme si » le tout y était la somme des parties (qui est la condition *sine qua non* de l'application de la méthode analytique cartésienne). Certes, les figures géométriques sont élégantes (pour nous qui les pensons dans leur simplicité) et aisément manipulables et pensables, mais dans le Réel, dans la Nature, rien n'est géométrique! Rien n'est ni rond ni carré. Tout est tordu, brisé, enchevêtré. Tout est non géométrique, précisément. Le langage géométrique, comme tous les langages humains, fournit des approximations idéalisées infiniment éloignées de la réalité du Réel.

Les systèmes simples sont des exceptions. L'immense majorité des systèmes réels est complexe et l'approximation additive n'y est pas permise. Force est de recourir à d'autres méthodes, à d'autres approches, à d'autres langages dont les chapitres suivants donneront une vue.

---

[17] Un exemple : la mécanique céleste a connu d'éblouissants succès parce que les forces gravitationnelles en jeu sont trop faibles pour transformer le nature et la structure des corps célestes auxquels elle s'applique (sauf dans le cas « complexe » des marées) et parce que ces corps sont suffisamment éloignés les uns des autres pour pouvoir faire l'approximation linéaire des interactions des corps célestes deux à deux. Dès lors que le problème devient un problème à trois corps ou plus, les équations calent et les non-linéarités qui apparaissent rendent la méthode inopérante.

Deuxième partie :

La Noosphère

« Où que tu sois, creuse profondément. A tes pieds se trouve la source ! »

Friedrich Nietzsche (XIXème s. PCN)

Quelques mots d'introduction

Le mot « noosphère » fut créé par Pierre Teilhard de Chardin.

Sa vision du monde et de l'évolution du monde (largement reprise et développée dans les pages qui suivent, l'aspect christique et chrétien en moins...) collait bien avec la métaphore de l'oignon. Chaque couche d'organisation de la matière engendre une couche supérieure qui l'entoure et cet engendrement, de couche en couche, permet de grimper l'échelle de la complexité par des sauts successifs.

La noosphère est la dernière en date de ces couches : c'est celle de la connaissance, des idées, de la pensée, de l'Esprit. L'homme en est le porteur et l'artisan sur notre bonne vieille Terre, et l'affaire – et la responsabilité qui y est liée – n'est pas mince.

Cette deuxième partie du livre explore ce concept de noosphère dans ses dimensions les plus essentielles. La Matière avait engendré la Vie, et la Vie, depuis peu (quelques dizaines de milliers d'années, donc presque rien à l'échelle de l'univers), commence à engendrer la Pensée. Nous en sommes les témoins et les artisans. Et nous n'en sommes qu'au tout début !

Car c'est bien de cela qu'il faut être particulièrement conscient : nous, hommes du troisième millénaire naissant, ne sommes qu'au tout début de la Pensée et de l'Esprit. La noosphère vit ses premiers balbutiements. Tout reste à penser, à créer, à inventer.

Je me souviens de cette idée de Newton qui, parlant de sa magistrale synthèse sur la loi de la gravitation, se disait comme un petit enfant fasciné par quelques coquillages glanés au hasard d'une plage face à l'océan immense qui reste à découvrir. L'idée, aujourd'hui est la même : les savoirs accumulés par les hommes ne sont que quelques verroteries puériles face à tout ce qui reste à inventer et à trouver.

Si l'âge « moderne » qui finit a bien été un âge d'orgueil et de vanité, l'âge noétique qui s'ouvre sera un âge de modestie et de respect. A la fin du XIXème siècle, Berthelot avait osé proclamer que la science était achevée à quelques détails de calcul près. En ce début de XXIème siècle, je veux affirmer exactement le contraire et chanter avec Jean Gabin : « *Je sais que je ne sais rien* ».

Il aura fallu un siècle pour passer de cet orgueil à cette modestie, un siècle de délires atroces : deux guerres mondiales, Auschwitz, Hiroshima, le Goulag, le Grand Bond en Avant et la Révolution culturelle, 70 ans de colonialismes, 80 ans de communismes, 90 ans de capitalismes, et des centaines de millions de meurtres et d'assassinats « légaux », et des myriades d'hectares de forêts en moins et de déserts en plus, et des milliers d'espèces vivantes détruites et perdues à tout jamais.

Oui, mais voilà qui compense tout : on a marché sur la Lune et on a construit le Concorde.

La belle affaire ! Les seules belles affaires de ce XXème siècle sanglant sont la pénicilline, la pilule contraceptive, Mai '68 et, surtout, l'invention de l'ordinateur (merci monsieur von Neumann). Car l'émergence de la noosphère que nous vivons déjà, avait besoin impérativement de moyens techniques permettant de traiter et de diffuser de gros volumes d'informations à très grande vitesse. C'est probablement la seule excuse de cet infâme XXème siècle qui restera dans la mémoire humaine comme le plus grand mal nécessaire de l'Histoire.

3. NOOSPHÈRE : SON EMERGENCE

« La possession d'une forme de connaissance est automatiquement une réforme de l'esprit. »

Gaston Bachelard (XXème s. PCN)

3.1. Cosmogonie

L'univers et tout ce qu'il contient forment un vaste système complexe, vivant et évoluant : un tout organique en évolution. C'est le point de départ de la révolution noétique.

C'est le point de rencontre des deux grandes sources du changement radical de paradigme que nous vivons depuis quelques décennies : *l'univers est complexe*, c'est-à-dire non réductible à des briques élémentaires et à des « lois » universelles, et *l'univers est évolutif*, c'est-à-dire qu'il s'accomplit, depuis le big-bang, en se créant.

Ce mariage entre complexité et évolution donne le mot clé de la cosmogonie nouvelle : complexification. L'univers se complexifie constamment en inventant continuellement de nouvelles formes d'organisation de l'énergie, de plus en plus sophistiquées, de plus en plus riches en autonomie et en informations.

Les processus conjoints d'individuation et d'intégration, par les propriétés émergentes qu'ils engendrent, permettent ce mouvement de complexification inventive : mouvement sans limite, d'ailleurs, tant la combinatoire s'enrichit constamment de nouvelles potentialités.

A l'instar de nos langues, riches de vingt et quelques lettres qui permettent de créer une infinité de mots et d'écrire une infinité de livres, le cosmos détient quelques motifs élémentaires dont les infinies combinaisons permettent de créer des êtres à l'infini.

3.2.   *Histoires de complexité*

L'émergence du concept de complexité et des sciences du complexe est probablement le fait le plus essentiel au cœur de la grande mutation que nous vivons aujourd'hui. Elle a deux histoires : une dans la culture humaine, l'autre dans la nature physique.

3.2.1. *Histoire de la complexité dans la culture humaine.*

L'homme a probablement toujours ressenti le monde qui l'entoure comme un problème difficile, incompréhensible, imprévisible. Dangers et menaces. Opportunités et chances. Survivre. Et pour survivre, se représenter le monde alentour et inventer les moyens d'en maîtriser, autant que faire se peut, les impacts favorables ou défavorables sur l'humaine condition.

Maîtriser la complexité du monde a toujours été un souci humain essentiel. Souci de survie d'abord, souci de bonne vie ensuite. Souci moteur décliné en trois vagues successives.

Le première vague, la plus ancienne, affronte la complexité par les trois M (Mystère, Magie, Mythologie). Cette première vague sera dominante jusqu'au XVème siècle. Elle est alors remplacée par la seconde vague, celle des trois R (Religions, Rationalisme, Réductionnisme). Cette deuxième vague meurt sous nos yeux contemporains. Une troisième vague est en train de monter pour porter la culture humaine sur les trois S (Spiritualité, Systémique, Synergie).

Cette troisième phase, de la Connaissance, intègre et dépasse les deux précédentes : celle des rites, symboles et visions du cerveau droit, celle des modèles, concepts et analyses du cerveau gauche. La complexité a enfin émergé comme fait reconnu, après avoir été respectivement exorcisée, puis niée. L'exorcisme magique rassure parfois, mais ne résout rien. Le simplisme rationaliste résout parfois, mais il ignore presque tout et, surtout, l'essentiel. La porte s'entrouvre, aujourd'hui, sur un champ (chant) nouveau qui appelle de nouveaux outils, de nouvelles méthodes, de nouveaux concepts afin d'assumer pleinement cette complexité réelle et native du monde dont l'homme sait, à présent, qu'il fait totalement partie intégrante.

L'homme fut d'abord victime-parasite du monde.
Il fut ensuite spectateur-prédateur du monde.
Il devient acteur-créateur dans le monde.

L'heure est à l'aveu définitif : la complexité du réel n'est réductible ni aux mythes et rites trop naïfs de la magie blanche ou noire, ni aux schèmes et concepts trop pauvres de la raison raisonnante. La complexité du réel est irréductible. Et cette irréductibilité même fonde un nouveau départ, une nouvelle approche, un nouveau niveau de connaissance : un saut de connaissance.

3.2.2. Histoire de la complexité dans la nature physique

L'histoire de la nature n'est que l'histoire de la complexification, de la montée en complexité. Cette histoire passe toujours par les mêmes étapes. A un niveau de complexité donné, les entités qui le peuplent, se rencontrent au gré de leur quête d'individuation et d'intégration. Des complémentarités et des antagonismes apparaissent. Des interactions se développent. Elles deviennent parfois récurrentes et stables sous forme d'interrelations. Ces interrelations se combinent en architectures plus ou moins durables qui intègrent, en un sur-système de niveau supérieur, les entités initiales. Ces sur-systèmes, parce qu'ils s'organisent à partir d'interrelations nouvelles, font émerger des propriétés radicalement nouvelles qui leur permettent d'inventer de nouveaux modes d'interactions. Et ainsi de suite, ad libitum.

De la bouillie énergétique initiale, du magma lumineux, incandescent et vibrionnant originel, naissent des figures d'interférence et de résonance dont certaines configurations sont miraculeusement stables : les premiers grains de matières sont nés et avec eux cette propriété émergente qu'est la masse qui permet à ces granules d'interagir gravitationnellement entre elles. Elles se combinent et donnent des structures plus ou moins stables que le scientisme appellera « particules élémentaires » (électrons, protons, neutrons et tous les autres) alors qu'elles ne sont ni particulaires, ni élémentaires. Avec ces « particules » émergent de nouvelles propriétés (la charge électrique et la « charge » nucléaire) et de nouveaux modes d'interaction (les forces électromagnétiques et nucléaires fortes et faibles). Au gré de leurs rencontres, ces « particules » s'agglomèrent en architectures de plus en plus complexes : noyaux, atomes et molécules. Avec les molécules émergent les propriétés chimiques et leurs nouveaux modes d'interaction électrostatiques ou covalentes. La Matière est née.

Ces atomes et molécules, à leur tour, s'associent de diverses manières. Dans les fluides, elles s'accrochent les unes aux autres par des forces de viscosité : nuages, huile, rivière, lave,... Dans les solides, elles développent de somptueux édifices cristallins selon des maillages fort divers. Mais, à ce niveau, un nouveau type d'organisation, improbable mais miraculeusement riche, va émerger : la cellule vivante capable d'auto-reproduction et d'association symbiotique. La Vie est née.

A partir de cette miraculeuse cellule, toute l'arborescence des organismes vivants va pouvoir se déployer avec ses trois branches faîtières : les arbres, les insectes et les vertébrés. Et tous ces organismes, pour survivre au mieux, inventeront de nouveaux modes d'interactions entre eux : sélection naturelle, symbiose, commensalité, mutuellisme, coopération, bref tous les mécanismes de l'écologie terrestre. Le Vivant est né.

Certaines des espèces vivantes vont aller plus loin et inventer des architectures sociales qui vont fédérer les individus afin d'optimiser leur survie collective. Forêts. Fourmilières, termitières, ruches. Meutes, clans, tribus, royaumes, Etats. Pour l'homme, cela se passa il y a 6 000 ans. La Société est née.

Mais l'histoire ne s'arrête pas là.

Parmi les sociétés humaines émerge déjà une nouvelle étape de la complexification cosmique :

l'étape noétique (du grec « *noos* » : esprit, intelligence, connaissance), c'est-à-dire l'émergence de systèmes immatériels, vastes architectures d'informations et de connaissances, d'inventions et de mémoires.

Nous vivons cette émergence aujourd'hui : celle de la naissance des espaces culturels souchés sur l'espace naturel, celle des champs immatériels souchés sur le champ matériel, celle des architectures cognitives souchées sur l'architecture sociale. Et de ces sur-systèmes cognitifs et créatifs, émergent déjà des propriétés nouvelles et des modes d'interactions nouveaux, insoupçonnés parce qu'insoupçonnables il y a seulement quelques décennies.

3.2.3. Impact du saut de complexité contemporain

Nous vivons donc, aujourd'hui, l'émergence d'un nouvel échelon sur l'échelle de la complexité. Un échelon supérieur, plus complexe encore que tous ceux qui l'ont précédé dans la longue histoire du cosmos en perpétuelle complexification : celui prédit par Teilhard de Chardin sous le nom de noosphère vient se superposer aux lithosphère, biosphère et sociosphère antérieures.

Mais en même temps, nous vivons l'émergence d'un nouveau paradigme, radicalement autre : celui de la Complexité elle-même au-delà de la Magie et de la Raison.

La concomitance de ces deux ruptures n'est probablement pas fortuite.

Ce saut, cette émergence neuve, cette révolution paradigmatique rendent singulièrement dérisoires et provinciales les chamailleries politiciennes de la « sociosphère » : le problème n'est plus d'être à droite ou à gauche, le problème est d'être « en avant », c'est-à-dire engagé dans la percée inouïe du nouveau paradigme et des nouveaux univers immatériels de la connaissance et de l'imaginaire.

L'homme, en tant qu'homme, devient singulièrement périphérique et futile : il n'est plus que vecteur de Pensée. Révolution néo-copernicienne : l'homme n'est plus le centre du monde !

Comme la Vie avait infiniment dépassé la Matière, comme la Société a infiniment dépassé les Individus, la Noosphère dépassera infiniment la

Sociosphère dont elle se nourrit (comme les atomes se nourrissent de particules, les molécules d'atomes, les cellules de molécules, les organismes de cellules, etc...).

Le problème n'est plus le « comment vivre ensemble ? » (pure intendance sans intérêt), mais bien « comment servir l'émergence des nouveaux mo(n)des de la Pensée ? ».

3.2.4. En résumé

Les huit premières étapes du processus cosmique de complexification se résument ainsi :
- Phase Energie :
  - o Etape oosphérique (individuation) : émergence de l'énergie pure dans le Big-Bang
  - o Etape photosphérique (intégration) : apparition des quanta de lumière (photons)
- Phase Matière :
  - o Etape nanosphérique (individuation) : agglomération en particules « élémentaires »
  - o Etape lithosphérique (intégration) : constitution des édifices moléculaires (cristaux, fluides visqueux, organites pré-biotiques)
- Phase Vie :
  - o Etape biosphérique (individuation) : explosion des phyla végétaux et animaux
  - o Etape sociosphérique (intégration) : coagulation en écosystèmes intégrés et/ou en sociétés organisées (fourmilière, ruche, humanité, etc.)
- Phase Pensée :
  - o Etape noosphérique (individuation) : foisonnement des idées autonomes et de leurs réseaux d'activité
  - o Etape gnoséosphérique (intégration) : construction de vastes architectures cognitives dématérialisées.

L'humanité est le pont entre sociosphère et noosphère. La noosphère commence à peine à émerger.
Nous entrons dans l'âge noétique.

3.3. Echelle quantique

On l'aura bien compris, l'échelle de complexité n'est pas un spectre continu. Elle s'élève par sauts et paliers. Par stades de croissance suivi de stades de consolidation, comme déjà évoqué par ailleurs. A chaque étape, un effet de seuil doit être surmonté pour qu'émerge la « couche » suivante.

Dans le passage de la sociosphère à la noosphère, l'humanité est confrontée à un tel effet de seuil et à l'incontournable saut (dans l'inconnu autant que dans la connaissance) qu'il implique. Déjà s'aperçoivent des clivages gigantesques entre ceux qui passent le cap et ceux qui restent bloqués en-deçà. Nous étudierons ces problématiques dans la troisième partie.

Ainsi, à l'échelle cosmique, la complexification évolue et progresse par sauts quantiques.
Ceci n'est pas neutre. Par exemple, on se demande pourquoi l'émergence de nouvelles espèces végétales et animales fut si effervescente au début de la biosphère, alors qu'elle semble nettement ralentie aujourd'hui. La réponse est dans l'alternance d'une période d'individuation forcenée et de foisonnement initial dès que le seuil est franchi, et d'une période d'intégration progressive et de consolidation (y compris par sélection naturelle) ensuite.
Alternance de néguentropie et d'entropie. Alternance de créativité et de mise en ordre.

Notre entrée dans la noosphère induit les mêmes phénomènes : nous sommes en train de franchir le seuil (du moins une part de l'humanité) et nous commençons une ère de grand foisonnement créatif et cognitif. Ensuite, viendront les temps de la consolidation, des architectures noétiques et des mises en ordre de la noosphère en gnoséosphère.

La grand inconnue est évident le facteur temps.

La durée de la phase « Matière » fut infiniment plus longue que la phase « Vie » : la Terre existe depuis plus de 4,6 milliards d'années, alors que la Vie sur Terre ne date que d'il y a 300 millions d'années et que déjà la Vie commence d'engendrer la Pensée organisé depuis moins de 10 000 ans. Il y a raccourcissement des durées. L'explication en est probablement que plus il y a de matière et moins il y a d'information en jeu, plus la pondéralité induit des inerties énormes qui consomment du temps.

La Vie est moins matérielle et plus informationnelle (puisque plus complexe) que la Matière.

La Connaissance et la Pensée sont quasi totalement dématérialisées, donc sans inertie.

Ce point est capital.

Le passage à la noosphère est un saut qualitatif mais pas une rupture : il échappe radicalement aux dualismes idéalistes qui séparent l'Esprit et la Matière. L'esprit (la pensée, la conscience, la mémoire, la connaissance) est dans la matière et de la matière. Et vice-versa. Depuis l'aube des temps. Depuis le tout début de tout. Il faut donc se garder de toute dichotomie, de toute césure, de tout manichéisme. La pensée est un continuité avec la matière : elle n'est qu'une autre forme (bien plus complexe), une autre modalité, une autre organisation de l'énergie primordiale et universelle. Si rupture il y a, elle n'est pas d'ordre essentiel ou ontologique, mais bien d'ordre existentiel et opérationnel. Plus le cosmos s'accomplit, plus la densité d'information par unité matérielle augmente exponentiellement : pour s'en donner idée, qu'il suffise de comparer les tables de pierre du code d'Hammourabi et le CD-rom de mon encyclopédie.

Pierre Teilhard de Chardin parlait de « spiritualisation de la Matière ». Le mot est fort et provoquant, mais rigoureusement exact, n'en déplaise à l'arrière-garde matérialiste et rationaliste.

3.4.   Lois, relations et propriétés émergentes

'Autre échelon et autre lois' pourrait être le résumé abrupt de mon propos dans ce paragraphe.

Retour à l'échelle de complexité...

Tout en bas, au niveau des photons et autre conglomérats d'énergie vibrante, toutes les interactions relèvent du champ unitaire tant désiré par Albert Einstein et peut-être formalisé par la récente « théorie du tout ». A l'échelon supérieur, entre les « particules » matérielles, la force unique se dédouble en quatre forces élémentaires déjà citées (gravitationnelle, électromagnétique, nucléaire forte et faible). Montons d'un échelon, la panoplie des types d'interactions s'enrichit avec toutes les relations chimiques et physiques que l'on trouve dans les complexes moléculaires, les cristaux, les fluides visqueux et les organites pré-biotiques (jusqu'aux virus). Montons encore : les cellules vivantes interagissent entre elles, s'échangent fluides et énergies, s'agglutinent, s'agglomèrent en tissus, organes, êtres vivants intégrés, et s'inventent des processus complexes de régulation homéostatique. Encore plus haut, viennent toutes les relations et interrelations qu'inventent les vivants pour communiquer entre eux, pour coopérer ou s'entredévorer : de l'agression à la soumission, de la séduction à la répulsion, c'est toute l'éthologie végétale et animale qui s'étale ici. Plus haut encore s'élaborent les écosystèmes intégrés et les sociétés animales et humaines qui se dotent de processus d'interrelation nouveaux que l'ethnologie se délecte à étudier parmi les hommes.

Dans la noosphère toute neuve, aussi, de nouvelles tactiques relationnelles entre les idées, les savoirs, les connaissances commencent à s'élaborer en vue de l'organiser, de la structurer, de la renforcer.

On le voit, chaque échelon invente ses propres modalités relationnelles.

L'immense erreur commise par la science classique fut de croire, fidèlement à son idéologie et à sa méthodologie analytique, que les relations du niveau supérieur pouvaient se réduire (se décomposer et donc s'expliquer) aux modalités relationnelles du niveau inférieur.

Parallèlement aux propriétés émergentes qui résultent des interactions dynamiques entre ingrédients d'un système, on peut parler de « lois » émergentes qui résultent des interactions entre les « lois » de niveau inférieur, mais qui ne se ramènent à aucune d'elles.

4. ORGANISATION, PROLIFÉRATION

« L'homme doit développer les facultés de son esprit comme un virtuose fait ses gammes. »

Paul Valéry (XIXème s. PCN)

4.1.   Dès l'origine

On l'a bien compris, la noosphère n'est pas sortie d'un coup toute armée de la sociosphère telle Athéna de la cuisse de Zeus. Elle est présente dès l'origine de l'univers, comme une « couche » latente prête à se développer dès que possible, dès que le contexte le permettra.

Dès qu'apparut la première « forme » énergétique stable, est née concomitamment la première information mémorisée, donc le premier « noème », le premier embryon de connaissance.

Chaque forme récurrente, chaque relation récurrente sont des connaissances mémorisées.

Cette mémoire cosmique, inhérente et immanente à tout ce qui existe, est le premier substrat informationnel dont émergera peu à peu la noosphère. En quelque sorte, on pourrait dire que la noosphère, comme d'ailleurs toutes les autres « couches » du cosmos, accompagne depuis l'origine le développement et l'accomplissement du processus global de complexification.

Il est bien important de noter qu'en rien il n'y a de discontinuité : l'unité foncière du Tout s'y opposerait[18]. Il faut donc convenir que les distinctions que nous faisons entre les diverses « couches » cosmiques de complexité, sont autant de regards humains nous aidant à percevoir et comprendre l'unité essentielle qui se cache derrière elles.

Il n'y a aucune rupture dualiste entre Matière (les n-sphères antérieures) et l'Esprit (la noosphère). L'esprit émane et participe de la matière. Et vice-versa.

Mais la noosphère, en gagnant en complexité, gagne aussi en immatérialité : elle se dématérialise de plus en plus, mais, répétons-le, elle ne peut exister hors de tout support matériel, aussi ténu, léger ou miniaturisé soit-il.

Tout se passe comme dans un cristallisoir : la solution accumule le produit cristallisant sans que rien ne se passe, mais le produit est bien là ; tout doucement la solution arrive à saturation; en l'absence d'un germe, elle peut même devenir sursaturée ; il ne se passe toujours rien ; puis, souvent brutalement, la cristallisation « prend » autour d'un germe qui catalyse le processus et voilà tout le cristallisoir empli du cristal attendu.

Il en va de même pour la noosphère : elle est en latence depuis l'origine des temps mais ne pouvait enclencher son émergence tant que certaines conditions de « saturation » n'étaient pas remplie au sein de la mémoire cosmique. Il fallut attendre l'apparition d'une densité suffisante de matière très informée pour que le processus démarre. Sur notre bonne vieille Terre, c'est l'homme qui fut se déclencheur, ce catalyseur (c'est d'ailleurs sa vocation et sa mission...).

Son cerveau d'abord, étonnamment plus complexe que ceux des autres animaux, fut un signe d'ampleur planétaire. Mais les débuts réels de l'âge noétique sur Terre durent encore attendre que les technologies de l'information et des télécommunications (TIC) inventées par l'homme fussent assez puissantes pour relier entre eux ces cerveaux autrefois limités aux sphères de la voix (de faible portée) et du livre (lourd, onéreux et rare).

L'âge noétique qui commence avec l'émergence de ces TIC, marque l'accélération spectaculaire de la sortie de latence de la noosphère sur Terre.

ORGANISATION, PROLIFÉRATION

4.2.   L'idée de forme mémorisée

Dès lors que quelque chose est récurrent, itératif, auto-dupliquant, répétitif, etc., il y a mémoire. Et puisqu'il y a des récurrences dans l'univers, il y a donc une mémoire cosmique.

Ces récurrences de forme dans l'espace constituent les « matières » physiques. Ces récurrences de forme dans le temps constituent les « lois » physiques. Ainsi, matières et lois ne sont que des formes mémorisées au milieu de tant et tant de formes évanescentes, éphémères, provisoires, uniques.

Mais cette mémoire cosmique partout présente, partout immanente, constituée de toutes ces formes mémorisées, ne suffit pas pour qu'il y ait noosphère. Elle lui est absolument nécessaire, comme substrat, comme terreau, comme humus nourricier. Mais encore une fois, la métaphore nous aidera à comprendre que le terreau ne produit pas d'arbre sans graine, c'est-à-dire sans un germe dont le processus d'accomplissement produira la plante en se nourrissant des substances du terreau – entre autres.

Cette graine, c'est la conscience.
Conscience : con-science, savoir avec... savoir que l'on sait...
Conscience de savoir ce que l'on sait, c'est-à-dire de ce que l'on a mémorisé.
Conscience de pouvoir créer de nouveaux savoirs inédits à partir de ces savoirs « naturels » primitifs.
Conscience de pouvoir utiliser ces savoirs dans l'espace et dans le temps pour influer sur le cosmos et rendre celui-ci plus habitable, plus vivable (du moins en théorie... en pratique, la conscience humaine, c'est plutôt une inconscience de pilleur et de voyou !).

Ainsi apparaît cette « loi » qui veut que l'émergence de la noosphère, c'est aussi l'émergence de la conscience. Ce qui permet ce raccourci saisissant : l'âge noétique, c'est l'âge de la conscientisation humaine.

4.3.   La conscience

Prise au sens le plus profond, la conscience ne se confond pas avec la « conscience morale » que l'on évoque lorsque l'on a « mauvaise conscience » ou lorsque l'on a la « conscience en paix ». Certes, la conscientisation peut aussi faire prendre conscience de certaines valeurs ou règles de comportement et ainsi devenir éthique, mais elle ne s'y ramène pas.

Définir la conscience ?

Lalande tergiverse... et laisse le flou. Il écrit : « *Intuition (plus ou moins complète, plus ou moins claire) qu'a l'esprit de ses états et de ses actes. Cette définition ne peut être qu'approximative, le fait de la conscience étant (...) une des données fondamentales de la pensée, que l'on ne peut résoudre en éléments plus simples* ».

La conscience est donc une propriété émergente et holistique non réductible à des mécanismes neurobiologiques comme le voudrait la terriblement mécaniciste « école de neurobiologie »[19], dernière héritière en date de « l'homme-machine » cartésien. La conscience n'est réductible à rien. Elle est une propriété émergente radicalement neuve, tout droit issue d'une boucle de complexification quelque part dans un cerveau humain. Bien entendu, elle est potentiellement présente – en latence – partout depuis toujours. On peut sans souci parler de conscience cosmique comme l'on parla de l'âme du monde. On peut même aller plus loin avec bien des écoles de pensée taoïstes, hindouistes ou bouddhistes, et dire que cette conscience universelle englobe et intègre, en les dépassant toutes, les consciences latentes présentes, comme la mémoire, dans toute parcelle d'existant et les consciences en développement de tous les êtres pensants qui peuplent les mondes.

On voit alors qu'il y a peu de distance entre cette idée de conscience cosmique ou universelle et le concept de noosphère. Sur le fond, il ne serait pas abusif de les identifier l'une à l'autre.

Quant à la forme, elles font référence à des mondes culturels tellement distants, qu'il est inutile de brusquer les rapprochements.

---

[19] Lire par exemple : « La conscience expliquée » de Daniel C. Dennet (Odile Jacob – 1993)

4.4. L'organisation de la noosphère

Au niveau le plus fondamental, la noosphère est d'abord l'ensemble de toutes les formes mémorisées, quels qu'en soient le code ou le support : elle synthétise tous les cerveaux biologiques ou électroniques, connectés ou pas, mais aussi toutes les mémoires et consciences latentes qui peuplent toutes les couches de l'organisation cosmique. Même la mémoire de la ruche ou de la plante verte y trouve place. Celles des cristaux et matériaux rémanents aussi. De même pour les mémoires collectives ou géologiques.

Bien sûr, la noosphère, c'est d'abord cet ensemble cosmique de mémoires disséminées.
Mais elle n'est pas que cela !
La noosphère c'est aussi, et peut-être surtout, un processus, une dynamique d'interconnexion et de structuration de ces mémoires.
Elle est avant tout un processus de génération de propriétés émergentes *entre* tous ces ingrédients de mémoire : elle est essentiellement créativité.

Au risque de provoquer, je dirais que la noosphère est typiquement un processus alchimique. Une alchimie noétique. Une alchimie dont un des athanors pourrait être le cerveau humain, et dont l'indispensable pierre philosophale pourrait bien ressembler au désir d'accomplissement créatif[20]. La métaphore est riche... elle mériterait d'être approfondie.

Autre métaphore directement issue des chapitres précédents : la noosphère est un peu un cassoulet de mémoires si riche en sens et en saveurs, mais si peu réductible à ses ingrédients-mémoires de base. Cette remarque prend toute son importance dès lors que l'on comprend que l'organisation des données dans une base de données informatique n'est que l'organisation la plus simpliste, la plus analytique et la plus hiérarchique que prenne la noosphère.
Le cerveau humain est déjà infiniment plus riche en types de relations.
Mais des structures bien plus complexes, bien moins linéaires restent encore à inventer à foison. La noosphère en est encore à ses premiers balbutiements de bébé...

4.5.   Interconnexion

Ainsi, le fondement essentiel de la noosphère est l'ensemble de tous ces processus d'interconnexion entre mémoires, à tous les niveaux, à toutes les échelles. Quand le méditatif zen prétend dépasser la pensée conceptuelle pour se connecter avec le Réel dans sa nudité immédiate, il ne décrit rien d'autre qu'une mise en résonance entre une conscience locale et la conscience cosmique, il ne décrit rien d'autre qu'une connexion avec la noosphère prise dans son ensemble. Toutes les mystiques, depuis toujours, partout, ne cherchent rien d'autre !

Mais sans aller si loin, tous les chercheurs, tous les artistes, tous les créatifs le savent bien : l'œuvre naît toujours du rapprochement de deux ou plusieurs ingrédients jusque là étrangers les uns aux autres: « rassembler ce qui est épars... ». Il s'agit toujours d'interconnexion !

Un test simple ?

Sans anticiper sur le chapitre consacré à la créativité, essayez donc de dessiner un extra-terrestre imaginaire, aussi éloigné que possible du genre humain.

C'est fait ?

Regardez bien : vous avez assemblé des morceaux connus au sein d'une structure nouvelle. Ce que vous avez inventé, ce sont de nouveaux assemblages d'éléments connus. Vous avez créé des propriétés émergentes mais en puisant dans vos mémoires.

Sans faire de théologie, il faut pourtant insister : la création *ex nihilo* n'est jamais possible.

L'homme ne peut que combiner du connu...

Interconnexion, donc...

Mais interconnexion évolutive : la noosphère est vivante !

Ses mémoires se renouvellent : obsolescence et création y alternent. Ses architectures et ses combinatoires s'enrichissent et s'effondrent sans cesse. L'histoire des sciences, des systèmes philosophiques ou des écoles esthétiques en est l'éclatante preuve. Vérité hier, erreur demain.

Newton est mort, vive Einstein.
Platon est mort, vive Nietzsche.

Rubens est mort, vive Van Gogh.
Lully est mort, vive Debussy.
Et Einstein, Nietzsche, Van Gogh et Debussy, eux aussi, nous ont quittés...
vive demain.

4.6.   Interconnexions

Toute construction est affaire d'interrelations. La noosphère n'échappe pas à ce principe.

Mais il doit être bien clair que ces interrelations sont presque toujours bien plus que de simples juxtapositions : le tout est plus que la somme des parties. C'est notre principe holistique de base, omniprésent dans notre approche de la complexification cosmique et de tout ce qui en émane, noosphère comprise.

Toutes ces formes mémorisées[21] qui peuplent la noosphère, toutes ces idées au sens le plus large du terme, ne sont pas des briques élémentaires qu'il « suffit » d'assembler pour construire des architectures grandioses. Les interactions entre ces idées sont bien plus de l'ordre de la résonance et de l'interférence ondulatoires que de celui de l'assemblage corpusculaire.

Ce point est capital et nous y reviendrons dans le chapitre ultérieur consacré notamment à la métalogique et à la métaphore ainsi qu'à la pensée complexe[22].

Pour l'instant qu'il suffise de comprendre que ces interférences créatives entre idées relèvent bien plus du symbolisme poétique que de la logique aristotélicienne.

L'assemblage logique des idées n'engendre aucune propriété émergente : il relève d'un processus simple, analytique, mécanique. Le raisonnement :

---

[21] Dans la suite de ce travail, nous remplacerons l'expression un peu lourde de « forme mémorisée » par le mot « idée » selon son acception étymologique grecque de « *eidos* » qui signifie, précisément, « forme ». Mais il faudra prendre bien garde de ne jamais prendre ce mot dans son acception platonicienne et idéaliste. Les idées qui peuplent la noosphère sont des entités vivantes et mutantes qui sont tout sauf des Idées essentielles, immuables, éternelles et préexistantes à tout.

[22] Chapitre 6 : « La pensée noétique »

« *Tous les hommes sont mortels. Socrate est un homme. Donc Socrate est mortel* », est un parcours horizontal : les idées s'enchaînent sur le même plan (c'est d'ailleurs le propre de tout raisonnement logique) et il n'y est rien engendré de neuf qui ne soit inclut préalablement dans les trois idées utilisées. Il n'y a rien à y ajouter : ni glose, ni herméneutique.

Par contre, l'assemblage métaphorique ou symbolique des idées est tout autre : il génère des images d'un niveau de complexité, de sens et de richesse largement supérieur à celui des idées initiales.

Par exemple, lorsque Baudelaire écrit [23]... :

> « *La Nature est un temple où de vivants piliers*
> *Laissent parfois sortir de confuses paroles ;*
> *L'homme y passe à travers des forêts de symboles*
> *Qui l'observent avec des regards familiers.* »

... il y aurait des tomes entiers d'exégèse à en écrire !

Les mots, les concepts, les rimes entrent en résonance et provoque des constructions de sens et d'images et d'idées neuves qui dépassent très largement le contenu sémantique strict des idées utilisées.

On le pressent déjà : les interconnexions entre idées, au sein de la noosphère, s'organisent, elles aussi, sur plusieurs niveaux de complexité. Tout en bas de l'échelle, on trouve les interconnexions simples, mécaniques, logiques qui associent des concepts isolés dans des constructions régulières et normées[24]. C'est à ce niveau là que se placent les discours scientifiques et philosophiques classiques. Bien plus haut (en complexité, mais par forcément en qualité...), évoluent des architectures d'interconnexions bien plus complexes de nature métaphorique ou analogique ou symbolique ou poétique qui suggèrent des mondes au-delà de tout raisonnement. On trouve là les discours de type prophétique (le Nietzsche de « Zarathoustra » ou le Teilhard de l' « Hymne de l'Univers ») ou mystique (Maître Eckart ou Shankara ou le Zohar).

Rien n'empêche, évidemment de rêver à des niveaux de complexité noétique encore bien plus élevé et encore à inventer... pour dire l'indicible et penser l'impensable.

---

[23] Baudelaire : « Correspondances » in : « Les Fleurs du Mal »
[24] Ces normes sont d'ailleurs totalement conventionnelles et arbitraires, comme l'ont démontré à loisir les plus grands logiciens du XXème siècle comme Russell, Wittgenstein, Carnap et consorts...

ORGANISATION, PROLIFÉRATION

Ainsi, la noosphère se présente-t-elle comme un immense tissu d'associations d'idées de complexités, de natures, de profondeurs et de pertinences diverses.

Certaines zones, très explorées, sont particulièrement denses, formant des îlots compacts très organisés. D'autres zones ressemblent encore à des déserts peu visités, arides et secs mais riches de tous les pétroles ou de toutes les oasis de demain. De grandes villes naguère fort fréquentées sont à présent abandonnées et tombent en ruine : ce sont les villes-fantômes de la pensée. Qui se préoccupe encore, hors quelques archéologues noétiques, du système astronomique de Ptolémée ou des disputes scolastiques du Moyen-Âge ?

Il faut s'imprégner de cette métaphore d'une noosphère prise comme un monde peuplé d'idées toutes plus ou moins reliées entre elles (au moins par les formes les plus élémentaires de la mémoire cosmique) et qui construisent, de-ci de-là, des ensembles complexes, plus ou moins organisés, plus ou moins structurés, plus ou moins éphémères.

On peut, en ce sens, comparer le monde des idées avec le monde des hommes : mégapoles, villes, villages et campagnes, régions de peuplement, régions de culture, régions de pionniers et de découvreurs, régions opulentes et bourgeoises, régions arides, régions à la mode...

Zones connectées, à leur tour, entre elles, ici par des autoroutes énormes, là par des chemins de chevriers presque inconnus. On pourrait en dresser la carte !

Il faut aussi, et surtout, s'imprégner profondément de l'idée que ce monde des idées est vivant, évolutif, avec ses naissances et ses morts, avec ses modes et ses ruines. Un monde qui bouge, qui se transforme et qui prolifère dans les espaces infinis de l'immatériel.

4.7.   *Une drôle de logistique*

La noosphère est ce monde des idées[25] tout droit émané des sociosphères et enraciné en elles.

La sociosphère humaine nourrit la noosphère : il existe entre elles une relation de type « logistique ». La noosphère n'est pas un monde isolé, comme suspendu hors tout : ce point est essentiel. Point d'idéalisme. Point de dualisme ontologique entre Matière et Esprit, entre Vie et Pensée, entre Réel et Idée.

Sans cerveaux humains pour penser, point de noosphère. L'homme en ce sens est bien le porteur de la noosphère. Il est bien ce terreau où s'enracine l'arbre (la forêt, faudrait-il écrire) noétique. Nous reviendrons dans les chapitres qui suivent sur ce point délicat et sur toutes ses implications anthropologiques, éthiques et méthodologiques.

Qu'il suffise, ici, d'insister sur ceci : la noosphère se nourrit de la sociosphère exactement comme la sociosphère (nos sociétés humaines) se nourrit de la biosphère (la nature) qui se nourrit de la lithosphère (les minéraux, l'eau, l'air,...) ; etc...

On pourrait parler de macro-écologie pour décrire toutes les interactions et relations et échanges mutuels entre ces diverses couches du Réel.

Chaque couche est, en quelque sorte au service de celles qui l'entourent. Cela est vrai en général. Cela est vrai en particulier pour la sociosphère humaine qui se trouve donc être au service à la fois de la biosphère (la Nature) et de la noosphère (la Connaissance).

L'humanité est en somme un pont, un passage, un gué entre deux rives, entre deux mondes, entre deux échelons de la même échelle de complexité. Il y a là un renversement singulier et fondamental des valeurs, un basculement copernicien, une révolution noétique : l'humanité qui se croyait le centre, le sommet et le but de l'univers, se retrouve à l'état de passerelle au service à la fois de la Nature et de la Connaissance.

---

[25] Certains ont d'ailleurs tenté d'user du mot « idéosphère » pour la désigner, sans doute pour « cartésianiser » et laïciser le mot un peu « mystique » de Teilhard de Chardin.

Au service de la Nature : sa vocation écologique. Au service de la Connaissance : sa vocation noétique. Gardien métayer de la Nature et instrument logistique de la Connaissance.

L'homme doit descendre de l'illusoire piédestal qu'il s'était lui-même inventé et construit.

L'humanité s'instrumentalise au service de ce qui la dépasse : la Nature et la Connaissance.

Au service de la Nature pour y préserver et y favoriser la Vie sous toutes ses formes.

Au service de la Connaissance pour y mémoriser et y créer toutes les idées, toutes les métaphores[26] possibles.

4.8. La prolifération de la noosphère

Toutes les idées possibles ? Toutes les métaphores possibles ? N'y aurait-il donc aucun critère de présélection qui puisse débusquer les « bonnes » idées et les « bonnes » métaphores et faire l'économie du temps et de l'énergie gaspillés dans les « mauvaises » ?

Au risque de frustrer tous les idéalistes, tous les adorateurs du Beau, du Bien, du Vrai et du Sacré, un tel critère ne peut heureusement pas exister. Le monde des idées, comme le monde tout court, comme l'univers entier, s'invente et se crée tous les jours par essais et erreurs.

Les idées, de la forme la plus élémentaire à la métaphore la plus complexe, y apparaissent, s'y développent, s'y perpétuent et en disparaissent exactement comme les espèces animales dans la biosphère. Il y a comme un goût de darwinisme, là-derrière... Mais un darwinisme enrichi, élargi, positivé.

Les idées, une fois créées, se propagent de cerveau en cerveau, de mémoire en mémoire, de conscience en conscience. Cette propagation est plus ou moins rapide : une idée mettait naguère des dizaines d'années pour être connue par toutes les personnes concernées ; aujourd'hui, elle met

---

[26] On le verra plus loin, le mot « métaphore » est le plus approprié pour parler en général de tout assemblage d'idées. Par métaphore, il faut entendre tout ensemble structuré de signes porteur de sens.

quelques micro-secondes. C'est d'ailleurs cette vitesse de propagation des idées qui est le paramètre crucial pour mesurer l'émergence de la noosphère et l'entrée dans l'âge noétique : il a fallu que la technologie (les TIC) permette la circulation mondiale des données à la quasi vitesse de la lumière pour que le processus noétique puisse se mettre en route. Les technologies antérieures n'atteignaient pas, loin s'en faut, les vitesses de propagation suffisante pour passer l'effet de seuil. Aujourd'hui c'est chose faite, ce qui permet de dater l'entrée dans l'âge noétique à la toute fin des années 1980 où la massification d'Internet (symbole de l'âge noétique naissant) coïncide avec la chute du mur de Berlin (symbole de l'âge « moderne » finissant).

Les idées, une fois créées ou découvertes, se propagent, donc elles voyagent de cerveau en cerveau, enrichissant à chaque pas la mémoire qui l'accueille et s'enrichissant à chaque fois de liens et de sens nouveaux. Mais le phénomène dépasse la simple propagation : il y a prolifération. Une idée féconde engendre d'autres idées au fil de sa propagation et de son appropriation dans les cerveaux d'accueil. Elle s'associe à d'autres idées afin qu'émergent de nouveaux agrégats plus riches, plus complexes.

Encore faut-il que l'idée initiale soit féconde (quel que soit le critère de fécondité que l'on puisse imaginer). Si elle est féconde, elle fécondera, elle engendrera de nouvelles idées plus riches qui se propageront à leur tour pour s'enrichir et s'épanouir.

Mais si elle ne l'est pas, ou plutôt si elle n'est pas perçue comme tel dans les consciences qui l'accueillent, elle périclitera et ne proliférera pas.

C'est là la nouvelle mouture du darwinisme noétique.

Combien d'idées géniales vite oubliées et parfois réinventées des lustres plus tard ?

Combien d'idées finalement nocives et abandonnées, n'ont-elles pas proliféré dans l'enthousiasme d'une époque, ou d'un lieu, ou d'un mouvement, ou d'un groupe ?

Le Nazisme fut une idée. L'Europe Unie en est une autre.

Il n'a fallu que six ans à la première pour mettre le monde entier à feu et à sang.

Il a fallu cinquante ans à la seconde pour accoucher d'un projet de constitution européenne.

Il aura fallu plus de deux mille ans pour que Nietzsche refonde la philosophie du devenir qu'Héraclite d'Ephèse, dit l'Obscur, avait formulée envers et contre tous avant d'être étouffé par les lourdes et cadavériques philosophies de l'Être de Platon et d'Aristote après Parménide. Cette philosophie du Devenir sera pourtant la seule à survivre durant le IIIème millénaire.

Le principe de fécondité ou de prolifération, comme on voudra, est le fondement même de la vie et de la propagation des idées dans la noosphère. Une idée ne survit et ne se perpétue que si elle est suffisamment féconde pour proliférer et générer d'autres idées qui viendront l'enrichir et la renforcer tout au long de sa propagation. Ce principe peut d'ailleurs être décliné de bien des manières parfois surprenantes. Ainsi une idée fausse peut être terriblement féconde par l'effet miroir qu'elle induit. Ainsi une idée insignifiante, en déclenchant un effet de boule de neige qui l'engloutira, pourra être le germe initial d'une prolifération sans y laisser, pourtant la moindre trace.

Il faut revenir ici au principe systémique de base qui veut que tout système complexe – et la noosphère en est un immense – tend à s'accomplir en plénitude, c'est-à-dire à réaliser toutes ses potentialités dans la rencontre permanente avec les opportunités offertes par son environnement. Ce principe, déjà exprimé par Aristote, s'appelle l'entéléchie.

Appliqué à la noosphère, il permet d'affirmer clairement que celle-ci a tendance, partout, toujours, à essayer toutes les combinatoires potentielles d'idées dans toutes les métaphores imaginables. Une fois ces idées et métaphores créées, leur advienne que pourra !

Elles commencent leur propagation dans les esprits : les plus fécondes proliféreront, les autres végèteront ou péricliteront.

4.9. *De la valeur des idées*

Cette propension à la prolifération est précisément le paramètre de mesure de la valeur d'une idée. Derrière cette évidence, se cache un des plus formidables paradoxes de l'âge noétique dont les conséquences, on le verra au chapitre 5, seront immenses.

En effet, une idée aura d'autant plus de valeur qu'elle est plus partagée et plus gratuite !

Je m'explique : plus une idée transite dans plus de cerveaux, plus la probabilité qu'elle prolifère et s'enrichisse augmente exponentiellement, donc plus une idée est partagée, plus sa propension à proliférer et donc sa valeur augmentent. De plus, la vitesse de propagation, donc de partage d'une idée est d'autant plus grande que l'accès à cette idée est gratuit : toute la « guerre » entre Linux et Microsoft, toutes les courses aux standards et aux normes techniques et commerciales (notamment en matière de GSM), toute la circulation parallèle des copies pirates de CD, de DVD et de softwares trouvent leur origine dans ce principe prolifération dans et par la gratuité.

Partage et gratuité comme fondement de la valeur noétique. C'est-à-dire l'exact contre-pied des principes de base de l'économie et du commerce classiques.

Il ne faut jamais oublier cette simple remarque de bon sens : lorsque je possède un objet et que je le donne, je ne l'ai plus ; lorsque je possède une information et que je la donne à quelqu'un d'autre, nous la possédons encore tous les deux intégralement.

Ceci est en opposition formelle avec toutes les équations de conservation et toutes les règles de l'arithmétique : en divisant l'information, on la multiplie... !

Une idée partagée par deux personnes donne deux idées. Effondrement des mathématiques.

On comprend vite que l'on entre là dans une tout autre logique (une métalogique dont on parlera au chapitre suivant).

4.10.   En guise de résumé

Le mot « idée » semble mieux convenir que ceux de « noème » ou de « symbole » ou de « concept » pour désigner les êtres immatériels élémentaires qui peuplent la noosphère.

Mais il faut alors désamorcer d'emblée toute perversion idéaliste : si la noosphère est définie comme le monde des idées, des « *eidos* » qui sont les formes, il ne s'agit pas du tout du monde des Idées de Platon, il s'agit même de son radical contraire.

Les idées noétiques ne sont ni immuables, ni absolues, ni a-priori, ce que sont les Idées platoniciennes. Elles ne sont pas immuables parce qu'elles sont vivantes, parce qu'elles naissent, vivent et meurent au gré des paradigmes ou, simplement, des interprétations successives qu'on leur donne à chaque visite.

ORGANISATION, PROLIFÉRATION

Elles ne sont pas absolues parce qu'elles ne vivent qu'en relation avec d'autres idées au sein de systèmes et de réseaux complexes et évolutifs, au fil des connexions qu'elles établiront ou perdront avec d'autres idées. Elles ne sont pas a-priori puisqu'elles émergent peu à peu, émanations successives du processus pensant, du processus noétique créateur d'idées.

De manière à éviter les pièges de l'analycisme cartésien, peu adéquat dès lors que l'on tente d'explorer le complexe, l'adjectif « élémentaire », utilisé plus haut, doit être manié avec prudence. L'idée est l'être noétique « élémentaire » comme la cellule est l'être biotique « élémentaire ». Il ne s'agit pas d'un atome insécable, d'une brique originelle et simple possédant existence et propriétés propres. Toute idée est complexe d'emblée.

L'idée est bien plus un nœud noétique, un point de cristallisation provisoire qui ne prend sens et signification que dans ses connexions multiples avec d'autres idées, un peu comme, dans chaque dictionnaire, tout mot n'est compréhensible qu'au travers d'une définition qui utilise d'autres mots qui eux-mêmes, etc. Chaque idée est nœud noétique, donc...

Les idées sont vivantes : ce point est essentiel.

Elles naissent, croissent, mûrissent, déclinent et meurent.

Elles engendrent et prolifèrent... ou restent stériles.

Elles s'associent en de multiples communautés idéelles appelées « théorie » ou « métaphore » ou « liturgie » ou « système » ou « paradigme » ou « weltanschauung » ou « manifeste » ou « idéologie » ou « mouvement », etc...

Elles ont chacune leur généalogie (comme l'a souligné Nietzsche).

Elles se livrent des guerres d'écoles, des disputations et controverses, mais aussi connaissent de grandes réconciliations synthétiques dans leur montée permanente vers toujours plus d'abstraction et de complexité.

Elles ont leurs appartenances : nationales selon la langue ou catégorielles selon leur domaine[27], et de ces appartenances naissent des cloisonnements quasi racistes ou des hybridations et métissages parfois monstrueux mais plus souvent féconds.

---

[27] Traditionnellement, on distingue les domaines scientifiques, philosophiques, artistiques, religieux, etc... Personnellement, il m'apparaît que ces distinctions, héritées du rationalisme et de l'aristotélisme de la Renaissance, ont peu de sens.

Il faut prendre garde à ne point confondre l'idée et son expression. Selon le langage[28] ou le support[29] choisi, l'idée aura de multiples expressions tangibles.

Au travers des multiples techniques de traduction d'une langue à l'autre, et de transcription d'un support à l'autre, il devient clair que l'idée en tant qu'être noétique est indépendant du vêtement qu'elle porte.

Autrement dit, la même idée peut être revêtue d'expressions variées, chaque expression donnant lieu à multiples lectures et interprétations, donc à connexions nouvelles vers d'autres idées à l'infini.

En fait, le passage de la « couche » sociosphérique à la « couche » noosphérique est précisément le passage de l'idée dissimulée sous les vêtements des langages et les gangues des supports, à *l'idée nue :* passage du phonème au noème, passage de l'apparence au réel, passage du symbole à l'herméneutique, passage de la lettre à l'esprit, etc...

L'idée se libère ainsi de ses expressions afin d'entamer une vie autonome, indépendante du cerveau qui l'a créée.

On pourrait d'ailleurs dire que la noosphère est le lieu d'autonomie des idées, débarrassées de leurs oripeaux sociosphériques.

Ainsi, la Noosphère devient le lieu de l'Esprit vivant.

Mais qu'est-ce qu'une idée ?
Lalande écrit[30] : « *Idée :*
A- « *Idée* » *au sens platonicien du mot (s'écrit toujours dans ce sens avec une majuscule). A ce sens platonicien peut se rattacher l'usage que fait Kant du mot Idée.*
B- *Concept* en tant qu'acte ou qu'objet de pensée, non en tant que terme logique.*
C- *A partir du XVIIème siècle : tout objet de pensée en tant que pensé, et s'opposant par là :*
1°) soit, en tant que phénomène intellectuel, au sentiment et à l'action ;
2°) soit, en tant que représentation individuelle, à la vérité, et d'une façon générale, au mode d'existence, quel qu'il soit, que peut avoir cet objet indépendamment de l'esprit qui le pense actuellement. »

---

[28] Mots anglais ou italiens, idéogrammes chinois, dessins, équations, mélodies, touches de couleur, séries d'octets binaires, symboles religieux, etc.
[29] Feuille de papier, toile de lin, piste magnétique, film photosensible, air atmosphérique, pierre, métal, etc...
[30] André Lalande : « *Vocabulaire technique et critique de la philosophie* » (Quadrige – PUF ; 1999)

Et de « concept, le même dit :
« Concept :
L'idée au sens B, en tant qu'abstraite et générale, ou du moins susceptible de généralisation. »
Lamennais prétendait que : *« La manifestation sensible de l'idée... est l'objet de l'art. »*
Deux dimensions de l'idée paraissent d'ores et déjà claires : l'idée est un produit de la pensée (cfr. Lalande) et l'idée est un être immatériel (cfr. Lamennais).

L'idée comme produit de la pensée : on l'a vu, les idées naissent des processus de pensée, elles en sont les traces. Il faudrait d'ailleurs dire que la Noosphère est d'abord le lieu des processus noétiques[31] et, subsidiairement, le lieu des idées puisque celles-ci ne sont que les traces de ceux-là. La Noosphère est le lieu d'une dynamique, d'une fermentation créative permanente se nourrissant à la fois des vécus bruts venant des couches inférieures et des opérations d'association et de structuration appliquées aux idées elles-mêmes.
Ces opérations sont de multiples natures et leur étude est précisément l'objet de la noétique qui, ainsi, s'incorpore les études neurobiologiques et les techniques de créativité.

L'idée comme être immatériel : elle est effectivement abstraite, dématérialisée, informationnelle, mais cela ne signifie nullement qu'il faille sombrer dans les dualismes anciens qui séparaient ontologiquement la Matière et l'Esprit ; il ne s'agit nullement de cela car il ne peut y avoir d'idée sans support pour l'exprimer et la mémoriser, sans cerveau pour la penser et la créer. La noosphère est souchée sur le monde matériel, enracinée en lui comme l'arbre dans le sol ; elle y puise sa « nourriture » dans les cerveaux humains, ces systèmes neurobiologiques bourrés de molécules, d'atomes et d'énergie, bourrés d'archétypes et de présupposés acquis.

L'Esprit est de la Matière spiritualisée, comme dirait Teilhard de Chardin, de la Matière en voie de spiritualisation, une étape dans le processus cosmique de complexification. Mais il n'y a là aucune séparation du monde en deux mondes étanchément distincts. Ce point est capital parce qu'il s'oppose

---

[31] C'est d'ailleurs, semble-t-il, une assez bonne (mais restrictive) définition de la Noétique que de la qualifier d'étude des processus de création d'idées.

radicalement à tout platonisme, à tout idéalisme : même s'il y a effectivement saut de complexité et passage à un mode d'être radicalement autre, il y a continuité ontologique au sein de l'Être.

L'Esprit émane de la Matière comme la Matière émane de l'Energie, sans qu'il y ait rupture.

Bien plus, métaphysiquement, toute l'histoire de la complexification cosmique indique que l'émergence de chaque nouvelle couche, de chaque nouveau saut de complexité, de chaque échelon de l'échelle cosmique, ne fait qu'activer des potentialités déjà présentes, mais latentes.

Il a fallu que la sociosphère élabore des langages suffisamment développés pour qu'apparaisse l'embryon de la noosphère, l'embryon de l'Esprit, mais l'Esprit était déjà intensément présent dans l'Energie et la Matière et la Vie qui lui ont permis de s'actualiser.

Troisième partie :

La Révolution Noétique

« Notre vie est limitée, la connaissance est illimitée. »

Tchouang — Tseu (IVème s. ACN)

Quelques mots d'introduction

La révolution noétique est en marche. Sous nos yeux. Mais bien peu la distingue. Beaucoup préfèrent l'ignorer. Eternelle histoire de l'autruche et du sable...

La révolution noétique n'est au fond rien d'autre que le passage, le saut, le pont entre la sociosphère humaine et la noosphère terrestre. Passage rendu enfin possible par l'émergence soudaine et explosive des technologies de l'information et des télécommunications.

On l'a vu, dans ce passage, l'existence humaine, tant au niveau individuel que collectif, prend un nouveau sens. Ou plutôt prend du Sens. Les perspectives et les responsabilités sont immenses. L'homme saura-t-il les assumer ? Ou préférera-t-il faire l'autruche et offrir ses fesses à la botte de l'évolution ?

Car la Vie va son chemin et ira son chemin, avec ou sans l'homme. Si celui-ci relève le défi noétique, il restera dans la course cosmique. S'il renonce, il sera évincé, restera sur le quai et disparaîtra. Tout l'enjeu humain est là.

La révolution noétique n'est ni politique, ni économique, même si le politique et l'économique seront remis à leur juste place par elle, c'est-à-dire en périphérie de l'activité humaine qui a mieux à faire que d'édicter des lois et de gagner du fric.

Cette révolution est essentiellement conceptuelle, avec d'immenses prolongements philosophiques, éthiques et métaphysiques. Elle engendre une *weltanschauung* radicalement neuve et autre.

Une révolution dans la vision de l'homme, de sa place et de son rôle dans l'univers.

Une révolution du regard, en somme.

5. L'HOMME NOÉTIQUE

« Tu ne peux pas espérer si tu ne cherches pas l'inespéré. »

Héraclite d'Éphèse (VIème s. ACN)

5.1. Place et rôle de l'Homme sur Terre

S ans cerveaux humains pour penser, point de noosphère. L'homme en ce sens est bien le porteur de la noosphère. Il faut voir cependant un renversement singulier et fondamental des valeurs: l'humanité qui se croyait le centre, le sommet et le but de l'univers, se retrouve à l'état de passerelle au service à la fois de la Nature et de la Connaissance. Au service de la nature, pour y préserver et y favoriser la Vie sous toutes ses formes. Au service de la connaissance, pour y mémoriser et y créer toutes les idées, toutes les métaphores possibles.

5.1.1. Une histoire de l'Occident

Peut-être déjà dans les cités grecques [32], mais certainement avec l'avènement de l'Empire romain, l'Occident a commencé à se prendre pour le nombril du monde.

---

[32] Bien après la période encore agraire des présocratiques.

Le christianisme, en faisant de l'Homme, le sommet, le but et le centre de la Création a radicalisé la tendance. La sociosphère humaine devenait sa propre finalité. L'humanisme était né. L'homme était enfin devenu la mesure de toutes choses. L'homme était devenu anthropocentrique, c'est-à-dire nombriliste et égocentrique. A partir de là, il s'est souverainement octroyé le droit de tout dominer, de tout exploiter, de tout piller, femmes et enfants compris. L'homme mâle, viril et guerrier, occidental était devenu le roi du monde, le roi des mondes. Et comme Dieu avait été évacué, avec l'aide bienveillante de Platon et Aristote, dans l'au-delà du monde, dans cet autre monde des Essences pures, des Idées pures, rien ne pouvait plus arrêter cet homme-là de tout s'approprier et de tout ramener à lui.

Pourtant le livre juif de la Genèse l'avait clairement exprimé : « *Et YHWH Elohim prendra l'homme et Il le placera dans le Jardin d'Eden pour le servir et pour le protéger* ». [33]
Curieux dérapage... Servir et protéger sont devenus piller et saccager.

Tant que l'homme était peu nombreux sur Terre, ses saccages ne portaient guère à conséquences : la nature, bonne mère, s'auto-réparait sans trop de problème en assez peu de temps, et n'en montrait rien à ce chenapan capricieux et destructeur.

Et l'homme, alors, de croire que ses saccages n'en étaient point et que l'exploitation de la nature comme une ressource infinie et auto-régénérante ne posait pas de problème. La biosphère était au service de la sociosphère. L'homme pouvait impunément tout subordonner à son bon plaisir.

Tout alla ainsi jusqu'à l'arrivée de l'âge industriel, de la société de consommation et l'explosion démographique.
Les premiers signes de la fragilité naturelle se firent voir : smog londonien, mort des rivières, premières désertifications méditerranéennes et érosions de grandes terres agricoles suite aux déforestations massives (l'exemple de l'Espagne est flagrant suite aux coupes massives de bois pour construire « l'invincible armada » pour l'orgueil démesuré du très catholique Roi Ferdinand).
Mais c'était sans compter sur la vague coloniale : ce que l'on ne pouvait plus détruire ici, il suffisait d'aller le détruire ailleurs, non ? Et en plus la main-

---

[33] Gen.:2;15

d'œuvre locale est gratuite et se laisse esclavagiser sans trop de difficultés, alors, pourquoi ce priver ?

Le mouvement colonial et néo-colonial a permis à l'Occident, pendant près de quatre siècles, de tenir son rythme dément d'industrialisation et de sur-consommation mais il a étendu la lèpre à toute la Terre.

Ce que l'on appelle aujourd'hui « mondialisation » n'est en fait que la finalisation d'un vieux mouvement d'occidentalisation du monde, « occidentalisation » réduite dès les années 1950 à une « américanisation » pure et simple.

5.1.2. Et maintenant : rien ne va plus

Notre époque, pour la première fois dans l'histoire humaine, comprend que l'homme, s'il ne change pas radicalement, sera la cause unique de sa propre disparition.

Non dans l'apocalypse nucléaire que l'on rabâchait du temps de la guerre froide, mais dans une apocalypse écologique bien plus pernicieuse, bien plus lente, bien plus douloureuse : la mort écologique de l'humanité sera une mort lente, affreuse, atroce.

Face à cette menace apocalyptique, il n'est pas encore trop tard – mais il est plus que temps – pour réagir.

Deux stratégies sont possibles.

L'écologisme superficiel[34] qui continue de défendre l'exploitation de la nature par l'homme mais de manière modérée et intelligente.

L'écologie profonde[35] qui inverse la proposition de base et la position de l'homme en affirmant que c'est l'homme qui est au service de la Vie et de la Nature, et non l'inverse.

Il est évident que cette inversion fondamentale et le mouvement qui la porte, sont en phase avec la révolution noétique. L'autre écologisme mièvre n'est qu'un ersatz en pleine continuité avec l'ère « moderne » et industrielle, humaniste et idéologique.

---

[34] Ecologisme superficiel prôné, en général, par les mouvements militants écologistes.

[35] Ecologie profonde plus en vogue dans les pays anglo-saxons sous le nom de « *deep ecology* ».

Le problème n'est pas, n'est plus l'Homme ou l'Humanité ; le problème est la Vie. La Vie prise comme un tout, la Biosphère prise comme un tout, la Terre prise comme un tout, c'est-à-dire comme un système hyper-complexe, inextricablement intégré, où tout est dans tout, où tout est cause et effet de tout, où tout interagit avec tout selon des processus très largement inconnus, voire inconnaissables.

L'homme « moderne » a joué à l'apprenti sorcier... Et maintenant il se brûle les ailes aux feux qu'il a lui-même allumés, en pyromane infantile et capricieux qu'il est.

Le problème est la Vie : l'homme n'en est qu'un instrument, un sous-produit, un avatar.

Sans biosphère, pas de sociosphère, donc pas de noosphère.

Détruire la Vie, comme le fait l'Occident, c'est détruire l'avenir, c'est détruire le rôle et le sens de l'existence de l'homme et de l'humanité.

Car l'humain n'a de sens et de justification sur Terre qu'en tant que porteur et acteur d'une mission, d'une vocation qui dépasse infiniment l'humain : faire émerger la noosphère de la sociosphère. Hors cette mission, l'humanité n'a ni justification, ni sens, ni valeur. Et cette mission est impossible sans une biosphère saine et forte et diverse pour la soutenir, la nourrir, la vivifier.

La prise de conscience « écologique » contemporaine, malgré ses puérilités parfois, malgré ses sensibleries mal placées souvent, malgré ses discours idéologiquement récupérateurs presque toujours, cette prise de conscience est salutaire mais largement insuffisante.

Il y a loin de la conscience à l'acte. La révolution écologique, en tant que composante de la révolution noétique, doit être accélérée, stimulée, amplifiée d'urgence : chaque jour qui passe est irréversiblement destructeur.

5.1.3. Inversion vers le dessus

La révolution écologique – qui n'en est qu'à ses tout débuts – constitue l'inversion vers le dessous : ce n'est plus la nature qui est au service de l'homme, c'est l'homme qui est au service de la Vie. La révolution noétique – au sens strict du terme – constitue l'inversion vers le dessus : ce n'est plus la pensée qui est au service de l'homme, mais l'homme qui est au service de l'Esprit.

Dans les deux cas, dans les deux sens, il s'agit de briser la prison autiste où l'homme s'est lui-même enfermé. Il s'agit de briser l'anthropocentrisme si caractéristique de la « modernité » en tant que réaction contre le théocentrisme médiéval. Il s'agit de briser l'humanisme qui est l'éthique directement émanée de cet anthropocentrisme égotique.

La sociosphère humaine s'est repliée sur elle-même, ramenant tout à elle et à ses délires.

Elle s'est enfermée dans une schizophrénie meurtrière où l'homme refuse le Réel, ses contraintes et ses exigences pour se noyer dans son propre monde imaginaire.

Parallèlement, comme souvent, elle s'est aussi enfermée dans une paranoïa qui lui fait considérer le monde, la nature, le Réel comme ennemis, comme source opaque de dangers et de peurs, presque toujours imaginaires.

Il est temps – parce qu'il y a à la fois urgence et opportunité à le faire – de casser ce cercle vicieux pathologique : la sociosphère humaine doit sortir de ses enfermements sur elle-même et oser se déployer dans le Réel, dans toutes les « couches » du Réel, vers le bas dans la biosphère (mouvement écologique), et vers le haut dans la noosphère (mouvement noétique).

C'est le prix de sa survie. C'est le prix de son épanouissement.

Il est insisté, ci-dessus sur le *et...*

Mouvements écologique et noétique sont indissociablement complémentaires et indispensablement réciproques. En effet, l'homme est une charnière entre biosphère et noosphère, un pont entre Vie et Esprit. Toute charnière n'a sens que rivée aux deux battants qu'elle unit. Tout pont n'a de sens qu'ancré dans les deux rives du fleuve. Une humanité purement écologique serait régressive dans un retour à la nature, un retour à l'animalité qui ne ferait qu'atrophier ses potentialités mentales. Une humanité purement noétique serait en grand danger puisque sans Vie pour le vivifier et le nourrir, l'Esprit se scléroserait en de vains délires avant de s'effondrer sur lui-même.

L'équation humaine est simple : en l'homme, pas de Vie sans Esprit et pas d'Esprit sans Vie.

Pas d'écologie sans noétique, pas de noétique sans écologie.

5.1.4. La quête de sens

La « modernité », insidieusement mais très logiquement, a peu à peu instauré un ordre désenchanté et désacralisé.
Hasard et nécessité...
Matérialisme et hédonisme...
Individualisme et égoïsme...
Cocooning et consommation...

L'homme, devenu mesure de toute chose, ne valorise plus rien sauf lui-même.
Tout le reste est instrumentalisé. Il ne reste que de l'objet à acheter, à posséder, à consommer.

Dans un monde où tout est objet, il se prend pour le seul sujet mais il est sans projet.
Avoir, être et aucun devenir. La « modernité » a tué le devenir, a troqué l'être pour le paraître et a sombré dans l'avoir. Et il ne reste qu'un immense désarroi dans les esprits, une énorme amertume dans les âmes.
Faut-il chercher ailleurs l'origine profonde de l'omniprésence de la drogue, de l'alcoolisme, du show-business, des reality-shows, de la presse « people », de la real-TV, du sensationnalisme, du star-system, et de toutes ces fuites hors du Réel qui n'ont d'autres fonctions que de faire oublier, l'espace d'un moment, le vide abyssal des existences sans but et sans sens ?

Lorsqu'il n'y a plus de projet, il ne reste que le sujet ou l'objet.
Psychanalyse ou consumérisme. Culte de soi ou du gadget. Ersatz de Vie... !

Il n'y a rien à regretter.
Il aura fallu passer par l'homme pour sortir du mythe et pour entrer dans le Réel au-delà de l'homme. L'humanisme fut ce passage nécessaire, il fallut que l'homme devînt égocentrique pour se désaliéner de ses démons et de ses peurs imaginaires.
Mais l'heure a passé : l'homme, au risque de se suicider, doit se dépasser maintenant.

Il DOIT retrouver un sens, une signification, une direction, une justification à son existence, un sens qui le dépasse.

L'humanité n'est pas un projet par elle-même, mais doit fonder un projet qui la dépasse sinon elle s'enfoncera plus avant encore dans l'auto-nécrose. Le défi est clair, mais non sans danger.

Toute révolution couve en son sein sa propre perversion qui la récupèrera, la dévoiera, la dénaturera et finira par imposer un ordre exactement contraire à la vocation initiale.

1789 a eu son Robespierre. Les mencheviks ont eu leurs bolcheviks. Mai '68 a eu ses gauchistes. L'écologie a ses écologistes. La noétique aura ses maîtres-penseurs et ces maîtres-censeurs[36].

Car proposer à l'homme un projet qui le dépasse est un chemin toujours à deux voies.

5.1.5. Surhomme ou surhumain

Ces deux voies, ce sont les deux acceptions de l'idée de Surhomme chez Nietzsche. Pour Nietzsche lui-même et pour nous : chercher le supérieur à l'homme. Pour la sœur de Nietzsche et ses complices nazis : chercher l'homme supérieur. La nuance est plus qu'un jeu de mot.

L'humanité est en panne de sens. Elle a fait le tour son nombril. Elle a cassé beaucoup de ses jouets : la Terre et la Nature en saignent de partout. Il est temps pour elle de quitter l'enfance insouciante et de devenir adulte. Il est temps pour elle de s'ouvrir au monde et au Réel et de laisser là ses fantasmes orgueilleux de toute-puissance et de domination universelle.

Car c'est bien de cela qu'il s'agit : d'un fantasme de toute-puissance !

L'homme infantile se veut « guerrier », toujours en quête de quelque conquête, de quelque combat, de quelque assaut, perpétuellement déguisé en Zorro, en GI-Joe ou en Mousquetaire du Roy. Mais la panoplie est usée et devient singulièrement ridicule.

Toute la structure intime de l'Occident, jusque dans ses fibres familiales les plus intimes, est construite sur ce stéréotype guerrier du héros vainqueur et

---

[36] Pour reprendre le titre du truculent livre d'Elisabeth Lévy : « Les Maîtres censeurs ».

triomphant. Compétition, concurrence, domination, appropriation en sont les maîtres-mots.

Darwin a fait une immense erreur en transposant à la Nature entière, le seul principe victorien de domination et de compétition. La Nature a pourtant inventé beaucoup d'autres processus de régulation que la seule loi du plus fort : commensalité, mutuellisme, symbiose sont infiniment plus fréquents et plus féconds que la lutte pour la vie qui n'est, en réalité, que le dernier recours lorsque tous les autres moyens sont épuisés.

Il suffit de regarder les millions de microbes à l'œuvre dans nos intestins pour le comprendre.

Le rapport prédateur/proie n'est qu'un des multiples types de relation ayant cours dans le vivant. Mais l'homme, aveuglé par son propre désir de domination, n'a voulu voir, jusqu'il y a peu, que lui.

L'homme ne semble pas encore avoir compris que le seul triomphe qui vaille, est la victoire sur son propre ego. Il est vraiment typique des petits enfants et des adultes infantiles de se prendre pour le centre du monde : moi, moi, moi... moi je... moi je. Il y a évidemment une relation forte entre cette hypertrophie de l'ego et le goût de la compétition et de la domination.

L'homme moderne est encore épouvantablement égotique, l'homme noétique ne le sera plus.

Il sera passé à l'âge adulte et aura enfin renoncé à se déguiser en Zorro...

L'entrée dans l'âge noétique marquera la fin des guerriers.
Une de ses valeurs fondamentales sera la Paix.

5.1.6. La Paix

Souvent, parler de Paix paraît niais.

L'Histoire est là pour décourager les utopies pacifistes. Mais ce n'est pas de pacifisme qu'il s'agit, mais de Paix. De cette Paix féconde et profonde, toute intérieure, qui rend toute agression absurde et tout agresseur ridicule.

Point d'angélisme, ici.

Tous ceux qui comme moi ont longuement et patiemment pratiqué les arts martiaux, savent que la Force décourage la violence. Et il s'agit bien plus de Force intérieure que de force physique.

L'âge noétique sera un âge de Paix, un âge de pacification individuelle, de pacification intérieure. Pacification par l'accomplissement de soi au travers de l'accomplissement de sa vocation. Pacification par la pulvérisation de l'ego dans le respect de soi. Pacification par l'extinction de toutes les peurs, de ces dangers imaginaires qui peuplent nos subconscients malades.

La Paix ne résulte jamais d'un décret collectif. Elle n'est que la conséquence des pacifications individuelles. Pourquoi voudriez-vous qu'un homme ou une femme installés dans leur Force et dans leur Paix intérieures, aille chercher querelle à quiconque ?

5.1.7. Jardinage

Ainsi voit-on poindre la fin du mythe guerrier.
Fin de carrière pour tous les John Wayne de l'imagerie infantile. L'heure n'est plus au combat. A aucun combat.

Face au mythe du guerrier s'annonce un autre mythe fondateur : celui du jardinier.
Il ne s'agit plus de conquérir mais de cultiver. La métaphore est radicalement autre.
Pour changer de vie, ne changez pas de Kelton mais changez de métaphore.
L'œil du marteau ne voit que des clous.
L'œil du guerrier ne voit que des combats.
L'œil du jardinier ne voit que des plantes, des arbres, des fleurs à soigner, à arroser, à greffer, à protéger, à fumer, à sarcler, à biner.

L'âge noétique sera un âge de culture, dans les deux sens de ce mot.
Deux jardins immenses à cultiver : celui de la biosphère, celui de la noosphère.
Jardinages écologique et noétique.

Mais que l'on prenne garde aux conséquences énormes du changement de métaphore fondatrice : on fait la guerre pour soi, pour se renforcer, pour s'accaparer, pour s'approprier, pour se glorifier, mais on ne jardine jamais pour soi.

Un joli proverbe provençal dit : celui qui plante un arbre ne profite jamais de son ombre.

On jardine pour le jardin, pas pour soi. On cultive la biosphère pour la Vie, pas pour soi. On cultive la noosphère pour l'Esprit, pas pour soi.

Une belle histoire de tailleurs de pierre raconte ceci :

Cela se passait, sans doute au 12ème ou 13ème siècles. Un chevalier errait sur quelque route lorsqu'il déboula en l'aire d'un chantier. Au premier tailleur de pierre rencontré, il demanda ce qu'il faisait. « Je gagne mon salaire », lui répondit-il. Au second, même demande. « Je fais mon métier ! » fut la réponse. Et au dernier la même interrogation reçut cet aveu : « Je construis une cathédrale ! ». Celui-ci appartenait déjà à l'age noétique.

5.2. Ethique Noétique

Il y a deux manières d'aborder les questions de l'éthique et de la morale[37].

La première, la plus fréquente, pose ses valeurs a-priori : l'Idée de Bien à la Platon, les impératifs catégoriques à la Kant, etc... La seconde est pragmatique : est Bien ce qui est ressenti comme un mieux, ici et maintenant. Absolutisme là, relativisme ici. Idéalisme là, réalisme ici. Pour la première, les valeurs éthiques sont des absolus préexistants au monde, immuables, éternels, etc... Pour la seconde, ces valeurs sont des codes de comportement liés à un lieu, à une culture, à une époque.

Il va sans dire que nous nous rallions radicalement à cette seconde approche : en matière éthique, comme en tout, il n'existe aucun absolu. Tout est recréer, à réinventer, à construire tout le temps.

L'éthique et toutes les morales qui s'en déclinent, ne sont que des conventions humaines, plus ou moins pertinentes, plus ou moins efficientes, dont la seule raison d'être est de rendre l'existence la moins pénible possible pour certains ou pour tous.

---

[37] La distinction entre éthique et morale, quoique indispensable, n'est pas toujours très claire d'un auteur à l'autre. On suivra ici Lalande en faisant de l'éthique la théorie dont la morale, toujours pratique, procède. La morale est à l'éthique ce que la technique est à la science.

Il en va d'éthique et de morale comme de politesse et de savoir-vivre, comme de courtoisie et de galanterie : de pures conventions locales et contingentes.

5.2.1. Nihilisme

Toute « valeur », tout « absolu » ne sont qu'humains, donc relatifs à un ici-et-maintenant, donc mortels. Nous vivons la mort de toutes les valeurs, aujourd'hui. Le terrorisme islamique ou étatique n'en est qu'une des nombreuses illustrations. L'hédonisme et le parasitisme social ambiants aussi. Il n'y a plus de valeurs, Nietzsche l'avait annoncé il y a un siècle. Et le retour aux « valeurs » est impossible. Il est impossible de re-mythifier, de ré-absolutiser quelque chose qui a été désacralisé ou relativisé. Nous entrons dans l'ère du nihilisme. Osons le mot, même s'il fait peur parce qu'incompris, parce que dévoyé[38].

Cinq siècles de raison critique, peut-être, et de catastrophes politiques et sociales, plus sûrement, ont eu raison des idoles, de toutes les idoles humaines, qu'elles soient religieuses ou laïques. L'idole « patrie » est morte dans les tranchées de l'Yser. L'idole « race » est morte à Auschwitz. L'idole « égalité » est morte au goulag. La liste est immense. Inépuisable.
Triomphe absolu du scepticisme philosophique : l'homme a démontré son incommensurable capacité à tout saccager, à tout piller, à tout salir au nom de ses Idéaux les plus élevés.
La conclusion pragmatique s'impose : tous les Idéaux sont néfastes dans la pratique, dans le vécu, dans le Réel de l'histoire et de la chair des victimes.

Puisqu'il n'est plus de valeurs possibles, puisque toute idole engendre nécessairement intolérance et violence, dures ou molles, mais toujours réelles,

---

[38] Il est deux versants du nihilisme destructeur de tissu social et culturel. Nihilisme mou, ici, confondu avec l'égoïsme jouisseur et consommateur dans la recherche effrénée des plaisirs immédiats et de l'argent facile, ou avec le cynisme démagogue et le clientélisme banalisé des Institutions de pouvoir. Nihilisme dur, là, exprimé en tortures, attentats, meurtres gratuits et destructions aveugles, islamistes à Manhattan et en Algérie, russes en Tchétchènie, palestiniens en Israël, mafieux en Colombie, Hutus au Ruanda et tant d'autres ailleurs.

puisque l'idolâtrie, sous toutes ses formes, est indigne de l'humain dans son développement vers l'Homme accompli en plénitude, alors nous sommes condamnés au nihilisme. Car, au cœur de ce mot méconnu, il n'est dit rien d'autre que ceci : il n'y a rien (*nihil* en latin) qui puisse être absolu, immuable, définitif, éternel. Tout est relatif parce que tout est mouvements, transformations, changements, métamorphoses, fluences et fluctuances incessantes.

Il faut citer Flaubert dans « *Bouvard et Pécuchet* » (c'est moi qui souligne le « rien n'est », le *nihil est*) :

« Puisque l'existence du monde n'est qu'un passage continuel de la vie à la mort, et de la mort à la vie, loin que tout soit, <u>rien n'est</u>, mais tout devient. »

5.2.2. Choisir entre Ego et Tout

Lorsque tous les référentiels humains deviennent illusoires ou trompeurs ou vides ou vains, il reste deux repères ultimes : l'Ego et le Tout. L'ultimité intérieure de l'Ego et l'ultimité extérieure du Tout.

Puisque toutes les valeurs censées juguler mon ego – et ses envies, et ses fantasmes, et ses peurs, et ses pulsions – sont des illusions, des artifices, des produits d'autres ego qui ont fait florès, alors, que mon ego soit mon seul repère.

« Je suis la vérité parce que je suis moi, et quiconque s'oppose à moi doit être soumis ou détruit. » Telle est la philosophie simple mais terriblement efficace de tous les terroristes de quelque idéologie ou théologie qu'ils se réclament : d'ailleurs, ces références factices ne sont que de façade, ils en changent, à la première occasion, avec aisance et sans crainte de contradiction. « Ce que je suis est beau parce que je le suis, ce que je dit est vrai parce que je le dis, ce que je fais est bien parce que je le fais ». Imparable ! Et les autres ? « Ils ne sont pas moi, donc ils ne comptent pas sauf s'ils m'adulent et se soumettent ! ». Simple et efficace.

Ce nihilisme égocentrique est forcément violent puisque ces autres qui n'ont pas l'intention de se soumettre, ne laissent à l'ego délirant qu'une seule issue : leur destruction !

C'est la logique incontournable, agressive, infâme et sanglante d'Al Qaïda, du Hamas, du Hezbollah, de Poutine, de Castro comme naguère de Carlos, du Che Guevara, de Hitler, de Lénine, de Staline, de Mao et de tous les autres psychopathes qui sévirent ou sévissent encore, certains avec l'assentiment et les tapis rouges de nos démocraties angéliques.

C'est aussi la logique – atténuée et doucereuse, mais réelle - de nos Etats qui s'octroient le monopole de la violence et de la morale, de l'appartenance et de la nationalité.

Il y a pourtant une échappatoire. Le nihilisme qui conçoit et comprend que l'ego, l'humanité, la Terre, l'univers ne forment qu'un Tout insécable, une unité organique où tout est dans tout, où tout dépend de tout, où tout évolue avec tout vers toujours plus de plénitude. Et ce Tout balaie dans son infini toutes les candeurs, toutes les naïvetés, toutes les « valeurs » humaines.

Nihilisme de la transcendance contre nihilisme de la violence. Nihilisme cosmocentrique contre nihilisme égocentrique.

L'ère des idéologies est révolue : il n'y aura plus jamais de crédibilité en quelque « valeur », en quelque « idéal » que ce soit. Chacun aura les siens : chacun se créera ses propres dieux « dans sa propre image, comme sa propre ressemblance », chacun construira sa vie avec les briques ou la paille qu'il trouvera au fond de ses tripes, chacun aura ses repères relatifs comme chacun a ses hobbies, mais de repères communs, mais de valeurs universelles, il n'y en aura point.

Nous entrons dans une ère asociale : la société ne fut qu'une étape dans le processus d'autonomisation, d'épanouissement et d'individuation de la personne humaine, cette étape est passée.

Au-delà des repères individuels et relatifs – donc variables dans l'espace et le temps -, il n'y aura donc que deux regards possibles, on l'a dit : l'Ego ou le Tout, la violence (dure ou molle) ou la transcendance.

5.2.3. Morale d'hier : impasse de l'humanisme

L'éthique dominante, aujourd'hui encore, est une éthique humaniste : l'homme est la mesure de toute chose ! Ce qui est bon pour l'homme est Bien. Ce qui est mauvais pour l'homme est Mal. Du moins bon ou mauvais pour certains hommes : la colonisation et l'évangélisation de l'Afrique noire étaient le Bien parce que bonnes pour l'homme blanc. Maintenant, « Droits de l'Homme » obligent, ce même colonialisme est regardé avec des yeux réprobateurs... pendant que George W. Bush s'en va américaniser l'Afghanistan et l'Iraq en attendant la suite.

Toute éthique humaniste dépend d'abord de l'idée que l'on se fait de l'homme. Si elle est d'abord nationale, on aura une morale patriotique. Si elle est d'abord « blanche », on aura une morale coloniale. Si elle d'abord « aryenne », on aura une morale exterminatrice. Si elle est d'abord universelle, on aura une morale des « Droits universels de l'Homme ». Dis-moi quel homme tu crois/veux être, et je te dirai quelle est ta morale.

Pour paraphraser le mot de Sacha Guitry : « Un égoïste, c'est quelqu'un qui ne pense pas à *moi* », on pourrait dire : un immoral, c'est quelqu'un qui *me* fait du tort.

On comprend bien qu'une éthique humaniste ne peut aller bien loin : il y a autant de perception de l'homme... que d'hommes. Une morale humaniste est forcément une morale égoïste. Ces cinq derniers siècles d'histoire et de politique occidentales le démontrent à souhait. Même encore récemment lorsque les USA ont refusé de signer la convention de Rio sur la réduction des pollutions et consommations énergétiques, sous prétexte que cela nuirait au confort de l'américain moyen... et tant pis pour la planète... et tant pis pour les générations à venir... et tant pis pour la Vie.

Toute morale humaniste, parce qu'elle reste confinée, par définition, dans un anthropocentrisme autiste, parce qu'elle est repliée sur elle-même au sein d'une sociosphère elle-même repliée sur elle-même, est condamnée à tourner en rond dans les arguties sans fin d'un serpent qui se mord la queue. Ses valeurs sont à l'image des codes juridiques qui sont censés les mettre en pratique : des échafaudages artificiels et arbitraires qui ne reposent sur rien d'autre que la vision disparate et myope que des tas de minables homoncules égotiques ont d'eux-mêmes et de leur bonheur.

Les morales humanistes sont des impasses.

Le marasme éthique de nos villes, de nos banlieues, de nos entreprises, de nos institutions, de nos commerces, en sont des preuves quotidiennes et vivantes. Nous vivons un monde démoralisé, dans les deux sens du mot. Et croyez bien que je ne suis pas en train de rejoindre le rang des nostalgiques du « bon vieux temps », de ce temps où il y avait des « valeurs » : ces valeurs-là, qu'ils les gardent. Qu'ils gardent leur hypocrisie, leur « petit-bourgeoisisme », leur pudibonderie, leurs bondieuseries, leur foi du charbonnier, leur patriotisme, leur puritanisme, et j'en passe...Ce n'est pas de cela qu'il s'agit. Il ne s'agit pas de songer à remplacer une morale humaniste déliquescente par une morale humaniste régénérée.

Il s'agit d'éradiquer toute forme de morale humaniste. L'homme n'est plus – n'a jamais été, sauf dans son imaginaire – la mesure de toute chose. L'homme n'est plus ni le sommet, ni le centre, ni le but de quoique ce soit. L'homme est au service de ce qui le dépasse et dans ce qui le dépasse qu'il faut aller chercher les fondements de la nouvelle éthique qui pointe le bout du nez.

5.2.4. *Une nouvelle éthique : l'éthique de la vocation*

Une éthique humaine solide ne peut se fonder qu'en se référant à ce qui dépasse l'homme.

C'est la seule voie pour échapper aux impasses des morales humanistes.

Les morales anciennes aussi se référaient à ce qui dépassait l'homme : Dieu. Mais ce dieu-là n'était encore que la projection idéalisée de l'homme lui-même sur l'écran des cieux.

Ce Dieu-là avait fait l'homme à son image... « et l'homme le lui a bien rendu », ajoutait Voltaire. Et ses morales comme lui : le théocentrisme n'est qu'une forme édulcorée, dématérialisée, idéalisée d'anthropocentrisme. Ce Dieu-là, c'est d'abord son clergé. Et ce clergé, ce sont des hommes, rien que des hommes. Et leur morale, sous couvert divin, leur ressemble terriblement. Aussi terriblement que Torquemada ou Khomeyni...

On l'a vu, l'homme n'a de sens et de justification qu'au service de ses deux missions essentielles : favoriser la Vie dans la biosphère et créer l'Esprit dans la noosphère.

Voilà sa vocation. Voilà sa mission. Voilà l'étalon où se mesure toute son éthique.

Une éthique de la mission, donc... Une éthique de la mission au-delà des morales humanistes. Une éthique simple qui dépasse l'homme et, le dépassant, l'ennoblit et lui donne sens. Le Bien ? Ce qui contribue à l'accomplissement de la mission. Le Mal ? Ce qui s'y oppose. Vivre pour accomplir la Vie et l'Esprit. Tout le reste y est subordonné parce qu'insignifiant.

Les morales hédonistes de l'humanisme finissant ne recherchaient que le plaisir au nom du bonheur. Mais face à l'idée de mission, plaisir et bonheur perdent tout sens. Ce sont notions égotiques et égoïstes, sans portée, sans valeur, sans noblesse. L'accomplissement seul a sens.

Cet accomplissement dont la plénitude apporte la Joie : une Joie profonde, riche, immense, bien au-delà de tous les plaisirs et de tous les bonheurs artificiels que l'homme s'échine à s'inventer pour échapper à son néant, à son vide intérieur. La Joie du travail bien fait. La Joie de l'œuvre en cours. La Joie du créateur créant. La Joie du chemineau cheminant.

Qui fait, importe peu ; seul ce qui est fait importe. L'humanité entière a une mission.

L'humanité entière portera les conséquences de son (in)exécution. Point de mérite personnel, là-dedans. Point de rétribution hors la joie et le sens ; point de punition hors l'amertume et le vide. Ni Paradis, ni Enfer. Le vaste courant du flux cosmique emporte tout avec lui. Qui s'y oppose, s'y épuise et s'y noie. Qui s'y coule, s'y rafraîchit et s'y exalte.

C'est ce que le taoïsme appelle le « *wu-weï* » : le non-agir.

Chacun a son œuvre à accomplir et cette œuvre est le cœur vivant de toute éthique personnelle. Accomplir son œuvre au service de la Vie et de l'Esprit. Et tout est dit.

Fais tout ce que tu peux, ici-et-maintenant, afin que s'accomplisse ton œuvre au service de la Vie et de l'Esprit. C'est toute la nouvelle éthique. C'est toute la nouvelle morale.

Simpliste ? non ! Pour s'en convaincre, il suffit seulement de tenter de l'appliquer.

Simple ? Oui ! comme tout ce qui est profond, essentiel, fort.

La question difficile : connaître sa propre vocation. Qu'ai-je à faire sur Terre ? Où est ma mission ? La systémique répond : tout système complexe (vous et moi compris) a pour vocation unique de déployer toutes ses potentialités dans la rencontre avec les opportunités de chaque ici-et-maintenant. Soit ! mais encore...

Quelles sont ces potentialités ? Le premier travail de la construction, de l'épanouissement et de l'accomplissement de soi au travers de son œuvre est précisément cette recherche des potentialités qui sont cachées en nous. C'est le point délicat. C'est le « connais-toi toi-même et tu connaîtras le dieux » de Socrate, mais le nombrilisme et le narcissisme en moins.

Toutes les traditions spirituelles ont inventé des méthodes pour atteindre ces potentialités (innées ou acquises, d'ailleurs) qui gisent en chacun de nous, afin de les éveiller, de les activer, de les déployer. Des techniques récentes de créativité, de pensée latérale (de Bono), d'éveil de soi y concourent également. Mais c'est à chacun de faire son chemin : point de recette, point de truc, point de raccourci. Le chemin est à faire. Il est initiatique, au plein sens du terme.

5.2.5. Une morale écologique : la frugalité

L'éthique noétique implique une morale de l'accomplissement de la Vie dans la biosphère.

L'homme a mission d'être le métayer de la Nature, le gardien de la Vie. Or, depuis deux mille ans, il agit mal : il fait exactement le contraire. Il commence à le payer.

Pour accomplir cette mission et rattraper ce qui peut l'être encore, il faudra appliquer en tout, partout, toujours un principe simple, mais qui transformera assez radicalement nos quotidiens tant il est contraire à nos habitudes. C'est le principe de frugalité.

Construire plus en détruisant moins : en gros, c'est cela le principe de frugalité. Moins de déchets, moins de gaspillages, moins de caprices, moins de consommation, c'est aussi un peu tout cela. Explorons...

La frugalité, c'est remplacer une économie de la consommation par une économie... de l'économie. Economiser sur tout, partout, toujours. Ni pingrerie, ni ascétisme, ni austérité : frugalité simplement. Chasser tous les superflus, tous les gaspillages. Ne pas recyclé mais se passer des inutiles.

Le principe de frugalité s'applique à tout. A ce que l'on mange et à ce que l'on boit. Mais aussi à nos loisirs. A nos déplacements. A nos communications. A nos vacances. A nos tourismes. A nos vêtements. A nos décors. A tous nos achats. Il s'applique aussi aux entreprises où tous les superflus engendrent des charges supplémentaires qui finissent par se payer cher au bout de la chaîne. Il s'applique enfin aux pouvoirs publics et à leurs grands travaux inutiles, à leurs gabegies fonctionnaires et bureaucratiques, à leurs budgets gaspillés par clientélisme, à leur incompétence et à leur inefficience natives. Il s'applique au temps et à l'espace qui sont des denrées extrêmement précieuses et le seront toujours plus. Ne pas perdre son temps, ni se le laisser voler par ces innombrables chronophages qui nous harcèlent sans cesse. Ne pas gâcher les espaces : se faire le plus petit possible afin de permettre à toutes les autres formes de vie de se déployer aussi ; apprendre l'humilité et le partage, en quelque sorte.

La frugalité ne s'explique pas : elle se vit et, en se vivant, elle s'apprend. Elle aussi est une forme d'apprentissage de l'authenticité. Je ne parle pas du « retour aux vraies valeurs » des nostalgiques de tous poils. Je parle de choses simples : se rappeler que chaque fois que l'on mange de la viande ou un légume, que c'est de la vie que l'on mange et qu'il a fallu tuer... et qu'il n'y a rien à regretter là-dedans... mais qu'il est impérieux de rendre hommage à ce que l'on a tué en l'accommodant avec soin et à ne pas le gaspiller.

Quelque part, le principe de frugalité est un principe de respect. Ne plus rien chosifier.

Savoir, avoir pleinement conscience que la Vie est une et que nous n'en sommes qu'une infime partie et que la Vie, en elle-même, par elle-même est la suprême valeur.

N'en prélever qu'un strict minimum. Planter trois arbres chaque fois que l'on coupe une branche.

5.2.6. Une morale noétique : le Devoir

La morale noétique est une morale de l'œuvre accomplie. Elle récuse tout statut de sang ou de rang : chaque homme ne vaut que par ce qu'il fait ! C'est à l'œuvre qu'on jauge l'artisan ; ni à sa patente, ni à son nom, ni à ses diplômes. Et l'œuvre, ici, c'est la contribution de chacun à l'émergence de la noosphère. Chacun, par ce qu'il sait, par ce qu'il découvre, par ce qu'il crée y contribue. Et c'est cette contribution personnelle qui fonde la valeur et la dignité de l'individu. Rien d'autre. Il ne s'agit nullement de bâtir une stricte méritocratie ou de hiérarchiser les hommes en plus ou moins bons artisans de la pensée : ce serait déviance, ce serait perversion.

Il s'agit encore moins d'exclure quiconque sur base de ses faiblesses intellectuelles ou créatives. Mais il s'agit clairement de substituer aux morales humanistes du Droit, une morale noétique du Devoir.

Il faudrait une : « Déclaration universelle des Devoirs de l'Homme ». Tous les droits découleront naturellement, automatiquement du devoir accompli.

Devoir de contribuer au maximum de ses forces et de ses talents à l'émergence de la noosphère, à l'enrichissement des cultures humaines dans toutes leurs dimensions scientifiques, artistiques, philosophiques et spirituelles.

Devoir de contribuer pour tous et pour chacun à cette vocation humaine. Il ne s'agit pas de comparer les contributions ; il s'agit de contribuer chacun au mieux de ses talents.

Comment comparer un physicien, un sculpteur et un sage ? Absurdité !

Au plan collectif, cette morale noétique s'applique aux groupes (entreprises, institutions, pouvoirs publics, organismes divers) comme elle s'applique aux individus. Un groupe qui ne contribue pas à l'enrichissement de la noosphère et/ou de la biosphère disparaîtra ; un groupe qui détruit de la Vie ou de l'Esprit sera détruit. Le devoir individuel devient aussi devoir collectif. Il faut étendre et renforcer le principe du « pollueur/payeur ». Il vaut aussi, avec la plus extrême rigueur, pour les destructeurs de savoir, pour les rétenteurs d'information, pour les accapareurs de brevets[39], pour les vendeurs de normes, pour les castrateurs de création, pour les tueurs d'idées.

Ne l'oublions pas : une connaissance vaut d'autant plus qu'elle est gratuite et partagée.

La connaissance n'appartient à personne, pas même à son « auteur » officiel. Lui-même n'a fait qu'exprimer une idée qui est dans l'air du temps, une idée qui est le fruit d'une généalogie souvent longue, une idée qui naît d'une rencontre avec une autre idée portée par quelqu'un d'autre...

En noétique non plus, il n'y a jamais de création *ex nihilo*.

Toute idée neuve n'est que combinaison d'idées antérieures qui n'appartiennent à personne.

La notion de « propriété intellectuelle » est une aberration totale : elle participe de l'ancien paradigme juridique fondé sur la propriété et la rareté.

Dans le domaine noétique, les idées doivent se propager et proliférer librement et gratuitement. Non par crispation idéologique mais par besoin vital de création continue. Tout ce qui freine l'écoulement et l'enrichissement des idées est dramatiquement nuisible à la noosphère : la notion de « propriété intellectuelle » est de cette eau-là.

---

[39] Il faut ici souligner la bonne et récente nouvelle : Monsanto a été débouté dans sa prétention, à la fois monstrueuse, ridicule et absurde, à s'accaparer des séquences d'ADN.

On comprend déjà – avant d'y revenir plus à fond dans le chapitre suivant – qu'il y a, sinon divorce, du moins distance entre l'économique (classique) et le noétique.

En effet, puisque tout doit être subordonné à l'accomplissement noétique et jaugé à son aune, l'économique n'échappera pas à ce processus et sera, en somme, noétiquement « moralisé ».

L'argent redevient ce qu'il n'aurait jamais dû cesser d'être : un simple moyen parmi d'autres au service de l'accomplissement humain.

Symétriquement, nous le verrons, il en ira de même du politique.

5.2.7. Le troisième millénaire du Sens

Mais tout ceci n'est-il que discours théorique et philosophie de boudoir ?

Ou existe-t-il déjà des courants réels porteurs de ces nouveaux modes de vie ?

Explorons...

Depuis toujours, nativement, l'homme, parce qu'il est animal pensant et conscient, cherche à donner un Sens à l'existence et au monde, à la souffrance et à la mort, à la peur et à l'amour, ne serait-ce que pour survivre un peu moins mal.

En Occident mais ailleurs autant, en ce début de troisième millénaire, se ferment les voies qui avaient forgé toute la Modernité : on sait aujourd'hui que ces voies étaient des impasses puisque nous avons atteint leur cul-de-sac.

Ni les *sciences* dures ou molles et leurs filles techniciennes, ni les *religions* instituées et leurs chapelles dogmatiques, ni les *idéologies* et leurs politiques partisanes ne pourront donner à l'homme de demain le Sens dont il a besoin.

Toutes ces malheureuses tentatives de réponse à sa quête effrénée et immémoriale, lui venaient de l'extérieur et en épuisaient les possibles.

On sait à présent qu'il n'y a pas d'ordre mécaniste et déterministe qui puisse libérer l'homme de la responsabilité de son destin. Les sciences ne répondent à aucun « pourquoi » fondamental et « les paradis artificiels » de la technique ne sont que d'amers ersatz, des gadgets hédonistes qui euphorisent parfois mais n'illusionnent plus guère.

On sait à présent qu'il n'y a pas d'ordre transcendant et immuable qui puisse sauver l'homme dans un « autre monde » résolument distinct de ce monde-ci. Si un Dieu personnel existe, il est soit résolument imparfait, souffrant et ignorant des choses de ce monde, soit définitivement sadique, cruel et psychopathe. Les religions instituées ne sont plus que les momies, les fossiles dogmatiques et archaïques de traditions spirituelles oubliées ou perdues. L'immense succès, parfois baroque, des spiritualités extrême-orientales en est la meilleure preuve.

On sait à présent qu'il n'y a pas d'ordre éthique ou politique absolus, quelque louables soient la très occidentale tentative de « Déclaration des Droits de l'Homme » et les très fallacieuses illusions qui se cachent derrière les mots « Démocratie » et « Justice ». Toutes les idéologies, qu'elles soient totalitaires ou socialo-libérales, sont mortes ou moribondes pour avoir cru pouvoir dissoudre les individus dans le moule absurde du citoyen. Le monde découvre que la société est un mal *(provisoirement encore un peu)* nécessaire sur le chemin de l'accomplissement de l'individu humain libre et responsable de soi. On découvre enfin que l'homme n'est pas un animal social. Tous les régimes qui ont tenté de le faire croire, n'ont semé que mort et souffrance, chez eux ou chez les autres, par la violence ou par la misère, par la guerre ou par l'argent.

Force est d'en conclure qu'il serait vain de chercher encore sur les chemins de l'extériorité les nutriments de la quête du Sens. Rien ne viendra du dehors, ni de la Science, ni de Dieu, ni de l'Etat. S'il y a un Sens, c'est en chacun qu'il est et nulle part ailleurs, et pas forcément le même pour tous *(au diable, donc, les illusions normatives égalitaires)*.

Ce troisième millénaire qui débute, a été prédit religieux ou spirituel par Malraux ou par d'autres. Dont acte.

5.2.8. Les « cultural creatives »

Des enquêtes récentes *(notamment celles que Paul Ray du « Institute of Noetic Sciences » de Sausalito, a faites aux USA, mais aussi en Europe à la demande de la Commission Européenne)* montrent qu'un tiers, au moins, de nos contemporains américains et européens, n'est « ni à gauche, ni à droite, mais devant ».

Cette mouvance, appelée par les sociologues américains les « *cultural creatives* », est passée de l'autre côté, a changé de paradigme, a abandonné définitivement les repères et valeurs cartésiens matérialistes, pour reconstruire un nouveau paradigme, clairement holistique, qui rend sa place à l'intériorité, à la spiritualité, à la frugalité, à la simplicité, à l'écologie *(loin de tout écologisme idéologique)*, à la créativité, à la fraternité, à la qualité de vie, à la sensibilité, à la bonne santé, à la durabilité, etc...

Il ne s'agit pas d'une nouvelle utopie sociale ou politique puisque cela n'implique que la personne elle-même qui s'engage librement sur ses propres chemins intérieurs, hors de toute société et de toute politique. Il ne s'agit pas d'institutionnaliser de nouvelles normes de vie sociale puisqu'il s'agit de vivre pleinement et librement au-delà (et non contre) toute norme sociale. Il ne s'agit pas de « secte » puisqu'il revient à chacun de parcourir son propre chemin spirituel personnel, unique et incommunicable, au-delà de toutes les religions et sectes : se créer son propre Dieu pour que ce Dieu nous crée. Bref, il ne s'agit pas de combattre les Sciences, les Religions ou les Etats, mais de les dépasser puisque l'essentiel, le Sens, est clairement au-delà d'eux.

Les siècles passés l'ont suffisamment démontré, les révolutions ne font que remplacé une tyrannie ancienne par une nouvelle tyrannie. On ne peut donc parler ici de « révolution en marche ». Il s'agit plutôt d'un changement de priorité.

La Science, la Religion ou l'Etat naguère centraux, maîtres et pilotes de toutes les vies individuelles, se retrouvent désormais peu à peu marginalisés, à la périphérie lointaine de nos vies personnelles, avec aussi peu d'impact ou d'importance qu'une carte de crédit ou qu'une police d'assurance certes utiles mais guère passionnantes.

Depuis peu, pour beaucoup, l'essentiel est ailleurs !

Voilà qui peut rendre un peu optimiste quant à la survie du genre humain sur cette Terre. Car, comme pour les dinosaures, ne pas évoluer, c'est se condamner à disparaître.

5.2.9. Des valeurs féminines

La magnifique Françoise Giroud avait eu ce jugement si vrai que le mouvement de libération de la femme avait largement échoué puisqu'il n'avait libéré que le masculin chez la femme sans libérer le féminin chez l'homme. Là où le MLF a échoué, la noétique devra réussir.

On l'a vu, l'âge noétique appelle un nouveau mythe fondateur. L'ère du Guerrier-Héros s'achève. Nous avons proposé à sa succession la métaphore du Jardinier. Nous avons aussi vu, au paragraphe précédent, une énumération des valeurs nouvelles en émergence : intériorité, spiritualité, frugalité, simplicité, écologie, créativité, fraternité, qualité de vie, sensibilité, bonne santé, durabilité, etc... Toutes ces valeurs sont typiquement féminines !

Egrenons-les une à une...

Intériorité...

Nous vivons tous selon deux dimensions. La première, verticale, vise l'accomplissement de soi en profondeur et en élévation : elle se déroule dans l'intimité du foyer, lieu si traditionnellement celui de la femme. La seconde, horizontale, vise la rencontre avec l'autre : elle se passe sur la place du marché, lieu traditionnel de l'homme.

Le monde « moderne » dans son désir de tout conquérir, de tout accaparer, de tout s'approprier a, naturellement, privilégié l'extériorité, laissant la « prière » aux bigotes. Mais voilà : aujourd'hui, il n'y a plus rien à conquérir et la conquête elle-même n'a débouché que sur un grand appauvrissement de soi, que sur un grand vide. L'heure n'est plus aux conquérants, n'en déplaise à José-Maria de Heredia. Ou plutôt, l'heure est, sinon à la conquête, du moins à la découverte des continents intérieurs, dans leurs infinies variétés. L'engouement, parfois un peu infantile voire débile, pour les « techniques » de méditation et de relaxation orientales est une des facettes de cette tendance à l'intériorité.

Spiritualité...

En droite ligne de ce retournement vers l'intériorité, vient l'intérêt croissant pour les spiritualités. Encore une tendance féminine... depuis Hildegarde de Bingen...

Intérêt qu'il faut le plus souvent distinguer nettement d'un éventuel engagement militant dans une religion instituée. Il s'agit plutôt de quêtes spirituelles personnelles, parfois syncrétistes, souvent marginales, parfois exotiques, toujours intérieures. Hétérodoxes, souvent ; hérétiques, parfois... Une spiritualité à la carte dont les sectes dépersonnalisantes et aliénantes ne sont que la face obscure. Un spiritualité plus initiatique qu'extatique, plus mystique que dogmatique. Une spiritualité de la quête et non de le révélation. Une spiritualité créative et active, et non soumise et passive. Une spiritualité ésotérique et non exotérique.

Eloignée des clergés institutionnels mais proche de maîtres spirituels authentiques[40] (mais aussi parfois, victime de faux prophètes...).

Cette tendance spirituelle participe naturellement de la révolution noétique puisqu'elle procède clairement de la spiritualisation de la matière dans la noosphère, pour reprendre le mot de Teilhard de Chardin. Le mot prêté à André Malraux disant que : « le XXIème siècle sera religieux (spirituel ?) ou ne sera pas », prend ici toute sa dimension.

Frugalité...

Revenons-y quelques instants pour souligner que ce principe de frugalité doit impérativement s'appliquer dans tous nos rapports avec la biosphère[41], mais pas seulement.

Il doit être perçu, conçu et vécu dans tous les registres de l'existence, dans tous nos rapports avec nous-mêmes, avec les autres et avec le monde.

Le monde noétique sera un monde de tranquillité et de silence. Un monde de réserve et de pudeur, éloigné de toute exubérance et de tout spectacle. Un monde dionysiaque à l'intérieur et stoïcien à l'extérieur. Le principe de frugalité découle aussi de cette aspiration profonde à plus d'intériorité et à moins d'extériorité. L'homme noétique d'aujourd'hui est fatigué du bruit, de la frime, du sensationnel, de la pacotille, du strass, de l'agitation, de l'effervescence, de la futilité, de l'artificialité. Il aspire à beaucoup plus d'authenticité.

« Dieu et les arbres » pourrait lui être slogan...

---

[40] Qui parfois sont d'authentiques membres des clergés institutionnels...

[41] C'est bien le cadre de ce que nous avons appelé la morale écologique comme dimension essentielle de l'éthique noétique.

Simplicité...

Il pourrait sembler singulier, voire paradoxal de parler de simplicité dans ce contexte philosophique fondé sur la notion de complexité[42]. Il n'en est rien, cependant.

Le simple est le contraire du compliqué. Le complexe est souvent ardu mais il n'est jamais compliqué ! La simplicité aussi est une déclinaison des principes de frugalité et d'intériorité.

C'est Alan Watts[43] dans son introuvable « Matières à réflexion » qui m'a ouvert les yeux sur cette idée de simplicité comme valeur de vie. Comme la frugalité, et dans un champ aussi vaste qu'elle, la simplicité se ramène à la chasse inconditionnelle à tous les superflus, à tous les artifices, à toutes les inauthenticités.

Ecologie...

Encore une fois, insistons-y, écologie n'est pas écologisme. Il s'agit d'une manière de vivre et non d'une militance idéologique ou politique. Affirmer que l'écologie « doit » être de gauche, est aussi absurde que de prétendre que la gastronomie est « forcément » de droite.

Gauche et droite sont des concepts totalement surannés, qui se réfèrent à des concepts (classes sociales, capitalisme, socialisme, communisme, prolétariat, bourgeoisie, etc...) et à des idéologies du XIXème siècle et de l'ère industrielle, aujourd'hui totalement obsolètes : l'âge noétique les éradiquera. « Vivre écologique » va bien plus loin que ne le pensent la plupart des gens, on l'a vu lors du paragraphe sur la « morale écologique » ci-dessus.

Concrètement, simplement, il y a mille petites choses à faire qui si anodines soient-elles finissent par faire effet de boule de neige et de tache d'huile : manger des produits locaux et de saison, éviter le maximum de déplacements, refuser d'acheter les produits aux emballages coûteux et sophistiqués, préférer les produits frais des petits producteurs aux produits industrialisés, user tout ce que l'on achète et bouder les effets de modes ou d'annonces ou de gadget, planter des arbres partout, tout le temps, boycotter les journaux et les magazines et préférer l'information sur Internet, limiter en tout la consommation d'énergie, cultiver, sinon un jardin, au moins quelques jardinières, en tout, respecter la Vie sous toutes ses formes. Une valeur

---

[42] Pour les détails je renvoie à nos discussions de l'annexe I : « cosmologie systémique de la complexification ».

[43] Alan Watts a été un des grands introducteurs des philosophies bouddhiques en Californie dans les années '60.

féminine encore. Il n'y a là ni romantisme, ni angélisme : il en va de l'avenir de l'humanité et de la Vie sur Terre.

Créativité...

Nourrir et alimenter la noosphère, c'est d'abord créer des idées – au sens le plus large, déjà défini, de ce mot - : créer des recettes de cuisine ou des œuvres d'art, des objets usuels ou des théories scientifiques, des blagues ou des poèmes, des systèmes philosophiques ou des paroles de sagesse, des petits dessins ou de grandes fresques, des mots croisés ou des softwares informatiques, des jeux vidéos ou des symphonies, des entreprises ou des jardinières d'herbes aromatiques, des structures managériales ou des contes pour enfants...

Il ne faut pas laisser croire que la créativité n'appartient qu'aux génies. Tout le monde, chacun dans sa sphère, chacun selon ses talents et ses vocations, est potentiellement créatif. Beaucoup l'ignorent. Beaucoup aussi sont trop modestes ou trop timides ou trop isolés, et gardent trop leurs œuvres pour eux.

Un point, ici, est essentiel : l'entrée dans l'âge noétique doit amplifier par tous les moyens l'enrichissement permanent de la noosphère et devra donc s'accompagner de moyens gratuits puissants de diffusion des idées, œuvres et travaux du plus grand nombre. Nul besoin de censeurs ou de comité de lecture ou de processus de sélection ou d'acceptation : le principe de prolifération fera le tri tout naturellement.

Aujourd'hui, combien de millions de manuscrits pourrissent dans des tiroirs ? Combien de symphonies ou de chansonnettes se fanent dans des boîtes en carton ? Quel immense gâchis ! S'impose d'urgence la création une immense bibliothèque mondiale virtuelle (bien organisée, bien structurée, avec un puissant moteur de recherche...) qui offrirait, gratuitement et à tous, le dépôt de - et l'accès à toutes les œuvres inédites dans tous les domaines (la seule condition étant que l'œuvre soit digitalisée). L'humanité aurait là l'embryon d'une noosphère concrète, vivante, proliférante.

Fraternité...

J'avais envie d'écrire Amour plutôt que Fraternité. Les deux mots se valent pour mon propos.

Valeur féminine s'il en est, il ne s'agit pas de sensiblerie ou de sentimentalisme. Il ne s'agit pas de sentiments ou d'états amoureux ou fraternels : il s'agit d'un mode de vie, d'une volonté de marcher ensemble dans la même direction, chacun sur son propre chemin.

« L'Amour, disait Antoine de Saint-Exupéry, ce n'est pas se regarder dans les yeux, mais c'est regarder ensemble dans la même direction. »

C'est donc vivre un projet commun.

Et cette Fraternité, cet Amour doivent, comme la sociosphère, sortir de l'anthropocentrisme ambiant. C'est le « frère aigle et frère serpent » de Zarathoustra. C'est le « frère soleil » de François d'Assise. C'est cette communion universelle de tout ce qui vit, de tout ce qui participe de cette Vie cosmique commune, de ce projet cosmique d'accomplissement.

L'homme, chaque homme, est frère de tout ou n'est frère de rien : il n'y a pas de demi mesure possible.

Le Taoïsme, l'Hindouisme (surtout celui des upanishads) et le Jaïnisme ont été très loin dans ce sens. Certains mystiques chrétiens (comme « Il Poverello » ou Maître Eckart) et soufis également, quoique plus marginalement.

L'idée centrale dans cette perspective de Fraternité et d'Amour, est la communion vivante de tous les vivants au sein du projet de Vie universel, chacun déclinant sa propre partition dans la symphonie cosmique.

Qualité de vie...

L'âge « moderne » était fondamentalement quantitatif. Hors les chiffres, les équations, les mathématiques, point de salut, point de sciences, point de sérieux, point de professionnalisme.

Civilisation de l'objet oblige : les choses se comptent parce qu'elles sont inertes, identifiables, attribuables, appropriables.

Mais dès que l'on quitte l'objet pour aller à la rencontre du sujet... pour ensuite dépasser celui-ci dans le projet : point d'arithmétique possible. Le regard devient qualitatif. Plus que la qualité de la vie, c'est le qualitatif dans toutes les dimensions de la vie qui sublimera désormais le quantitatif de naguère.

On parlait fortune, on parlera bonheur.

On parlait productivité, on parlera créativité.

On parlait comptabilité, on parlera durabilité.

On parlait profit financier, on parlera patrimoine immatériel.

On parlait objet, on parlera projet.

Le Devenir prend le pas sur l'Avoir.

Le temps prend de nouvelles structures : on ne rythmera plus jamais la vie comme avant.

L'espace aussi se structurera différemment : on habitera autrement selon des modes de vie profondément rénovés (notamment le rupture ville-campagne va se radicaliser).

Le légitime besoin de sécurité a engendré un monde sécuritaire étouffant de violences policières (douces ou brutales) et d'assistanats généralisés (évidents ou insidieux).

Ce monde-là s'effondre sous le poids de ses propres mécanismes paranoïaques et appelle toutes les libérations.

Il ne peut y avoir de qualité de vie sans qu'il y ait d'abord liberté.

Pas de cette liberté infantile qui confine au caprice permanent. Non ! je parle d'une liberté adulte et responsable où chacun se réapproprie sa propre vie dans le respect du monde qui l'entoure.

Parce qu'il devient de plus en plus complexe, le monde devient aussi de plus en plus imprévisible : il quitte le modèle du système astronomique stable et régulier pour dépasser le système météorologique turbulent et chaotique.

Les modèles quantitatifs échouent toujours à vouloir enfermer la complexité.

Elle ne se réduit jamais à la juxtaposition arithmétique et linéaire de ses parties.

Les approches qualitatives doivent nécessairement leur prendre la pas[44].

Sensibilité...

Sensibilité n'est pas sensiblerie. C'est plutôt cette capacité, ce talent à entrer en résonance avec les êtres et les choses au-delà de la pensée conceptuelle et discursive.

Il ne s'agit pas d'analyser mais de comprendre, au sens étymologique de prendre avec soi, d'être en sympathie ou, mieux, en syntonie avec ce qui nous entoure.

La sensibilité, qualité féminine s'il en est, partagée par les poètes et les artistes, mais aussi par les amoureux de tous ordres, s'ouvre à l'autre globalement, sans devoir disséquer.

Elle relève typiquement du cerveau droit, cette part tant malmenée par le paradigme « moderne » qu'elle s'est souvent atrophiée.

Il est temps de la réactiver, de la réhabiliter : le Vie est chaude, jamais froide. La Vie est passionnante et passionnée.

---

[44] Nous creuserons ce point dans le chapitre suivant.

La sensibilité décide presque toujours, la raison n'intervient qu'après coup, pour tenter de justifier a-posteriori, pour tenter de rationaliser ce qui ne l'est pas souvent.

L'homme propose, la femme dispose, dit-on parfois. Reformulons : la raison (le cerveau gauche) identifie des possibles, mais la sensibilité (le cerveau droit) choisit les souhaitables. Parce qu'elle a été laissée si longtemps en friche, nous avons oublié que la sensibilité, l'intuition, la syntonie, elles aussi, tout comme la rationalité, s'apprennent, se mobilisent, s'exercent, se développent, s'entraînent ; qu'elles aussi ont leurs techniques et leurs apprentissages ; qu'elles aussi s'étiolent si l'on ne prend garde de les cultiver.

Nous avons deux demi-cerveaux ayant chacun leurs capacités et potentialités, pourquoi n'en développer qu'un seul alors que l'autre offre tant de voies nouvelles à la connaissance.

Bonne santé...

Être en bonne santé. Être sain. Vivre sainement. Première priorité de la mère de famille pour les siens. Mais la santé va bien plus loin que la seule absence de maladie. Il faut encore aller bien avec son corps, avec son cœur, avec son esprit et avec son âme... et avec ce qui nous entoure. Gérer et optimiser le bien-être en soi, autour de soi.

Déjà on voit poindre partout des techniques qui vont en ce sens : feng-shui, développement personnel, team building, vocations et plans de vie, fitness, massages classiques ou exotiques, tantrisme érotique, méditations et yogas, retraites et ressourcements spirituels, diététiques structurées, arts martiaux (sans compétition ni casse), taï-chi-chouang, trekkings de désert ou de montagne (sans exploit sportif : simplement pour marcher là – seul avec soi - dans l'air d'ailleurs), pratiques artistiques, stages de créativité, etc...

Bref : réapprendre cet « art de vivre bien » dont la modernité nous a dépossédé à force de nous chosifier et de nous soumettre aux faux impératifs d'une vie productive et mécanique.

Durabilité...

La femme, depuis toujours, sait qu'il faut neuf mois de patience pour engendrer un petit d'homme. Elle connaît la patience et l'attente. Son rapport au temps est radicalement différent de celui que pratique l'homme mâle, surtout lorsqu'il appartient à la « modernité ».

Les femmes ont là un message à donner, une leçon à enseigner. Le temps ! La durée !

Comme le jardinier qui sait qu'il ne verra jamais, dans sa majesté, l'arbre qui sortira de la graine qu'il a plantée.

Les nouveaux managers le savent bien : il y a deux grandes méthodes de gestion des entreprises. Il y a celle qui se soumet à la tyrannie des rentes d'actionnaires et des « quaterly reports », qui obligent au seul court terme, à la seule rentabilité immédiate, à l'obsession de ce seul indicateur : le cours de l'action en bourse. Il y a la vision prospective uniquement soucieuse d'enrichir les patrimoines tangibles et intangibles, financiers et humains, créatifs et cognitifs de l'entreprise. Le court terme ou le long terme. Le profit ou la plus-value. La trésorerie ou le goodwill.

Pour avoir monté, géré, restructuré, redressé des entreprises pendant plus de vingt ans, je sais que le profit ne peut ni ne doit jamais être un but. Il est une conséquence naturelle d'un concept intelligent et créatif, d'un projet partagé, d'un métier maîtrisé, d'une clientèle satisfaite, d'un personnel enthousiaste, d'un management charismatique.

Vrai pour l'entreprise, vrai pour la vie de chacun d'entre nous : nous sommes tous notre propre entreprise d'existence, nous sommes tous notre propre fond de commerce, nous sommes tous notre propre projet de vie.

Alors ? Course au profit immédiat ou construction patiente d'un patrimoine ? Course à la jouissance ou construction d'une plénitude ? Plaisir rapide ou joie durable ?

La réponse dominante, dans l'âge noétique, sera la réponse féminine de la durée, du patrimoine (et l'on parle essentiellement des patrimoines non financiers qui s'enrichissent dans la noosphère), de la construction : la spéculation capitaliste n'y jouera aucun rôle majeur... ni les rentes de situation.

5.3.   Dépassement de l'économique et du politique

5.3.1 : Poser le problème

Régulation économique et politique

Tout système, quelles qu'en soient la nature ou la finalité, ne survit et ne prospère qu'en s'appuyant sur des processus de régulation (au sens cybernétique et non au sens juridique) qui lui permettent de conserver sa cohérence et sa santé globales malgré les pressions et impacts de son environnement.

En tant que systèmes, nos sociétés humaines n'échappent pas à ce principe. Depuis longtemps, deux mécanismes participent à leur régulation.

D'une part, il y a les effets de la concurrence et le loi des Marchés, la « main invisible » d'Adam Smith, un processus naturel supposé éliminer automatiquement les déviances nuisibles.

D'autre part, il y a les lois et règlements édictés par l'Etat, un processus artificiel censé imposer, via ses bureaucraties, les modalités et procédures, standards et communes, du bon fonctionnement sociétal.

Ces deux « régulateurs » s'opposent : l'un libère, l'autre contraint.

La thèse politiquement correcte est celle-ci : la bonne santé de la société humaine naît d'un bon équilibre entre ces deux sources de régulation.

Trop d'Etat tue les Marchés et sclérose le tissu social comme ce fut et c'est encore le cas dans les régimes communistes et socialistes, ou sous les dictatures africaines et proches-orientales.

Trop de Marché délite l'Etat, instaure l'anarchie et débouche sur un accaparement mafieux de la société comme en Russie et dans la plupart des pays d'Europe de l'Est.

Cette thèse politiquement correcte, avec des dosages variables, est la règle de fait en Europe de l'Ouest et en Amérique du Nord : elle fait tout l'enjeu du jeu électoral, les centristes étant plutôt libéraux et tenants du « moins d'Etat », les conservateurs, socialistes et écologistes étant plutôt coercitifs (avec des nuances) et partisans du « plus d'Etat ».

Ma thèse ne sera pas politiquement correcte.

Ma thèse est que nos sociétés ont connu un important saut de complexité dès après la seconde guerre mondiale du fait de la croissance démographique, de l'allongement de l'espérance de vie, de l'émergence des technologies de l'information, de l'internationalisation complète des marchés : il y a infiniment plus d'acteurs en scène et leurs interactions sont de plus en plus fréquentes et fortes, ce qui est bien une définition de la complexité. Ma thèse est que, face à ce saut de complexité, les vieux systèmes de régulation par les Marchés et par l'Etat sont devenus désuets, obsolètes, inefficients. Je m'explique.

Le fonctionnement des appareils d'Etat repose sur les principes premiers suivants :

- La centralisation : un seul Etat, détenteur de tout le pouvoir civil et de tout le patrimoine commun, centre unique d'élaboration et d'application de la Loi : c'est le principe de souveraineté.

- La hiérarchie : les institutions de pouvoir sont pyramidales et procédurales, donc bureaucratiques (au sens technique de Mintzberg et au sens péjoratif commun) : c'est le principe de contrôle démocratique.

- La standardisation : une seule loi, la même pour tous ; les mêmes procédures pour tous ; le même statut pour tous : c'est le principe d'égalité.

Ces principes ressortissent d'une vision mécaniste des sociétés humaines, vision satisfaisante dès lors que ces systèmes sociétaux demeuraient suffisamment simples, ce qui n'est plus le cas.

Aujourd'hui, face au foisonnement informationnel, la centralisation provoque des goulots d'étranglement administratifs et judiciaires qui asphyxient le quotidien : les tribunaux sont durablement engorgés, les lois sont toujours obsolètes, les actions politiques ne portent plus que sur les urgences à la mode, l'inflation procédurière accumule des tonnes d'informations dont la plupart ne servira jamais à rien.

Aujourd'hui, face à l'accélération des rythmes de vie et des événements, les structures hiérarchiques, par leur lenteur, leur rigidité, leur lourdeur, sont intrinsèquement incapables de réagir avec la rapidité et l'efficacité minimales requises : les appareils fonctionnaires ne peuvent pas, ne pourrons jamais répondre adéquatement à un milieu tempétueux, impermanent, turbulent, en constante mutation.

Aujourd'hui, face à l'explosion du nombre des cas de figure possibles, tous les cas deviennent des cas particuliers et plus aucune règle unique, standard, égalitaire ne tient : l'homme de la rue, le citoyen, le contribuable moyen sont des vues de l'esprit, des abstractions qui n'existent pas dans la réalité ; le « tu ne voleras point » du Sinaï ne signifie plus rien dès lors que l'on parle d'objets immatériels infiniment et gratuitement duplicables ; le télétravail et les informatiques nomades abolissent la notion de lieu et d'horaire de travail ; la mondialisation fait s'effondrer les notions de nationalité, d'appartenance territoriale, d'identité civile.

Bref, l'Etat, dans sa nature profonde même, est un outil de régulation devenu obsolète : les entreprises qui sont confrontées au même monde complexe, le savent bien que la centralisation, la bureaucratie et la standardisation sont des principes d'organisation dépassés qui conduisent à la faillite.

Restent donc les Marchés... La « main invisible » d'Adam Smith pourra-t-elle prendre le relais des Etats condamnés à disparaître ? Pourra-t-elle assurer et assumer naturellement les grands équilibres nécessaires à l'épanouissement des sociétés humaines ? Ici encore, la réponse pourrait être positive si ces sociétés étaient demeurées simples. Malheureusement, le niveau de complexité réelle qu'elles ont atteintes, paralyse la main invisible autant que les Etats. La raison en est triviale : tout processus de régulation demande un temps de réaction qui est la durée du cycle de feedback. Or les Marchés réels (même les marchés financiers et boursiers, on le sait bien depuis 2002) réagissent beaucoup plus lentement que ne se propagent les vagues d'événements. Ce déphasage, irréversiblement accentué par les technologies de l'information, font que l'immense majorité du peloton décroche pendant que quelques échappés hystériques s'exténuent à préserver une avance qu'ils perdront bientôt dans une course absurde vers nulle part.

Lors de mon doctorat, nous avions mesuré que la propagation des effets d'un accident simulé de voitures, remonte le flot à une vitesse de près de 300 km/h soit plus de trois fois la vitesse moyenne des véhicules qui arrivent : l'embouteillage monstre est garanti et aucun moyen naturel n'est possible pour l'éviter puisque aucun conducteur n'a le temps matériel d'échapper à l'événement imprévisible.

Sur les Marchés, il en va exactement de même : dès que le fait est connu, il est déjà trop tard pour réagir, plus aucune régulation globale n'est possible, les acteurs sont condamnés à subir et à courir de plus en plus vite pour rien.

Ma thèse est donc la suivante : les sociétés humaines de naguère étaient gouvernées au départ de deux pôles régulateurs, l'Etat et le Marché.

Ces deux pôles, thèse et antithèse de toutes les idéologies politiques des XIXème et XXème siècles, ont fini par se rencontrer dans un compromis social-démocrate, tant en Europe de l'Ouest qu'en Amérique du Nord, avec des nuances importantes d'ici à là.

Mais ce compromis récent advient précisément au moment où tant les Etats que les Marchés perdent de leur puissance à réguler un monde de plus en plus complexe, de plus en plus frénétique, de plus en plus impermanent et turbulent, de plus en plus immatériel, bref de plus en plus incontrôlable.

Pour parodier ironiquement le camarade Lénine, la question centrale et urgente d'aujourd'hui demeure: « Que faire ? ».

Ni l'Etat, ni le Marché !

Que reste-t-il donc à mettre sous la dent de l'appétit régulatoire ?

Puisque ni le Politique, ni l'Economique ne sont plus aptes à piloter l'épanouissement humain, puisque les compromis entre eux sont devenus risibles lorsqu'ils ne sont pas létalement bloquants, puisque la complexification est irréversible et que le monde et la vie des hommes doivent changer en profondeur, quel sera le « point fixe et assuré », pour écrire comme Descartes ou Galilée, sur lequel rebâtir cette maison humaine qui s'effondre sous nos yeux ?

Comment dépasser l'Economique ET le Politique afin de les mettre TOUS DEUX au service de l'accomplissement humain ?

Comment faire des Etats et des Marchés, des serviteurs et non des maîtres ? Comment libérer l'homme de ses servitudes, de ses esclavages sociaux ?

Il est urgent et indispensable qu'il soit reconnu, profondément, incontournablement, irrémédiablement, que ni l'Etat, ni le Marché ne peuvent plus être garants de la régulation des sociétés humaines et que, donc, la paix et la joie, individuelles et collectives, doivent être urgemment recherchées autrement que par l'Economique et par le Politique.

L'ère industrielle que nous quittons s'intéressait à l'espace : les effets de taille, les grandeurs d'échelle, les conquêtes de territoires et de marchés, les localisations et délocalisations, etc...

L'ère noétique (la société de la connaissance et de l'information) dans laquelle nous entrons, parce qu'elle crée et fabrique des concepts et des produits dématérialisés qui circulent à la vitesse de la lumière, est bien moins liée à la problématique spatiale : le lieu importe peu, le nomade supplante le sédentaire ; mais, par contre, elle s'intéresse au temps qui devient la dimension stratégique de ses activités.

Or, le temps fait problème...

Le temps économique

Le temps est singulièrement absent des équations des théories économiques.

Les physiciens de la mécanique diraient qu'elles expriment des équilibres statiques, qu'elles flirtent parfois avec la cinétique lorsqu'elles étudient leurs fluctuations et stabilités, mais qu'elles ne disent rien de leur dynamique, des trajectoires et des inerties, des résonances et des forces : bref elles sont galiléennes et pas encore newtoniennes...

Cette absence du temps dans les modèles de base fait donc l'impasse sur l'évidente rupture entre, d'une part, les vitesses de propagation des événements et des mutations que les réseaux de télécommunication, via les fibres optiques, transmettent à la vitesse de la lumière, et, d'autre part, sur les temps de réaction des marchés et des entreprises à ces événements : il est peu de secteurs et de marchés fluides, la plupart sont plus ou moins inertiels et visqueux (viscosité d'autant plus grande que les lourdeurs sociales et administratives sont plus prégnantes).

Paradoxalement, dans beaucoup de métiers, les copies circulent plus vite que les originaux. Les virus informatiques foisonnent plus vite que les anti-virus. Les produits logiciels et technologiques sont presque toujours dépassés et remplacés avant que d'avoir atteint leur maturité et leur seuil de retour sur investissement, ce qui sape à la racine le fondement même des théories financières de l'investissement. Le compact disk, l'usage d'Internet ou le téléphone portable ont subverti la planète en moins de deux ans chacun, rompant ainsi irrévocablement toutes les traditions du marketing classique. Des logiciels gratuits de base comme Linux montent en puissance et en fiabilité, et risquent de remplacer, disent certains, les géants payants comme Microsoft. Des journaux gratuits comme Métro, tant décriés, paradoxalement, par les syndicats de gauche, remettent en cause la gestion classique des quotidiens endémiquement dans le rouge.

Ce phénomène de gratuité est fondamental pour la nouvelle économie : ce qui est gratuit prolifère beaucoup plus vite que ce qui est payant et gagne ainsi la course à la norme, à la référence, au standard. Ici encore, c'est le temps qui domine le jeu : la gratuité permet de gagner du temps, donc de l'audience, donc de la notoriété qui, à son tour, drainera les budgets et les capitaux nécessaires au travers de tous les sous-produits liés.

Adam Smith, Ricardo, Samuelson, Hayek et consorts doivent probablement se retourner dans leur tombe académique.

Le temps politique

Toute la vie politique de nos sociétés est rythmée par la fréquence artificielle des diverses échéances électorales, avec un temps fort tous les quatre à cinq ans environ, selon les pays.

Or les mesures politiques de fond et les « grands travaux » sociétaux sont des chantiers qui s'inscrivent dans la durée (souvent une génération – soit 25 ans – pour les plus importants comme l'éducation ou l'écologie ou la sécurité sociale) ; ils sont donc outrageusement en dehors des horizons politiciens.

C'est là un des paradoxes majeurs de la démocratie que d'exiger (à juste titre) des mandats courts afin que l'évaluation et la sanction populaires soient régulières et fréquentes et, de ce fait, de castrer les politiques en regard des problématiques les plus profondes et les plus vitales.

Dans sa pratique quotidienne sinon dans ses discours, la gent politique est donc condamnée au moyen terme puisque interdite de long terme et, de plus, incapable de court terme.

En effet, le système politique est soumis à la force inertielle de ses propres institutions qui, à force de devoir (vouloir ?) tout régenter, s'engorgent et offrent des temps de réponse aux événements de plus en plus long : 6 à 9 mois pour un simple paiement public, 2 à 5 ans pour un simple procès, etc...

Coincés entre une réactivité enfermée dans des structures et des processus fonctionnaires obsolètes, et une proactivité politiquement peu souhaitable, le politique s'enlise.

De là le désengagement « citoyen » de la très grande majorité qui sait (et elle a foncièrement raison) que le politique et ses institutions sont en total décalage temporel face à la vraie vie vécue tous les jours (vous savez, celle qui change tout le temps, qui n'a plus de repère et qui est largement imprévisible).

Cette impuissance politique a largement décrédibilisé le « pouvoir » au point de ne plus lui laisser, pendant longtemps, que la démagogie comme seul outil de « légitimation ».

Le chaos temporel

Tant du point de vue économique que du point de vue politique, nous sommes entrés dans une ère où la vitesse de propagation des événements est devenue bien supérieure aux vitesses d'évolution des systèmes humains (sociétés ou entreprises ou institutions), où les rythmes de ces événements sont devenus bien plus trépidants que nos cycles de fonctionnement naturels ou « normaux ». Bref, nos structures sociales et mentales sont inadéquates et dépassées par les événements.

Tout se passe comme si des myriades de « micros » phénomènes frénétiques et insaisissables tuaient à petit feu nos « macros » systèmes un peu obèses (ils bougent trop lentement), un peu borgnes (ils ne voient pas ce qu'il faut voir ou le voient trop tard), un peu cons (ils ne comprennent pas grand' chose à l'immense mutation qui se déroule sans eux, malgré eux).

Notre monde semble condamné à une infernale et perpétuelle fuite en avant, toujours plus vite, toujours plus fort, toujours plus inattendu, toujours plus imprévisible...

Sempiternelle course poursuite où l'événementiel subjugue l'essentiel, où les pelotons et les échappées se succèdent sans se ressembler dans un critérium sans critères, dans un tour de France ou d'ailleurs qui tourne en rond, où les sprinters et leaders d'hier sont morts d'épuisement et détrônés par le ricanement de « petits jeunes » qui après demain seront sur la touche.

La frénésie et l'effervescence, pourtant, n'ont jamais été et ne pourront jamais être des critères de qualité – dans tous les sens de ce terme.

On voit poindre pourtant des mots nouveaux comme, par exemple, cette « durabilité » qui rêve de durée dans l'évanescence mondialisée... en attendant son dévoiement et sa récupération par ceux qui ne songent qu'à eux.

Ce monde en course contre la montre se déboussole en vain à courir derrière son ombre, derrière ses fantasmes aussi fantasmagoriques que ceux, naguère moteurs, de patrie, de race, d'espace vital, de « limpieza del sangre », etc...

Au-delà du temps

Il faut y insister : l'évolution technologique vers la vitesse et l'instantanéité rend irréversiblement caduque la plupart de nos structures sociétales, politiques, économiques et entrepreneuriales.

Le monde de demain ne sera plus jamais un long fleuve tranquille, stable, sécuritaire, équilibré, canalisé, régulé, contrôlé ; le monde de demain sera une myriade de petits torrents tumultueux, imprévisibles, dangereux, intermittents, éphémères, qui convergent tous vers la même grande Mer.

Mais ceci posé, la vrai question n'est pas de combattre ou d'échapper à cette mutation profonde de la structure intime du temps vécu par chacun et par tous.

Là n'est pas le problème.

Le problème est de fonder son existence au-delà de ce tumulte existentiel, de choisir un mode de vie parmi les torrents qui soit paisible et serein, qui soit joyeux et tranquille : se réapproprier son temps (ce sera le plus grand luxe de demain) et savoir clairement que cette réappropriation a un prix, parfois fort.

Et ce choix est personnel, absolument personnel.

Refaire le monde ?

Ainsi, pour des raisons diverses et notamment de structuration du temps, ni l'Economique, ni le Politique, naguère piliers des équilibres et régulations sociétales, ne sont plus aptes à remplir leur rôle ancien.

Alors... ?

Le monde des hommes est imparfait, provisoire, insatisfaisant.

Tous les utopistes, tous les révolutionnaires, tous les romantiques depuis longtemps ont cherché à le transformer... non seulement sans succès, mais souvent en engendrant le pire : la souffrance, la douleur, la torture des chairs et des âmes, les prisons, la violence, la misère et la mort.

Il ne s'agit plus de refaire le monde. Il ne s'agit pas de parfaire le monde des hommes – qui, parce qu'intermédiaire, ne peut qu'être imparfait, ontologiquement – mais de le dépasser.

Le dépasser... ni le nier, ni le renier, ni le fuir.

Il s'agit de construire un nouveau monde non à la place du monde humain, mais au-dessus de lui. Comme l'arbre pousse de la terre, sur la terre mais hors de la terre.

Il s'agit d'induire une émergence nouvelle. Il s'agit de faire germer un autre monde à partir de ce monde-ci, ni contre lui, ni en lui, ni pour lui, mais au-delà de lui.

La noosphère surgit et émane de la sociosphère en la dépassant, en prenant son envol en d'autres espaces, selon d'autres structures, selon de nouvelles modalités.

Ni coupure, ni césure, ni rupture. Continuité absolue dans la différence absolue.

Il ne s'agit pas de réinventer le monde. Il s'agit d'inventer de nouveaux espaces et de nouveaux temps. Car le temps est à réinventer au fond de ses fibres. Il ne doit plus être vécu comme le carcan où l'on subit l'écoulement de la vie invécue. Il doit être voulu comme un don divin, gros de tous les possibles, fort de toutes les énergies, plein de toutes les opportunités encore à saisir.

Les hommes en général, mais aussi chaque individu en particulier, sont confrontés à cette question existentielle fondamentale : où se déroule la « vraie » vie ?

Dans la société des hommes ou au-delà ?

Où faut-il investir son énergie, sa passion, sa vocation, son amour : dans le monde humain (dans les ornières de ses conventions, de ses turpitudes, de ses mesquineries, de ses héroïsmes, de ses grandeurs et de ses petitesses), ou au-delà de lui, dans les mondes surhumains (dans la noosphère et les espaces noétiques) ?

Et j'écris bien au-delà et non contre, ou hors de...

Il ne s'agit pas, encore une fois, de nier ou de fuir, il s'agit de dépasser.

Il faut revenir à la métaphore de l'arbre...

L'arbre pousse dans la terre ET hors de la terre. Il se nourrit d'elle (et lui rend son humus, son ombre, son magnétisme, ses lieux de nidification) mais il s'accomplit hors d'elle.

Il a, en terre, nourries et allaitées par elle, ses racines qui lui sont précieuses et vitales, mais il a son tronc, ses branches, ses feuilles, fleurs et fruits qui en sortent radicalement pour se construire une vie au-delà... une vie autre, sans rupture ni discontinuité, mais autre malgré tout.

Passer de l'autre côté de ce miroir qui ne renvoie à l'homme que sa propre et pauvre image.

Quitter l'illusion et les conventions du monde artificiel que l'homme a et s'est imposé, et entrer dans le Réel, dans ce Réel qui transcende et dépasse l'homme et n'a que faire de ses artifices, de ses conforts, de ses « idéaux ».

Passer de l'autre côté... Et découvrir enfin combien factice est la sphère humaine, autocentrée, egocentrée, anthropocentrée. S'affranchir de l'humain sans nier l'homme et se faire l'instrument de la création de nouveaux mondes au-delà de l'humain, dans le surhumain.

5.3.2 : Considérations politiques

A propos des mythes politiques « modernes »

L'âge moderne finissant entraîne dans son effondrement ses propres mythes fondateurs, naguère formalisés par les « Lumières » et portés à leur paroxysme au cours des XIXème et XXème siècles : le Progrès, la Raison, la Justice, l'Egalité...

Le *Progrès*
Il fut conjointement technique et social. Il fonde une foi en un supposé pouvoir infini de connaissance et de sagesse de l'intelligence humaine. Une foi en une incroyable logique : l'homme deviendrait automatiquement bon et sage dès lors qu'il serait libéré de l'harassement, de l'angoisse, de la souffrance, de l'ignorance. Joli théorème jamais démontré, toujours contredit : le progrès technique et/ou social n'a aucun effet éthique ou thérapeutique sur la vilenie humaine. Au contraire : dans beaucoup de cas, le temps libéré par le « progrès » engendre ennui, névrose, spleen, angoisse, déprime, abrutissement télévisuel ou footbalistique, dégradation alcoolique ou toxicomane.

Le « progrès » social partout débouche sur l'assistanat généralisé, prémisse, sans doute, d'une humanité amorphe et parasitaire désormais incapable de se prendre en charge et de s'assumer, laissant à d'autres le soin de diriger son existence à leur guise.

Le « progrès » technique, à quelques exceptions majeures près comme l'électroménager et la pilule qui ont désaliéné la femme, ou comme le micro-ordinateur qui pourrait libérer l'esprit..., a surtout édifié une accumulation d'horreurs guerrières ornée d'une accumulation de gadgets débiles.

La *Raison*
La rationalité triomphante a non seulement désacralisé le monde et désenchanté l'homme, mais elle a tout désertifié.

Des moyens (l'argent, l'objet, le plaisir,...), elle a fait des fins, et des fins (le sens, l'amour, la mort,...), elle a fait des tabous.

Tel Attila, elle a conquis le monde de la vie, au galop, par le feu et le sang, ne laissant derrière elle que cendre et désert : l'herbe de la joie n'y repousse plus.

Les forêts de symboles (Baudelaire) et de métaphores (Bachelard) ont été savamment saccagées par elle afin d'établir sa suprématie minérale.

La rationalité est incapable de vie ! Parce que la vie est pleinement complexe et irréductible et que la Raison ne peut être que linéaire et réductrice.

La Raison a produit les rationalisations mécaniques de la non-vie économique, les ratiocinations sans fin et sans effet de la non-vie juridique, le rationalisme scientiste de la non-vie intellectuelle. Elle a appauvri les langages et les lexiques. Elle a évacué la poésie et la métaphore, la pensée analogique et symbolique.

Comme s'il n'était pas évident que l'essentiel de l'homme n'est jamais rationnel. Comme s'il n'était pas d'abord un animal émotionnel. Comme si les grandes décisions de l'existence (choisir un conjoint, faire un enfant, habiter un lieu, définir un métier,...) n'étaient pas essentiellement de effets de passion que la Raison ignore.

La *Justice*

Qu'elle soit prise sous l'angle moral, social ou juridique, la Justice est une hétaïre que rien ne fonde hors les préjugés d'ici et de maintenant. Il n'y a pas de droit naturel. Il n'y a pas de valeurs absolues. Il n'y a pas d'impératifs catégoriques. Il n'y a que des systèmes humains, trop humains, qui s'auto-justifient en s'inventant des ancrages métaphysiques ou éthiques parfaitement artificiels et factices. En un mot : est juste ce qui convient au Prince. Reste à savoir qui est le « vrai » Prince ? Le peuple ou le clan ? Le parti ou le syndicat ? L'église ou la gazette ?

La belle Déclaration des Droits de l'Homme et du Citoyen n'est que l'expression des soucis de vie des bourgeois chrétiens du Paris de 1789. Son rejeton, l'actuelle Déclaration universelle des Droits de l'Homme, n'en est que la resucée, toujours aussi chrétienne, mais à prétention universelle, hégémonie occidentale oblige.

La justice a sombré, depuis longtemps, dans le juridisme : trop de lois tue la Loi, trop de règlements tue la Règle. On va, de plus en plus, au tribunal non pour recevoir justice, mais pour gagner du temps ou de l'argent, à propos de n'importe quoi. Le client voyou qui refuse d'honorer sa signature en arguant qu'un procès et un appel lui laisseront de nombreuses années de répit, ne fait que singer l'Etat voyou qui, au mépris de la présomption d'innocence, retourne la charge de la preuve vers ses contribuables : on n'est plus très loin du « Tuez-les tous, Dieu reconnaîtra les siens ».

L'*Egalité*

L'Egalité de principe, partout, toujours, se décline en égalitarisme de fait. Tendance jacobine à l'uniformisation. Effet pervers de la raison réductrice et simplificatrice.

On sait aujourd'hui que les hommes et les femmes ne sont ni égaux, ni inégaux, ni en fait, ni en droit : ils sont irréductiblement différents dans leur être, dans leurs aspirations, dans leurs talents, dans leurs besoins. Et ces différences, cette biodiversité, constituent la vraie richesse humaine qu'il faut préserver à tous prix contre l'uniformisation égalitaire.

Sans tension, sans différence de potentiel, aucun mouvement ne peut naître : l'uniformité entropique est l'autre nom de la mort.

Le Démocratie que l'Egalité implique, est condamnée, dans la pratique, à n'être que démagogie, suivie de son cortège de prébendes, de népotismes et autres clientélismes.

Le « la même chose pour tous » est évidemment beaucoup plus simple que le « à chacun selon ses mérites ou ses besoins ». Mais cette simplification statistique sombre dans le simplisme criminel dès lors qu'elle aboutit au nivellement par le bas et à la dictature de la médiocrité.

Comment ne pas voir que l'école publique, laïque et « gratuite » est une immense machine fonctionnaire à fabriquer des chômeurs ? Comment ne pas voir que la minorité qui échappera à ce sort, est précisément celle des familles où les parents pallient l'école en éveillant le goût, les talents, la créativité et la culture de leurs enfants ? Où est l'égalité là-dedans ? La grande majorité des diplômés universitaires sont eux-mêmes fils ou filles d'universitaires. Egalité ?

Sans épiloguer plus avant sur le mythe démocratique (tabou entre tous les tabous), je me contenterai d'un clin d'œil emprunté à un humoriste : à droite, la démocratie c'est « ferme ta gueule », et à gauche, c'est « cause toujours »... ou vice-versa, selon les thèmes, les tempéraments ou les sensibilités

On le voit bien, ces mythes-là sont moribonds. Ils sont descendus de leur idéalité et, à force de se frotter à la réalité, ils se sont usés à la corde. Face à ce constat, deux attitudes s'ouvrent : refuser l'échec et s'obstiner nostalgiquement à vouloir restaurer ce qui est usé, à vouloir ressusciter ce qui est mort, ou faire son deuil, clore un chapitre et construire du neuf.

Et pourtant, ce sont ces mots-là, ces mythes-là que l'on continue de rabâcher, de ruminer et de brandir comme des oriflammes...

Effet de meute ?

Effet de meute : moteur politique et médiatique

Les éthologues connaissent bien l'effet de meute et ceux qui, comme moi, ont la chance de vivre avec plusieurs grands chiens, l'observent régulièrement : pour une raison quelconque, le plus souvent imaginaire (les chiens voient assez mal et réagissent illico à tout mouvement d'ombre ou d'arbre), un chien se précipite en aboyant. Derechef, les autres de lui emprunter le pas, confortant le premier dans son mouvement qu'il accélère. Mais les suiveurs veulent aussi montrer de la gueule et surenchérissent, ce qui décuple et le bruit et la cavalcade et l'ardeur de tous ces chiens qui, alors, n'obéissent plus à rien tant que le soufflé n'est pas retombé.

Ce type de comportement est propre à beaucoup – presque tous, à ma connaissance – d'animaux sociaux. L'*homo* paraît-il *sapiens* n'y échappe pas. C'est dans l'effet de meute, en effet, que l'on trouve les racines profondes de phénomènes bien connus tels que la rumeur ou l'embrigadement idéologique (les exemples nazis et communistes sont flagrants) ou les mouvements de mode ou les comportements de foule (drame du Heizel, par exemple).

Au fond, le problème s'apparente à l'électronique : un signal faible quelconque, le plus souvent artificiel ou imaginaire, enclenche un processus d'amplification en boucle qui, lorsqu'il s'enfle jusqu'à l'effet Larsen, peut faire éclater le système qui le subit.

L'effet de meute est particulièrement sensible dans les métiers de la communication où, l'avidité du scoop aidant, les journalistes peu professionnels ou peu scrupuleux ont beau jeu d'enclencher un phénomène de boule de neige à partir de n'importe quelle information pourvu qu'elle soit spectaculaire ou scandaleuse ou sensationnelle ou sordide. Cela s'appelle la désinformation. Même les maisons sérieuses ont parfois bien difficile, malgré leur souci de vérification des sources, à résister à la tentation de surfer sur ce type de vague. Le sensationnel se vend mieux que le fondé ! Les médias américains, depuis longtemps, ont trouvé la parade : plutôt que de vérifier et de valider les sources, on les cite *in extenso* même si elle sont farfelues. « D'après Tartempion,... ». Tartempion est heureux comme tout de voir son nom dans le canard. Le journal n'implique pas sa responsabilité. Et l'information circule et s'enfle vers ceux qui ont envie ou besoin de s'en repaître. Toute la presse à scandale fonctionne sur ce schéma.

Autre exemple fameux : celui des agents de change, cambistes, gestionnaires de fortune ou autres spéculateurs pour compte de tiers. Le mythe de l'argent facile et des gains plantureux sans rien faire nourrit tous les processus spéculatifs ; mais la peur du risque et de l'échec tend à faire sous-traiter ce type de gestion à des « professionnels qui savent ». Le problème est que ces professionnels ne savent pas grand chose même s'ils continuent à laisser indûment croire que l'économie (qu'elle soit macro- ou micro-) est une science prédictive.

Ils ne l'affirment évidemment pas tous, ce serait de l'escroquerie intellectuelle, mais ils le laissent croire.

L'économie en général et l'évolution de chaque entreprise en particulier deviennent chaque jour un peu plus chaotique et de moins en moins prévisible : nous sommes définitivement entré dans l'ère de l'impermanence et de la turbulence structurelles. Mais rien n'y fait : on continue de jouer avec l'argent des autres, en toute impunité, comme si rien n'avait changé, comme si le changement n'était qu'un épiphénomène, comme si le rythme des ruptures et des crises et des mutations était encore aussi lent qu'il y a un demi siècle, du temps de la bien victorienne City londonienne.

Pourtant, les exemples foisonnent dont le cas d'école est le scandale de la Bannings : illustration idéale de l'effet de meute en finances.

La jolie expression populaire « aboyer avec les loups » (autre manière d'exprimer l'effet de meute) s'applique aussi, ô combien, à la sphère politique.

Le processus est parallèle à celui qui gangrène certains médias et certaines presses : il ne s'agit plus de gonfler le tirage, mais de gonfler l'électorat dans un monde enclin à l'angoisse, à l'insécurité, au mal-vivre, à la déprime, à l'assistanat généralisé (donc à la fragilité et à la précarité).

Le monde devient de plus en plus complexe et intégré. Le pouvoir réel est de plus en plus éloigné des institutions politiques qui sont condamnées à « suivre » si elle veulent perdurer. Les instances nationales sont de plus en plus déconnectées et de plus en plus vidées, perdues qu'elles sont entre les pouvoirs statutaires supra-nationaux qui les subjuguent et les pouvoirs communautaires locaux (les entreprises, les quartiers, les associations, les sectes, les bandes, les mafias, les réseaux) qu'elles maîtrisent de moins en moins.

Face à tout ce charivari, nos politiques sont bien désemparé(e)s et sont bien tenté(e)s d'adopter n'importe quelle « solution miracle ». Qu'importe ce que l'on fait pourvu que l'on fasse quelque chose : le pouvoir ne se maintient en « légitimité » qu'en gardant la main et en restant sous les feux de la rampe. Ne rien faire (ou ne pas dire que l'on fait, ce qui revient au même), c'est disparaître.

Alors l'effet de meute peut jouer à plein : il y aura toujours un rat de cabinet pour pondre l'idée miracle ou la recette d'une quelconque panacée que l'on s'empressera de « vendre » et que d'autres imiteront à qui mieux-mieux.

Tout ceci au mépris de ce que les systémiciens appellent la loi des effets pervers : dans un système complexe (et nos sociétés le sont au plus haut degré) toute action locale engendre des réactions globales qui viennent la contrer et surcompensent (donc inversent) ses effets.

En matière politique, toute action locale et spécifique est condamnée à engendrer les effets inverses de ceux escomptés (cela est vrai en gestion d'entreprise aussi).

Mais qu'importe : nos politiques restent analytiques et non globales, et l'électorat attend plus les actions que leurs effets. Alors...

Un bel exemple est celui de la prévention routière. Tous les assureurs savent que les trois causes majeures d'accidents sont, dans l'ordre, l'alcool, les poids lourds et l'incompétence des conducteurs (surtout entre 18 et 25 ans et après 60 ans). C'est donc là qu'il faut agir ! Mais que voilà des cibles bien délicates et électoralement sensibles...

Alors, vite, trouvons autre chose : la vitesse ! Et tout le monde, presse et politique, de crier haro sur le baudet et de dénoncer partout ces « chauffards » assassins. On oublie que ces chauffards assassins (bien réels au demeurant) appartiennent très majoritairement aux trois catégories soulignées plus haut. Mais qu'importe : il est tellement plus facile et anonyme de traquer à coup de radar les transgressions de limitations débiles de vitesse par le citoyen lambda, que de faire la sortie des bistrots et des restaurants pour y traquer les saoulographes (ce serait mauvais pour le commerce !).

Un autre exemple ? La drogue. La libéralisation totale de la fabrication et de la commercialisation de toutes les drogues ferait chuter immédiatement et la puissance des mafias (qui n'aurait plus rien d'interdit à vendre beaucoup trop cher) et le taux de délinquance urbaine (les drogués n'aurait plus à tuer ni à voler pour se payer leur dose désormais en vente à prix normal dans les pharmacies). Pourquoi cette libéralisation ne se fait-elle pas, dès lors ?

D'abord pour des raisons idéologiques liées aux valeurs finissantes de la morale chrétienne encore ambiante. Ce point ne résiste pas aux impératifs de la vie. Ensuite, parce qu'une libéralisation entraînerait une surconsommation temporaire qui entraînerait, à son tour, un pic important de morts par overdose : le suicide est toujours un péché, donc un délit.

Enfin, parce que la traque des dealers devrait être remplacée par une analyse en profondeur du mal-vivre global des jeunes et moins jeunes, et par une refonte complète des systèmes éducatifs tant scolaires que parentaux. Plutôt que d'assumer tout cela, mieux vaut entretenir l'effet de meute artificiel de la guerre à la poudre blanche et à l'argent sale.

On le sent bien : l'effet de meute est partout et il gouverne en profondeur des pans entiers de nos vies collectives : l'homme est encore terriblement animal quoiqu'il s'en défende.

Pour terminer, accrochons un point : mes chiens comme le Heizel démontrent que l'effet de meute est d'autant plus brutal et intense que le niveau d'inquiétude ou de tension est élevé.

Or notre monde chamboulé et tourneboulé n'a jamais été aussi inquiet et tendu : l'effet de meute peut donc s'y promettre de très beaux jours (les incandescences des banlieues en sont un exemple typique).

Il y a cependant une réponse à donner à tout cela : la sérénité !

Je lisais récemment, sous la plume du jésuite Edouard Boné *(in : « Dieu : hypothèse inutile ? », p.133)* :

« *A Big Sur, sur la côte californienne, les dirigeants des deux cents plus puissantes multinationales du monde, IBM, ATT, General Electrics, Sony, Matsushima, Siemens, Fiat et les autres, se réunissent au Esalem Institute pour examiner comment incorporer des valeurs spirituelles dans le travail. La prestigieuse Harvard School of Business (...) analyse le rôle de la contemplation et du cœur dans l'efficacité du management (...). C'est dire que la quête de la sagesse n'est pas un vain mot (...).* »

A bon entendeur...

On nous dit (à propos de la gauche... avant de parler de la droite)

On nous dit que la gauche en général, et les socialismes, en particulier, représentent l'opinion et la défense des « travailleurs », c'est-à-dire des petites gens, des ouvriers. Rien n'est plus faux. Le « petit peuple », que l'on s'obstine à dire « de gauche », vote de plus en plus massivement à l'extrême droite. Le petit peuple n'a jamais rien eu à faire des « idéaux » de gauche : la seule chose qui l'intéresse, c'est d'augmenter toujours plus son pouvoir d'achat et sa sécurité. Tout le reste ne lui est que mots vides et vains. « *Panem et circenses* » lui parle plus que justice sociale ou défense des droits de l'homme. Le peuple est populiste, pas socialiste.

On nous dit que la gauche, que les socialismes, sont porteurs de progrès, et que la misère et le despotisme, partout dans le monde, n'ont reculés que devant leurs assauts depuis des siècles. L'Histoire dénie formellement. Elle démontre le schéma classique de récupération des « révolutions spontanées » par des partis structurés qui n'y sont pour rien mais qui en profitent pour prendre le pouvoir. Les Jacobins ont volé 1789. Marx a volé l'Internationale. Lénine et les Bolcheviks ont volés 1917. Le Front populaire a volé les réformes sociales de l'après 1929. Mao a volé la Chine à Sun Yat-sen et à Tchang Kaï-Chek. La gauche, surtout communiste, a volé la Résistance contre Hitler, dont elle était massivement absente jusqu'en… 1944.

La gauche suit, elle ne précède jamais. Mais, en tant qu'organisation militante très structurée, elle sait y faire pour récupérer et s'approprier les combats et le martyre des autres, de ceux qui, précisément, sont désorganisés, peu encadrés et peu structurés.

On nous dit que le socialisme est proche du « peuple ».

Il est surtout une immense machine à clientélisme effréné qui est son fond de commerce principal. Le pouvoir socialiste, c'est d'abord, c'est toujours la république des copains, des « interventions », des retours d'ascenseur, des trocs de voix contre prébendes ou passe-droits : c'est la seule façon possible de garder les votes des petites gens qui n'ont rien à faire de l'idéologie et qui n'attendent de leurs élus que des privilèges personnels. Cette démagogie-là n'est pas l'apanage de la gauche, elle est le socle fondamental de toute politique démocratique. Mais cette démagogie incontournable doit se réaliser à bien plus grande échelle pour les socialistes qui n'ont que peu accès aux centres du vrai pouvoir économique, traditionnellement à droite.

On nous dit que le socialisme est un mouvement populaire. Rien n'est plus loin de la réalité. La mouvance socialiste, comme la mouvance écolo, est essentiellement le « lieu » de certains intellectuels toujours un peu snobs, plus ou moins utopistes, plus ou moins romantiques ou plus ou moins cyniques qui ne connaissent du « peuple » que ce qu'il en disent aux-mêmes. N'est-ce pas Sartre, le gros bourgeois de Saint-Germain-des-Prés et du « Chez Flore » qui écrivait qu'il ne pouvait y avoir d'intellectuel que de gauche ? Mais cette gauche-là est une gauche caviar, une gauche des villes et des cafés à la mode. Quel courage, en effet, quelle force de conviction que de s'affirmer de gauche, verre de champagne et petit four en main, devant un aréopage de « bien-pensants » bourgeois et droitiers. Quelle générosité que d'y prendre fait et cause pour les « exclus » de tous poils que l'on pleure, faute de les fréquenter.

On nous dit qu'il est deux sortes inconfondables de socialismes : l'un serait démocratique et correspondrait aux divers partis socialistes ou sociaux-démocrates, l'autre serait autoritaire et correspondrait aux diverses mouvances marxistes, communistes ou gauchistes.

Rien n'est plus mensonger ! Le socialisme, par essence, est totalitaire puisqu'il repose tout entier sur le principe égalitaire et que, « l'égalité » étant contre nature, l'égalitarisme ne peut se maintenir que dans la violence, d'abord verbale, puis légale, puis policière, puis dictatoriale.

La gauche se prétend le dernier – et seul – rempart contre les ennemis de la liberté et de la démocratie. L'Histoire montre à souhait qu'un pouvoir socialiste, quel qu'il soit, a pour seule obsession, de réduire la liberté en légiférant à tour de bras, en restreignant la sphère privée, en collectivisant et en étatisant à tout va, et en augmentant, toujours plus, la force et la puissance policières pour discipliner ce peuple indocile qu'elle entend incarner.

On nous dit que la gauche est progressiste. Je ne vois quant à moi que des socialismes dogmatiques, idéologiquement autistes, dont les tentacules mènent partout des combats d'arrière-garde pour le maintien, coûte que coûte, de droits acquis, d'institutions obsolètes, d'un étatisme inefficace et ravageur, de service publics déliquescents, et d'un providentialisme collectif suicidaire tant économiquement que socialement ou moralement.

Je ne vois dans ces « combats » que des résistances réactionnaires à l'évolution réelle du monde et des civilisations et des valeurs. Le progrès, le progressisme ne sont jamais réactionnaires, que je sache. Le progrès c'est la marche en avant, c'est l'aventure, c'est le risque, ce n'est jamais le gel d'un passé désuet, ni l'obsession sécuritaire, ni l'immobilisme.

On nous dit que le socialisme est l'école du réalisme politique, économique et social.

Je n'y trouve qu'une mythologie religieusement athée, nourrie d'un martyrologe, comme toujours largement réinventé. Zola, le romancier à succès, parisien et bourgeois, et Michelet, l'historien romantique qui a réinventé la Révolution française, ont fait bien plus pour le socialisme et son imagerie que tous ses idéologues et tribuns réunis.

Il n'est pas inutile de rappeler ici combien le socialisme est la suite laïcisée et désacralisée de l'idéalisme platonicien et évangélique, de l'apologie de la pauvreté et de la haine du « riche », des principes de partage et de charité rebaptisés solidarité étatisée. Nietzsche l'a parfaitement montré dans sa « Généalogie de la morale » : l'idéologie socialiste est l'expression édulcorée d'une morale d'esclaves, d'une morale d'aigris, d'une morale de la revanche et de la haine de la vie.

On nous dit que la gauche et les socialismes sont l'antidote absolue aux fascismes et à aux extrêmes droites. C'est oublier un peu trop vite que le fascisme de Mussolini ou le nazisme d'Hitler sont des mouvements socialistes, anti-capitalistes, anti-libéraux, massivement soutenus par les masses populaires et ouvrières. C'est oublier un peu vite qu'Hitler disait et pensait, haut et fort, que : « Le parti national-socialiste est socialement de gauche même s'il doit être économiquement de droite », allusion faite au financement de ce parti par Krupp, Mercedes et autre Siemens, par peur du bolchevisme tout proche. C'est oublier un peu vite que la gangrène populiste qui gagne aujourd'hui l'Europe des Le Pen, Fortuijn, Haider, Rossi et consorts est, elle aussi, formée de partis populaires qui se proclament et sont virulemment anti-capitalistes, anti-économiques, anti-libéraux, anti-liberté. C'est oublier un peu trop vite les dizaines de millions de morts, assassinés par les régimes communistes, donc socialistes, partout dans le monde depuis un siècle – il est d'ailleurs symptomatique, en nos contrées largement social-démocratisées, que les récentes élections françaises aient, à juste titre, conspué et honni Le Pen, tout en ouvrant largement leurs portes aux discours d'un Hue, d'une Laguiller, ou autre néo-Krivine qui, pourtant, sont les exacts pendants dudit Le Pen en matière de totalitarismes abjects.

Si le Populisme est montré du doigt et légitimement hué, pourquoi n'en est-il jamais de même des mouvances communistes pourtant au moins aussi historiquement infâmes ? Réponse : parce que les mouvances totalitaires de gauche sont trop politiquement utiles, voire indispensables, aux socialistes dans leurs tambouilles électorales. Diaboliser l'extrême droite tout en pactisant avec l'extrême gauche : périlleux mais révélateur exercice où il est bien difficile de retrouver les valeurs morales de pureté et d'idéal que les socialismes prétendent incarner.

On nous dit tout cela. Tout le temps. Cette immense machinerie – je ne crois pas à une machination - médiatique confine au lavage de cerveau : l'ultra syndicalisme des chaînes audiovisuelles publiques, la dictature des Guignols de l'Info, le règne des caricatures et rosseries des dessinateurs presque tous de gauche (artiste oblige) dont on voit les dessins même lorsque l'on ne lit aucun article, la phraséologie toute faite du politiquement correct et de la pensée unique, forcément de gauche, humaniste et humanitaire,... tout cela me fait penser au Big Brother du 1984 d'Orwell. Un Big Brother diffus, insidieux, rampant mais présent, très présent, ô combien !

On nous dit bis (à propos de la droite... après le tour de la gauche)

Puisqu'il paraît que la politique ne peut qu'être manichéenne, puisque ce clivage artificiel mais traditionnel en gauche et droite demeure malgré son inanité, et puisque j'ai éreinté la gauche ci-dessus, il faut donc éreinter la droite ci-dessous.

Question de symétrie et d'équité...

La gauche se dit progressiste parce que ses idéologues du XIXème siècle appelaient le « progrès social » pour le prolétariat et les « couches laborieuses » comme l'on disait alors.

Face à elle, la droite ne peut pas être progressiste, ce serait confusion des genres et des slogans fondateurs. La droite est donc conservatrice, entendons qu'elle vise à conserver les privilège aux classes et castes qui croient en posséder : l'argent des bourgeois et des commerçants, la terre des paysans, le corporatisme des artisans et professions libérales... tous électeurs traditionnellement de droite.

Je ne parle pas ici des mouvements populistes que l'on dit à tort d'extrême-droite : j'ai dit plus haut tout le mal que j'en pense et tout le dégoût qu'ils m'occasionnent.

Je parle de la droite républicaine.

De cette droite de pouvoir aux ordres des milieux d'argent et de fortune : à chacun son clientélisme, non ?

De cette droite toujours un peu guindée même lorsque la mode vient en T-shirt ou en bras de chemise.

De cette droite des salons chics et des dîners en ville qui s'auto-fréquente avec assiduité et avidité dans le landerneau microcosmique des grandes villes.

Aux Etats-Unis, le droite (les Républicains face au Démocrates plus à gauche) est traditionnellement fondamentaliste, c'est-à-dire puritaine, évangéliste, ultra-capitaliste et persuadée d'être le garant de la morale et de l'ordre dans le monde. C'est clair, c'est net, c'est propre, rasé de près, « brushé » et en chemise blanche. On a vu, on voit ce que cela donne...

En Europe, le portrait est bien moins typé. Comme la gauche, la droite est protéiforme, avec de multiples « sensibilités » et « courants ».

Comme la gauche, elle vise à la préservation de droits acquis : ceux des nantis, de certains fonctionnaires, des grandes entreprises. Elle est viscéralement étatiste et interventionniste, volontiers protectionniste et nationaliste.

Patrie et Etat reste ses piliers : pour elle, la Patrie-Nation est un patrimoine séculaire dont l'Etat, et l'Etat seul, à la responsabilité de gestion... en bon père de famille.

Mentalité foncièrement paysanne, ancrée dans le terroir et dans les terres...

Farouche défenseur de la terre natale, de la langue natale, de la religion natale...

Et sus aux mécréants et aux sarrasins...

La droite conservatrice (pléonasme ?) a une vision très ethnocentrique du monde : nous et les autres. Et des autres, même des amis de vingt ans, il faut toujours se méfier.

Il y a une frilosité droitière à l'égard de l'international en ces temps de mondialisation qui titillent l'intégrité et la souveraineté nationales, valeurs suprêmes des idéologies droitières.

Devoir d'iconoclasme face à l'idolâtrie

Que ce soit à gauche ou à droite, toute la politique contemporaine s'accroche à quelques mots autour desquels se brodent les idéologie et les phraséologies, les slogans et les vociférations.

Ces mots sont dangereux parce qu'ils ressemblent à s'y méprendre à des idoles.

« Dieu est mort, clamait Zarathoustra, nous l'avons assassiné ».

Et l'arme du crime, ce sont nos dieux humains, trop humains, ce sont nos idoles de pacotille.

Idoles de chair et de strass d'abord : de Zidane à Schumaker, de Johnny à Jenifer, de PPDA à Diana.

Mais idoles abstraites surtout.

Plus nous sommes étatisés, plus on parle de Liberté.

Plus nous sommes différents, plus on parle d'Egalité.

Plus nous sommes égocentriques, plus on parle de Solidarité.

Plus nous sommes manipulés, plus on parle de Démocratie.

Plus nous sommes décadents, plus on parle de Progrès.

Plus nous sommes trompés, plus on parle de Vérité.

Plus nous sommes spoliés, plus on parle de Justice.

Plus nous sommes violents, plus on parle d'Amour.

Comme si l'Idéalité pouvait/devait compenser la Réalité. Comme si la beauté des mots pouvait/devait masquer la laideur des faits.

Nous vivons (mal) la fin d'un cycle d'Histoire et nous nous goinfrons de mots cultes, de mots tabous, de mots totems. Des mots baudruches tellement grands qu'il faut, tels les dieux, les placer haut dans les cieux de l'idéalisme car, ici-bas, la moindre ronce le long des chemins d'homme ferait exploser leur vide intérieur. Il faudrait les adorer mais surtout ne pas y toucher. Tabou !

Les bien-pensants, c'est bien connu, ne veulent pas penser.

Il faut donc s'en abstenir aussi. Les milices idéologiques y veillent. Les inquisiteurs de la pensée unique attisent déjà les braises de leurs bûchers d'anathèmes, de calomnies, de maléfices sournois.

Mort aux hérétiques. Ou plutôt, comme au bon vieux temps soviétique, il n'y a pas d'hérétiques, il n'y a pas de dissidents, il n'y a que des malades mentaux, forcément spectateurs de quelque diable velu et sanguinaire.

Car il n'y a pas de dieu sans diable symétrique. Et si vous n'êtes pas du côté (le bon !) des dieux, vous êtes forcément du côté (le mauvais !) des diables.

Et vous, dans votre coin, vous ne cessez de répéter, comme une antienne, qu'il n'y a ni dieux, ni diables. Et vous insistez : tous ces dieux et tous ces diables n'existent pas ; ce ne sont que des mots, des fantasmes, des abstractions vides ; ce ne sont que des échappatoires à la vie réelle, à cette vie d'homme qui est notre seul vocation.

Moi, je ne connais pas l'Homme avec un grand H, ni l'Etat avec un grand E, ni la Vérité avec un grand V. Moi je ne connais que des hommes, des individus, des personnes qui chacun essaient de vivre du mieux qu'ils peuvent avec ce qu'ils ont, avec ce qu'ils sont. Je ne connais que cet élan intime qui pousse chacun à se dépasser pour s'accomplir, à sa manière, sur son chemin. Je dénie toute légitimité à tout discours global visant à étouffer cette infinie diversité des cheminements individuels dans les poubelles idéologiques des abstractions idéalistes.

Le peuple, ça n'existe pas. La majorité, ça n'existe pas. Le Belge ou le Français moyen, ça n'existe pas. Tout ce qui est statistique est faux. Il n'y a que des individus, tous différents, tous désireux d'accomplir leur vie comme ils l'entendent.

Dénoncer l'idolâtrie est vital parce que l'idolâtrie, sous toutes ses formes, des plus grossières aux plus sournoises, est toujours asservissement, aliénation, déshumanisation, avilissement.

Ce sont les idoles qui engendrent les haines et les guerres : elles ne se nourrissent que de vies humaines broyées. Ce sont les « idéaux » et eux seuls qui ensanglantent la terre depuis des millénaires.

Combien n'en a-t-on pas envoyé à l'abattoir des champs de bataille au nom de la Vie ?

Combien n'en a-t-on pas torturé au nom de l'Amour ?

Combien n'en a-t-on pas emprisonné au nom de la Liberté ?

Combien n'en a-t-on pas fait taire au nom de la Vérité ?

Chaque idole coupe le monde en deux. D'un côté, elle a ses adorateurs. De l'autre côté, croupissent les mécréants, les infidèles, auxquels il faut livrer bataille dans de sempiternelles croisades, dans d'incessantes guerres saintes.

Toute idole est mère de manichéisme, ferment inépuisable de rage missionnaire et de prosélytisme militant.

Mais gare à celui qui n'entend pas se laisser convertir de force. Il n'aura d'autre choix que l'exil ou la mort.

L'idole n'accepte pas l'impureté : elle exige « la limpieza del sangre ». Point de place pour l'autre, pour le contradicteur, pour celui qui dit « non! ».

Le midrash raconte que le père d'Abraham, Tera'h, était fabricant d'idoles à Haran. Un jour il s'absenta laissant la boutique à son fils. Vint un chaland en quête d'une idole guérisseuse. Abraham en cassa une devant le client médusé en disant : « crois-tu vraiment que ce bout de bois puisse te guérir ? ». La suite est connue... Abram dut quitter Haran et reprit la route vers Canaan.

Nous vivons des temps de rupture dont une des dimensions est et sera plus encore demain la « crise des valeurs ».

Que signifie encore Patrie, Honneur, Sacrifice, Charité, Devoir,... ?

Que veulent réellement dire Liberté, Dignité, Egalité, Solidarité, Démocratie, Droits de l'Homme, Propriété, Etat, Justice,... ?

Par « crise des valeurs », il faut entendre que les idoles d'hier, elles aussi, sont vieilles, décolorées, obsolètes, mais elles sont encore tabous, mais elles font encore peur. Il faudra bien pourtant les abattre. Il faudra bien pourtant de nouveaux iconoclastes.

Mais attention, l'occasion est unique. Plutôt que de remplacer les idoles mortes par de nouvelles idoles, le temps n'est-il pas venu de se passer d'idoles, de toutes les idoles, de toute idole ? De se passer de tous ces mots, trop grands et trop vides, trop loin du Réel qui seul importe ?

Le temps n'est-il pas venu de devenir enfin adulte ?

Le temps n'est-il pas venu, pour chacun, de reprendre sa propre vie dans ses propres mains et de désavouer enfin tous ceux qui prétendent tout régenter au nom de tous, c'est-à-dire au nom de personne ?

Le temps n'est-il pas venu, tout simplement, d'être soi, ici et maintenant, sans intermédiaire entre soi et soi, sans autorité au-dessus, sans barbarie au-dessous ? D'être soi au milieu des autres, sans rites ou protocoles, sans dépendances ? D'être soi au milieu du monde, grand ouvert, avide de s'accomplir avec le monde et non contre le monde ?

Fin du politique

On l'a vu aux travers des pages qui précèdent, parfois rageuses, parfois moqueuses, toujours lucides : le politique se meurt.

La complexité réelle de la vie collective a dépassé, et de loin, les simplismes idéologiques et bureaucratiques des appareils d'Etat et des pouvoirs politiques.

Le politique se meurt non du fait de la défection de la société civile, mais parce que la société civile a parfaitement compris que le seul pouvoir du politique aujourd'hui est un pouvoir de nuire (au travers de la loi des effets pervers déjà mentionnée).

Moins il y aura de politique, mieux tout le monde se portera.

La société civile le démontre intuitivement à chaque élection par ses abstentions, ses désaffections, ses faibles taux de vote, ses votes marginaux ou extrêmes.

La notion de citoyenneté est largement remise en cause. La notion de nationalité aussi commence à l'être.

Le cordon ombilical d'avec la mère-patrie se rompt : l'homme devient adulte et commence à comprendre que tous les assistanats ne sont que des pièges et des aliénations, que la belle démocratie ne fonctionne qu'en se prostituant en démagogie, qu'il est grand temps que la personne humaine se reprenne en main elle-même et qu'elle doit se réapproprier le contrôle et les choix de sa propre existence.

Comme la mission régulatrice du politique ne peut plus être remplie[45], le politique devient un support logistique périphérique qui n'intéresse plus que ceux qui en vivent. La carte d'identité devient une carte de crédit comme les autres, donnant droit à certains services, à certains privilèges, à certains avantages : on appelle cela les se(r)vices publics.

Les frontières, ces vieilles et absurdes cicatrices de l'Histoire, s'estompent moins du fait de la mondialisation du commerce que du nomadisme généralisé très typique de la société noétique.

La noosphère n'a pas de patrie !

---

[45] Non par incompétence des hommes (quoique souvent réelle...) mais par impossibilité intrinsèque.

Elle est au-dessus et au-delà de toutes les patries.

Les Etats et les institutions de pouvoir en ragent, d'ailleurs, eux qui voudraient tant pouvoir mettre le grappin de leurs règlements sur Internet par exemple, en prenant tous les plus fallacieux prétextes qu'ils trouvent.

Comme si Internet avait inventé la pédophilie ou l'escroquerie ou le trafic de drogues.

Non ! Toutes les déviances et toutes les perversions sont dans l'homme, pas dans les technologies : comme l'eau, elles se fraieront toujours le chemin le plus court vers leurs aficionados, quelque soit le niveau et les outils technologiques à leur disposition.

Il faut le répéter : la noosphère, est et doit rester un espace de totale liberté de penser et de créer. Aucun pouvoir émanant de la sociosphère ne peut s'arroger le droit d'y mettre son nez.

Que le politique se contente de gérer les cartes de crédit identitaires et de leur fournir au meilleur prix les services promis.

Dans la noosphère, seul l'imagination est au pouvoir. Il y est interdit d'interdire.

Mai '68 réalisé, en quelque sorte.

Cette référence à Mai '68 est bien sûr un clin d'œil, mais pas si gratuit ni fortuit que cela.

Avant que ce mouvement ne soit récupéré par les mouvances gauchistes, avant de servir d'alibi aux « jeunes gauches », Mai '68 se trouvait être, via les transcendantalistes d'Emerson et de Thoreau, via Walt Whitman, via la Beat Generation de Allen Ginsberg et de Jack Kerouac, via les mouvements étudiants et hippies de Berkeley et d'ailleurs, et via la gnose de Princeton[46], l'héritière d'une sève souterraine venue de loin – d'Héraclite et des mystères dionysiaques, à n'en pas douter – qui a traversé toute l'histoire occidentale pour s'opposer, quoique terriblement minoritaire et marginale, à la main mise de la rationalité mécanique sur l'existence humaine.

Cette sève-là, c'est évident, irrigue aujourd'hui à plein l'arbre noosphérique qui pousse déjà si fort sous nos pieds. Elle est apolitique.

---

[46] Pour la « Gnose de Princeton », relire le livre portant ce titre de Raymond Ruyer (Fayard – 1974)

5.3.3 : Considérations économiques

Fin d'un engouement

Il faudra bien finir par le reconnaître : l'entreprise n'intéresse plus grand monde, ni comme lieu patrimonial (effondrement boursier oblige), ni comme lieu entrepreneurial.

Sur ce point, l'indice TEA (Total Entrepreneurrial Activity) est formel.

Cet indice international fiable mesure le pourcentage de la population active qui se lance dans une entreprise nouvelle.

Partout dans le monde (sauf en Wallonie-Belgique et en Norvège), il a baissé : de 10% aux USA, de plus de 30% en Europe, de 65% au Japon.

L'entreprise n'est plus le lieu de l'aventure humaine qu'elle fut depuis la fin de la deuxième guerre mondiale. L'économique est maintenant perçu globalement comme « alimentaire » comme une intendance qui doit suivre, comme une pourvoyeuse d'emploi non pour s'y épanouir, mais pour y gagner de quoi faire autre chose.

Toute l'histoire humaine est aussi l'histoire et l'évolution des lieux d'aventure et d'exaltation.

Avant l'entreprise, il y eut les colonies pendant un autre semi-siècle.

Durant toute la seconde moitié du XIXème siècle, ce furent les sciences dites « dures ».

Encore avant, ce furent les idéologies révolutionnaires et l'abolition des monarchies.

Etc...

Serions-nous à l'aube d'un demi-siècle de nouvel engouement ?

Tout le confirme : ni le politique, ni le scientifique, ni l'outre-mer, ni l'économique ne font plus recette ; tout cela continue d'exister, de fonctionner, mais de façon périphérique, marginale, subordonnée.

Ce n'est plus là que se forgent les héros et les idoles d'aujourd'hui : en somme, la « vraie vie » est ailleurs... même si c'est encore ici qu'il faut gagner de quoi la vivre.

Mais qu'est-elle cette « vraie vie » ? Où se dénichent les héros de demain ?

Je décèle deux veines. Il y a la veine et les combats écologiques : Green Peace et compagnie. Il y a la veine et les actions humanitaires : MSF et consorts. Certains diront qu'il y a aussi la veine et le marché du spectacle :

Johnny, Maradona, Loft story, Coupe Davis et autres Star academy... mais ce serait une erreur : depuis toujours, le « *panem et circenses* », les jeux sportifs et les spectacles ont toujours été le refuge des foules populaires et des rêves adolescents, rien de neuf là-dedans.

Ecologisme et humanitarisme, donc...
La Nature et l'Homme !
Avec cet affreux dilemme que ce sont les hommes qui détruisent la nature et que moins il y a d'hommes, mieux la nature se porte. Sauver la nature et sauver des hommes sont actions contradictoires, et pourtant, ce sont souvent les mêmes qui portent les deux projets, les deux rêves. Mais qu'importe ces contradictions puisque l'essentiel n'est pas là : l'essentiel est dans le rejet et le refus d'une certaine civilisation, d'une certaine manière de vivre. Ni la nature, ni l'homme ne peuvent plus, ne veulent plus être considérés comme des machines que l'on exploite, comme une ressource à piller jusqu'à épuisement, comme une denrée que l'on jette après emploi.
Le mot d'ordre est : épanouissement de chacun en harmonie avec tout.
Ce point est capital si l'on veut comprendre l'attitude et le fonctionnement des 20/25 ans d'aujourd'hui, c'est-à-dire des décideurs de demain. Ils rejettent en bloc l'économique et le politique, le matérialisme et les idéologies, les études scientifiques et commerciales, parce qu'ils n'y voient - à juste titre, ce me semble - que des outils d'exploitation de la Vie au bénéfice de quelques cyniques institutions de pouvoir, privées comme publiques.

La « vraie vie » de demain n'est donc plus à la même place.
Ses héros ne seront ni riches, ni puissants, plutôt Lagaffe ou Snoopy que Buck Danny ou Michel Vaillant. Plutôt Gandhi ou Einstein que Rockefeller ou Napoléon. Le héros de demain est un créateur, un créatif, plus artiste que savant, plus écrivain que sculpteur, plus musicien qu'architecte. Il est un chercheur : l'aventure de demain est immatérielle, parmi les concepts et les symboles, parmi les métaphores et les analogies. Il est chercheur, mais peu comme dans les labos ou les centres universitaires : il est chercheur d'intériorité, de personnalité, d'individualité, plus sage que savant, plus oriental qu'occidental, plus féminin que masculin, chercheur d'accomplissement intérieur, personnel, individuel.
Chacun sur son trip... Lui, les orchidées ; lui, les Biafrais. Elle pour la protection des bébés phoques ; elle contre la prostitution enfantine en Thaïlande.

Et l'entreprise, là-dedans ?

Elle aussi est un trip : celui d'un peu plus de 3% de la population active, soit environ un pour-cent, au mieux, de la population totale. Eux, ils y prennent leur pied. Quant aux autres ? Ils s'en foutent pourvu qu'elle leur paie de quoi faire leur trip à eux, loin d'elle : au mieux, ils feront un effort pour que leur « boulot » soit le moins lassant et ennuyeux possible (ce sont eux que l'on appelle les « motivés », les « bons éléments »). Il est temps d'en prendre acte : l'entreprise n'est et ne sera exaltante que pour une infime minorité, les autres la subissent avec plus ou moins de bonne grâce.

A moins que...

A moins que l'on inverse le regard et que l'on voie que chacun est sa propre entreprise (plus ou moins lucrative), que chacun est son propre fond de commerce (plus ou moins valorisable).

Il ne s'agit plus alors de vendre ses talents et ses expertises, son temps et sa force de travail, à un autre qui en fera ses profits, mais de les développer et de les exploiter pour soi avec d'autres.

Et ce regard-là change tout !

Il change tout, mais en théorie, seulement : il faut, pour l'adopter, faire fi de toute aspiration sécuritaire, seuil que l'immense majorité de nos contemporains n'est pas prête à franchir.

Alors ?

Alors, l'entreprise et l'économique sont condamnés à n'être l'aventure que de quelques rares, et à n'être qu'une machinerie d'intendance pour tous les autres, exactement comme le politique d'ailleurs.

Une troisième dimension que j'appelle, avec d'autres, noétique est en passe de capter les réservoirs d'enthousiasme et de passion, et à servir de champ aux nouvelles aventures et aux nouveaux héros. Il faudra bien que l'on apprenne à s'y faire : le centre et le sommet de l'activité humaine ont changé de nature. Sans devenir superflu, ce qui était naguère essentiel devient déjà accessoire.

L'économique et le politique, l'entreprise et l'Etat sont en train de devenir singulièrement périphériques par rapport à la « vraie vie ».

C'est peut-être tant mieux.

C'est peut-être tant pis.

C'est en tous cas inéluctable.

Mais avec la noosphère naissante, mais avec l'entrée dans l'âge noétique, de nouveaux métiers apparaissent.

Les métiers de l'immatériel

Mon expérience de terrain et les nombreux contacts que j'ai avec des dirigeants d'entreprise me démontrent à souhait que les métiers émergents dits « de l'immatériel » sont largement méconnus, mal perçus et mal compris. Il semble donc utile d'en tenter une clarification. Je m'y emploie dans ces quelques lignes.

Qu'est-ce que l'immatériel ? Ce serait un truisme que d'écrire que l'immatériel regroupe toutes les activités qui n'ont pas la matière et ses transformations pour centre.

Les activités de l'immatériel ont pour centre le cerveau humain et ses productions soit cognitives (le fait de maîtriser des connaissances spécifiques), soit créatives (le fait de développer des talents novateurs).

Bref, ces métiers génèrent, transforment et produisent de l'information sous toutes les formes possibles, dans tous les contextes possibles, avec toutes les finalités possibles.

Quoi d'étonnant à ce que ces métiers de l'immatériel se développent comme jamais précisément au moment où explosent les technologies de l'information en général, et de l'informatique en particulier.

De tous temps, dans toutes les industries humaines, matériel et immatériel ont toujours été étroitement associés. Pour produire une tôle de fer, pour transformer un tissu en vêtement, pour construire une maison, les matériaux ne suffisent jamais ; encore faut-il y incorporer de solides doses de savoir et de savoir-faire.

Ce qui est neuf, réside en l'émergence récente de métiers où la matière et les matériaux ne jouent plus qu'un rôle très secondaire, presque insignifiant. C'est le cas d'un CD musical, ou d'un journal en ligne, ou d'un rapport de spécialiste, ou d'un croquis de design, ou d'un concept de publicitaire, etc...

Bien sûr, une information ne peut exister réellement sans le support matériel qui l'accueille. Mais à l'inverse du vase du potier où c'est la matière formée qui est utile, ici, le plastique du CD ou le papier du plan ne jouent aucun rôle majeur (ils peuvent d'ailleurs être facilement remplacé par tout autre support adéquat).

Les métiers de l'immatériel peuvent être classés en trois grandes catégories.

<u>1. Les entreprises de consultance</u>, d'abord.

Le centre de ces métiers est la maîtrise approfondie de modèles, souvent très sophistiqués, presque toujours spécifiques à des problématiques particulières et propres à telle entreprise de consultance qui l'a développé, enrichi, expérimenté.

Ces modèles liés aux métiers de la consultance, peuvent être de diagnostic (modèle d'analyse) ou de recommandation (modèles de simulation).

L'output d'une entreprise de consultance est toujours un rapport (quels qu'en soient la forme ou le support).

Ce rapport doit fournir à l'entreprise cliente une réponse précise et documentée, sérieuse et fiable, à une question qu'elle se pose quant à son présent, ou quant à ses futurs possibles.

Souvent l'on entend, sous des airs parfois outrés, que les contrats de consultance sont vendus (chers) par des seniors, mais prestés par des juniors. Rien de plus normal puisque, en achetant de la consultance, c'est en fait l'usage, bien supervisé, de modèles complexes et validés que l'on achète. Qu'importe l'âge ou l'inexpérience de celui qui glane les données pour nourrir le modèle et pour en recueillir les produits. Une bonne intelligence et une bonne formation spécifique aux modèles concernés suffisent à produire d'excellents résultats. C'est le modèle (éternellement retravaillé, approfondi, enrichi) qui est le cœur d'une entreprise de consultance, ce n'est pas la technicité personnelle de ses gens (même si les talents, comme partout, sont indispensables).

2. Les entreprises de création, ensuite.

La finalité d'une entreprise de création est de créer, c'est-à-dire, de générer des informations neuves, des solutions originales, des réponses inédites. Qu'elle soit de vocation scientifique (un laboratoire de recherche ou une software house, par exemple) ou artistique (un atelier de mode ou une agence de pub), le nouveau (qui doit être adéquat) est sa finalité centrale.

Au cœur de ces entreprises foisonne le talent imaginatif doublé d'une bonne maîtrise technique des outils spécifiques au métier concerné : on ne s'improvise ni développeur de logiciel, ni styliste.

En général, ces entreprises de création ont développé un style managérial très particulier : on ne « gère » pas des créatifs, donc des « vedettes, comme on gère des fonctionnaires. La bonne idée, le bon concept, la bonne inspiration ne sont guère planifiables ni budgétisables.

Il règne, dans ces entreprises, une ambiance, une effervescence et une bohème souvent sympathiques. Mais ces entreprises sont extrêmement sensibles aux effets de modes et aux épuisements de filon ou de talent : il n'est donc pas étonnant de constater souvent leur relativement courte durée de vie par rapport aux autres activités économiques.

Elles sont également sujettes à d'importants turn-over de leur personnel clé car ces « vedettes » se vendent volontiers au plus offrant et « tournent » ainsi dans la profession.

3. Les entreprises d'expertise, enfin.

Ici, il ne s'agit plus ni de modèles, ni de talents imaginatifs. Il s'agit de tout autre chose : d'expérience de terrain.

Pour être vendable, cette expérience de terrain doit être très variée, riche, patiemment accumulée, finement structurée en méthodologie d'intervention *in situ*.

Il ne s'agit plus de fournir un rapport. Il ne s'agit plus de créer un concept. Il s'agit d'accompagner un projet réel sur le terrain réel avec des gens réels. Il ne s'agit plus de faire des études géologiques ni de tracer les plans de l'immeuble ; il s'agit de construire la maison, sous la pluie et dans le vent, les pieds dans la boue et les mains dans le ciment.

Les entreprises d'expertise vendent du savoir-faire pratique dans la durée ; elles vendent des experts expérimentés qui se sont frottés à tant de situations baroques et hors normes qu'ils en ont développé le talent et les méthodologies capables de se sortir de tout (ou presque).

Ces experts peuvent être des experts techniques (des « spécialistes » technologues ou humains, des formateurs de haut vol, etc.) ou managériaux (des « crisis managers », des « change managers », des « intérim managers », etc.).

On le voit ces trois catégories de métier différent essentiellement tant dans leurs méthodes et leurs outils, que dans les profils de connaissances, de talents et d'expériences que doivent posséder leurs intervenants.

Malgré cela, on constate parfois une dangereuse confusion des genres : des consultants « pur jus » qui prétendent accompagner sur le terrain l'implantation de leurs recommandations, des experts qui, sans modèles spécifiques et sophistiqués, prétendent réaliser des audits et des recommandations « stratégiques », des créatifs qui se muent en experts ou en consultants sans avoir ni les modèles adéquats, ni l'expérience de terrain.

On voit aussi (et c'est plus navrant) bien des cadres supérieurs, souvent victimes d'une restructuration quelconque, s'installer à leur compte comme « expert » ou « consultant » sans savoir combien leur carrière de cadre n'a que peu à voir avec les pré-requis et les réalités (commerciales et relationnelles, notamment) de ces métiers. En général, ils se bradent à vil prix au sein de leur relationnel personnel qui s'épuise bien vite ; ensuite, s'ils ne disparaissent pas, ils vivotent. N'ont-ils donc pas de talent ? Si, mais pas les bons. N'ont-ils donc pas assez d'expérience ? Si, mais pas assez variée, pas assez structurée. N'ont-ils pas assez de savoir-faire ? Si, mais pas ceux dont les marchés ont besoins.

En conclusion, il faut insister, une fois encore, sur l'idée centrale que les métiers de l'immatériel, les métiers de la consultance, de la création et de l'expertise, sont <u>des métiers à part entière</u>. Ils ne s'improvisent pas. Ils ne se confondent pas. Ils ne se mélangent pas.

Leurs collaborations sont cependant nombreuses et fructueuses, indispensables souvent : l'expert suivra le consultant et fera appel au créatif qui lui-même appellera un autre expert ou un autre consultant pour lui indiquer les pistes du possible, etc.

La révolution micro-économique

Un monde nouveau est en émergence qui ne ressemblera à rien de connu.

Il ne s'agira pas d'évolution progressive et douce, par adaptations (ou guerres) successives.

Il s'agit d'une révolution, d'une mutation radicale de paradigme dont les soubresauts de l'actualité ne sont que des signes infimes, presque insignifiants.

L'économie industrialo-capitaliste n'est plus au centre de l'échiquier : elle devient périphérique et entraîne avec elle ses serviteurs boursiers et bancaires. Ce déplacement reproduit, mutatis mutandis, celui qui, il y a deux siècles, a marginalisé l'agriculture et ses desservants forgerons ou maréchaux-ferrants.

Le centre du monde économique a migré. Il est ailleurs. Il induit des comportements et des processus radicalement autres. Ni l'entreprise, ni le management n'en seront épargnés.

Le tissu entrepreneurial se transforme déjà radicalement.

Naguère, les fonctions centrales de l'entreprise étaient la production et la gestion : fonctions d'ingénieurs et de comptables, fonctions rationalistes, objectives, quantitatives, scientifiques, fonctions de mesures et de prévisions, de chiffres et de lois.

Aujourd'hui, ces fonctions deviennent décentrées. Le centre est ailleurs. Ou, plutôt, les centres, car ils sont deux, et ils se séparent et se quittent, et ils disloquent l'entreprise et le tissu entrepreneurial en deux jeux distincts.

D'un côté, il y a la fonction créatrice, inventive, innovatrice : centre de connaissance active où se concoctent les nouvelles technologies, les nouveaux produits, les nouveaux modèles, les nouveaux concepts. On l'appelait naguère le R&D. De l'autre côté, il y a la fonction commerciale : centre de talent actif où se travaillent les marchés, les clientèles, les canaux de distribution, les messages, les argumentaires, les prix. On l'appelait naguère la Vente.

Ces deux fonctions ont toujours existé au sein de toute entreprise, mais elles n'ont été que très rarement perçues comme fondamentales, comme stratégiques, comme centrales. Maintenant, elles le deviennent parce que l'accélération des cycles d'obsolescences des produits et la turbulence complexe des marchés l'imposent, tout simplement. De plus, aujourd'hui, elles se séparent et elles engendrent deux mondes complémentaires mais séparés, souvent portés par des entreprises différentes, d'ailleurs. De plus en plus, l'économie se bipolarisera : d'un côté la Recherche, de l'autre la Commercialisation. Entre elles, un marais de fonctions subalternes qui en assumeront l'intendance : la production, la finance, les ressources humaines, la logistique et... la gestion.

Recherche et Commercialisation : noyau dur de la dialectique économique à venir.

A l'instar de l'actuelle grande distribution, la fonction Commercialisation se logera parfois dans des méga-entreprises nécessitant d'énormes moyens financiers et humains. Mais à côté d'elles, tout un réseau de PME commerciales assurera la distribution de produits pointus vers des niches spécifiques (e-commerce ou commerce de proximité).

Face à ces entreprises de Commercialisation, se tressera - se tresse déjà - un vaste tissu de PME pointues de Recherche où naissent les concepts et les technologies de demain. Et autour d'elles, viendra se greffer un autre tissu d'entreprises, d'intendance celles-là, qui prendront en charge les fonctions périphériques, libérant ainsi le temps et l'énergie des créateurs.

On le comprend bien, toute l'économie de demain se jouera entre deux types de talent.

Le talent séducteur de la vente. Le talent créateur de l'innovation.

Séduction et création : voilà bien deux domaines singulièrement absents de toutes nos filières de formation. Bien plus, relevant tous deux de ce cerveau droit honni et martyrisé depuis des siècles par nos systèmes éducatifs rationalistes et analytiques, il n'est guère ardu de prédire de catastrophiques pénuries pour demain matin. Quitte à sortir de la naphtaline un mot tombé en désuétude (égalitarisme et démagogie obligent), c'est de génies dont l'économie émergente a urgemment besoin, pas de tâcherons.

Le problème n'est plus d'apprendre, de connaître et d'appliquer.

Le décalage est total entre la complexité croissante du réel, et les modèles et recettes apprises dans les écoles.

Le futur ne se construit pas, il s'invente.

Les briques du passé ne sont plus utilisables dans l'édifice immatériel qui émerge.

Car tant en recherche qu'en commercialisation, en création qu'en séduction, c'est bien d'immatérialité qu'il s'agit : l'objet qui transite de l'un à l'autre vers l'utilisateur final n'est plus que le support (de plus en plus léger, de plus en plus anodin) de leurs talents et de leurs valeurs ajoutées.

Mais en quoi tout ceci peut-il bien concerner l'artisan boucher au coin de la rue ?

En tout ! Cet artisan boucher ne survivra qu'en se démarquant radicalement de la grande surface et de ses barquettes préemballées. Pour cela, proposer de la viande est largement insuffisant. L'essentiel n'est plus dans le viande - la sienne aussi devra être saine et tendre et goûteuse comme partout - ; l'essentiel sera dans l'inventivité et l'originalité de ses préparations (recherche) et de ses présentations (commercialisation).

Dans son expertise et son talent à rencontrer les besoins, soucis ou souhaits de la ménagère et de sa famille.

Dans son art de création (on mange d'abord avec les yeux...) et dans sa force de séduction (où la ménagère préfère-t-elle acheter ses saucisses...?).

Cela a toujours été ainsi, me direz-vous.

D'abord, ce n'est pas tout à fait vrai : dans mon enfance encore, l'apparence avait très peu d'importance, seul le contenu réel importait (rappelez-vous l'emballage des denrées dans les pages de la gazette). Aujourd'hui, le contenu devrait être parfait, mais l'apparence doit l'être aussi, et peut-être avant tout.

Ensuite, même si cela était déjà vrai, ce qui a changé c'est l'inversion des priorités : la nouveauté (recherche) et l'attractivité (commercialisation) sont désormais des critères déterminants de décision d'achat.

Et la raison en est simple : les processus productifs, logistiques ou gestionnaires, sous peine de disparition quasi immédiate, sont partout maîtrisés à peu près correctement. L'exigence de base est ainsi satisfaite uniformément : le problème n'est plus là. Ces processus ne réclament aucun génie : quelques recettes, quelques outils, de l'argent, beaucoup de temps et un peu d'énergie suffisent. Toutes les écoles fabriquent de bons ingénieurs, de bons comptables, de bons psychologues, de bons fonctionnaires, de bons gestionnaires.

Aucune école ne produit de bons vendeurs.

Aucune écoles ne génère de bons créatifs.

Là est le cœur du problème, parce que là est le cœur de l'homme : le talent, le don, le génie, appelez cela comme vous voudrez. C'est de cela dont le monde à besoin...

Quels Managers pour demain ?

On sait maintenant que, selon son stade de vie, l'entreprise requiert différents types de managers.

En phase de naissance, l'Entrepreneur est indispensable : charismatique, séducteur, créatif, souple, opportuniste, acharné, inébranlable, audacieux, etc.

En phase de croissance, le Stratège monte en scène : visionnaire, architecte, prospectif, créateur de finalités et de valeurs, etc.

En phase de maturité, le Gestionnaire arrive : rigoureux, fignoleur, économe, quantitatif, obsédé d'optimisation et de rendement, etc.

En phase de déclin, le Liquidateur prend place : négociateur, dépeceur, restructureur, chirurgien, sans états d'âme, etc.

Puisque changement profond de paradigme il y a, changement intime des managers il doit y avoir !

Quels profils devront alors avoir les managers de demain ?

Premières caractéristiques :

Dans un monde perpétuellement turbulent, impermanent, imprévisible, instable, le type « Entrepreneur » s'imposera de plus en plus : tout sera à recréer tout le temps, rien n'arrivera plus à maturité (c'est déjà le cas pour bien des produits liés à l'informatique, par exemple). Les qualités dominantes du manager de demain seront donc bien moins celles du Stratège et du Gestionnaire (celles que l'on s'obstine encore aujourd'hui à inculquer dans presque toutes les Ecoles de Gestion et de Management) que celles, bien plus subjectives et insaisissables, d'un créateur acharné, séducteur et charismatique, choses que l'on n'apprend ni dans les livres, ni dans les amphithéâtres.

Créativité et séduction, donc !

Deuxièmes caractéristiques :

Puisque tout bougera tout le temps, de plus en plus vite, il faudra cultiver, parallèlement, l'éveil et le détachement. L'éveil pour être en permanence sur le qui-vive, à l'écoute de toutes les palpitations des marchés, des clients, des collaborateurs, des technologies...

Le détachement pour garder, au milieu de toute cette foire d'empoigne, la sérénité et la tranquillité d'esprit des sages : « celui qui n'a rien a perdre a tout à gagner ».

Plus facile à écrire qu'à vivre même si Kipling nous l'avait déjà susurré : « Si tu peux voir détruit l'ouvrage de ta vie / Et sans dire un seul mot te mettre à reconstruire, / Ou perdre en un seul coup le gain de cent parties (...) »,... tu seras un manager, mon fils.

Moins que jamais, rien ne sera plus acquis à l'homme : le glas sonne pour toutes les rentes de situation. Beaucoup craqueront, victimes d'un stress croissant qu'ils n'auront pas réussi à dépasser, à transcender : ils avaient trop à perdre...

Vigilance et détachement, donc !

Troisièmes caractéristiques :

Plus rien d'essentiel ne sera réellement prévisible (qui avait prédit le 11 Septembre ? qui avait anticipé le compact disk ? qui avait prophétisé la chute du mur de Berlin ?), il faudra donc apprendre à vivre au présent, dans le précaire, dans l'incertain, avec l'opportunité d'ici et maintenant comme seul horizon. Il n'y aura plus de repères, toute planification sera vouée à l'échec. Tout ce que vous espérez, ne se passera que rarement ; tout ce que vous redoutez, se passera probablement ; tout ce que vous ne soupçonnez même pas se passera certainement.

Alors ? Foncer. Oser. Avoir confiance en soi. Avoir foi en son projet de vie. Donner sa confiance à ceux qui s'embarquent sur votre galère.

Opportunisme et confiance, donc !

Quatrièmes caractéristiques :

Tout deviendra toujours plus complexe, c'est-à-dire plus inextricable et moins rationnellement analysable, tant les composants, leurs combinatoires et leurs relations réciproques seront denses.

Notre bonne vieille méthode cartésienne toujours à la recherche, en tout, d'une rationalité virginale, échouera de plus en plus souvent à démêler les écheveaux du Réel : la Science elle-même le reconnaît et l'affirme (cfr. Prigogine, Reeves, Capra, Trinh Xuan Thuan, etc...).

Mais il est d'autres voies vers la connaissance que la raison raisonnante, tellement simpliste, tellement réductrice. Il ne faut donc pas tant nier la raison que la dépasser en réconciliant, enfin, cerveau gauche (celui de la rationalité analytique et réductrice) et cerveau droit (celui de la sensibilité intuitive et globalisante).

Les Ecoles de Gestion et de Management, demain, (et même dès aujourd'hui, si possible) doivent se repenser elles-mêmes en vue de transmettre plus un savoir-être et un savoir-devenir que des savoir-faire condamnés dans l'œuf à l'obsolescence immédiate.

Il ne s'agit plus tant de posséder des savoirs que de construire des aptitudes et de développer des talents.

Intuition et sur-rationalité, donc !

Cinquièmes caractéristiques :

Dans un milieu extrêmement turbulent, toute structure rigide est condamnée à se briser. Du chêne et du roseau du bon Jean de la Fontaine, seul le roseau survécut dans la tempête.

Ainsi en sera-t-il des entreprises qui devront, sous peine de deuil, se défaire de toutes leurs rigidités, quelque rassurantes et confortables puissent-elles être.

Parmi celles-là, la rigidité hiérarchique, celle des pouvoirs et des titres (encore une rente de situation...) disparaîtra bientôt : on peut certes être responsable voire dirigeant provisoire d'un projet, mais il est inconvenant de se prétendre « directeur » à vie !

L'autorité, si elle ne se mérite pas tous les jours, n'est plus qu'usurpation institutionnalisée d'un pouvoir illégitime. Adieu carrières et bureaux à trois fenêtres...

Les relations verticales de dominance ne pourront plus tenir dans la bourrasque. Elles céderont le pas aux relations horizontales de coopération, de collaboration et de complicité telles qu'elles se développent dans les modèles de gestion en réseau. Il n'y aura plus de chefs ; il n'y aura que des talents différents et complémentaires (y compris le talent de manager, c'est-à-dire celui de coordonner, d'arbitrer, de faire converger) qui devront apprendre à coopérer dans un projet commun, en vue d'une finalité commune.

Talent et coopération, donc !

Le manager de demain ne sera plus ce guerrier bardé de certitudes d'airain, grand pourfendeur de concurrents, grand avaleur de parts de marchés, sous les oriflammes étincelantes des budgets ambitieux et de mirifiques plans à trois ans. Il appliquera un principe de rencontre.

Non plus rencontrer l'autre dans la lutte, pour se l'approprier, le vaincre, le subjuguer, le dominer, pour le piller, l'exploiter, le soumettre (l'autre est un objet). Mais bien le rencontrer dans l'échange, pour commercer, négocier, pour peser, équilibrer, égaliser (l'autre devient un sujet). Le rencontrer dans la synergie, pour synthétiser, transcender, dépasser, en symbiose, en commensalité, en synthèse. L'autre apporte un projet.

Toujours la même typologie : appropriation, échange, synergie. Les tribus barbares fonctionnaient sur la force d'appropriation. Les sociétés démocratiques fonctionnent sur l'équité des échanges. L'humanité - et l'entreprise - de demain fonctionnera sur la capacité synergique, sur la rencontre du troisième type, sur les relations symbiotiques.

Cette rencontre du troisième type implique paradoxalement deux mouvements d'apparence contradictoire : l'individuation et la fusion.

L'individuation est cette tendance profondément à l'œuvre, déjà aujourd'hui, d'approfondissement de l'individuel en marge voire à l'encontre du social : l'homme est d'abord un individu, un « unique » écrivait Max Stirner, un conglomérat complexe et tout-à-fait original de caractéristiques physiques, intellectuelles, affectives et spirituelles, absolument différent de tous, radicalement inégal à tous. L'individuation est aussi la manifestation de ce désir profond – le plus profond, sans doute – de se réaliser, d'accomplir sa propre vocation, d'aller au bout de soi-même, d'actualiser toutes ses potentialités.

Mais sans rencontrer l'autre, on l'a dit, point d'accomplissement possible : la graine ne devient arbre que par l'eau, la terre, l'air et le feu, que par la pluie, l'humus, les vents et le soleil.

Et les relations des deux premiers types, domination ici, échange là, n'aboutissent, en fin de compte, qu'à la violence dure ici, sournoise là, donc à la souffrance.

Le monde barbare de la force et de la domination est pourri de peurs et de guerres.

Le monde mercantile de l'échange et de l'égalité est tissé d'injustices et de frustrations.

Il faut donc commencer de préparer l'homme à l'avènement d'un nouveau monde fondé sur d'autres relations : rencontres du troisième type. Monde à venir de la fusion au-delà de l'appropriation, au-delà de la socialisation. Fusion, synergie, symbiose de l'homme et de ses milieux dans toutes leurs composantes.

Si l'autre n'est ni objet, ni sujet, mais si l'autre, tout autre, est comme moi porteur d'un projet qui le dépasse, alors de la rencontre naît la convergence des projets individuels dans un projet commun, plus grand plus vaste, plus riche.

Projet d'entreprise. Projet de société. Projet européen. Projet d'humanité.

Notre monde a impérieusement besoin de projets qui rassemblent et unissent.

En matière de synergie et de symbiose, un et un font bien plus que deux.

Voilà tracé les premiers traits d'un portrait de manager bien différent de celui communément admis.

De nouveaux fondements économiques

Au-delà de ces considérations tirées de l'expérience en entreprises, il est temps de tracer les grandes lignes de ce qu'il faut bien appeler la fin de l'économique, du moins dans l'acception classique du terme. Pour cela, il faut retourner aux fondamentaux.

Paul Samuelson, dans son traité « L'Economique » qui a été potassé par des générations d'étudiants, décrit l'économie comme l'ensemble des techniques rationnelles visant la gestion optimale de ce qui est rare.

Il y a dans cette définition trois mots clés essentiels qui prêtent tous trois à discussion : rationalité, rareté et optimalité.

Rareté

Dans une économie de l'objet matériel, chaque objet de propriété ou d'échange étant *in fine* unique, l'idée de rareté devient évidemment centrale dans toute conception économique.

Cette table de bois blanc que je possède, je suis seul à la posséder.

Tant que je l'ai, je suis seul à l'avoir ; si je la vends ou la donne, je ne l'ai plus.

Elle est unique et pourrait, pour je ne sais quelle raison (une dédicace de Paul Mc Cartney au feutre noir, par exemple) devenir objet de convoitise du monde entier et voir sa valeur marchande croître au delà de toute limite raisonnable parce que, en plus d'unique, ma table de bois blanc est devenue irremplaçable (merci Monsieur Mc Cartney).

Plus c'est rare, plus c'est cher : c'est sur ce principe que s'établit toute l'économie classique et, à sa suite, tout le capitalisme spéculateur qui, non seulement valorise ce qui est rare et irremplaçable, mais anticipe et parie sur les raretés de demain ou d'après-demain.

Dès lors que l'on rentre dans les mondes de la connaissance et de l'information, ces principes fondateurs ne tiennent plus.

Contrairement à la tarte au fraise, l'informationnel se partage sans se diviser : lorsque je confie une donnée à quelqu'un je ne la perd pas, je la garde aussi intégralement pour moi.

Ce point est capital et saborde toute les principes de l'économie classique. La valeur d'une information n'est pas dans sa rareté mais, tout au contraire, dans son foisonnement, dans sa prolifération, dans son partage large. Un quotidien à faible tirage ne vaut rien. Un livre vendu en dix exemplaires est un bide. Un spectacle sans spectateur est peut-être génial mais il est insignifiant, inexistant. Un nouveau software, même parfait, qui n'est pas moulé dans les standards Microsoft est voué à l'échec (IBM le sait bien avec son OS2). Une théorie scientifique qui n'est pas partagée par la communauté savante n'existe pas.

C'est sa prolifération qui fait la valeur d'une idée.

Et nous avons vu que le grand facteur favorisant la prolifération, donc la valeur d'une idée, c'est sa gratuité. La gratuité comme fondement de la nouvelle économie !

Aujourd'hui, pour se faire rétribuer, un créateur d'idée n'a d'autre choix que de se réfugier derrière les notions de propriété intellectuelle et de droit d'auteur : cela ne marche pas. Les copies pirates de tout circule partout et forment l'essentiel de la prolifération. Un quotidien acheté par une personne est lu par 3 à 7 personnes selon les pays et les circonstances. Le téléchargement des CD musicaux via Internet est devenu une activité à part entière. Et je ne parle pas des photocopies de livres ou des copies illégales de CD-rom, de DVD ou de vidéo-cassettes.

Dont acte ! Toutes les gesticulations juridico-policières n'y feront rein : c'est le principe même qui est erroné. L'information, l'idée, la connaissance ne peuvent pas être traitées avec les mêmes concepts économiques ou juridiques que les objets matériels. Les notions de rareté et de propriété s'estompent et disparaissent. Il faut inventer de nouvelles manières de rétribuer les créateurs et les experts : là est le point clé.

Ne plus les payer sur les ventes : il n'y a pas de vente dès lors qu'il y a gratuité (de droit, ou de fait avec les copies pirates). Ne plus les rémunérer a-posteriori, comme c'est de principe avec les droits d'auteurs. Depuis toujours, l'artisan et l'indépendant se rémunèrent à la pièce, au résultat produit. Depuis moins d'un siècle, la salarié est rémunéré à l'heure, au temps presté contractuellement. Demain, aucun de ces deux modes de rémunération ne pourra plus fonctionner : il faut inventer autre chose, une autre logique économique qui n'est ni dans l'échange d'objets, ni dans la prestation de temps.

En matière de création et de connaissance, le résultat est imprédictible et le temps passé est sans signification. Il faut donc rémunérer la création ou l'expertise a-priori et hors durée, et financer cette rémunération sur les sous-produits générés par cette création et/ou cette connaissance : le circuit économique en devient, évidemment plus complexe, plus risqué, plus indirect.

L'important, demain, n'est plus le travail presté ou effectué ; l'important sera de pouvoir compter, au sein de l'organisation, sur des talents de création et d'expertise à disposition (qu'ils soient utilisés ou non). Ces talents seront de plus en plus rares et constitueront la vraie richesse des individus et des organisations.

Comment les jauger ?

Comment bien les utiliser ?

Combien les rémunérer ?

Comment les capturer et les garder ?

Autant de questions qu'il faut laisser ouvertes ici.

Mais une chose est certaine : l'économie des talents n'a rien de commun, ni dans ses principes, ni dans ses processus, avec l'économie des objets.

Optimalité

Optimalité, certes, mais par rapport à quoi ? Dans quelle unité ? Avec quel étalon ?

Dire qu'une gestion est optimale, selon les critères classiques, c'est dire que le rendement comptable entre recettes et dépenses est maximum. Soit.

On verra plus loin, très concrètement, les critiques que l'on peut élaborer autour de la notion, classiquement centrale, de profit.

Profit par rapport à quoi ? Pour qui ? Quand ? etc...

La notion d'optimalité est extrêmement relative : elle dépend de la grille de lecture de la réalité, de l'échelle de temps utilisée. Le regard strictement financier devient de moins en moins pertinent dans un monde économique où l'intangible, l'immatériel et le qualitatif prennent de plus en plus d'importance.

L'exemple le plus typique de cette problématique est celui de l'évaluation de la valeur d'une entreprise. Que vaut une entreprise ? Réponse classique : l'actif net réactualisé plus le goodwill. Mais que vaut une entreprise noétique où il n'y a quasi aucun actif (quelques bureaux et ordinateurs et encore) et où le goodwill repose quasi exclusivement sur le talent, les connaissances, le relationnel, la visibilité ou la crédibilité de personnes qui sont là aujourd'hui mais qui pourraient ne plus être là demain ?

Il est bien plus aisé d'acheter une usine sidérurgique qu'un cabinet de conseil...

La notion de prix « optimal », dans ces cas de figure, échappe à toute rationalité.

Comme aimait à le répéter un de mes oncles gérant d'un magasin de vêtement pour dame : « Madame je ne sais pas ce que vaut cette robe, je sais seulement le prix auquel je vais vous la vendre ». Sous-entendu : la valeur de la robe dépend essentiellement du bien-être ou du succès que la dame aura en la portant, donc de tout un faisceau de facteurs tous plus subjectifs et irrationnels les uns que les autres.

Rationalité

Paul Samuelson, ainsi que tous les économistes classiques, insiste sur l'idée que les théories économiques reposent toutes sur l'hypothèse – souvent implicite – que tous les acteurs économiques décident et agissent de manière rationnelle en étant parfaitement informé.

Cette hypothèse n'est jamais vérifiée dans la pratique.

Un prix Nobel d'économie a d'ailleurs été décerné pour avoir prouver que le système boursier fonctionne de manière totalement irrationnelle, sur base, essentiellement, de ragots, de rumeurs, de mouvements inexplicables (j'achète parce qu'on vend... j'achète parce qu'on achète... je vend parce que... etc.)

Pourquoi recrute-t-on Untel plutôt que Machin ? Pourquoi choisit-on telle campagne de pub plutôt que telle autre ? Pourquoi fait-on telle hypothèse budgétaire ? Pourquoi tel prix ?

Quelle est la part de flair, de feeling, d'intuition, de caprice, d'ego ou de flagornerie dans la plupart des décisions supposées être rationnelles ? Enorme !

Un fameux publicitaire me racontait qu'il n'avait jamais eu de problème dans le renouvellement de ses campagnes d'affichage d'une grosse banque tout simplement parce qu'il s'arrangeait pour montrer un maximum d'affiches bien visibles tout le long du trajet que le PDG suivait pour aller de son domicile à son bureau. Ego ? Vous avez dit « ego » ?

Les exemples foisonnent de ces irrationalités foncières des décideurs que les gratte-papier doivent ensuite s'ingénier à justifier rationnellement afin que tout le monde (et surtout les actionnaires) soient rassurés.

On le voit bien, la réalité économique contemporaine n'entre plus dans le cadre des hypothèses classiques de Samuelson.

L'économie noétique ne repose ni sur la rareté, ni sur l'optimalité, ni sur la rationalité.

L'immatériel sort de ce cadre.

« Noéconomie »... une néo-économie ?

Classiquement, qu'est-ce que l'économie sinon l'optimisation du rapport entre un résultat recherché (souvent quantitatif, mais pas nécessairement) et les ressources (matérielles mais pas exclusivement) qu'il mobilise ?

L'écart entre la valeur de ce résultat et la valeur des ressources consommées est la valeur ajoutée (ou perdue) du processus économique. Ces valeurs peuvent être exprimées dans bien des unités, pas forcément monétaires et comptables.

L'économie classique est liée à la matière, à l'objet, à la chose. Elle se base sur les principes de rareté, de pénurie, de concurrence. Son unité de valorisation est exclusivement monétaire et comptable, ce qui, comme déjà souligné, rend la valorisation des entreprises de plus en plus impossible puisque leur « hors bilan » (leurs patrimoines humains, cognitifs, informationnels, relationnels, etc.) devient chaque jour plus stratégique et plus essentiel... et moins quantifiable... et plus volatil.

La noéconomie, elle, requiert de moins en moins de ressources matérielles onéreuses, mais de plus en plus de talents et d'expertises immatérielles.

Elle produit de la connaissance, duplicable gratuitement à l'infini sans léser quiconque, partageable à l'infini sans que celui qui la détient n'en perde la moindre miette. Elle est donc une économie de la non-pénurie : sa seule rareté potentielle est celle des talents et des expertises que les systèmes éducatifs de la sociosphère parviennent de moins en moins à lui fournir. Nous abordons ce point plus loin. Elle est aussi une économie de la non-concurrence puisque, au contraire de l'espace matériel et territorial qui est, par essence, limité et unique, les espaces immatériels de la création et de la connaissance sont illimités, déterritorialisés et en nombre infini : chacun peut y trouver toute la place qu'il souhaite sans marcher sur les pieds d'un quelconque voisin : elle est donc une économie de la coopération et non de la compétition.

Elle est, enfin, une économie où le qualitatif dépasse le quantitatif sans le nier, et qui tourne le dos à la société de consommation en se construisant sur des principes de durabilité et de frugalité.

Plus une activité se dématérialise, moins elle mobilise de ressources matérielles et, donc, de capitaux. Truisme ? Peut-être, mais qui mérite d'être décliné jusqu'en ses ultimes conséquences.

Ainsi, si le besoin en capitaux s'effondre avec l'émergence des métiers de l'immatériels, tout le marché des capitaux, autrement dit tous les produits financiers de l'économie classique et tous les mécanismes spéculatifs qui les accompagnent, s'effondrent avec lui. Les régulières « baffes » boursières de ces dernières années n'en sont que les inévitables prémisses.

Ainsi, encore, si la noéconomie devient plus l'économie de la mobilisation des talents et des expertises et bien moins celle de la manipulation et la transformation des matières pondérales, l'homme devient le centre de l'entreprise puisqu'il en est le cœur de production de valeur.

La séculaire guerre du travail et du capital perd tout sens (ainsi, donc, que les institutions qui les représentent, paraît-il) puisque la source de la valeur ajoutée n'est plus ni le capital, ni le travail, mais le talent, l'imagination, l'inspiration, l'expérience, l'expertise qui « travaillent » d'autant moins (en terme de « nombre » d'heures, à tout le moins...) qu'ils sont de plus haut niveau. Il s'agira bien moins de rémunérer du capital ou du travail que de financer la stimulation et la fidélisation des talents et le développement et la capture des expertises : les notions de contrats d'emploi et de salariat, propres à la sociosphère, n'ont plus cours, ici.

Ainsi, enfin, les structures et les organisations entrepreneuriales tourneront nécessairement le dos aux organigrammes hiérarchiques et aux pyramides conflictuelles de pouvoirs institutionnalisés et en concurrence ; elles leur préféreront un fonctionnement en réseaux souples et variables, et la coopération entre ceux qui, légitimement, naturellement du fait de leurs talents et expertises, « font autorité » hors toute institution.

Plus l'écart entre monde réel et vision du monde se creuse, plus le Réel et le Paradigme divergent, et plus les efforts pour les « réconcilier » artificiellement coûtent cher.

Un exemple. Le paradigme classique repose, entre autres, sur l'idée qu'il existe en tout des briques élémentaires simples et immuables qui, en s'associant selon des lois simples et immuables, construisent tout ce qui existe : le Tout s'explique par ses parties.

Cela s'appelle analycisme et réductionnisme.

Ainsi, la matière « doit » être constituée de - et expliquée par - des particules élémentaires que la physique croyait avoir trouvées en les espèces proton, neutron et électron. Mais le triomphe fut court : en un siècle de recherche, le monde des « particules élémentaires » est devenu si compliqué, si foisonnant, si arbitraire que le bon sens conclurait à l'impasse, à l'erreur.

Mais rien n'y fait : les giga accélérateurs de particules, dont celui du CERN à Genève, continuent de dépenser des budgets faramineux à la recherche de leurs chimères. La physique d'aujourd'hui sait pertinemment qu'il n'y a pas de particules et que rien n'est élémentaire, mais personne n'ose tirer le trait salutaire, par besoin de repères et de rassurance, sans doute.

La conclusion s'impose : s'obstiner dans un paradigme obsolète est anti-économique.

Il est des pages qu'il faut avoir le courage de tourner, sans rien renier et malgré l'angoisse de la page blanche qu'il convient d'écrire à neuf.

Ce que cet exemple souligne est le paradoxe suivant : parce qu'elle devient obsolète dans ses principes, dans ses mécanismes et dans ses valeurs, l'économie classique devient largement anti-économique.

La gabegies énergétiques, les pollutions industrielles et domestiques des sols et des eaux, les destructions massives de patrimoines biologiques, l'exploitation forcenée et imbécile des ressources minérales non renouvelables, accompagnées partout de la chosification de l'homme tant au niveau de la production qu'à celui de la consommation, sont autant de facteurs de coûts immenses, profondément anti-économiques, que l'économie classique évacue allègrement de ses bilans.

Le profit (dans tous les sens du terme, et pas seulement matériel et financier) est indispensable aux entreprises pour financer leurs développements et leurs progrès, leur pérennité et leur qualité, mais ce profit est une conséquence et non un but. Il est la conséquence d'un métier bien maîtrisé et d'un travail bien fait. Hors cela, il n'y a qu'arnaque et escroquerie du client... ou de l'humanité.

Le profit n'est profit que s'il intègre tous les coûts cachés engendrés par la courte vue de décideurs irresponsables et la fausseté des modèles classiquement admis.

La noéconomie ne s'oppose pas à l'économie classique.

Elle la dépasse en la marginalisant peu à peu. Elle l'excentre vers sa périphérie.

Le Sens du Profit

Notre époque est la charnière entre deux âges : nous quittons l'âge « moderne » né contre la féodalité dans les villes de la Renaissance, et nous entrons dans un nouveau cycle que j'ai appelé, avec d'autres, l'âge noétique.

Ce passage est une radicale mutation de paradigme, une révolution bien plus qu'une évolution.

La société de l'information et de la connaissance dans laquelle nous entrons repose sur d'autres fondements que la société industrielle, matérialiste, rationaliste et mécaniste que nous quittons.

Ce saut est un saut de complexité, un seuil que l'on ne peut franchir qu'en abandonnant toutes nos croyances, tous nos repères, toutes nos méthodes anciennes.

Effleurons quelques exemples.

Notre chère méthode cartésienne est mécaniste (tout effet a une cause), analytique (le tout est la somme de ses parties et s'explique par elles), déterministe (à même cause, même effet) et quantitative (tout se mesure et les mesures sont des nombres). Elle a permis d'incontestables progrès et victoires, mais la science récente (Prigogine ou Morin, par exemple) a clairement montré que cette méthode n'est opérante que pour les systèmes simples ; pour les systèmes complexes, elle ne s'applique pas parce qu'en décomposant le tout en ses parties, elle perd l'essentiel : les interrelations entre parties. D'autres méthodes sont nécessaires, dès lors : ce sont les méthodes systémiques qui sont non-cartésiennes.

Tout notre droit est basé sur la notion de propriété : le droit à la propriété est inaliénable, propriété sur mes biens, sur ma vie, sur mon identité, sur mon statut, etc. La notion de propriété vient de la notion de rareté : tout objet étant unique, s'il m'appartient, il ne t'appartient pas, et vice-versa. Avec l'information et la connaissance, tout change : lorsque je détiens une idée et que je la donne à quelqu'un, je ne la perds pas ; tout au contraire, cette idée prend d'autant plus de valeur qu'elle est plus partagée. De là, les immenses et vains efforts de notre droit à tenter de fonder la notion et la protection de la « propriété intellectuelle », c'est-à-dire d'appliquer une logique de rareté et de pénurie à de l'information qui est duplicable à l'infini et quasi gratuitement.

L'observation quotidienne démontre sans effort l'accélération des processus d'obsolescence. Cela est vrai pour les produits dont les cycles de vie se raccourcissent. Cela est vrai pour les technologies qui se chassent l'une l'autre avant d'atteindre leur pleine maturité. Cela est vrai pour les marchés qui deviennent toujours plus instables et volatiles. Tout est à inventer tout le temps : l'innovation perpétuelle est devenue la reine des mondes.

Malgré cela, notre bonne vieille Ecole continue d'apprendre des savoirs, des recettes toutes faites : le par-cœur, l'imitation, la restitution conforme, les schémas stéréotypés restent les piliers de nos systèmes éducatifs archaïques, ceux du cerveau gauche contre le cerveau droit. Comment s'étonner des pénuries de talents et d'expertises qui commencent à se généraliser ?

Demain, le problème ne sera plus d'apprendre des savoirs à peine acquis que déjà obsolètes, mais bien d'apprendre à apprendre, à chercher, à créer ; le problème ne sera plus d'apprendre le contenu de tels livres, mais d'apprendre la carte de navigation de tous les livres et d'apprendre à y naviguer avec assurance et fiabilité.

Les paragraphes suivants traitent de la problématique du profit dans l'optique de ce nouveau paradigme, dans l'optique de l'âge noétique et de la société de la connaissance.

La raison d'être de l'entreprise :

L'entreprise est avant tout un lieu de création et de développement d'un métier, d'un savoir-faire, d'un ensemble de connaissances qui en constituent, à la fois, le patrimoine capital et la matière première.

La valeur ajoutée qui y est produite en découle directement et exclusivement : la valeur ajoutée par l'entreprise aux matières premières est toujours de nature immatérielle, née dans le cerveau des hommes qui opèrent la rencontre des ressources aux fins d'accomplir optimalement le processus productif et commercial.

Plus l'activité de l'entreprise s'éloigne des secteurs primaires, plus sa valeur ajoutée est proportionnée à la créativité et à la connaissance qu'elle y injecte : dès les industries de haute technologie (le secondaire de pointe), le poids de la matière dans le prix devient minime. Que dire alors des secteurs tertiaires (services), quaternaires (talents créatifs) et quinaires (expertises cognitives) ?

Chaque entreprise a une seule vocation profonde : celle de s'accomplir pleinement dans un métier qu'elle s'est choisi ou qu'elle s'est inventé. Un tel accomplissement n'est possible qu'en bonne harmonie avec le monde alentour : clients, fournisseurs, personnels, financeurs, milieu, etc. Mais cet accomplissement a un préalable incontournable : il faut que cette vocation soit reformulée sous la forme d'un réel projet d'entreprise qui puisse mobiliser les énergies et les volontés : sans projet, il ne peut y avoir que déshérence et désengagement.

On le voit, la raison d'être de l'entreprise est tout sauf le profit : le profit n'est qu'une conséquence naturelle de l'accomplissement impeccable d'une vocation entrepreneuriale.

Une conséquence, pas un but !

Et puis, de quel profit parlons-nous ? Parce qu'il y a bien d'autres profits que le seul profit comptable de la « bottom line ». Si l'on définit le profit comme accroissement de patrimoine, comme il y a bien d'autres patrimoines dans l'entreprise que le patrimoine financier des actionnaires, il y a donc bien des définitions possibles des profits. A patrimoine cognitif, il y a profit cognitif : l'accroissement des connaissances et savoir-faire. A patrimoine humain, il y a profit humain : l'accroissement des talents et expertises. A patrimoine relationnel, il y a profit relationnel : accroissement des réseaux et de leurs accès. Etc.

A cela il faut encore ajouter que les entreprises de l'immatériel (entendez les entreprises de la création et de la connaissance) sont presque toujours de très petite taille (pourquoi faire grand et lourd lorsqu'il n'y a pas d'effets de taille ni d'économie d'échelle à espérer et que l'on peut rester souple et léger, libre pour tout dire) et qu'elles n'ont presque pas besoin d'être capitalisée (une telle entreprise est une association de talents et d'expertises par rapport à un projet ; elle ne nécessite que bien peu de fonds car la capital humain seul importe).

On comprend alors combien la notion classique de profit financier à distribuer aux actionnaires perd de son sens : par essence, les patrimoines de telles entreprises sont volatils et qualitatifs, ils échappent donc à toute spéculation capitalistique.

Assurer l'autonomie et la pérennité :

Autonomie par rapport à quoi ? Pérennité de quoi ?

Dans un monde en turbulence croissance, l'impermanence et l'opportunité sont la règle.

Les entreprises de l'immatériel sont volatiles, on l'a dit. Elle ne se transmettent pas, elles ne se vendent ni ne s'achètent, elles ne survivent pas à leurs fondateurs, elles se confondent avec un projet limité dans le temps et dans l'espace.

Cela signifie que l'entreprise immatérielle, en tant que structure, est destinée à une vie courte, de la longueur d'un cycle de marché (5 à 10 ans, rarement plus).

Ce n'est donc pas la structure (la « coquille », le « véhicule ») qui tend à la pérennité mais bien les connaissances, expertises et savoir-faire qui y ont été développés : c'est cela que les associés emportent avec eux, dans leur tête, sans devoir négocier âprement les parts de chacun puisque chacun part avec tout sans léser quiconque. Voilà pour la pérennité.

« Autonome » est un mot ambigu. Son étymologie grecque lui donne le sens de : « qui a sa propre loi », avec, en français, les deux acceptions de « libre » et de « seul ».

Une entreprise de l'immatériel doit impérativement être libre car la liberté est le prérequis essentiel de la création. Sans liberté, pas d'esprit novateur et imaginatif : toute contrainte est castrante et stérilisante.

Ceci explique aussi pourquoi nombre de ces entreprises n'ont pas d'actionnariat externe et appartiennent exclusivement à ceux qui y oeuvrent. Comment pourrait-il en être autrement ? Comment convaincre quiconque de miser sur l'inspiration ou le génie de quelques uns ? Comment convaincre ces talentueux experts de se soumettre aux diktats d'un quelconque actionnaire externe ?

Par contre, l'entreprise de l'immatériel ne peut en aucun cas vivre seule (le second sens du mot « autonome »). Au contraire, elle ne peut s'épanouir que dans une logique de réseaux efficaces et fluctuants, dans une logique de collaborations limitées et éphémères, dans une logique de partage d'informations et de connaissances, une logique de rencontres incessantes de potentialités et d'opportunités, une logique de la convivialité et de l'inclusion.

Place du profit dans la stratégie :

Le profit n'a aucune place dans la stratégie !

On l'a dit, le profit sera la conséquence naturelle d'une bonne stratégie d'accomplissement de la vocation entrepreneuriale et d'épanouissement des métiers et savoir-faire.

Un bon plombier en ville, puisqu'il est dépositaire d'un savoir-faire rare et prisé, n'a pas de problème de « profit », il a par contre un vrai problème de disponibilité et de priorité.

Le seul problème stratégique d'une entreprise de l'immatériel est sa notoriété : ses interventions sont chères, le retour sur investissement est difficilement mesurable et tout repose sur une denrée rare dans le monde de l'entreprise : la confiance.

A qui profite le profit ?

S'il s'agit du profit comptable, après avoir réservé ce qu'il faut pour le financement des investissements souhaités, il va vers les associés au pro-rata de leurs parts : c'est la triviale règle de base.

Par contre, s'il s'agit de l'essentiel, c'est-à-dire des profits immatériels, ils reviennent totalement à tous puisque chacun a le tout en tête tout le temps.

Il y a là un extraordinaire ressort de motivation puisque chacun, s'il s'intéresse aux choses et s'informe et apprends sans cesse, part en permanence avec tout le profit de tous sans léser personne. C'est d'ailleurs par le biais de ce ressort que les talents de l'entreprise y reste et n'écoute pas trop le chant des sirènes extérieures.

Dans un monde de pénurie de talents et d'expertises, le débauchage systématique devient la règle. Heureusement, depuis Herzberg, tous les GRH savent que l'argent n'est qu'un facteur d'hygiène et jamais de motivation : les talents ne sont fidèles à un projet que s'ils trouvent à s'y épanouir, à y apprendre, à y créer et à y avoir de la joie (« have fun »).

Philosophie transposable ?

Plus on s'éloigne des industries matérielles lourdes de base (secteurs primaire et secondaire), plus le schéma est transposable à toute entreprise.

Mais les managers sont-ils prêts à changer aussi radicalement leurs mentalités et croyances et méthodes ?

Mais les écoles de commerce sont-elles prêtes à abandonner les modèles classiques de gestion quantitative et d'organisation hiérarchique et planifiée pour enseigner ce nouveau paradigme ?

Il semble bien que ce soit là les obstacles principaux à l'incontournable, irréversible et indispensable virage qui est en train de se prendre sous nos yeux, que nous le voulions ou non.

Cultiver le Jardin

Le monde est un jardin. Un jardin qu'il faut apprendre à cultiver.

Ainsi le monde économique, sur l'humus riche ou pauvre des technologies, sous le ciel clair ou orageux des marchés, voit germer, croître, s'épanouir et décliner des entreprises comme autant de végétaux.

Des arbres magnifiques qu'il faut régulièrement tailler et émonder pour en stimuler la vigueur et en développer le fruit ou l'ombrage. Des arbres pourris qu'il faut abattre au plus vite. Des arbres creux qui ne tiennent qu'à coup de tuteurs onéreux. Des arbres malades qu'il faut rabattre au ras et laisser repartir du tronc. Des arbustes parfois épineux, parfois fleuris. Des vivaces éternellement feuillues et vertes. Des annuelles éphémères. Des herbes modestes et régulièrement tondues.

La métaphore est riche et porteuse de sens !

Il en est là comme souvent : trois écoles s'opposent.

Ici, le jardin à la Française tracé au cordeau, ordonné selon la géométrie, planté de symétries et de perspectives, fait la place belle aux pouvoirs de l'Etat qui s'intronise jardinier en chef en confisquant l'espace cultivable pour y imposer ses goûts, ses valeurs, ses utopies.

Là, le jardin à l'Anglaise foisonnant de savants désordres, touffus, plein de mélanges et de mystères, plein de charmes et d'émulations.

Plus loin, le jardin à la Japonaise, comme près des temples de Kyoto, quelques vieux arbres tout tordus, du sable et du gravier savamment ratissés, un ou deux rochers, une source qui coule de vie, selon les règles séculaires. Trois styles. Trois visions économiques : européenne et social-démocrate, anglo-saxonne et libérale, extrême-orientale et traditionnelle.

L'art des jardins, somme toute, ne fait que refléter l'âme des peuples qui les cultivent.

Mais ce simple constat ne suffit pas.

Un jardin doit se replacer aussi dans sa dimension temporelle, dans la durée.

La graine plantée aujourd'hui ne sera arbre épanoui que bien plus tard. Les « mauvaises herbes » d'aujourd'hui seront les médicinales de demain. Les « sauvages » d'aujourd'hui, après greffes et croisements, seront les fleurons de demain. Et cela, personne n'est capable de le prédire : rien n'est écrit, il n'y a pas de lois déterministes à l'œuvre ni comme « main invisible », ni comme « plan quinquennal ».

En affaires comme en tout, la seule morale tient en ceci.

Est Bien tout ce qui va dans le sens de la Vie, tout ce qui construit de la Vie.

Faire le Bien : faciliter l'accomplissement en plénitude de la Vie.

Et lorsque l'homme ou quoique ce soit en viennent à être obstacles ou dangers pour l'accomplissement de la Vie, il est Bien de les en empêcher.

L'homme n'a aucun droit en tant que tyran, quelle que soit sa tyrannie, sur lui-même, sur les autres, sur la nature, sur le monde !

La tyrannie est toujours obstacle à l'accomplissement de la Vie dans toutes ses différences.

Chaque entreprise, comme chaque être humain d'ailleurs, est un arbre unique et rare qui doit apprendre à se cultiver lui-même, avec patience et soin, avec savoir-faire et volonté.

Il n'y a pas, il ne peut y avoir de jardinier en chef car il ne pourrait être qu'un tyran quelles que puissent être la douceur de son sourire ou la pertinence de sa compétence botanique.

Par contre, il peut y avoir des observatoires météorologiques.

Par contre, il peut y avoir des fabriques d'engrais et des composteurs.

Par contre, il peut y avoir des réserves de pulvérulents pour soigner.

Par contre, il peut y avoir des agronomes pour conseiller, former, avertir, proposer.

Les nostalgiques des jardins à la Française font semblant d'oublier que les allées et bassins de Versailles ne sont plus que des attractions pour touristes souvent grégaires et parfois ridicules, souvent Japonais et parfois Américains. Un jardin musée, en quelque sorte, qu'une armée de jardiniers fonctionnaires s'échinent à maintenir en l'état.

La chasse aux mauvaises herbes tue les espoirs de demain.

Les grands travaux au bulldozer éclaircissent peut-être la perspective idéologique, mais ils broient tout sur leur passage, grands arbres et petits arbrisseaux qu'il faudra long temps pour reconstituer s'ils le sont jamais.

Dans un tel jardin, l'homme s'impose à la nature. Il la réduit à n'être qu'une usine à produire du végétal selon ses pauvres schémas géométriques, simplistes et réducteurs.

Seules quelques essences - les plus grandes afin qu'elles chantent haut la toute-puissance du Roi jardinier - y ont droit de cité, appauvrissant ainsi le monde de tous ses possibles et diminuant dramatiquement sa biodiversité salvatrice.

Mais le jardin à l'Anglaise, lui aussi, a ses limites : s'il est trop dense, les végétaux s'étouffent l'un l'autre, et plutôt que de s'étaler en ombrage et en offrande de fruits bas, les arbres filent tout en hauteur dans leur compétition imbécile pour un peu plus de lumière.

La beauté d'un jardin ne se mesure jamais à la quantité de bois qu'il produit.

Un verger ne doit pas produire beaucoup, mais il doit produire bien et bon. Lorsque les fruits sont trop nombreux, ils se condamnent à l'insipidité et au pourrissement : pertes pures, gaspillages, puanteurs.

Quant au jardin à la Japonaise, malgré son charme méditatif et sa rayonnante sérénité, il n'est que stéréotype éternellement rabâché, sans dynamique propre, sans originalité, sans vie : il est plus une nature morte qu'un hymne vivant

Il émerveille certes les yeux du visiteurs en extase, mais cela s'arrête là.

De son côté, le bonzaï est un jeu patient et un art délicat, mais il n'est que mutilations. Aucun bonzaï ne vaut les oliviers de ma colline. Même s'ils se comprennent comme réponses au manque cruel d'espace au pays du soleil levant, les jardins miniatures, quelque fabuleusement réussis soient-ils, ne sont qu'une curiosité.

Sous toutes ses formes, le jardin à la Japonaise est sophistiqué, certes, mais avant tout purement artificiel.

Au travers de ces trois styles, ce sont trois conceptions de l'ordre qui se développent.

Ordre mécanique et géométrique dans le style français.

Ordre organique et anarchique dans le style anglais.

Ordre chaotique et sophistiqué dans le style japonais.

Trois styles. Trois conceptions de l'ordre. Trois types d'économie. Trois substrats culturels et idéologiques. Trois visions de l'homme et de sa place dans la nature.

Quant à moi, à tous les jardins du monde, je préfère la forêt vivante où la main de l'homme s'est abstenue de toute intervention structurante et qu'elle se contente de servir en facilitant son plein épanouissement.

5.4.   Le nouvel Homme

5.4.1. Inventer une nouvelle Sagesse

Maintenant que la foi aveugle et naïve en l'omnipotence de la Raison et de la Science est enfin dénoncée concrètement par les impasses et les manques immenses qu'elles ont suscités, il est temps de songer à inventer une nouvelle Sagesse non pas contre la Science comme le voudraient les nostalgiques d'un « bon vieux temps » bucolique, mais au-dessus et au-delà de la Science.

Nous vivons aujourd'hui dans un monde d'abondance matérielle. Mais cette abondance matérielle ne parvient plus à masquer les immenses carences immatérielles : carences éthiques, sociétales, philosophiques, spirituelles, religieuses. Plus nous devenons riches, plus nous devenons drogués, déprimés et suicidaires. Paradoxe.

Être « Sage », ce n'est pas forcément être « enfant sage », soumis, obéissant, correct (politiquement), coi. En nos temps de misère idéologique et de délitement démagogique, être « Sage » c'est probablement plus être insoumis et iconoclaste, incorrect et rebelle.

Sagesse, trop longtemps, fut aussi synonyme de prudence, de calcul savamment pesé, de « raison » au sens d'être raisonnable : ce ne pourrait être le cas en nos temps de turbulence qui réclament toutes les audaces, toutes les mutations, tous les risques.

Par Sagesse, souvent au sens moral, l'on entendait la défense et la promotion de Valeurs, d'Idéaux censés transcender les étroitesses égoïstes de nos vies étriquées : le « Sage », alors, est le héraut ou le héros d'une certaine philosophie morale sinon d'une moralité certaine.

Plus généralement, la Sagesse de demain ne pourra se réduire à une Ethique, quelle qu'en soit le contenu. La fixité et la simplicité des valeurs « idéales » sont incompatibles avec la turbulence et la complexité des mondes réels. Toute réflexion éthique, quel que soit le comité de « Sages » qui en soit chargé, ne peut déboucher que sur des principes et des règles qui ne reflèteront que les cécités, ignorances et carences de ceux qui les édictent en pleine bonne volonté.

Bien plus profondément, que peuvent des mots, des raisonnements, des idées face aux violences et au mal-être ou mal-vivre de tant de contemporains, toutes classes confondues.

La souffrance du mal-être, le sentiment terrible d'être passé à côté de la Vie, de SA vie, ne peuvent durablement se satisfaire de sentences, aussi judicieuses et profondes soient-elles.

Tous ces sens anciens des mots « Sage » et « Sagesse » me paraissent obsolètes.

La Sagesse que réclame notre monde pourrissant est d'une tout autre nature. Cette Sagesse attendue n'est ni réponse définitive, ni comportement exemplaire : elle ne peut se réduire à quelque stéréotype que ce soit, aussi sublime ou pur soit-il. Elle est bien plus méthode à vivre que parole à entendre.

Il s'agit plutôt d'une Sagesse dont chacun puisse apprendre à vivre SA vie à lui, pour aller au bout de lui-même, pour déployer à leur maximum tous les potentiels et talents enfouis au fond de soi. Il ne s'agit plus tant de détenir des « vérités » sages que de pratiquer une sagesse de vie.

La Sagesse stoïcienne ou épicurienne doit céder le pas à une Sagesse taoïste ou zen.

Sagesse à naître. Sagesse à inventer. Non pas contre, mais au-delà des philosophies anciennes.

Comme une maïeutique d'un nouvel homme, d'une nouvelle humanité, d'un nouveau « vivre ensemble », mais surtout d'un nouveau « vivre soi-même », loin des artificiels ersatz et des illusoires ivresses de ce monde de consommations effrénées et de plaisirs médiocres.

Une méthode de vie qui ne ferme rien mais qui ouvre tout, qui ne rejette rien mais anoblit tout, qui ne hait rien mais qui détache de tout.

Alors notre Sagesse sera cet apprentissage de la Liberté vraie loin de tous les esclavages, externes et internes, et de la Foi pure loin de toutes les idolâtries religieuses ou laïques.

Devrons-nous réapprendre à vivre la Vie ? De fond en comble !

Lâcher prise

Notre monde humain a atteint une taille, un volume et une complexité tels que nous voici face à un terrible effet de seuil. Ou bien nous réussissons à vivre autrement et nous passerons le cap. Ou bien nous ne changeons pas assez et nous disparaîtrons dans un cataclysme quelconque.

Il ne s'agit plus ici de réforme ni de progrès ni d'améliorations ou de corrections : il s'agit de rupture radicale, de mutation en profondeur, de métamorphose. L'homme-chenille doit devenir homme-papillon[47]. Et le monde du papillon n'a rigoureusement RIEN à voir avec le monde de la chenille.

Passage de deux dimensions à trois dimensions.
Passage de la reptation au vol.
Passage de la Terre matérielle à l'Air immatériel.

Il sera impossible de faire éclore cette nouvelle et indispensable (vitale) nouvelle Sagesse de Vie sans renoncer à tous les repères d'antan et d'aujourd'hui. Nos mots sacrés, nos mots tabous, nos mots cathédrales d'aujourd'hui ne diront bientôt plus rien à ceux qui survivront.

Répétons-le : cette Sagesse à naître n'est pas, ne sera pas une Sagesse faite de mots.

---

[47] Clin d'œil à notre livre ancien : « Les métamorphoses de l'homme papillon » paru aux Presses Interuniversitaires Européennes.

Elle ne tiendra pas dans les livres. Elle ne s'apprendra pas à l'école – du moins cette école que nous connaissons encore. Elle sera une pratique de Vie, une plongée dans la Vie, dans l'instant, loin de tout anthropocentrisme.

L'homme devra apprendre à s'effacer, lui et son ego surdimensionné, et faire place, en lui, autour de lui, à la Vie sous toutes ses formes. Il devra apprendre à se désapprendre pour connaître et vivre enfin le Réel. Il devra se désintoxiquer – ce qui sera aussi pénible et douloureux qu'une cure de désintoxication pour alcoolique ou toxicomane – de toutes ses illusions, de tous ses orgueils, de tous ses caprices de sale enfant gâté.

Il sera sevré de tout l'artificiel dans lequel il a cultivé ses schizophrénies.

Cette Sagesse nouvelle est là, elle ne demande qu'à être activée. Mais pour cela, il faut apprendre à lâcher prise. Il faut apprendre à relativiser fortement ce que nous croyons essentiel et qui, en fait, n'est que la course à l'illusoire.

La Vie est ici-et-maintenant et nulle part ailleurs, ni dans le passé, ni dans le futur, ni dans l'au-delà. Mais elle n'est QUE là, dans chaque instant. A force de vivre pour demain, l'on ne vit jamais réellement puisque seul « maintenant » est réel et que demain ne sera peut-être jamais.

5.4.2. Huit pistes noétiques

Dans les paragraphes qui suivent, je souhaiterais développer huit pistes, huit chemins qui convergent vers la société noétique à venir. Huit attitudes aussi à faire prévaloir chez l'homme nouveau.

Ces huit pistes sont les suivantes :

- Apprendre l'humilité par la contemplation et la méditation.
- Vivre en harmonie avec la Nature, « pour la garder et la servir ».
- Assumer la complexité du Réel en pourchassant tous les réductionnismes.
- Renoncer à dominer, à s'approprier, à asservir quoique ce soit, qui que ce soit.
- Cultiver la pacification et la douceur en dénonçant toutes les violences.
- Anéantir toutes les idolâtries et tous les esclavages.
- Accomplir sa vocation de créateur dans la noosphère.
- Subordonner l'économique et le politique au noétique.

L'HOMME NOÉTIQUE

Piste 1. Apprendre l'humilité par la contemplation et la méditation

L'humilité. Quitter radicalement l'anthropocentrisme et ses deux filles qui sont l'humanisme et l'égocentrisme. Voir enfin le monde et l'univers comme un grand Tout où l'homme n'occupe qu'une place minuscule. Voir l'homme comme partie intégrante de ce tout et comme au service de ce tout. Dépasser l'ego qui est un piège néfaste où l'on s'enlise et s'aveugle sur le réel. Faire s'ouvrir toute la sociosphère et la resituer comme pont entre biosphère et noosphère. Voir dans ce repositionnement le cœur de la vocation, de la mission et de la justification humaines. Prendre conscience de l'unité foncière du Tout et s'y fondre.

Cultiver l'Amour ou la Fraternité universels envers tout ce qui existe, envers tout ce qui vit comme parcelle, ainsi que nous-mêmes, de la Vie et du projet cosmique.

Contemplation et méditation : les deux facettes de cette verticalité indispensable à la profondeur et à l'élévation. L'une tournée vers l'extérieur afin de percevoir le Réel au-delà des apparences et des leurres. L'autre tournée vers l'intérieur afin de ressentir le Réel au-delà des concepts et des mots. L'ego, l'homme, l'humanité ne sont que des épiphénomènes : de simples vagues sur l'océan du Réel.

Piste 2. Vivre en harmonie avec la Nature : « garder et servir »

La sociosphère et, au-delà d'elle, la noosphère sont à la biosphère, ce que l'arbre est à l'humus.

Tuer l'humus, c'est tuer l'arbre. Voir la Nature comme une mère nourricière et aimante qu'il faut respecter et choyer. Non pas le retour à la Nature, mais l'enracinement dans la Nature pour pouvoir la dépasser dans son accomplissement.

Favoriser la Vie sous toutes ses formes. Planter trois arbres pour chaque branche coupée.

Préserver l'eau, l'air et la terre. Appliquer en tout le principe de frugalité afin de ne puiser, directement ou indirectement, que le strict nécessaire à toutes les sources de Vie.

Renoncer à tous les caprices, à tous les superflus. Détruire le moins et construire le plus.

Harmonie. Le mot, à force d'être usité à tort et à travers, a perdu de sa puissance : il reste le plus pertinent néanmoins pour parler de cette résonance, de cette complicité, de cette connivence indispensables entre l'homme et la nature, entre l'homme et l'univers, entre la conscience individuelle et la conscience cosmique. L'harmonie est au-delà de tout rapport hiérarchique : il ne s'agit jamais d'inféoder l'un à l'autre.

La métaphore musicale est ici la plus parlante : chaque ligne mélodique est singulière, mais l'intégration symphonique les met en harmonie les unes par rapport aux autres.

Une partition cosmique comprenant des milliards de lignes mélodiques : l'image est frappante.

Mais plus qu'une image, c'est toute une philosophie de vie qui y est proposée : équilibrage dynamique et personnel entre individuation (la ligne mélodique irréductible et unique de chacun) et intégration (l'harmonisation symphonique de toutes ces mélodies).

Affirmation de sa propre mélodie, de sa propre vocation, et volonté d'harmonisation avec la symphonie environnante.

Garder et servir. Le mot biblique prend toute son ampleur.

Garder pour protéger, préserver, défendre, conserver,..... Servir pour cultiver, stimuler, proliférer, nourrir,...

Piste 3. Assumer la complexité du Réel en pourchassant tous les réductionnismes

Comprendre que le monde est complexe et donc qu'il n'est jamais réductible aux schémas analytiques et mécanistes de la pensée rationnelle. Prendre conscience que cette complexité est le gage de la richesse du Réel. Accepter donc une large part d'ignorance et d'inconnaissance définitives. Savoir que la complexité engendre un tissu dense et inextricable d'interactions souvent imperceptibles qui relient tout à tout et qui fondent une solidarité et une fraternité concrète entre tout ce qui existe. Favoriser en tout l'émergence de nouvelles complexifications dans toutes les couches de la Vie. Oser toutes les combinatoires, tous les métissages, tous les arrangements harmoniques possibles afin d'engendrer du neuf, de l'inédit, de l'inouï. S'accomplir prioritairement dans la création noétique parce qu'elle est la vocation centrale de l'humanité. Chercher la complexité mais fuir toute complication : la complexité doit rester simple sans être jamais simpliste : simplicité n'est jamais simplification.

Se rappeler, toujours, que le tout est plus que la somme de ses parties.

Renoncer à tous les réductionnismes, aussi confortables et rassurants soient-ils.

Savoir que notre cerveau a tendance à ne (re)garder que le permanent et le récurrent alors que la Vie du Réel réside précisément dans l'impermanent et dans le singulier. Dénoncer toutes les simplifications: elles dénaturent et aseptisent le Réel. Réenchanter et resacraliser le quotidien en lui donnant toute son épaisseur et toute sa densité dans chaque ici-et-maintenant.

Piste 4. Renoncer à dominer, à s'approprier, à asservir quoique ce soit, qui que ce soit

Abolir les relations de compétition, de concurrence, de prédation et de hiérarchisation en tout, et leur préférer les relations de coopération et de symbiose. Transcender toute situation conflictuelle en développant à la fois l'individuation ET l'intégration : c'est la voie de la complexification. Repenser de fond en comble le concept de propriété non pour l'abolir, mais pour le sublimer. Faire de la propriété un moyen et non un but. Comprendre que l'homme est le métayer du monde terrestre et pas son propriétaire. Savoir, d'ailleurs, que l'on n'est jamais réellement propriétaire de rien et que l'on n'emporte jamais rien dans sa tombe. Prendre conscience que toute appropriation procède d'un processus de chosification totalement incompatible avec la réalité de la Vie. Devenir « maître de soi » plutôt que prétendre à être « maître du monde ou des autres ».

Préférer en tout l'intériorité et la verticalité : l'œuvre à accomplir est dans le temps et la durée, pas dans l'espace et ses territoires.

Renoncer à toutes les sédentarités, à toutes les territorialités, à toutes les pétrifications.

Savoir que le nomade ne peut posséder que ce qu'il peut porter : tout le reste est poids mort et superflu. Devenir indépendant de tout et de tous, et n'être dépendant de rien ni de personne.

Savoir qu'avoir des serviteurs, c'est avoir des servitudes.

Piste 5. *Cultiver la pacification et la douceur en dénonçant toutes les violences*

Comprendre que toute violence est un processus radicalement simplificateur, contraire à la voie de la complexification. Pratiquer toutes les autres méthodes de résolution de conflit et ne recourir à la violence que si tout a été tenté et a échoué, et que si le danger est grave et réel.

Ne jamais confondre force et violence : la force intérieure est le meilleur antidote à la violence. Dénoncer la violence où qu'elle soit, de quelque manière qu'elle s'exprime : il n'y a pas que les violences physiques qui blessent ou tuent, les violences verbales ou sentimentales ou intellectuelles ou spirituelles sont tout aussi intolérables.

Douceur...

Pas d'angélisme, ici non plus. Des préférences, surtout... Préférer les énergies douces aux énergies dures. Préférer les industries douces aux industries lourdes. Préférer les médecines douces aux médecines brutales.

Pacification...

Il ne s'agit pas de pacifisme béat, il s'agit de vouloir et de construire la Paix. Toutes les paix.

La paix intérieure d'abord, condition sine qua non de toute pacification extérieure avec le monde, avec les autres, avec la nature. Pacification intérieure. Pacification intérieure par le travail de convergence des quatre dimensions du moi : ce que je suis et fais, ce que les autres croient que je suis et fais, ce que je voudrais être et faire, ce que les autres voudraient que je sois et fasse. Pacification intérieure par la claire conscience de nos vocations intimes et par leur transcription en un plan de vie authentique auquel on se tiendra quoi qu'il arrive.

Piste 6. *Anéantir toutes les idolâtries et tous les esclavages.*

Nos idoles sont partout en nous. Tout ce que nous sacralisons, tous ce que nous adorons, tout ce que nous révérons. Argent. Pouvoir. Notoriété. Statut. Apparences.

Dès qu'un moyen devient but, il y a idole et idolâtrie. De but, il n'en est qu'un : s'accomplir en plénitude au service de l'accomplissement cosmique.

Tout le reste est moyen. Tout le reste est susceptible d'idolâtrie.

Nos pires esclavages viennent de nous-mêmes, de nos attachements, de nos caprices et de nos peurs souvent imaginaires. Tuer l'esclave qui est en nous. Quitter les terres d'esclavages et franchir la mer de joncs sans remord ni regret, sans retour surtout. Même s'il faut traverser un grand désert...

Plus qu'être libre, il s'agit de se libérer. Se libérer de son ego, d'abord.

Se libérer de la tyrannie des autres, ensuite : apprendre à dire « non », apprendre à dire « stop ».

Se libérer de toutes les habitudes, de tous les conforts, de tous les superflus.

Se libérer de tout ce que l'on porte sans l'avoir consciemment choisi.

Se libérer de nos lâchetés, de nos paresses, de nos aveuglements.

Atteindre au détachement[48]... qui n'est ni indifférence, ni dédain. Créer l'œuvre sans s'attacher à elle. Préférer le cheminement au chemin.

Piste 7. Accomplir sa vocation de créateur dans la noosphère

Savoir clairement que la vocation de l'humanité sur cette Terre, est de faire émerger la noosphère hors de la sociosphère. S'inscrire complètement dans cette perspective.

Contribuer ainsi à créer, à propager, à faire proliférer, à préserver, à maintenir des Idées au sens le plus large du mot, sur tout support, dans tous domaines, de toutes les manières possibles.

Connaître et reconnaître ses talents et aller, avec eux, au bout de soi-même.

Faire de sa vie une œuvre d'art, non pour soi, mais pour ce qui nous dépasse. Viser toujours ce dépassement de soi, en tout, partout. Comprendre que la joie authentique et le bonheur de vivre viennent automatiquement de ce processus d'accomplissement : tout le reste n'est en définitive que plaisirs artificiels et amers. Cultiver la joie des Idées dans la connaissance et la création.

---

[48] Il faut lire ou relire les « Traité du détachement » de Maître Eckart. Ecrit entre XIIIème et XIVème siècles, il n'a pas pris une ride !

Piste 8. Subordonner l'économique et le politique au noétique

Ici réside le cœur de la révolution noétique : donner un projet global qui la dépasse à l'humanité et faire de toutes les activités humaines, de toutes les structures humaines des outils au service de ce projet.

Mettre donc tous les systèmes économiques et tous les systèmes politiques dans cette perspective. De centraux, ces systèmes deviennent donc périphériques : ils forment la logistique du projet humain, en quelque sorte, et rien de plus.

Le pouvoir et l'argent de buts deviennent moyens. La sociosphère qui inclut ces systèmes économiques et politiques, n'est plus que le support de la noosphère, son terreau, son humus : la « vraie » Vie est à présent ailleurs !

La vocation fondamentale de l'homme est de contribuer à l'accomplissement cosmique en faisant germer la noosphère à partir de la sociosphère. La vocation de l'homme est de faire émerger l'Esprit du cosmos. Pour s'accomplir, deux conditions lui sont nécessaires : Paix *(la seule finalité du politique est d'éradiquer la violence)* et Liberté *(la seule finalité de l'économique est d'éradiquer la dépendance)*. Ces conditions de cette émergence de l'Esprit sont les seules justifications de la sociosphère.

5.4.3. L'Homme esclave de lui-même (en guise de conclusion du chapitre)

Pourquoi tant d'hommes demeurent-ils esclaves ?

Esclaves d'un prince, ou des autres et de leur regard, ou d'eux-mêmes, surtout ?

Par peur ! Par peur ! Par peur !

Comme si leurs chaînes empêchaient leur peur...

Comme si leurs chaînes empêchaient leur mort fallacieuse ou leurs souffrances imaginaires...

Ils ont peur de l'impermanence...

Contre le flux, ils veulent rester attachés...

Enchaînés au rocher de leurs illusions, de leurs mensonges, de leurs croyances...

Comme si leurs chaînes empêchaient le flux cosmique de couler...

Bien au contraire : leurs lourdes chaînes les font couler et se noyer !

Et ils coulent... Et ils se noient...

Ils ratent le présent, enchaînés à leurs nostalgies d'hier, à leurs utopies de demain : ils ruminent ou ils rêvassent.

Ils ne sont pas présents à eux-mêmes.

Ils ont si peur du Réel, ici-et-maintenant.

Pourquoi cette peur panique de l'impermanence, du Réel et du présent, au point de s'aliéner totalement et de passer à côté de la Vie ?

Le flux du perpétuel présent les rend fou...

Pourquoi ?

Pourquoi se droguer des leurres factices de la sécurité ou de la certitude au point d'y sacrifier toute son existence ?

Il n'y a pourtant que l'évidence de l'impermanence universelle...

Tout coule... et tout est dit.

Pourquoi, alors, gâcher son existence à se construire de vaines forteresses ?

Pourquoi, alors, ne pas exorciser cette peur de l'impermanence qui n'est pourtant danger que pour qui tente de s'y opposer ?

Les hommes s'épuisent à nager à contre-courant pour se faire croire qu'ils restent à la même place.

Les hommes naissent-ils sédentaires au point de vouloir juguler et figer tout l'univers, alors qu'autour d'eux, tout n'est que mouvement et turbulence ?

D'où leur vient ce besoin psychotique de fixité ? ce besoin maladif d'immuable ?

Même celui qui croit à la mort n'a-t-il pas intérêt à vivre pleinement la Vie plutôt qu'à se calfeutrer dans sa casemate étriquée et puante ?

Besoin de fixe...

Besoin d'immuable...

L'homme est un animal routinier, allergique à l'inconnu, à l'étranger, à l'étrange, allergique au changement, au mouvement, aux turbulences, obsédé de vérités, de valeurs et de lois définitives, obsédé de garanties de toutes sortes...

Pourquoi ?

Allergies et obsessions peut-être plus culturelles que naturelles...

Plus occidentales qu'orientales... semble-t-il.

Plus méridionales que septentrionales... dit-on.

Mais le fait fondamental demeure universel : tous les hommes ou presque, avec des nuances d'amplitude, aspirent à la fixité, à l'immuabilité, à l'immobilité, négations même de la Vie qui n'est que mouvement...

Aspiration à l'ennui cosmique, au temps cyclique, aux routines immuables...

Pourquoi ?

L'homme, ce petit dieu déchu, tombé dans le monde...

Et comme tout *doit* avoir une cause, il y a eu péché originel, quelque part...

Vieux cliché...

Et Darwin d'en remettre : struggle for life....

Nature hostile parce que sauvage !

Les mots ne trompent pas : « sauvage » de *silvaticus*, sylvestre...

Mais où donc est le danger réel ?

Les venimeux sont trop petits, ils ne mordent ou ne piquent que s'ils sont agressés.

Les végétaux n'attaquent personne.

La plupart des grands animaux sont végétariens.

Les fauves ne tuent gros que poussés par la faim : l'intelligence et la ruse peuvent les circonvenir.

Restent les épidémies... dont beaucoup sont propagées par l'homme lui-même... par sa crasse, par ses déchets, par les cadavres qu'il laisse derrière lui...

La Ville est partout infiniment plus dangereuse à l'homme que la Nature.

Et le vrai danger pour l'homme est bien plus l'autre homme qui le jalouse que la Nature qu'il indiffère.

Alors ?

Si l'on apprend à la connaître avec respect, la Nature n'est pas dangereuse : elle est même plutôt généreuse... Bonne Mère...

Nul besoin de la combattre, de la maîtriser, de la dominer.

Pourquoi ce divorce entre l'homme et la Nature ?

Pourquoi cette défiance de l'homme envers sa propre origine ?

Pourquoi cette peur ?

Cette peur contre laquelle l'homme s'est inventé des idoles : ses dieux, ses villes, ses croyances, ses au-delà, ses immortalités, ses morales, ses valeurs, ses absolus, ses immuables, ses tabous...

L'homme hait ce qui lui semble plus grand que lui, ce qu'il ne maîtrise pas, ce qu'il ne commande pas.

Il est parvenu à maîtriser ce qui est simple.

Quant au complexe...

Il saccage sa Mère d'ici-bas, de là, tout près.

Il relègue son Père dans un autre monde, inaccessible.

Il veut régner en maître absolu là où il est.

La source de la peur profonde, mère de toutes les peurs et de toutes les idoles ?

L'orgueil.

Cette peur est la peur de n'être pas le centre, le sommet, le maître.

Orgueil.

L'homme asservit tout ce qu'il peut : la femme, l'enfant, l'animal, la terre entière... en se les appropriant, en se les domestiquant (de *dominus* : maître de la maison : *domus*), en se les standardisant, en se les uniformisant, en se les fonctionnalisant, en se les chosifiant, en se les réduisant au plus simple, au plus maîtrisable...

Au fond, l'homme hait la liberté.

Même la sienne, bien souvent, dont il ne sait trop que faire, qui lui fait peur.

Paradoxe...

Il veut être le maître pour faire ce qu'il veut, mais il ne sait vouloir rien d'autre que d'être le maître... Orgueil, encore...

Et pour être ce maître incontesté, au fond de son cœur, il se sait bien trop faible : il devrait être plus fort qu'il n'est.

Pour cela, il n'a que deux voies.

Ou bien il s'invente des techniques décuplant ses forces afin de domestiquer le simple et d'éliminer le complexe (les mauvaises herbes, le turbulent, le sauvage, etc...) ; mais en détruisant, c'est lui-même qu'il finit par détruire...

Ou bien il s'invente des dieux omnipotents, bien plus forts que lui, vivant dans un autre monde dont il sera l'usufruitier, un jour, s'il se montre méritant... mais les dieux omnipotents sont bien injustes et fort inefficients... alors la raison empirique éreinte la foi puérile.

Ces deux voies sont des impasses : toute la civilisation occidentale est née, pourtant, de la dialectique entre ces deux impasses

Mais le temps est venu des limites atteintes.
Les techniques ont conduit au bord de la catastrophe écologique.
Les « dieux du dehors » ne sont plus crédibles.
La part du simple est épuisée.
L'homme sait, aujourd'hui, que le Réel est infiniment complexe.
Que le Réel est inasservissable, ni par des techniques, ni par des dieux du dehors.

Nous en sommes, là, homme.
Il ne te reste que deux issues : le suicide ou l'humilité.
Il te faut guérir d'urgence ta paranoïa, par la mort ou par la vie.
Si tu choisis la Vie, alors il te faudra ravaler tous tes orgueils.

Apprendre l'humilité par la contemplation et la méditation.
Vivre en harmonie avec la Nature, « pour la garder et la servir ».
Assumer la complexité du Réel en pourchassant tous les réductionnismes.
Renoncer à dominer, à s'approprier, à asservir quoique ce soit, qui que ce soit.
Cultiver la douceur en dénonçant toutes les violences.
Anéantir toutes les idolâtries et tous les esclavages.
Accomplir ta vocation de co-créateur des mondes immatériels.
Subordonner l'économique et le politique au noétique.

C'est à toi, à présent, de te soumettre, homme.
Ni aux dieux que tu t'es toi-même inventés.
Ni aux lois que tu as toi-même décrétées.
Ni à rien d'autre qu'à la Vie, ici-et-maintenant.

Alors tu n'auras plus rien à craindre : dans cette adhésion libre et légère *(le « Grand Oui » de Nietzsche)*, tous les dangers imaginaires que tu t'es inventés depuis si longtemps, s'envoleront en fumée.
La frugalité de chacun fera la richesse de tous.
La douceur de chacun fera la force de tous.

6. LA PENSEE NOÉTIQUE

« Nous avons besoin d'hommes qui sachent rêver à des choses inédites. »

John F. Kennedy (XXème s. PCN)

On a vu et on verra encore que l'émergence de la noosphère et l'entrée dans l'âge noétique offrent à l'homme à la fois une nouvelle place et un nouveau sens au sein du monde.

On a vu et on verra aussi que cette place et ce sens impliquent de terribles ruptures et d'impérieuses remises en cause.

Mais aussi, le travail dans la noosphère, parce qu'elle se situe d'emblée au niveau le plus haut de l'échelle de complexité, implique de nouvelles manières de penser, de nouvelles méthodes, de nouveaux langages, etc...

C'est l'objet de ce chapitre que d'explorer ces dimensions nouvelles.

En sacralisant la Raison, les « Lumières », héritiers de la Renaissance et, donc, de Platon (fondateur de l'idéalisme) et d'Aristote (son disciple, fondateur du rationalisme qui est un des idéalismes possibles), n'ont sacralisé qu'une des manières de penser du misérable cerveau de l'animal humain.

En sacralisant cet orgueil rationnel, ils ont désacralisé le Réel vivant pour le réduire à l'état de Chose raisonnable.

Mais la fin du XXème siècle a fait deux découvertes majeures... qui détruisent radicalement cette foi irrationnelle en la Raison.

Il existe de la complexité non réductible à aucun élémentaire.

Il existe de l'indétermination non réductible à aucune logique.

Ni analycisme. Ni logique. Ce sont les fondements du cartésianisme qui s'effondrent.

6.1. Dépasser le Cartésianisme

De Blaise Pascal (« Pensées ») :

« 76-553 : Ecrire contre ceux qui approfondissent trop les sciences. Descartes.

77-1001 : Je ne puis pardonner à Descartes ; il aurait bien voulu dans toute sa philosophie, pouvoir se passer de Dieu ; mais il n'a pu s'empêcher de lui faire donner une chiquenaude, pour mettre le monde en mouvement ; après cela, il n'a plus que faire de Dieu.

78-887 : Descartes inutile et incertain. »

6.1.1. Le texte fondateur : « Discours de la Méthode » de René Descartes (1637)

Quatre principes pour bien conduire sa raison : *« Le premier était de ne recevoir jamais aucune chose pour vraie que je ne la connusse évidemment être telle ; c'est-à-dire d'éviter soigneusement la précipitation et la prévention et de ne comprendre rien de plus en mes jugements que ce qui se présenterait si clairement et si distinctement à mon esprit que je n'eusse aucune occasion de la mettre en doute.*

Le second, de diviser chacune des difficultés que j'examinerais en autant de parcelles qu'il se pourrait et qu'il serait requis pour les mieux résoudre.

Le troisième, de conduire par ordre mes pensées, en commençant par les objets les plus simples et les plus aisés à connaître, pour monter peu à peu, comme par degrés, jusqu'à la connaissance des plus composés (...).

Et le dernier, de faire partout des dénombrements si entiers, et des revues si générales, que je fusse assuré de ne rien omettre. »

Commentaires sur le textes fondateur :

Le premier était de ne recevoir jamais aucune chose pour vraie que je ne la connusse évidemment être telle ; c'est-à-dire d'éviter soigneusement la précipitation et la prévention et de ne comprendre rien de plus en mes jugements que ce qui se présenterait si clairement et si distinctement à mon esprit que je n'eusse aucune occasion de la mettre en doute.

C'est le principe d'évidence.

C'est le doute méthodique, la *tabula rasa* : il faut douter de tout sauf de ce qui est évident.

Et la première des évidences, c'est « *cogito ergo sum* » : je pense donc je suis.

Mais ce principe d'évidence et la première et la plus fondatrice des évidences font tous deux problème.

Qu'est-ce qu'une évidence ? Qu'est-ce qui est véritablement évident ?

Toute l'histoire des sciences et des philosophies démontre sans la moindre ambiguïté que rien n'est plus subjectif et relatif que l'évidence.

Les évidences d'ici deviennent absurdités là-bas.

Les évidences d'hier sont les erreurs de demain.

Même le *cogito*, le « Je pense donc je suis » !

Regardons le « je pense » : qui est « Je » ? Le moi n'est pas une évidence foncière mais bien un produit de la pensée elle-même qui se pense. « Je » est une production, pas une évidence : toutes les spiritualités et les mystiques clament depuis des millénaires que l'ego est une illusion, un masque, un écran qui occulte le Réel. Et Descartes veut en faire le fondement de toute pensée ! Pensée égotique et égocentrique s'il en est...

« Je pense » dit Descartes. Mais que signifie « penser » ? Rien de moins... évident.

Penser, en tant que processus, est-il fondateur ? Ne faut-il pas qu'il y ait « conscience » avant qu'il ne puisse y avoir « penser » ? La pensée, alors, si elle devient sous-produit de la conscience, ne peut être fondement premier. Et puis : qu'est-ce que la conscience ? Ce mot a-t-il la même « évidence » pour un yogi hindou, pour un moine zen, pour un sage taoïste, pour un neurobiologiste américain, pour un philosophe français ? Comme fonder la pensée sur la conscience individuelle qui pense, lorsque les millions de bouddhistes, par exemple, considèrent la conscience individuelle comme une illusion et la pensée conceptuelle comme une prison qui masquent la Conscience cosmique à l'œuvre dans la Vacuité.

A la rigueur, on pourrait remplacer le « Je pense » *(cogito)* par « il y a de la pensée » *(est cogitando)* : l'évidence serait peut-être moins fausse.

Mais ce n'est pas tout : il y a aussi le « je suis » *(sum)*. L'être. L'Être. L'essence. Toute la métaphysique occidentale (à quelques exceptions près : Héraclite, Nietzsche, Teilhard, Bergson) est une métaphysique de l'Être par opposition aux métaphysiques du Devenir.

Dire que quelque chose « est », c'est lui attribuer une identité stable, permanente, immuable : une essence donc. De Parménide et Platon à Heidegger et Sartre, l'Être est une hypothèse implicite de la pensée occidentale dominante. Mais j'ai bien écrit qu'elle est une « hypothèse » donc pas une évidence du tout.

L'hypothèse inverse (qui est d'ailleurs un des fondements de la pensée noétique) affirme que « rien n'est puisque tout devient » : être et devenir[49] se rejettent mutuellement car si tout change et se transforme tout le temps, il est impossible de saisir une identité, une essence fondatrice d'un quelconque « être ».

Quand Descartes dit « je suis » : qui est ? L'embryon dans le ventre de maman Descartes, l'enfant espiègle, l'adolescent boutonneux, le soldat batailleur, le philosophe cartésien, l'exilé de Rotterdam, le coureur de jupons, le pseudo-scientifique adversaire de Newton ?

Encore une fois, on pourrait corriger : le « je suis » pourrait devenir « il y a de l'existence ».

Enfin, même le *ergo* (« donc ») suppose des hypothèses implicites et ne peut donc être pris en tant qu'évidence. Ce « donc » implique une logique puisqu'il exprime une déduction.

Du fait que « je pense » ou que « il y a de la pensée », il est déduit (donc) que « je suis » ou que « il y a de l'existence ».

Et cette déduction devrait paraître évidente alors que rien ne fonde le droit de penser que le Réel obéit à une quelconque logique. Ou que si logique il y a, c'est bien de la logique déductive aristotélicienne qu'il s'agit. Rien n'est moins évident.

---

[49] Voyez notre dernier livre : « De l'Etre au Devenir », www.arbredor.com, 2004.

On le sait, toute la pensée cartésienne repose sur ce socle de l'évidence, et de cette « évidence première » du *cogito ergo sum*, et, on le voit bien, il ne faut guère faire de gros efforts pour que ce socle fameux s'envole en fumée.

Mais continuons...

Le second, de diviser chacune des difficultés que j'examinerais en autant de parcelles qu'il se pourrait et qu'il serait requis pour les mieux résoudre.

C'est le principe analytique.

A nouveau, cette hypothèse implicite de l'analycité du réel est tout sauf évidente.

La systémique moderne, d'ailleurs, tend à prouver sa caducité foncière.

Sans reprendre ici les discussions menées à propos de la notion de complexité et développées dans notre première annexe (« La cosmologie systémique de la complexification »), il semble important de reformuler les points essentiels.

L'hypothèse analytique repose sur le principe suivant : le tout n'est que la somme de ses parties et ne s'explique que par elles.

Si cela est vrai, la méthode cartésienne s'applique en utilisant nos scalpels intellectuels pour disséquer le Réel jusqu'à découvrir partout, en tout, les « briques » élémentaires fondamentales, irréductibles et immuables (les atomes...) et les « lois » élémentaires universelles et intangibles qui régissent les associations entre ces briques.

Toute la science classique repose sur cette démarche, donc sur cette hypothèse implicite... et cela fonctionna très bien jusque vers le milieu du XXème siècle.

Aujourd'hui l'on sait que la méthode analytique (qui, de notre avis, est synonyme de « méthode cartésienne ») ne s'applique valablement que pour les systèmes mécaniques simples.

Pour tous les autres, dès que le niveau de complexité augmente un peu, elle devient caduque et inopérante. Pourquoi ? parce que le tout est plus que la somme de ses parties (principe holistique), parce que le tout implique ses parties autant que ses parties l'expliquent, parce que les relations denses et fréquentes entre les parties engendrent des propriétés émergentes qui sont irréductibles aux parties et qui sont détruites au moindre coup de « scalpel ».

D'un mot : tout système complexe est irréductible à ses parties, dès lors les méthodes analytiques lui sont inapplicables.

Or, ces systèmes complexes, la science du siècle passé l'a démontré, sont largement majoritaires dans l'univers réel, à commencer par tous les systèmes vivants, tous les systèmes psychiques, tous les systèmes sociaux, économiques, politiques, etc.

Autrement dit : plus on monte dans l'échelle de complexité, plus l'analycité disparaît.[50]

Bref : l'hypothèse d'analycité faite implicitement par Descartes est balayée dans l'immense majorité des cas réels.

Le troisième, de conduire par ordre mes pensées, en commençant par les objets les plus simples et les plus aisés à connaître, pour monter peu à peu, comme par degrés, jusqu'à la connaissance des plus composés (...).

C'est le principe hiérarchique. C'est le principe symétrique du principe analytique : après avoir démonter l'horloge universelle en tous ses rouages élémentaires et en toutes ses règles mécaniques de fonctionnement, il « suffit » de remonter l'horloge pour avoir l'heure exacte.

L'hypothèse implicite – et totalement non évidente – est la même : le tout est l'exacte somme de ses parties et s'explique par elles.

Il est intéressant de noter, dans le « monter peu à peu, comme par degré », l'intuition qu'a eue Descartes de l'échelle de complexité : elle est à mettre à son crédit.

Il n'empêche, la science récente nous le démontre de plus en plus : l'univers n'est pas une grande horloge et, n'en déplaise à Voltaire, Dieu n'est pas un Grand Horloger.

Et le dernier, de faire partout des dénombrements si entiers, et des revues si générales, que je fusse assuré de ne rien omettre.

---

[50] Pour être tout à fait correct et rigoureux, il faut reformuler cette assertion : ce n'est pas la montée dans l'échelle de complexité qui fait s'effondrer l'hypothèse analytique ; c'est, sur chacun de ses échelons, même le plus bas, l'affinage de l'observation qui découvre de la complexité irréductible partout où l'on s'était contenté d'un regard superficiel. C'est le cas dans l'infiniment petit où la vision mécaniste de l'atome de Rutherford a été vite balayée par le flou ondulatoire et incertain de la vision quantique. C'est aussi le cas vers l'infiniment grand où la belle harmonie des sphères de l'astronomie proprette et newtonienne est devenue le chaos énergétique turbulent et explosif des astrophysiciens contemporains.

C'est le principe d'exhaustivité. Connaître, c'est connaître tout. Connaître partiellement, c'est ne pas connaître du tout.

Ce principe (qui relève de l'idéalisme platonicien) est inopérant tant en théorie qu'en pratique.

En théorie, abord : l'exhaustivité est à la fois impossible et inutile. Elle est impossible parce que toute observation de quoique ce soit se fait toujours au travers d'une fenêtre étroite (de temps, d'espace, de fréquence, de vitesse, etc...) liée aux techniques d'observation et, in fine, aux sens humains tous particulièrement partiels et partiaux. Elle est inutile car, dans de nombreux cas simples, quelques données partielles permettent des prédictions précises (un pendule, même si on le lance dans de multiples conditions extravagantes, finira toujours par s'arrêter au même point précis : point besoin de connaître sa trajectoire pour prédire son point d'arrêt.

En pratique, ensuite : l'exhaustivité est illusoire. Dans ses observations du travail des managers, Mintzberg a noté, en ce sens, que plus de 80% des décisions sont prises avec moins de 20% des informations nécessaires pour pouvoir prendre une décision certaine. Cela est vrai pour la gestion d'une entreprise comme cela est vrai pour n'importe quel système un peu complexe. Toute l'activité intellectuelle humaine se développe non sur le Réel lui-même (c'est ce que croyait Descartes), mais sur des représentations (très) partielles et (très) partiales de ce Réel.

L'exhaustivité - et donc l'objectivité - est un mythe idéaliste ; par contre, la subjectivité est la règle universelle en matière de connaissance.

6.1.2. La Théorie du système général

« La critique est aisée, mais l'art est difficile », disait Boileau dans « L'Art poétique ».

La méthode cartésienne ne fonctionne pas pour la grande majorité des problèmes, soit. Mais que proposer face à elle ?

Un des tous premiers à avoir fait la tentative de formaliser d'autres préceptes pour « bien conduire son esprit » dans la perspective des sciences de la complexité, est Jean-Louis Lemoigne[51] en particulier dans « La Théorie du Système général » (1984).

Chaque principe de Descartes y trouve son vis-à-vis des quatre préceptes systémiques. Chacun est proposé avec des commentaires.

1. Le précepte de pertinence :

« Convenir que tout objet que nous considérerons se définit par rapport aux intentions implicites ou explicites du modélisateur. Ne jamais s'interdire de mettre en doute cette définition [de l'objet (n.d.l'a.)] si, nos intentions se modifiant, la perception que nous avions de cet objet se modifie. »

Voici d'emblée le parti pris du subjectivisme radical. Tout ce que l'homme voit, il le voit avec ses yeux imparfaits et limités (même malgré l'amplification de ses prothèses technologiques).

Tout ce que l'homme pense, il le pense avec son cerveau imparfait et limité (même aidé de tous les ordinateurs qu'il s'est inventés).

Rien d'objectif dans l'objet que l'homme considère : il ne travaille que sur des représentations partielles et partiales. Partielles parce que ses fenêtres de perception et de conception sont étroites et déformantes. Partiales parce que ces perceptions et conceptions sont filtrées en fonction du projet recherché.

Ce point est central dans le premier précepte de Lemoigne : si ma mission est de réorganiser le service comptable en vue de plus d'efficacité, il est clair que je vais sélectionner les données pertinentes par rapport à ce projet et à rien d'autre. La couleur de la cravate du chef comptable m'indiffèrera.

---

[51] Jean-Louis Lemoigne : « Théorie du système général – Théorie de la modélisation » (Ed. PUF – 1977)

Par contre si ma mission est de faire de 'l'image building', les procédures comptables m'indifféreront mais pas la couleur de ladite cravate. C'est donc bien le projet qui circonscrit l'objet. C'est le regard qui crée l'objet. Et, bien sûr, si la mission change, si le projet évolue, si le regard se transforme, l'objet aussi évoluera jusqu'à devenir singulièrement autre.

L'œil du marteau ne voit que les clous, dit-on. Pourquoi ? parce que le seul projet, la seule mission du marteau est d'enfoncer les clous.

Cela me permet d'insister encore sur ce point : les sens et le cerveau humain préfère le stable, le récurrent, le régulier, le géométrique. L'homme a donc tendance a ne voir dans ce qui l'entoure que ce stable, ce récurrent, ce régulier et ce géométrique alors que le Réel, lui, est tout autre : chaotique, irrégulier, turbulent, instable, impermanent, imprévisible, contingent, effervescent...

On comprend que Descartes ait si fort voulu trouver des « briques » élémentaires et des « lois » universelles. Mais, dès que l'on ne se contente plus d'un regard « simple » et superficiel sur le monde et que l'on va à la rencontre de la complexité sous-jacente, on comprend aussi que cette méthode cartésienne s'effondre devant le chaos cosmique qui apparaît.

Force alors est de se rappeler de Lemoigne et d'assumer cette subjectivité radicale qui nous habite.

2. Le précepte du globalisme :

« Considérer toujours l'objet à connaître par notre intelligence comme une partie immergée et active au sein d'un plus grand tout. Le percevoir d'abord globalement, dans sa relation fonctionnelle avec son environnement sans se soucier outre mesure d'établir une image fidèle de sa structure interne, dont l'existence et l'unicité ne seront jamais tenues pour acquises. »

Rien n'est isolé. Rien n'est séparé. Tout est en relation avec tout. Tout est cause et effet de tout. Tel est le fondement du monisme radical de la systémique et de la pensée noétique.

Puisque c'est le regard qui « crée » l'objet, puisque tout ce qui est n'est que vague indiscernable à la surface de l'océan énergétique, il faut bien considérer qu'il n'existe aucune frontière réelle et que tout ce que l'on observe, n'est que partie d'un tout plus grand qui lui donne sens et force.

En faisant un pas de plus, on comprend vite que c'est le tout plus grand qui donne à tout ce qu'il contient une justification. La réponse au « pourquoi ? » se trouve toujours à l'extérieur, alors que la réponse au « comment ? » se trouve toujours à l'intérieur. C'est le sens du *« sans se soucier outre mesure d'établir une image fidèle de sa structure interne* » de Lemoigne.

Exemple : une voiture automobile.

Comment ça marche ? On ouvre le capot, on démonte, on analyse, on cherche, on comprend.

Pourquoi ça existe ? La réponse n'est pas sous la capot, elle est dans la compréhension du fonctionnement des sociétés humaines et de leurs besoins de déplacements individuels.

Il en va ainsi de tout ce qui est.

Ainsi de l'homme qui n'a de sens et de justification dans son existence que par ce qui le dépasse, en l'occurrence la noosphère émergente.

Méthodologiquement, la pensée noétique ne se contentera jamais, comme la pensée classique de la réponse aux « comment ? ». Elle n'est pas une pensée technicienne, donc.

Tout au contraire, elle posera d'abord la question du « pourquoi ? » et elle en induira ensuite la conception du meilleur « comment ? ».

Ce point est essentiel.

Un anecdote...

Après quelques années de déboires, un vieux chef d'entreprise m'a un jour demandé de lui tracer un plan de redressement pour sa firme. Il fut complètement abasourdi de m'entendre lui demander : « La redresser, soit, mais pour quoi faire ? ». Pour lui, c'était évident, ça allait mal et il fallait que ça aille mieux : mais ça veut dire quoi « aller mieux » ? Pour moi c'était tout sauf évident : mon plan de redressement (mon « comment ») sera radicalement différent si son but (son « pourquoi ») est de revendre la boîte dans les deux ans ou d'en faire un empire industriel pour ses petits-enfants.

3. Le précepte téléologique :

« *Interpréter l'objet non pas en lui-même, mais par son comportement, sans chercher à expliquer a priori ce comportement par quelque loi impliquée dans une éventuelle structure. Comprendre en revanche ce comportement et les ressources qu'il mobilise par rapport aux projets que, librement, le modélisateur attribue à l'objet. Tenir l'identification de ces hypothétiques projets pour un acte rationnel de l'intelligence et convenir que leur démonstration sera bien rarement possible* ».

En filigrane transparaît notre métaphysique du Devenir qui prend la place des anciennes métaphysiques de l'Être : l'objet n'est pas par lui-même, il n'est que ce qu'il fait, c'est-à-dire ce qu'il devient. Et ce qu'il fait, ce qu'il devient est toujours réponse à sa vocation intime dont l'accomplissement est le projet et la finalité.

Ce point complète le précédent : la finalité de tout système est d'accomplir sa vocation et cette vocation est induite par l'environnement du système, par le grand tout auquel il participe.

Par exemple : aucune entreprise n'est viable si elle ne produit pas ce dont les marchés ont besoin. Donc, la finalité et la vocation de toute entreprise est de satisfaire ses marchés grâce aux talents et savoir-faire dont elle dispose.

Ce sont donc bien les marchés et leurs tendances qui pilotent les évolutions des entreprises, et non l'inverse. De même pour l'homme dont la vocation et, donc, la finalité est de faire émerger la noosphère hors de sa sociosphère.

Cette vue téléologique est méthodologiquement fort éloignée, voire contradictoire avec la vue classique qui part des causes et en déduit, effet après effet, l'évolution déterministe.

Deux logiques s'affrontent ainsi.

D'une part, le déterminisme classique de la « Loi » pour lequel les conditions initiales déterminent la trajectoire sans liberté ni créativité : c'est la vision mécaniste cartésienne et leibnizienne. Tout est écrit dès l'origine et le moteur de toute histoire du monde est dans cette Loi, hors du monde.

D'autre part, le regard téléologique dans lequel l'histoire se tisse des interférences entre les vocations, sur les différents niveaux, et pour lequel rien n'est écrit et tout doit s'inventer en permanence dans la construction des relations inventives et créatives, selon des architectures de plus en plus complexes, donc de moins en moins déterminées et de plus en plus libres[52].

4. Le précepte de l'agrégativité :

« *Convenir que toute représentation est simplificatrice, non pas par oubli du modélisateur, mais délibérément. Chercher en conséquence quelques recettes susceptibles de guider la sélection d'agrégats tenus pour pertinents et exclure l'illusoire objectivité d'un recensement exhaustif des éléments à considérer* ».

---

[52] Rappel : plus un système est complexe, plus son nombre de degré de liberté est élevé, plus il a la capacité de détourner ou d'amortir l'impact des événements extérieurs et de s'en affranchir.

En réponse au principe d'exhaustivité de Descartes, Lemoigne souligne l'idée de représentation pertinente, partielle et partiale.

L'expression importante est « *l'illusoire objectivité d'un recensement exhaustif des éléments à considérer* ».

A nouveau la subjectivité radicale de l'homme pensant s'impose avec force.

Il y a aussi, derrière ce précepte, une large leçon d'humilité face à l'incroyable orgueil de la pensée classique cartésienne.

Dieu lui-même ne sait pas ce qu'il fait, comment le saurions-nous ?

Tout ce que notre cerveau manipule, ce sont des représentations et des modèles, construits sur des langages artificiels et conventionnels dont rien n'assure la capacité à reproduire adéquatement ne serait-ce que quelques reflets du Réel.

Les mystiques et sages de toutes les traditions n'ont-ils pas toujours souligné le caractère ineffable et indicible de l'essentiel ?

Lao-Tseu, dans le Tao Te King (ch. LVI) :

> *Celui qui sait ne parle pas,*
> *Celui qui parle ne sait pas.*

Non par goût du secret et des mystères, mais par impossibilité : les mots des hommes sont impuissants à formuler ce qui dépasse l'Homme.

C'est vrai en philosophie, mais c'est également vrai dans la vie de tous les jours : pensons à l'amour, à la joie, à la tristesse, à la douleur.

Nous sommes prisonniers de nos représentations et de leurs supports langagiers. Il vaut mieux en être conscient et l'assumer.

6.1.3. Bye-bye Descartes

Après cette excursion théorique au pays des principes fondateurs et épistémologiques, quelques considérations plus particulières peuvent illustrer le propos. Les paragraphes suivants proposent quelques pistes de méditation.

Il faut n'avoir pas suivi l'évolution des sciences pour croire encore en la rationalité du monde en général et de l'homme en particulier. La part rationnelle - c'est-à-dire rationalisable - est infime. Elle ne couvre que les quelques mécanismes de redondance et de récurrence que l'on observe çà et là. Bien peu de chose en somme...

La raison est un mode de fonctionnement psychique humain, rien de plus.

Ce fonctionnement est adéquat dans la toute petite gamme des phénomènes suffisamment simples, suffisamment récurrents, suffisamment lents.

Ailleurs, il est stérile !

La raison n'est opérante que pour des phénomènes donnant suffisamment d'apparence de permanence : la raison est l'outil des combinaisons de l'immuable.

Elle se nourrit d'éléments, de caractéristiques, de propriétés, de processus et de « lois » *(logiques, logos)* permanents, immuables, « absolus ».

Elle est impuissante face au relatif, à l'impermanent, à l'éphémère, au fortuit, au créatif, etc...

Le principe de rationalité repose sur la croyance en l'existence d'une Vérité absolue, immuable, définitive, éternelle que l'esprit humain pourrait atteindre et formuler.

Or, cette notion de Vérité est plus que faible.

Toute vérité n'est qu'apparence de plausibilité, quel que soit le critère de plausibilité utilisé : vérifiabilité expérimentale, « évidence » logique, bon sens, assentiment plus ou moins général, etc. Toute « vérité » est subjective, liée au psychisme du sujet qui l'édicte ou la « démontre » à partir de postulats explicites ou implicites totalement indémontrables et purement arbitraires. Aucune vérité n'est objective. De plus et complémentairement, toute vérité est relative : à un sujet, à un lieu, à une époque, à un contexte.

Il ne peut donc y avoir de « Vérité absolue, immuable, définitive, éternelle ». En conséquence, le principe de rationalité est simplement illusoire.

Le rationalisme - avec tous ses sous-produits scientistes, matérialistes, mécanicistes, etc... - est une illusion, un aveuglement, un fantasme, une impasse : il ne peut qu'aboutir à la haine, au refus, au rejet du Réel au profit d'un Idéal.

Car c'est bien d'Idéal que l'on parle lorsque l'on parle de Rationalité, de Vérité, de Logique, d'Objectivité, etc.

Le rationalisme et le principe de rationalité sont des fuites – idéalistes – contre le Réel et ses complexités, et ses impermanences, et ses créativités.

La rationalité est un mode de fonctionnement du psychisme humain que l'homme peut imposer à ses œuvres matérielles, intellectuelles ou spirituelles.

La rationalisme philosophique peut aller jusqu'à dénier toute valeur à quelque production humaine que ce soit qui ne satisfasse pas à ce critère de rationalité.

L'homme peut aussi imposer cette rationalité humaine dans ses transformations de la Nature et se donner ainsi l'illusion que la Nature lui ressemble.

Mais il n'en est rien.

On a vu et l'on voit encore où cela mène : un appauvrissement général de la Nature qui se dessèche et s'étiole comme un oiseau en cage ou un arbre en pot.

La rationalisation est toujours un appauvrissement. Par standardisation, par uniformisation, par tri et sélection, par unidimensionalité, par réductionnisme, par stérilisation, par castration, par emprisonnement, par régularisation.

Et pourtant, l'Occident, surtout, s'obstine à tout vouloir rationaliser par souci de « vérité », de « rigueur », d' « efficacité », etc.

Leurres et illusions que tout cela !

La rationalité *semble* vraie, rigoureuse, efficace, mais elle ne l'est qu'en apparence.

La vie est un voyage. La rationalité ne trace que des autoroutes artificielles, toutes droites, à travers tout, à côté de tout, comme s'il y avait une destination à rejoindre de toute urgence.

Mais il n'y a aucune destination prédestinée.

La vie authentique est tout ailleurs.

Elle suit les méandres du monde.

Elle se nourrit de toutes les rencontres avec le Réel.

Elle bifurque sans cesse et se réoriente perpétuellement au gré des opportunités et des menaces.

Elle n'est joie que sur les chemins de chevrier.

LA PENSEE NOÉTIQUE

La rationalité, avec le rationalisme qui l'institutionnalise, est une forme de schizophrénie, une sorte d'autisme : elle construit un monde imaginaire et fantasmatique, pleinement déconnecté du Réel qu'elle renie, qu'elle refuse, qu'elle rejette.

Il faudrait faire ici un effort épistémologique immense et considérer que l'homme qui se regarde penser, observe une rationalité à l'œuvre face à un monde réel étrange – voire étranger – qui se comporte selon d'autres linéaments que les siens. Cet homme-là n'a que deux possibilités : ou bien il s'enferme dans la schizophrénie rationaliste et *croit*, dur comme fer, que le monde lui ressemble pour le faire entrer, de gré ou de force, dans ses vues, ou bien il comprend que ses modalités neurobiologiques propres ne sont que des petits outils faibles et débiles – *subjectifs, humains trop humains* - qu'il faut dépasser afin d'aller à la rencontre directe du Réel tel qu'en lui-même.

Ce choix s'est posé à l'Occident au sortir du Moyen-Âge. Le choix de la rationalité rationaliste a été fait avec les dégâts immenses que l'on sait tant sur la Nature pillée, saccagée, appauvrie, que sur la santé mentale et spirituelle de l'homme « moderne » complètement déraciné, dénaturé, déshumanisé, désarticulé, désunifié.

Il ne s'agit pas tant de combattre la rationalité – *ce serait se combattre soi-même, ce serait combattre sa propre nature* - que de la dépasser. Prendre conscience de ses limites, de ses faiblesses, de ses prémisses, de ses prérequis, de la faiblesse et de la pauvreté de ses postulats.

Voir enfin qu'il existe en l'homme d'autres chemins de Connaissance, mieux adaptés à l'approche du Réel dans toute sa richesse, dans toute sa complexité, sans réductionnisme ni simplisme. Explorer ensuite ces chemins alternatifs sans en rejeter aucun et compléter peu à peu le bouquet commencé naguère avec la seule rationalité.

Quels chemins ?
Intuition. Création. Imagination. Inspiration.
Illumination. Initiation. Méditation. Contemplation.
Poésie. Mystique. Art. Amour. Prière.
Et tant d'autres...

Tous ces chemins sont aussi des chemins de Connaissance.
Mais ils ne réinventent pas le Réel au gré des fantasmes humaines.
Ils l'acceptent tel qu'il est : c'est le grand Oui de Nietzsche !

Ils le respectent et vont à sa rencontre[53] avec humilité et émerveillement.

Ils conduisent au Réel[54] avec révérence, avec douceur, avec les yeux, le cœur et l'âme grands ouverts.

Plutôt que de regarder le Réel de l'extérieur[55], ils entrent dans le Réel et s'y fondent peu à peu, reconstituant ainsi l'unité dans le cœur des hommes, unité que leur aveuglement avait opacifiée et cachée au nom d'une raison orgueilleuse qui se voulait « autre », d'une autre nature, au nom de cette absurde Idéalité totalement et absolument étrangère au Réel qui seul est.

Aujourd'hui, l'Occident a épuisé la veine rationnelle entamée jadis, il y a un demi millénaire.

Aujourd'hui, cette veine est tarie. L'Occident est dans l'impasse.

Un nouveau choix s'impose entre s'obstiner à tourner en rond et se détruire en bon schizophrène patenté, ou se détacher à la rationalité et commencer à explorer les voies alternatives qui s'offraient à lui depuis toujours et qu'il n'a pas voulu voir, tout aveuglé qu'il était par sa propre raison raisonnante.

Ce choix est crucial. Ce choix est vital.

6.1.4. Post-rationalité organique

La rationalité triomphante a non seulement désacralisé le monde et désenchanté l'homme, mais elle a tout désertifié[56].

Des moyens (l'argent, l'objet, le plaisir,...), elle a fait des fins, et des fins (le sens, l'amour, la mort,...), elle a fait des tabous.

Tel Attila, elle a conquis le monde de la vie, au galop, par le feu et le sang, ne laissant derrière elle que cendre et désert : l'herbe de la joie n'y repousse plus.

Les forêts de symboles (Baudelaire) et de métaphores (Bachelard) ont été savamment saccagées par elle afin d'établir sa suprématie minérale.

---

[53] Martin Buber fut le théoricien de la notion philosophique de la Rencontre

[54] Qu'il soit intérieur, en l'homme, ou extérieur, dans le monde

[55] Ce qui serait la pire des illusions puisque l'homme et ses tares sont partie intégrante de ce Réel.

[56] Cfr. Habermas

La rationalité est incapable de vie !

Parce que la vie est pleinement complexe et irréductible et que la raison ne peut être que linéaire et réductrice.

Il nous faut vitalement construire de nouveaux mythes...

Dans la noosphère naissante, la pensée (l'Esprit) en est encore à son stade minéral, lithosphérique : cristaux rigides et morts de la rationalité géométrique.

Les nouveaux mythes seront les cellules souches du tissu noosphérique vivant, organique, à naître au-delà des dures roches raisonnantes.

Bien sûr, le culturel s'origine dans le social ne serait-ce que par le langage comme réponse au besoin pratique de communiquer.

La noosphère, donc, s'origine dans la sociosphère, c'est indéniable.

Mais elle doit s'en affranchir au plus vite, comme l'arbre s'enracine dans l'humus mais s'en arrache radicalement.

Elle doit prendre son autonomie sous peine de s'y faire phagocyter au point de n'être plus qu'un appendice instrumental au service du politique (idéologies) ou de l'économique (technologies).

Cette autonomie, cet arrachement sont précisément le passage de la pensée minérale à la pensée organique. La pensée minérale, elle, est clairement sociosphérique.

Assurer d'urgence, au sein de la noosphère, le passage de la rationalité minérale à la post-rationalité organique. Non pas contre la raison, mais au-delà d'elle, comme le vie ne prolifère pas contre les pierres mais au-dessus d'elles.

6.1.5. Logique ? Cause et effet ?

La parenté est forte entre temps et causalité puisque, dit-on, la cause précède nécessairement l'effet.

Le premier versant du principe de causalité dit : « tout effet a une cause » !

Faux au premier degré ! Parce que tout effet résulte de la totalité de l'état du Tout et non d'une partie quelconque de ce Tout.

Faux au deuxième degré ! Parce qu'il existe des effets sans cause : il y a aussi création perpétuelle d'inédites propriétés émergentes.

Faux au troisième degré ! Parce qu'il n'y ni cause, ni effet discernables, isolables du Tout.

Le second versant du principe de causalité dit : « Aux mêmes causes, les mêmes effets » !

Faux au premier degré ! Il n'y a jamais deux fois exactement la même cause.

Faux au deuxième degré ! Le contexte, le milieu et l'état interne du système, tous absolument inconnaissables, influent fortement sur les effets d'une cause quelconque.

Faux au troisième degré ! Aucune cause, aucun effet ne sont discernables du Tout.

Il n'y a donc pas de principe de causalité. Il n'y a que le Réel unique en voie d'accomplissement improvisée. Tout est cause de Tout. Tout est effet de Tout.

L'usage de quelques récurrences (des astuces qui marchent) n'implique nullement la nécessité déterministe de lois universelles et immuables en tant lois explicatives et causales.

Au-delà des quelques récurrences locales (duplications spatiales, itérations temporelles), le Réel se réinvente et se réagence totalement à chaque instant au long de son processus créatif d'accomplissement. A chaque pulsation de son pouls, le Réel crée une nouvelle couche limitrophe de lui-même, en continuité/discontinuité avec la couche précédente. Il n'y a pas de principe de causalité locale, il y a un principe d'optimalité globale. Cette optimalité est tissée, à chaque instant, de récurrences et d'émergences.[57]

Il n'y a pas de rails !
Il n'y a même pas de chemins pré-tracés. Il n'y a qu'un cheminement aveugle vers l'inconnu et quelques trucs accumulés qui aident, parfois, à franchir un obstacle.
Un de ces trucs, c'est de mettre un pas devant l'autre et d'ainsi... inventer le temps.

La morphogenèse n'est pas le fruit de l'application d'un programme, d'un plan prédéterminés appliqués en pompant les ressources nécessaires dans le milieu.
Elle est bien au contraire dénuée de plan : elle est le fruit de la rencontre d'un germe (un motif fractal) porteur de potentialités c'est-à-dire d'attracteurs, de possibles, et d'un milieu apporteur d'opportunités.
Le problème n'est pas de suivre le plan et d'appliquer le programme. Le problème est de s'approcher au plus près des attracteurs par le chemin optimal[58].
Ce chemin n'est pas prédéterminé[59].
L'évolutionnisme n'est pas le darwinisme.
Il est infiniment plus : une morphogenèse globale du vivant impliquant des processus de complexification dont la « sélection naturelle du plus apte » n'est qu'une caricature réductrice, partiale et partielle.
Le cerveau n'est pas une machine mécaniste d'assemblage de briques de mémoire accumulées.
Il est un magma global de relations perçues ou conçues constituant un vaste réseau fluide et vivant : un weltanschauung non analytique qui se déconstruit et se reconstruit sans cesse[60], plus ou moins intégré, plus ou moins adéquat, plus ou moins pertinent, plus ou moins durable. Le principe hologrammique joue à plein.

---

[57] Une physique neuve devra être élaborée là-dessus, qui devra formaliser (si faire se peut) ce principe d'optimalité globale. Une physique basée sur l'itération d'opérateurs d'accomplissement appliqués à l'état d'un objet fractal.

[58] C'est la dynamique des structures dissipatives complexes de résorption de gradients, de tensions, de stresses.

[59] Mais les structures stabilisées possibles le sont par les attracteurs et les potentialités du germe originel.

[60] Notamment durant les phases paradoxales du sommeil.

6.2.   Métalogique et métaphore

« La joie est dans le risque de faire du neuf. »

Marilyn Ferguson (XXème s. PCN)

6.2.1. Le problème de l'expression des Idées

La noosphère est le monde des Idées.

Mais ces Idées ne sont pas que des contenus éthérés ; pour vivre, se propager et proliférer, elles doivent être exprimées, c'est-à-dire être codées par un langage et fixées sur un support.

Contenu, support et langage forment le tripode de base sur lequel repose toute la noétique.

Le contenu

Le contenu de l'idée est évidemment son essentiel. Et les relations et combinaisons entre idées, tissu vivant de la noosphère, sont essentiellement des relations et combinaisons de contenu. Mais pas seulement.

Par exemple, par rime ou par euphonie ou par homographie, la poésie peut mettre en rapport purement formel et langagier, des idées que rien d'autre ne rapprochent. De même tous les jeux de mots comme celui-ci sur l'art romantique : *De la Rome antique, A l'arôme en tic, Et l'art roman tique.*

Le contenu, donc, est le cœur et la chair de l'idée. Il la constitue et la vivifie.

Il la nourrit et lui donne poids. Mais le contenu seul est impuissant.

Le support

Toute idée ou, plus exactement, toute version d'une idée n'a d'existence réelle que fixée sur un support.

C'est ce support qui, précisément, est le lien qui unit la couche noosphérique aux couches sous-jacentes, biosphérique pour le support « cerveau » ou papier, lithosphérique pour le support disquette ou bande magnétique.

Il faut bien voir que toutes ces mémoires, tous ces supports ne sont que des « back-ups » dont les idées originales sont issues de la sociosphère : les idées germent d'abord dans des cerveaux vivants avant que d'être cryptées sur des fragments minéraux.

L'homme n'est pas le seul animal pensant : tout organisme social « pense », c'est-à-dire génère et fait circuler des informations comme dans une fourmilière ou une ruche ou une meute de loups ou un troupeau de vaches.

Beaucoup d'animaux laissent même des traces derrière eux. Ces traces sont bien des informations mémorisées destinées à avertir ou à rappeler. Certaines de ces traces sont même durable et structurée.

Mais l'homme est le seul animal pensant à avoir *systématiquement* « minéraliser » ses pensées dans des mémoires « externes » et durables. C'est en cela qu'il est le véritable pionnier de la noosphère sur terre, les autres vivants pensants n'en étant que des précurseurs embryonnaires.

Mais le véritable envol de la noosphère dut attendre que l'homme développe des technologies permettant la gestion et la circulation quasi immédiates de très gros volumes d'information.

Là réside le point-clé de toute l'affaire : vitesse et volume sans inertie n'ont été offerts que par les techniques micro-électroniques vers la fin des années '80.

Le rapport contenu/support est un indice important pour la mesure de cette avancée technologique et, par voie de conséquence, noétique.

En effet, pour user des concepts de la théorie de l'information, il est intéressant de suivre l'histoire du ratio entre le nombre de bits gravé et le poids du support physique utilisé : quelques unité par gramme pour les tablettes d'argile, quelques milliers par gramme pour un livre, quelques millions par gramme pour une disquette magnétique et quelques milliards par gramme pour un DVD laser.

On peut, à proprement dire, parler de dématérialisation : le mot n'est pas trop fort à la condition expresse de ne pas passer à la limite et de laisser croire que la noosphère puisse s'affranchir totalement d'un enracinement matériel, aussi ténu et léger soit-il.

Mais sans passer à la limite et sans franchir le pas asymptotique, le processus de dématérialisation progressive doit être souligné et pesé convenablement.

Aujourd'hui encore, sous le sigle de nano-technologies, d'important progrès sont encore faits dans la miniaturisation extrême des composants électroniques de nos systèmes informatiques. On en vient à approcher l'échelle atomique pour la mémorisation d'un bit d'information.

Quand on pense que le nombre d'Avogadro nous dit qu'il y a 6.10^{23} atomes dans 28 grammes de silicium, cela fait exploser notre ratio à plus de 2.10^{22} (vingt mille milliards de milliards) bits par gramme, mille milliards de plus que sur un DVD... de quoi rêver...

Mais il ne faut pas se laisser griser par la technologie : le centre et le cœur de toute pensée est, reste et restera le cerveau humain dont tous les ordinateurs et tous les webs ne sont que des appendices et des prothèses.

Aussi, que d'immenses progrès technologiques se fassent ou soient en cours, tant mieux, mais là n'est pas l'essentiel : à quoi serviront ces tentaculaires pseudopodes électroniques si l'homme continue de mal penser, de trop peu penser, de mal créer, de trop peu créer.

Car là est le défi de l'âge noétique : amplifier, quantitativement ET qualitativement, le travail créatif et cognitif de tous les cerveaux humains !

Et, là, il faut bien le reconnaître, nous ne sommes nulle part.

Jusqu'à aujourd'hui, l'homme n'utilise son cerveau qu'à quelques pour-cents de sa capacité réelle.

Nous sommes potentiellement riches de processus de pensée que nous ne connaissons pas ou que nous n'utilisons pas. Nous sommes restés cantonnés dans les modalités les plus simples, les plus immédiates de la pensée : la pensée analytique cartésienne, la pensée logique linéaire, la pensée conceptuelle strictement récurrente.

Or, depuis toujours, des hommes ont affirmés et souvent démontrés d'autres modalités de pensée, d'autres pouvoirs psychiques, d'autres processus de connaissance.

Le mental humain est riche d'énormes pouvoirs inexploités... sauf par quelques charlatans qui, sous prétexte de parapsychologie, grugent les gogos.

En son temps, l'URSS avait, semble-t-il, investi beaucoup d'efforts de recherche dans ces voies, mais l'idéologie dominante ne pouvait que dévoyer ce travail et passer à côté de l'essentiel, puisque coincé dans le matérialisme strict de Marx et Engels, la recherche était prisonnière de l'impasse cartésienne analytique.

Il faut à présent aller beaucoup plus loin. Les balbutiements actuels des sciences cognitives sont quelques premiers pas dans cette direction.[61]

Mais le travail qui reste à entreprendre demeure immense. Ce sera, à n'en pas douter, un des grands chantiers de demain.

En effet, les sciences cognitives couvrent déjà des domaines aussi variés que, je cite Andler, le cerveau, l'architecture des fonctions mentales, les langages, les concepts et les théories, les représentations comme fondement de l'esprit, la dimension sociale de la connaissance, etc...

Le(s) langage(s)

Entre le contenu et le support, il y a le langage ou, autrement dit, le code.

Depuis qu'il pense et crée, l'homme s'est inventé des dizaines de langages.

Langue parlées comme assemblage de sons.

Langues écrites comme assemblages de signes alphabétiques ou idéogrammiques.

Langues des sourds-muets, des sémaphores, des sténographes, des télégraphistes en morse, des catchers au base-ball, etc...

Mais aussi...

La musique comme assemblage de sons et le solfège comme assemblage de notes.

L'algèbre comme assemblage de symboles mathématiques.

La peinture comme assemblage de touches de couleurs.

La géométrie comme assemblage de traits réguliers.

La chorégraphie comme assemblage de gestes précis.

Langue de la chimie comme assemblage de symboles chimiques au sein d'équation de réaction.

---

[61] Lire par exemple : « Introduction aux sciences cognitives » sous la direction de Daniel Andler (Gallimard – 1992)

Et enfin, le langage binaire booléen qui alimente tous nos ordinateurs et tous nos systèmes digitaux.

On le voit sans peine, cette diversité de langages et de codes montrent la difficulté de concevoir un langage universel qui puisse tout représenter.
Là est le hic.
Même le code binaire qui porte autant le texte que le son que l'image n'est pas une langue universelle puisqu'il n'est que l'outil du transcodage d'un message conçu dans un autre langage vers le seul langage accessible et compréhensible par l'ordinateur.

Plutôt que de rêver à un bien hypothétique langage unique universel, mieux vaut suivre les biologistes et les écologues en plaidant pour la sémio-diversité : la pluralité irréductible des langages, chacun plus apte que d'autres à traduire tel champ de l'expérience ou de créativité.
Plutôt que de réduire la palette, il paraît plus sûr de l'enrichir !

La recherche noétique devra donc concevoir et inventer de nouveaux langages afin de dire ce qui était jusqu'à présent indicible : exprimer l'inexprimable...
Quelques remarques s'imposent.

A relire la liste, bien incomplète, des langues et langages ci-dessus, on remarque que, hors la peinture (les arts plastiques en général), la géométrie et la chorégraphie, tous les autres langages cités sont linéaires c'est-à-dire qu'il transforme la connaissance en une série de signes à une seule dimension, une queue leu leu en quelque sorte. Aucune bifurcation n'y est possible : le message s'étale sur une seule ligne qui, certes, peut être très longue, mais il n'empêche.
Or la réalité possède de nombreuses dimensions (espace, temps, énergie, complexité, etc...) et presque tout y est non-linéaire. Comment s'étonner que les langages humains actuels aient tant de difficulté à rendre la complexité du Réel ?

A remarquer aussi que tous ces langages actuels sont analytiques : la musique se « réduit » à une succession de rondes, blanches, noires et croches ; l'algèbre se « réduit » à un jeu de relations entre un nombre fini d'inconnues bien définies ; etc...

Il n'y a aucun langage « global » apte à traduire les propriétés systémiques et holistiques de la réalité.

Rien d'étonnant donc à ce que la méthode cartésienne soit si ancrée dans nos processus cognitifs, puisque l'approche analytique est parfaitement isomorphe aux langages dont elle se sert.

Dernière remarque : on le sait, l'essor de la noosphère, pour longtemps encore, est lié à l'apparition des technologies de l'information, donc du recours au code binaire qui en est le fondement aujourd'hui incontournable.

Dès lors, quels que soient les nouveaux langages que l'on espèrerait inventer, il faut qu'ils soient compatibles, c'est-à-dire traduisibles en code binaire, faute de quoi, ils ne pourraient guère proliférer aux travers des réseaux physiques de la noosphère.

Ces remarques posées, on se met à rêver de ces futurs langages non-linéaires et globaux, codés en binaire...

Des langages qui pourraient donc prendre en charge la représentation globale et non linéaire d'un ensemble complexe, pris d'un bloc, comme une vision.

Nous verrons dans les pages qui suivent que les langages symboliques utilisés dans les métaphores et les analogies vont dans ce sens.

Des langages qui assument la réalité, sans la réduire à des idéalisations simplificatrices comme le font les mathématiques, par exemple...

6.2.2. *L'exemple des mathématiques*

Dans le Réel, la Figure géométrique et le Nombre arithmétique n'existent jamais.

Une forme réelle est toujours épaisse, irrégulière.

Un dénombrement réel est toujours aléatoire, aveugle aux différences, aux unicités, aux irrégularités[62].

---

[62] Une pomme plus une pomme égale quoi ? Rien d'autre que cette pomme-ci à côté de cette pomme-là, infiniment différentes l'une de l'autre et non réductibles à une « Pomme » idéalisée, aseptisée, uniformisée...

Creusons à partir d'un petit dialogue à titre d'exemple.

- Un plus un égale deux ?

- Cela est vrai dans le monde abstrait et idéal(isé) des mathématiques. Dans le Réel, ni Un ni Deux n'existent. Un ? mais un quoi ?

- Une pomme ?

- D'accord : cette pomme-ci, que je pose sur ma table ? OK.

- Je prends une autre pomme et je la pose aussi sur la table. Cela fait combien de pommes ?

- Cela fait cette pomme-ci et cette pomme-là.

- Cela fait donc deux pommes, non ?

- Non, parce que ces pommes sont totalement différentes l'une de l'autre. Elles ne peuvent absolument pas être confondues.

- Mais elles sont toutes les deux des pommes, non ? Elles font partie d'un ensemble générique appelé « pomme ».

- Mais cet ensemble générique n'existe pas : il s'agit d'une abstraction pure qui fait... abstraction de toutes les différences individuelles réelles. Dans la réalité, la pomme, une pomme, ça n'existe pas. Il n'y a que cette pomme-ci, celle-là et ces millions d'autres, toutes différentes, toutes uniques.

Le dialogue peut ainsi continuer à l'infini.

Dialogue loufoque ? Stérile ? Stupide ?

Bien au contraire, ce dialogue reflète les interrogations les plus profondes sur l'épistémologie des mathématiques : les mathématiques sont-elles aptes à traduire le Réel *dans son intégralité* ? La réponse est négative.

Le Nombre comme la Figure géométrique sont des abstractions, des idéalisations qui n'existent nulle part dans la Nature. Les mathématiques approximent le Réel mais ne le traduisent jamais.

Les mathématiques sont donc un langage réducteur, simplificateur, idéalisant.

Elles sont ontologiquement incapables de traduire, de représenter et de refléter l'irréductible inuniformité (irrégularité) du Réel.

Faut-il donc renoncer à toute mathématisation ?

Non. Ces mathématisations ne font aucunement problème, à deux conditions :

- le modélisateur mathématique doit être conscient qu'en utilisant le langage mathématique il appauvrit la réalité du Réel ;
- cet appauvrissement (ce filtre) élimine des aspects qui, parfois sinon souvent, évacue des dimensions fondamentales non-mathématisables (non-idéalisables) du Réel.

6.2.3. Métalangages et méta-rationalité

Au-delà des Nombres et des Figures géométriques, chaque mot est idéalisation : une pomme ou la pomme, cela n'existe pas dans le Réel.

Seule cette pomme-ci, existe, et encore, elle doit être reçue comme absolument unique et continûment changeante, comme une émergence apparente et épiphénoménale des forces et mouvements à l'œuvre au sein de la continuité absolue du flux cosmique.

Le mot « pomme » égare totalement puisqu'il nie la réalité unitaire et continue du Réel, au profit d'une image idéalisée (analytique et analysante) totalement artificielle.

De ce qui est absolument un et continu, rien ne peut être dit, puisque le scalpel de tout mot rompt irrévocablement cette unité et cette continuité.

Le Réel ne souffre aucune idéalisation, sous peine de disparaître. Or, toutes les perceptions tamisent, toutes les représentations réduisent et, *in fine*, tous les langages idéalisent.

Le Réel est donc inconnaissable hors connaissance immédiate au-delà de tous les langages et de tous les concepts (c'est la connaissance totale dont parle beaucoup de mystiques authentiques : une fusion totale avec le Réel et une identification totale de la conscience individuelle et de la conscience cosmique). Mais cette connaissance-là est indicible, intransmissible, incommunicable dans sa réalité, dans sa profondeur, dans ses intégrité et intégralité. Elle ne peut être que suggérée, métaphorisée, symbolisée, poétisée. C'est ici qu'intervient la notion de métalangage.

On l'a vu plus haut, les langages classiques sont essentiellement analytiques, unidimensionnels et linéaires. Ils sont inaptes à représenter le Réel dans sa globalité, dans sa multidimensionnalité, dans ses non linéarités.

La différence entre un langage classique et un métalangage est du même ordre de celle qu'il y a entre une photographie classique et un hologramme[63].

Explication. Une photographie classique est comme une mémoire d'ordinateur : une juxtaposition (linéaire) de points, points colorés là, points magnétiques ici.

Mais notre cerveau ne stocke pas du tout l'information de cette manière : il la stocke de manière dynamique, non linéaire, en des circuits de synapses neuronales à trois dimensions, à la façon dont les hologrammes stockent non pas l'image de l'objet, mais l'image des franges d'interférence générées par l'objet.

Et là surgit le paradoxe : nous passons d'un Réel complexe (non linéaire, global, multidimensionnel) à une mémoire cérébrale complexe (elle aussi non linéaire, globale, multidimensionnelle) au moyen de langage réducteurs (linéaires, analytiques, unidimensionnels).

Les métalangages – qui restent majoritairement à inventer – devraient induire la résonance entre le complexe Réel et le complexe cérébral sans plus passer par les canaux réducteurs des langages classiques.

Cette notion de résonance est cruciale : il s'agit de capter non plus des images, mais des structures, non plus les apparences, mais les architectures.

Un exemple : la métaphore.

Quoique encore primitive, la métaphore, dont on reparlera plus loin, est un bon exemple de métalangage. Une métaphore, en substance, s'exprime par : tout se passe comme.

---

[63] L'hologramme est une « photographie » des figures d'interférence des faisceaux laser incident et réfléchi appliqués à un objet. La photographie ainsi obtenue et convenablement éclairée par un autre laser, restituera dans l'air, sans écran, l'image en trois dimensions de l'objet initial (ou presque). L'effet hologrammique qui nous intéresse ici puisqu'il nous parle de relation entre le tout Réel et une de ses parties, notre cerveau, est ceci : si l'on brise un hologramme en deux, chacune des deux parties conserve la quasi intégralité de l'information contenue par l'hologramme initial ; il en va de même si l'on brise à nouveau ces deux fragments en fragments plus petits, etc... (mais le jeu a ses limites : à chaque brisure, il y a perte de qualité et de précision de l'image qui s'estompera et se troublera rapidement)

Et tout est dans le « comme ».

Si je dis, gérer une entreprise, c'est comme skipper un voilier... Je plaque d'un coup, dans le cerveau de mon interlocuteur toute une structure spatiale, temporelle et comportementale. J'exporte vers lui des valeurs, des méthodes, des regards, des sensations qu'il revit mais en les projetant sur son management d'entreprise.

Si je lui dis, par contre, gérer une entreprise c'est comme partir à la guerre avec une armée, j'induis de tout autres références, de tout autres analogies.

Changer de métaphore et vous changer de monde...

Ainsi, la métaphore véhicule en bloc la totalité d'une représentation : elle active dans le cerveau de l'autre un bloc entier de circuits neuronaux qu'il projettera (ou non) sur la problématique à laquelle il est confronté.

Le modèle n'est plus analytique, mais global. Il n'est plus linéaire, mais non linéaire.cIl n'est plus unidimensionnel mais multidimensionnel.

Toute la force de l'analogie (dont participe la métaphore) réside dans la projection des structures globales plutôt que des apparences analytiques.

Lorsque je dis : « tout se passe comme... », je propose la projection globale d'une architecture connue sur une problématique étrangère.

Il est évident que cette méthode métaphorique ne peut prétendre à la même rigueur atteinte par les méthodologies analytiques classiques dans les cas simples.

Mais ce que l'on perd en rigueur, on le regagne largement en richesse et en amplitude de vue.

Là où le cartésianisme ne fonctionne pas (et c'est, on le sait, la grande majorité des cas), la méthode métaphorique comme toutes les méthodes symboliques ou analogiques, offre une démarche structurée, efficace, cohérente et rapide.

A cela, cependant quelques conditions.

Il faut d'abord que la métaphore utilisée soit familière à l'interlocuteur. Parler du skipping d'un voilier à quelqu'un qui n'a jamais quitter le plancher des vaches, est peine perdue... sauf à l'envoyer au Glénan pour un stage.

Il faut ensuite valider la métaphore avant de la creuser : toute métaphore a ses adéquations qu'il faut mesurer sous peine de délirer. Il faut donc que la métaphore utilisée soit pertinente au sens donné par Jean-Louis Lemoigne.

Dire : skipper un voilier c'est comme skipper un voilier, est correct mais nul.

Dire : cuire des pommes de terre c'est comme skipper un voilier, est absurde donc nul.

Entre ces deux nullités tout un spectre d'adéquations plus ou moins pertinentes s'ouvre que seul les heuristiques de l'expérience permet d'exploiter au mieux.

Il faut enfin bien avoir conscience que la métaphore, aussi riche soit-elle, a ses limites et qu'à force de tirer trop sur la ficelle, elle finit par se casser et déboucher sur des inepties.

Il faut commencer sans attendre à construire et à enseigner tous ces métalangages jusqu'ici confinés aux écritoires des mystiques, des poètes ou des initiés.

Les pensées symboliques et métaphoriques dont il sera question ci-dessous en participent.

6.2.4. Une métalogique

Si l'on continue d'explorer la méthode métaphorique, on voit bien vite qu'elle échappe à ce qu'il est convenu d'appeler la « logique ».

Rien de logique là-dedans. Il n'y a pas de raisonnements, de déductions, d'inductions, de syllogismes. Il n'y a que des projections. C'est pourquoi l'on parle de métalogique.

L'utilisation féconde, adéquate et sérieuse d'une métaphore est une démarche rationnelle, soumise à une méthodologie rigoureuse et à des processus de validation successifs précis.

Mais cette démarche n'est pas logique, puisqu'elle est essentiellement analogique.

« Comparaison n'est pas raison » dit le dicton.
Il a... raison.
Il ne faut surtout pas les confondre.
Mais tout nous a montré que la raison ne peut pas résoudre les problèmes que seule la comparaison, c'est-à-dire l'analogie et la métaphore, peut élucider.

Ces deux démarches, en effet, ne se superposent pas et ne se mélangent pas : elles sont complémentaires, chacune idoine dans son champ de validité.

Là les systèmes simples pouvant être traités analytiquement et logiquement, ici les systèmes complexes ne pouvant être ni scalpelisés ni logicisés.

Les méthodologies métaphoriques sont typiquement liées aux approches et modèles systémiques. Le lieu n'est pas ici de les étudier dans leurs détails techniques.

Qu'il suffise d'en mettre quelques points essentiels en exergue.

D'abord, une métaphore pertinente se construit en partant du milieu pour aller ensuite vers le système. On le sait, c'est l'environnement d'un système qui lui donne sens, finalité, vocation et justification. C'est de là qu'il faut partir : trouver un système connu qui réponde aux mêmes structures de « pourquoi » que le système étudié.

Par exemple : une entreprise commerciale aujourd'hui : Quelles sont les caractéristiques de son milieu ? Il est turbulent, imprévisible, dangereux, impermanent,...

A quoi cela fait-il penser ? Par exemple, à une mer déchaînée par la tempête. Si l'idée est validée, il devient aisé de construire la métaphore : si le marché est une mer en furie, qu'est l'entreprise : un bateau de pêche, une flottille, une armada militaire, un pétrolier, un paquebot, une planche à voile, le voilier de tête de la coupe America, etc.? A partir de là, la métaphore peut se construire pas à pas, toujours en pertinence, toujours sous validation.

Ensuite, une métaphore doit être complètement mise en place avant de l'utiliser pour résoudre le problème traité. Il faut, autrement dit, qu'un maximum de ponts et de liens soit tiré entre le système étudié et le système de référence avant de poser des questions du genre : et maintenant que faut-il faire ?

Enfin, comme tout système est avant tout un projet en cours d'accomplissement, il faut toujours définir clairement la question posée à laquelle la métaphore est censée offrir les éléments de réponse.

Quel est le projet de cet exploration ? Quel est le but réel de cet exercice ?

Quatre étapes de base, donc :
- définir clairement et explicitement le but de l'exercice avant de l'entamer ;
- poser la métaphore (trouver une métaphore riche et pertinente globalement quant au contexte du problème posé) ;
- développer la métaphore (éclairer un maximum d'analogies entre le problème et la métaphore) ;
- exploiter la métaphore (chercher la solution du problème par projection de la métaphore).

Et toujours, à chaque étape, valider les résultats avant d'aller plus avant.

Pour finir cette petite excursion méthodologique, il paraît utile de réinsister sur ceci : par rapport à une situation donnée, il n'y a toujours plusieurs métaphores pertinentes possibles. Le tri entre elles doit privilégier la métaphore la plus largement partagée et connue.

6.2.5. Remise en perspective globale

La noosphère, la pensée, l'Esprit, tout cela est présent dès l'origine[64], mais ne pourra réellement émerger qu'après que la sociosphère ait développé des langages suffisamment complexes pour que les idées puissent s'y développer.

Nous vivons aujourd'hui dans la « soupe primitive » noétique où naissent les premiers êtres immatériels, les amibes noétiques, les paramécies gnomiques.
C'est le même processus qui a fait émerger tous les êtres vivants des bio- et sociosphères à partir d'une soupe dense des macromolécules organiques les plus complexes de la lithosphère, comme ce fut le même processus qui a fait émerger toutes les formes matérielles des nano- et lithosphères à partir d'une soupe dense des paquets d'ondes lumineuses les plus complexes de la photosphère.

---

[64] Les notions de conscience, de mémoire et d'information sont omniprésentes et coexistantes au cosmos, au moins à l'état embryonnaire.

Partons de cette métaphore de « soupe primitive ».

Ainsi toute la culture humaine accumulée depuis quelques milliers d'années est une « soupe noétique primitive » riche en macro-noèmes complexes.

Comme pour les macromolécules organiques d'acides aminés de la soupe biotique primitive, pour que naisse le premier protozoaire, il faut un élan énergétique fort pour que cette soupe soit hissée à un taux de déséquilibre et d'activation si élevé que des entités nouvelles hyper-complexes (les premières cellules vivantes) puissent apparaître comme solution globale à ce déséquilibre majeur.

Un élan énergétique si puissant que la stabilité des édifices culturels en soit totalement explosée et que les savoirs se trouvent dans un état tellement suractivé, si loin de l'équilibre, que leur auto-organisation en des entités noétiques autonomes hypercomplexes devienne possible.

Ces entités noétiques autonomes pourront alors proliférer et suivre leur évolution propre au sein de la noosphère en puisant leur nourriture dans la sociosphère via les humains, comme la biosphère, via les végétaux, puise sa nourriture dans la lithosphère : les futurs noèmes cultiveront certains hommes (les autres seront laissés « sauvages » ou arrachés comme « mauvaises herbes ») pour se nourrir de leurs pensées primitives qu'ils métaboliseront.

Pour passer le cap et induire, au sein des cultures humaines, un saut qualitatif comparable au saut organisationnel qui fit passer de la lithosphère à la biosphère, il faut un ouragan d'énergie mentale.

Faire exploser toutes les structures simples de certitude et ré-assembler les savoirs selon d'autres structures, non linéaires, infiniment plus complexes que les phrases d'un livre, radicalement autres, libérées des contraintes langagières. Il faut activer d'autres langages, non linéaires, des hypertextes symboliques, des systèmes cognitifs autonomes qui se nourrissent de pensées en se les assimilant, en les métabolisant, c'est-à-dire en les interprétant pour les intégrer en cohérence.

Il faut donc quitter tous les savoirs rationnels (qui sont l'équivalent des cristaux de la lithosphère) et tous les délires irrationnels (qui sont l'équivalent des fluides visqueux de la lithosphère) pour entrer résolument dans les systèmes de connaissance symbolique (l'équivalent des premières cellules vivantes à la charnière de la lithosphère et de la biosphère).

Ainsi, les systèmes de connaissance symbolique véhiculés par les authentiques traditions spirituelles et initiatiques de l'humanité, constituent les premières entités autonomes de la noosphère. Ce sont des noèmes archaïques, primitifs, peu sophistiqués mais porteur d'une complexité largement supérieure aux savoirs rationnels (quelque jolis ceux-ci soient comme ces cristaux, parfois pierres précieuses, que nous offre la lithosphère).

Dans la noosphère, les langages linéaires classiques seront oubliés et remplacés par des langages symboliques et métaphoriques infiniment plus puissants.

Il faut à présent trouver l'énorme énergie mentale nécessaire pour créer de nouveaux systèmes autonomes de pensée symbolique afin qu'ils puissent proliférer, pionniers de la noosphère en devenir.

6.2.6. Pensée symbolique

Selon André Lalande, la « *Pensée symbolique est celle qui procède par images et par analogies, par opposition à la pensée logique.* » ... donc pensée métaphorique, non déductive.

Contrairement à ce que l'on croit généralement, la pensée logique n'a pas le monopole de la rationalité. La pensée symbolique n'est rejetée dans les ténèbres de l'irrationalité que par l'obscurantisme rationaliste. Elle aussi procède d'une rationalité mais sur-rationnelle ou méta-rationnelle ou trans-rationnelle, une rationalité de niveau supérieur. Elle repose elle aussi sur des structures.

La pensée symbolique, ce sont d'abord des symboles. Tout est symbole : chaque mot, chaque signe, chaque figure, chaque image. Tout est symbole puisque tout est signe à interpréter.

Aussi la pensée symbolique n'est-elle pas affaire de matériau mais de regard : voir tout ce qui est non comme chose, mais comme signe d'autre chose, comme signal de quelque chose de plus grand, de plus profond, de plus essentiel, signe de l'invisible, de l'intangible, de l'ineffable. Voir toute chose comme hologramme du Tout. Voir ensuite le Tout comme reflet de l'Un.

La pensée symbolique, ce sont ensuite des architectures. Les symboles se répondent. Ils se relient les uns aux autres dans des réseaux nomades et fluents : pensée poétique, donc, pensée mythique, aussi. Et cette reliance même leur donne plus de sens : pensée holistique. La pensée symbolique repère des symboles et construit des reliances entre eux afin d'élaborer des architectures de sens : pensée métaphorique. Il y a mise en œuvre des symboles dans ces architectures de reliances qui les activent et leur donnent vie : un symbole isolé peut tout signifier, il ne signifie donc rien.

Chaque architecture symbolique - chaque métaphore, chaque mythe, chaque théorie donc - est un être noétique, un noème. Certains sont minuscules (« La Terre est une orange bleue » d'Eluard), d'autres immenses (la Kabbale). Certains sont éphémères et ne prolifèrent pas par manque de richesse. D'autres durent, prolifèrent, se développent, ils rencontrent d'autres noèmes et se combattent ou s'associent. Des arborescences généalogiques ainsi se constituent au sein même de la noosphère[65].

La relativité restreinte, par exemple, est bien plus qu'une théorie physique : elle est une métaphore mathématique, un noème cosmologique mettant en œuvre des symboles forts tels que : énergie, vitesse, lumière, masse, temps, espace...[66]. Elle établit une architecture de reliances entre eux sous forme d'équations. Comme tout noème fort, elle requiert une initiation sévère : n'est pas impétrant qui veut !

De même un tableau de Van Gogh. Mais aussi l'ensemble des tableaux de Van Gogh reliés entre eux par des liens de sujet, d'époque, de couleurs, de vision, d'inspiration, de technique, etc...

Aiguiser le regard symbolique.

Et entr'apercevoir l'invisible derrière le visible ainsi que tous les liens qui s'y tissent, toutes les correspondances (Baudelaire...), toutes les analogies (Hermès Trismégiste...).

---

[65] Des exemples existent en Franc-maçonnerie au-delà du noème maçonnique de base (les grades dits « bleus ») : le REAA vient de la rencontre avec le noème alchimique, le RER avec le noème templier, l'Arche Royale avec le noème kabbalistique, etc...

[66] Des symboles à interpréter et non pas des concepts figés et définis. Pensons aux efforts d'herméneutiques immenses réalisés par l'Ecole de Copenhague avec Einstein et Bohr quant au sens à donner aux « concepts de la mécanique quantique ». Pensons, similairement, à ceux que font nos astrophysiciens actuels sur les notions de matière (notamment la fameuse matière « noire » qui ferait plus de 90% de la masse de notre univers.

Le monde est un tissu de correspondances infinies et évolutives dans l'épaisseur du Réel.

La pensée symbolique et métaphorique est une pensée au-delà des concepts et des raisonnements, fondements de la pensée logique. Passer du concept au symbole. Dépasser les définitions classiques qui ne sont que des architectures simples et primitives de reliances entre mots, toujours tautologiques.

Par contre, activer les symboles dans des architectures de reliances avec d'autres symboles (des métaphores riches et complexes)...

Contrairement à la pensée logique qui est fixiste et absolutisante (vrai OU faux), la pensée symbolique et métaphorique est pensée en mouvement, pensée du mouvement (ni vrai, ni faux) : pensée herméneutique, perpétuellement recommencée, perpétuellement dépassée, perpétuellement transcendée. Le sens n'est jamais définitif, toujours revisité pour être subverti et approfondi.

6.2.7. Multipolarités

La méditation qui suit s'appuie sur la constatation que la pensée classique est toujours binaire, duale, dualiste : ceci ou cela, vrai ou faux, bien ou mal, beau ou laid. Elle est essentiellement bipolaire. Mais cette bipolarité est pauvre et presque toujours en contradiction avec le Réel.

Cette méditation récréative est inspirée par cette phrase de mon ami Thierry Gaudin[67] :

> « S'appuyer dès le départ sur trois pôles au lieu de deux
> permet de se dégager de la pensée scientiste courante qui,
> comme une bonne partie de la pensée philosophique,
> est binaire ou bipolaire. Il y a le sujet et l'objet... »

Tripolarités...
L'acteur, l'action et l'agi...
L'observateur, l'observation et l'observé...

---

[67] Thierry Gaudin et François L'Yvonnet - « Discours de la méthode créatrice » (Ed. Ose savoir – le Relié) 2003

Le penseur, le penser et la pensée...
L'amant, l'amour et l'aimé...
Le sujet, le projet et l'objet...
Brahmâ, Shiva et Vishnou...
Zeus, Dionysos et Apollon...

Tétrapolarités...
Le corps, le cœur, l'esprit et l'âme...
La Terre, l'Eau, le Feu et l'Air...
Ténèbre, Abîme, Souffle, Eau...[68]
Métabolique, syntonique, homéostatique et génétique...[69]
Etc...

Pentapolarités...
Naissance, croissance, maturité, déclin, mort[70]...
Eau, Feu, Bois, Métal, Terre[71]...

Il ne s'agit plus ni de choisir (son camp), ni de trancher (vrai ou faux, beau ou laid, bien ou mal... car le vrai est faux... le beau est laid... le bien est mal...[72]), ni d'argumenter (pour ou contre).

La dialectique hégélienne avait déjà commencé de le comprendre.

Il s'agit de synergiser[73]... c'est la dynamique même du Devenir contre le tranchet statique de la raison binaire, bien au-delà d'elle.

Comment élaborer du plus accompli avec de l'hétéroclite ?

Voilà la question...

Comment faire émerger de l'unité à partir d'une diversité ?

Comment unir sans appauvrir ?

Comment fusionner sans fondre ?

Quel est le secret de l'égrégore[74] ?

---

[68] Ce sont les quatre éléments primordiaux de la Genèse biblique : « (...) et une **Ténèbre** au-dessus des faces d'un l'**Abîme** et un **Souffle** des Elohim pulsations au-dessus des faces de l'**Eau**. » (Gen.:1;2)

[69] Ce sont les quatre fonctions universelles à l'œuvre dans tout système complexe.

[70] Les cinq phases du cycle de vie de tout système.

[71] Les cinq éléments selon la cosmologie classique chinoise.

[72] Cfr. Lao-Tseu ch.II, 1 à 4

[73] Synergiser : faire travailler optimalement ensemble. Il s'agit donc de créer un égrégore qui intègre et dépasse sans rien détruire.

La pensée logique – qui est une pensée binaire – est une pensée primitive. Elle est totalement obsolète aujourd'hui : le Réel est reconnu holistique et l'on sait que les parties n'expliquent pas tout le Tout[75].

Seule une pensée symbolique et métaphorique est apte à assumer la multipolarité du Réel.

Puisqu'elle entend penser au-delà des dualismes primitifs de la pensée logique notamment en intégrant le devenir[76], la pensée métalogique est une pensée non-aristotélicienne[77], libérée des axiomes classiques d'identité[78] et de tiers exclu[79].

6.2.8. Logique ternaire ou trialectique

Une petite excursion s'impose peut-être pour mieux comprendre ce qui vient d'être dit.

La logique classique (aristotélicienne) ne connaît que deux valeurs : vrai et faux.

A partir de là, et se fondant sur quatre axiomes formels, elle construit tous ses raisonnements.

---

[74] Ce mot ancien et désuet me semble le meilleur pour désigner la notion de propriété émergente, de ce qui fait que le Tout est plus que la somme de ses parties, que le cassoulet est plus que la juxtaposition d'ingrédients séparés et d'un peu de calories.

[75] Ce qui annihile tout l'analycisme cartésien, donc toute la méthode de Descartes, on l'a vu plus haut.

[76] Donc l'impermanence, le relativisme, la transformation perpétuelle, etc...

[77] Le passage est un peu similaire au dépassement de la mécanique newtonienne euclidienne par la cosmologie relativiste non-euclidienne.

[78] « On ne peut pas entrer deux fois dans le même fleuve » disait Héraclite qui ajoutait : « Tout s'écoule et n'est jamais le même »

[79] Le devenir dissout tous les antagonismes même celui du « vrai » et du « faux », valeurs de base de la logique aristotélicienne. « Vérité en-deçà des Pyrénées. Erreur au-delà. » disait Blaise Pascal. Vérité aujourd'hui, mensonge demain, faudrait-il ajouter.

Les quatre axiomes de base sont :
- Le principe d'identité : ce qui est vrai est vrai, ce qui est faux est faux.
- Le principe de non contradiction : ce qui n'est pas vrai est faux et ce qui n'est pas faux est vrai.
- Le principe du tiers exclu : une proposition ne peut pas être autre chose que vraie ou fausse.
- Le principe syllogistique : si A implique B et que A est vrai (faux), B sera aussi vrai (ou faux). C'est l'exemple fameux : tous les hommes sont mortels, Socrate est un homme, donc Socrate est mortel.

Cette logique, totalement binaire (vrai et faux) est celle de la mathématique booléenne et de la technologie informatique.
Elle peut être dépassée de deux façons.

D'abord, comme l'on fait les logiciens théoriciens du XXème siècle, en dénonçant un ou plusieurs des quatre axiomes de base. La tentative la plus connue (popularisée dans le roman de science fiction « Le monde des non-A ») est celle qui consiste à renoncer au principe du tiers exclu et à introduire en logique une troisième valeur : aux côté du vrai et du faux, il y a aussi l'indéterminé (« je ne sais pas... »). Par ce biais s'ouvre l'immense champ de recherche des logiques dites non-aristotéliciennes (par analogie avec les géométries non-euclidiennes qui, elles aussi, se fondent sur la négation d'un ou plusieurs axiomes de la géométrie d'Euclide[80]).

Ensuite, en prenant systématiquement une attitude ternaire (voire quaternaire, quinaire, sénaire, etc. dans une escalade de logiques de plus en plus complexes) face à chaque problème.
Deux exemples suffiront sans doute à faire sentir la fécondité de cette démarche typiquement métalogique.
Un de mes maîtres, Michel Theys, avait l'habitude de répondre à toute question, à tout problème en commençant par : « nous avons trois possibilités ».
Mais en disant cela, il n'avait en tête que l'alternative binaire classique : il se forçait donc à trouver la troisième voie, la voie cachée, la voie féconde, celle de la vraie solution.

---

[80] C'est le cas, notamment, des géométries de Riemann et Minkowski qui fondent la relativité générale d'Einstein. La géométrie euclidienne est la plus simple, la plus idéalisée, mais elle ne correspond pas au Réel. Il peut en aller de même avec la logique aristotélicienne.

Essayez, vous verrez : c'est miraculeux !

Autre exemple : toute la philosophie occidentale est coincée depuis Platon entre Objet et Sujet. Chacun est ainsi forcé de se situer, de choisir son camp.

Mais dès que la troisième pointe du triangle apparaît : le dilemme se dilue et disparaît.

Il suffit d'ajouter le mot « projet » et les métaphysiques de l'Être cède le pas à la métaphysique du Devenir.

Le triangle magique est Sujet-Objet-Projet.

Il n'y a plus deux camps. Il y a toute une combinatoire ouverte (six relations orientées) où chacun peut créer son cheminement, sa voie, son accomplissement.

Ce dernier exemple invite à une réflexion profonde : tout binaire induit le conflit (vrai/faux, bien/mal, beau/laid, sacré/profane, etc.) et provoque le choix, le parti-pris, le dogmatisme, l'intégrisme. Dès que le ternaire s'ouvre, la combinatoire s'ouvre aussi et avec elle, le foisonnement, le dialogue, la tolérance... et la créativité.

Un dynamique constructive et inventive se substitue au conflit destructeur et stérile.

On peut illustrer cela par un des fondements de la révolution noétique qui dépasse l'antagonisme classique de l'économique et du politique dans la sociosphère en induisant la dimension noétique vers la noosphère.

L'antagonisme se dilue et tout prend un nouveau sens, infiniment plus riche et plus fécond.

6.2.9. Pensée non discursive, paradoxale, allusive et poétique

Une autre facette de la pensée noétique est celle qui lui fait dénoncer la vanité et la vacuité de toutes les argumentations, toujours oiseuses, toujours foireuses.

Toute argumentation « logique » n'est qu'une chaîne ou une tresse, plus ou moins habiles, de déductions faites au départ de propositions indémontrables et subjectives.

Bref, de convictions personnelles et d'actes de foi.

La vérité ne se démontre jamais. Elle s'assène. C'est la philosophie du marteau de Nietzsche.

La pensée noétique est une pensée non discursive, voire aphoristique.

Une pensée, une idée, une vision, une théorie ne sont valables que si elles prolifèrent dans la noosphère : c'est le principe de fécondité. Face au fallacieux vrai ou faux de la logique ancienne, il ne reste plus que l'épreuve du temps. Est « vraie » l'idée qui survit et prolifère.

Elle ne sera « vraie » que pour un temps.

Les idées aussi sont mortelles.

Outre la métaphore, la pensée noétique manie aussi le paradoxe.

Pensée latérale par excellence, le paradoxe force le regard et tordant le cou aux habitudes et aux ornières. La technique ch'an et zen des koans trouve ici tout son poids.

Obliger la pensée à dépasser les mots et les concepts. La mettre en désarroi. La mettre en panique, en déséquilibre, en porte-à-faux. Retrouver la veine surréaliste qui bouscule les idées reçues afin que naissent les idéezs à venir, afin que vienne le neuf.

La pensée noétique cultive aussi l'allusion.

Comment dire l'indicible, comment transmettre une vision d'un bloc ? Par métaphore, on l'a vu, mais aussi par allusion, dans la grande tradition kabbalistique ou soufie ou taoïste ou ch'an et zen. Le mode allusif éveille, stimule, active sans asséner. L'allusion allume le feu : elle enclenche un cheminement, une construction, une prolifération dont les résultats sont imprévisibles, quoique qu'il feu habilement allumé, lorsque l'on connaît bien le terrain et le vent, va parfaitement là où l'on veut qu'il aille. Techniques de brûlis...

La pensée noétique est une aventure intellectuelle et spirituelle. Emotive, aussi.

L'homme noétique sera bien plus un homme d'émotion qu'un homme de performance.

L'aventure noétique est aussi un néo-romantisme, antidote au rationalisme et au mécanicisme d'antan. Elle procède par resacralisation et par réenchantement du Réel. Elle retrouve les chemins entamés naguère par les romantiques allemands. Souvenons-nous...

Novalis : « *Le sens poétique a bien des points communs avec le sens mystique. La poésie est le réel absolu. Plus une chose est poétique, plus elle est vraie.* »

Friedrich Schlegel : « *Le genre poétique romantique est encore en devenir, et c'est son essence propre de ne pouvoir qu'éternellement devenir, et jamais s'accomplir. Aucune théorie ne peut l'épuiser...* ».

6.3. Créativité

« *La culture ne s'hérite pas, elle se conquiert.* »

André Malraux (XXème s. PCN)

6.3.1. Qu'est-ce que créer ?

Je propose la définition suivante *: la création est un processus complexe qui combine des ingrédients mémorisés en fonction d'un projet.*

La création est un processus, pas une procédure : il n'y a pas de recette, il n'y a pas de mode d'emploi précis qu'il suffit de suivre à la lettre, il n'y a ni garantie, ni certitude.

C'est toujours une aventure, en quelque sorte : on sait d'où l'on part, mais l'on ne sait jamais où l'on va arriver. Par évidence, créer, c'est partir du connu pour aller explorer de l'inconnu : c'est une expédition et, comme toutes les expéditions, ce n'est pas parce que l'on part vers l'ailleurs improbable qu'il faut y aller sans préparation ni sans matériel. La création est un art, certes, mais comme tout art, elle implique 10% d'inspiration et 90% de transpiration. Comme toutes les techniques, elle s'apprend, elle se pratique, elle s'entretient.

Mais la création n'est pas seulement un processus, elle est un processus complexe, c'est-à-dire non réductible à des séquences élémentaires bien identifiables : tout au contraire, ce processus est un brassage tumultueux, non linéaire, non séquentiel.

Qui combine des ingrédients mémorisés car la création ex nihilo n'existe pas. Tout objet qui se crée, se crée à partir d'objets antérieurs. La nouveauté réside dans les structures de combinaisons et, avec elles, dans les propriétés émergentes que ces combinaisons engendrent.

Je peux inventer de nouvelles recettes de cuisine en combinant de façon inédite des ingrédients hétéroclites (le bavarois n'est-il pas l'improbable rencontre entre une purée de fruits et le relief de bouillons d'os ?). Je peux même incorporer dans une recette un élément que personne, auparavant, n'avait perçu comme ingrédient culinaire (les œufs de lompe rouge ne proviennent-ils pas de la rencontre entre quelques glauques œufs de cycloptère et du jus extrait du broyage d'un petit insecte mexicain ?). Mais cet élément, je ne l'invente pas, je lui donne un nouveau statut, c'est-à-dire que je le « classe » dans une famille à laquelle il était auparavant totalement étranger.

Il est intéressant de demander à un groupe de dessiner un extra-terrestre qui soit le plus éloigné possible de ce que nous connaissons et voyons. On voit alors sortir des monstres chimériques et hybrides qui tous sont des assemblages originaux et étonnants de « morceaux » trouvés dans les mondes animaux et végétaux, le plus souvent.

Souvenez-vous d'E.T., d'Alien, de toute la « faune » de Star Trek, même de la créature d'eau d'Abysses, et même de la chose glauque dans « The Thing »... rien que du connu ré-assemblé.

Tout ce crée à partir d'autre chose, avec ou contre d'autres éléments : tout processus de création est forcément généalogique[81]. Tel physicien crée ses modèles en écoutant ou en jouant du Mozart (Einstein), tel compositeur construit ses plus belles pages à la lecture de poèmes (Debussy) ou de liturgies (Bach) : on appelle cela l'inspiration, l'autre nom d'une forme de prolifération noétique.

La création s'inscrit toujours au creux d'un dialogue. Ce dialogue, cette rencontre s'inscrivent toujours dans un projet, c'est-à-dire un désir ou une volonté. On crée pour répondre à un appel, intérieur ou extérieur, ou, pour rester dans notre terminologie, à une vocation[82].

Elle est toujours le fruit d'une rencontre On ne crée jamais par hasard, non plus. Pour trouver, il faut chercher, même inconsciemment, même confusément. Les idées sont des réponses, jamais des champignons spontanés venus de nulle part.

---

[81] La méthode de Nietzsche dans « La Généalogie de la Morale » pourrait être étendue à toutes les productions culturelles humaines et laisserait voir toutes les filiations... parfois les plus inattendues

[82] Du latin « vocare, vocatum » : appeler. Toute vocation est un appel.

Réponse par forcément à une question bien sérieuse. Réponse à une envie, à une rencontre, à un regard, à une sensation, à un sentiment, même furtif.

Le projet (au sens le plus large dont le plus futile du mot) est l'énergie qui va activer le processus de création. Ce point est crucial : on n'est créatif qu'au sein d'un projet auquel on croit, auquel on s'identifie, auquel on se dédicace. Il faut de la passion derrière tout cela.

Il faut être passionné pour être créatif, être hanté par un désir, par une envie, par une volonté brûlants, car la création est toujours une fièvre : je ne connaîs pas de créateur authentique qui soit placide, amorphe, froid ou inerte.

Il doit y avoir quelque chose d'obsessionnel ou de compulsif en amont de l'acte de créer.

Certains ont même prétendu que la créativité était la face positive et sublimée de la folie. L'idée est amusante mais ne mène pas très loin. Alors la gastronomie serait la face « positive et sublimée » de l'anorexie ? Laissons là ces jeux de psychanalystes ou de psychiatres.

Le projet, individuel ou collectif, profond ou futile, durable ou éphémère, draine vers le créateur une énergie mentale qui active ses processus créatifs : il est, en somme, son stimulateur et son catalyseur.

6.3.2. Contexte

Dans la noosphère, les idées prolifèrent par création.

Si l'on convient que l'homme a pour vocation de faire émerger cette noosphère, il devra prioritairement faire œuvre de création et créer tout ce qu'il lui est possible de créer (c'est le principe même de l'accomplissement et de l'entéléchie). Cela signifie qu'il devra apprendre à activer, à développer et à optimiser sa créativité, c'est-à-dire son aptitude à créer, son talent créatif.

Car la créativité est bien un talent : don du ciel ou de la nature, peu importe.

Un talent que l'on a peut-être en naissant, mais qu'il faut à tout prix apprendre à cultiver à son maximum, dès l'âge le plus tendre.

Sans anticiper sur un des chapitres ultérieurs, il faut reconnaître que cet apprentissage est à l'opposé des pédagogies classiques fondées exclusivement sur le développement du cerveau gauche et sur la restitution de savoirs mémorisés.

Car voilà bien le nœud du problème : l'Occident, par tradition rationaliste depuis Platon et Aristote, a tout fondé et misé sur le seul cerveau gauche, celui de la raison, du raisonnement, de la rationalité, de l'analyse, du concept, de la logique, du verbal, du quantitatif.

Il y a identité profonde entre cartésianisme et cerveau gauche.

Ce cerveau gauche, à force d'avoir le monopole de la pensée durant deux millénaires, s'est hypertrophié au détriment du cerveau droit, celui de la passion, de l'intuition, de la créativité, de la globalité, de l'image, de l'analogie, du non verbal, du qualitatif, etc., qui s'est largement atrophié, sauf chez les femmes du fait que très longtemps, elles ont été exclues des filières de formation, surtout scientifique, et ont été cantonnées dans les mondes du sentiment, de la poésie, de la piété.

Mais aujourd'hui, non seulement la donne change radicalement, mais elle aurait même tendance à s'inverser : le cerveau gauche est arrivé à ses limites, et le cerveau droit est appelé à la rescousse.

Il serait trop simpliste, comme le prônent certains charlatans, de voir dans ce renversement un basculement de la rationalité dans l'irrationalité.

Rien ne serait plus faux et dangereux : il n'est nullement question de renier la rationalité, mais de la compléter pour, enfin, la dépasser.

Bien des pages qui précèdent montrent que l'âge noétique sera celui du dépassement de la raison et de la réhabilitation des autres modes de connaissance comme l'intuition ou l'analogie.

Nous savons que le rationalisme est inadéquat pour le traitement des systèmes complexes qui ne souffrent pas ce scalpel analytique qui fonde la rationalité cartésienne.

Il faut donc aller plus loin… mais sans aller contre !

Il ne s'agit nullement de remplacer la rationalité par de l'irrationalité ; il s'agit de dépasser la stricte rationalité par une trans-rationalité ou, mieux, une méta-rationalité dont le fondement est la coopération et la synthèse des diverses modes de connaissance utilisant ensemble les cerveaux droit et gauche.

Ce sont l'intuition, l'analogie et l'imagination (donc le cerveau droit) qui créent, mais c'est la raison (le cerveau gauche) qui argumente, justifie et valide.

C'est le secret d'un bon équilibre mental individuel.

C'est le secret d'une bonne équipe de travail collectif.

Il ne s'agit pas de trouver des compromis, mais bien de développer des synthèses, au sens dialectique du terme : englober en dépassant.

6.3.3. Le processus créatif

Il y a quelques décennies, une enquête fut faite auprès de grands savants, notamment, pour leur demander comment ils créaient leurs idées, leurs théories, leurs modèles.

Einstein, Poincaré, Hadamard, entre moult autres, se prêtèrent au jeu.

Au grand dam des enquêteurs qui espéraient mettre en avant le rôle de la rationalité et la puissance de raisonnement, les savants interrogés parlèrent d'intuitions, de visions, d'illuminations, même de révélation.

Einstein disait : « *L'état d'esprit qui permet à un homme de réaliser un travail de ce genre (...) est semblable à celui de l'adorateur religieux ou de l'amant : l'effort quotidien ne procède d'aucun programme ni d'aucune intention délibérée, mais vient directement du cœur.* »

« *Toutes les grandes réalisations de la science partent d'une connaissance intuitive, formulée sous la forme d'axiome, à partir desquels des déductions sont ensuite faites (...) L'intuition est la condition nécessaire pour la découverte de tels axiomes.* » [83]

Le processus créatif doit donc être étudié avec les yeux du cerveau droit d'abord.

La connaissance neuve, originale, innovante n'est pas déduite logiquement : elle est forgée avec d'autres outils.

Ce processus est conçu aujourd'hui comme un va-et-vient non linéaire, bourré de boucles et d'aller-retour, entre cinq types d'activités cérébrales : le choix du projet, l'accumulation jusqu'à saturation, la rumination jusqu'à cristallisation, la formalisation et la validation.

Le choix du projet : ce point essentiel a déjà été évoqué plus haut. Rappelons l'idée centrale :

Le projet est l'énergie qui va activer le processus de création.

---

[83] Extraits de Albert Einstein : « Pensées intimes » (Ed. du Rocher) - 2000

Exemple : un romancier décide d'écrire un nouveau roman. Il va d'abord se choisir un sujet qui l'inspire, un cadre, une époque, une toile de fond, en quelque sorte.

L'accumulation jusqu'à la saturation

Face au problème posé ou au défi jeté ou au désir exprimé, il convient d'accumuler le plus grand bric-à-brac possible d'éléments plus ou moins liés au projet : entrer dans le bain jusqu'à saturation, se remplir le cerveau d'idées partielles connectées à l'idée recherchée.

Lire tout. Crayonner. Suivre mille pistes sans en rejeter aucune. Inventorier à la Prévert. Générer toutes les associations d'idées. Expérimenter. Etc.

Il s'agit d'accumuler (sans trier, sans éliminer a-priori) un maximum de matériaux qui seront peut-être utiles dans la construction de l'idée neuve. Ces matériaux doivent être formulés dans différents langages afin d'apporter le maximum de richesses.

Les techniques de brainstorming, de meta-plan ou de mind-mapping vont dans ce sens.

Exemple : notre romancier va se documenter, accumuler livres, prospectus, notes, témoignages, photos, musiques, odeurs, recettes, etc.

La rumination jusqu'à cristallisation

Cette activité est celle de « réflexion » proprement dite. Il s'agit de jouer avec tous les matériaux accumulés et de les combiner des toutes les façons possibles, par deux, par trois, par quatre, etc.

Il s'agit bien d'un jeu qui peut, d'ailleurs, être mené très méthodiquement mais qui peut aussi se dérouler de façon très chaotique et anarchique.

L'essentiel est de tenter un maximum de combinaisons jusqu'à ce que l'une d'entre elles fasse « tilt » : voilà le point de cristallisation. L'intuition prend le relais de l'imagination qui jouait à créer toutes sortes de combinaisons. L'intuition ici agit comme catalyseur : oui, c'est cela, c'est bien cela, je tiens le bon bout !

Pourquoi ? Nul ne sait. Est-on sûr ? Non. D'où vient cette certitude – souvent très provisoire – d'avoir la clé en main ? Probablement d'une analogie cachée avec un autre problème déjà résolu. Il faut alors laisser se décliner la solution librement à partir de ce germe intuitif qui dit: euréka. Elle se construira toute seule en rassemblant des matériaux et en les combinant avec le germe trouvé.

Exemple : notre romancier va malaxer toute sa documentation, y chercher des trames, des intrigues, des personnages, des décors ; tout cela va se mettre à vivre en lui, à s'enrichir ; il va rêver son histoire par bribes et morceaux jusqu'à cristallisation d'un scénario intéressant qui tienne la route.

La formalisation

Ici intervient la délicate sélection du langage qui servira à exprimer l'idée neuve. Car le tout n'est pas d'avoir conçu, encore faut-il formuler, c'est-à-dire coder sous une forme stockable ou transmissible ou communicable.

Sans formalisation, pas de propagation ni de prolifération possibles.

Une idée non formalisée, non codée, est perdue parce qu'inutilisable.

Rappelons qu'une même idée peut (doit) être formulée dans plusieurs langages, cela ne fait que l'enrichir puisque cela facilite sa propagation et donc sa prolifération dans plusieurs directions possibles.

Quelle aurait été l'audience de l'existentialisme athée de Sartre s'il n'avait reçu que la formulation technique de « L'Être et le Néant » dont beaucoup parlent mais que quasiment personne n'a lu ? Quel aurait été l'impact du roman « Mon oncle Benjamin » s'il n'avait été mis à l'écran avec Jacques Brel en vedette ?

Plus une même idée reçoit de formulations différentes, plus sa prolifération est probable.

Exemple : notre romancier va écrire ; il se choisit une langue, un style, une mise en forme, un découpage ; « il n'y a plus qu'à » rédiger et pondre le roman.

La validation

Autre opération délicate : valider l'idée c'est-à-dire la juger suffisamment achevée, forte, viable pour la lâcher dans la noosphère.

Il y a là un dilemme connu de tous les créateurs : une œuvre n'est jamais achevée, chaque relecture induit de nouvelles possibilités de retouches, d'améliorations, de compléments.

Dilemme entre bâclage et perfectionnisme, entre au-peu-près et jamais-prêt.

Pourtant si l'on veut que l'idée prolifère - ce qui est le but premier, ne l'oublions jamais -, il faut bien un jour la valider et la laisser prendre son envol en l'état.

Mais il ne faut jamais dramatiser : une idée peut toujours être reprise, retravaillée, peaufinée : s'il n'y avait que des chefs-d'œuvre, les librairies seraient bien désertes...

L'âge noétique, en ouvrant grande les portes de la diffusion (gratuite ?) des idées engendrera une effervescence culturelle, une turbulence idéelle sans précédent : il y aura probablement beaucoup de déchets, mais toute idée aura sa chance de proliférer... *« Je sème à tous vents »* disait Larousse : le slogan revient au goût du jour.

Exemple : notre romancier relit à tête reposée ; il corrige, remanie, critique. Satisfait ? il continue. Insatisfait ? il recommence le travail, totalement ou partiellement.

Notre petit exemple du romancier à l'œuvre montre à suffisance que le processus de création n'est ni séquentiel, ni linéaire : les tours et détours sont inévitables, le travail engendre lui-même ses propres bifurcations, il y a dialogue permanent et fécond entre les cinq activités qui participent au processus créatif, nul ne peut rien prédire. Et il en est ainsi de toutes les formes de création, pas seulement artistique, pas seulement de fiction.

6.3.4. La fécondité créative

On l'a vu, le processus de création requiert des milieux et sollicitations différentes selon l'activité dont il s'agit.

L'accumulation des matériaux appelle plutôt un milieu riche, effervescent, stimulant à force de stimuli : le travail collectif y est payant puisqu'il démultiplie exponentiellement les densités de production.

Par contre, les travaux rumination et de formulation sont favorisés par un milieu calme et serein qui perturbe aussi peu que possible la concentration et la réflexion.

Voilà ce que dit le bon sens, mais les contre-exemples foisonnent.

Quoiqu'il en soit, l'ambiance joue un rôle important dans la fécondité créatrice.

Certains rites aussi : bien des créateurs ont leurs tics et manies comme pour exorciser la « panne sèche ».

Au-delà des anecdotes, il est utile de s'interroger sur les conditions de la création.

En effet, on l'a vu, les métiers de l'immatériel en général et de la créativité en particulier, impliquent la mise en œuvre de talents onéreux qu'il est malin de mettre dans les meilleures conditions possibles de travail.

Mais l'on peut craindre qu'il n'y ait pas de recettes pour résoudre une fois pour toute ce délicat problème pourtant crucial.

On l'a vu, créer c'est combiner.

Il faut des matériaux. Il faut les assembler de toutes les manières possibles jusqu'à découvrir la combinaison qui correspond le mieux au projet que l'on s'est fixé.

C'est donc au cœur de ces techniques combinatoires que se niche le secret des créatifs.

C'est donc là qu'il faut investiguer si l'on veut démultiplier la puissance créatrice d'une personne ou d'une équipe.

Les techniques utilisée aujourd'hui, surtout dans le monde de l'entreprise, sont encore très rudimentaires : elles se cantonnent généralement à faciliter l'accumulation de matériaux ou à susciter quelques combinaisons (souvent de simples associations binaires d'idées).

Il faudra aller beaucoup plus loin, comme l'on déjà montrer l'école de Palo Alto et des chercheurs comme de Bono.

Il est probable que les programmes dits « d'intelligence artificielle »[84] fourniront des outils systématiques et rapides pour l'exploration de combinatoires complexes et sophistiquées, mais, que l'on ne se leurre pas, ils fourniront des catalogues de « possibles », mais ne se substitueront jamais au génie humain en matière de « souhaitables ».

L'informatique et tous ses prolongements ne singeront jamais que certaines fonctions du cerveau gauche. Quant au cerveau droit, là où la créativité s'ancre, elles lui resteront à jamais étrangères.

---

[84] Cette expression « intelligence artificielle » est probablement la plus impropre et le plus ambiguë qui soit. Il n'y a en effet RIEN de commun entre l'intelligence humaine et le travail - complexe et sophistiqué, j'en conviens – de ces programmes informatiques. Le terme « systèmes experts » qu'on donne aux applications pratiques de l'I.A. est infiniment plus adéquat et donc préférable, quoique moins sensationnel et moins journalistique.

Il y a tout un domaine passionnant de recherche, quasi mathématique, qui s'ouvre dès lors où l'on s'aperçoit que toute combinaison (d'idées ou de quoique ce soit d'autre) consiste toujours à appliquer un opérateur particulier sur un ensemble de pièces de matériaux.

L'association binaire (une idée ET une autre idée, comme : « gaz léger + hélice = dirigeable ») ou l'inversion (le contraire d'une idée est une idée aussi, comme « le verre n'est pas un solide »[85]), ne sont que deux parmi les plus simples de ces opérateurs combinatoires.

Il y en a des quantités d'autres.

L'inventaire et l'étude des propriétés de ces opérateurs est un champ immense et très prometteur de recherche fondamentale.

6.3.5. *Une philosophie de la création : la question du sens*

Au-delà de toutes les techniques créatives, au-delà de tous les outils ou méthodologies que l'on peut mettre en place pour amplifier ou optimiser la puissance créatrice des hommes, la création, en elle-même, interpelle le philosophe.

D'abord parce qu'il est possible de créer du neuf.
Ensuite parce que créer apporte du sens à l'existence.
Enfin parce que créer, c'est engendrer le devenir du Réel.

Le fait qu'il soit possible de créer du neuf est un sujet d'étonnement et d'émerveillement permanent pour deux raisons majeures.

-   Première raison : tous les possibles ne sont pas encore advenus. Il est encore des potentiels non actualisés, tout n'est pas joué, tout n'est pas écrit.Et dans les espaces immatériels de la noosphère où les combinaisons d'idées sont soumises à bien moins de contraintes que les combinaisons de matières dans l'espace physique, il semble bien qu'il n'y ait plus de limite à la création : les possibles y sont

---

[85] Ce qui est rigoureusement authentique comme on me l'a appris chez Saint-Gobain : le verre est un liquide de viscosité extrêmement élevée.

démultipliés à l'infiniment infini. On comprend mieux, peut-être, la portée du franchissement du seuil noétique dès lors que l'on voit, dans cette échappée hors de la matérialité stricte, l'entrée dans un monde où la création (c'est-à-dire l'actualisation et la réalisation de tous les possibles) n'a plus aucune limite. En entrant dans la noosphère, le processus de complexification qui est, rappelons-le, le moteur central de toute l'histoire du cosmos depuis le chaos du big-bang, pourra exploser à l'infini et faire reculer à jamais « la fin de l'histoire », de l'histoire cosmique comme de l'histoire humaine, d'ailleurs.

- Seconde raison : l'homme a la capacité de faire s'actualiser certains de ces potentiels inexploités et il semble bien être le seul animal terrestre à posséder consciemment ce don. Pionnier de la noosphère sur Terre, il ouvre la voie, c'est du moins sa vocation et sa mission. Il y a quelque chose d'exaltant, voire de miraculeux, dans ce rôle de passeur vers d'autres mondes. Le rôle a été distribué et est tombé sur lui, mais aura-t-il le talent pour l'assumer et le courage de l'affronter ? C'est toute la question posée par la révolution noétique. La question est d'importance et la réponse sera vitale.

Créer apporte du sens à l'existence individuelle et collective.

Face à la question du pourquoi de son existence, dans sa quête du sens face à l'absurdité apparente du monde, l'homme n'a que deux chemins possibles : trouver son sens en lui ou hors de lui.

La voie humaniste fait de l'homme sa propre justification : elle est une impasse, nous l'avons vu, et ne peut que dégénérer en un hédonisme désespéré et désespérant.

Reste donc à trouver réponse hors de l'homme. Au-delà de toute religion (Dieu ou Sa Loi comme lieu du sens) ou de toute idéologie (l'Idéal comme lieu du sens), le devenir cosmique lui-même offre du sens en plaçant l'homme dans le rôle de co-créateur des mondes immatériels de la connaissance. Libre à chacun d'y adjoindre ou pas un recours à Dieu ou à l'Idéal, quoique le principe du rasoir d'Occam rende cette adjonction superfétatoire.

Du point de vue individuel : à chacun son œuvre selon ses talents et ses vocations.

Chacun porte en lui une œuvre potentielle qui demande que l'on s'y dédicace pleinement afin d'offrir un sens fort, durable et joyeux à l'existence quotidienne.

Quelle est MA vocation ? Quels sont MES talents ? Quelle est MON œuvre ? Voilà les trois questions de base que chaque être humain devrait se poser le plus tôt possible afin de ne rien gaspiller de sa vie sur des chemins étrangers à son propre accomplissement.

Cette démarche est assez opposée à la démarche commune où la vie de chacun se construit plus par rapport à des considérations extérieures (argent, famille, statut, etc...) que par rapport aux exigences intérieures pour lesquelles ces considérations extérieures deviennent des moyens ou des conséquences.

Chacun devient porteur et vecteur d'un processus plutôt que d'être seulement un ego éphémère et absurde.

Du point de vue collectif : la puissance créative des hommes individuels donne un sens collectif à l'humanité comme vecteur noétique. L'œuvre devient commune, globale, transcendante, dépassant toutes les limites étroites liées aux individus, s'ancrant dans la sociosphère prise comme un tout, dans la durée.

C'est ainsi toute l'humanité et son histoire qui prennent sens : elle n'est pas une fin en soi, elle participe activement et consciemment à un mouvement d'accomplissement créatif qui la dépasse infiniment, sans recourir à quelque mythe que ce soit, mythe qui renverrai, inexorablement l'homme à l'homme, d'ailleurs, sans nourrir le sens.

Créer, c'est engendrer le devenir du Réel.

Chaque création, aussi minime soit-elle, enrichit le Réel et le fait advenir.

L'homme comme co-créateur du cosmos : l'idée est exaltante, ébouriffante, décoiffante.

Mais l'idée, aussi, est terrible car elle implique en tout le prise de conscience d'une responsabilité humaine à l'échelle cosmique.

Aucun acte, aucune parole, aucune idée ne sont effaçables.

Rien n'est écrit, mais tout reste inscrit.

Rien n'est innocent : la responsabilité devient immense, même dans les cas les plus anodins.

Que dire alors de la responsabilité des irresponsables humains qui, depuis des siècles, pillent irréversiblement les ressources naturelles et génétiques de ce monde ?

Les cicatrices de la Terre, si elle s'en guérit, seront leurs stigmates à tout jamais.

Pour faire un clin d'œil du côté de Hans Jonas, la puissance de créer est assortie d'un « principe (de) responsabilité » qui est incontournable.

En initiant la noosphère, l'homme imprime des conditions initiales (pour reprendre l'expression des physiciens) qui se répercuteront, se propageront et prolifèreront à l'infini.

Sa responsabilité n'est donc pas mince, on le devine aisément.

En a-t-il, en aura-t-il conscience ?

6.4.   *Pensée complexe*

> « Nous ne pouvons pas toujours changer le monde, mais nous pouvons changer d'idée. »
>
> Gérard Jampolsky (XXème s. PCN)

6.4.1. Faire un tour dehors

La plupart des humains ne quittent jamais la sociosphère, elle se présente cette « couche » de l'univers comme LE monde.

Ce monde sociosphérique est le lieu des activités économiques et politiques ; il est aussi le lieu des échanges et des vols d'énergie vitale et mentale entre humains.

Peu entrent en contact avec les couches « inférieures » successives : la biosphère, la lithosphère, la Nature. Moins encore soupçonnent l'existence de la couche « supérieure », de la noosphère, la culture.

Ces couches inférieures et supérieure sont d'immenses réservoirs intarissables de libre énergie vitale et mentale. Ces couches sont accessibles directement. Celles du bas par la contemplation *(extérieure, tournée vers la transcendance)* et la méditation *(intérieure, tournée vers l'immanence)*. Celle du haut par la création.

Libérer l'humain, c'est en somme lui faire quitter la couche sociosphérique qui l'emprisonne et le faire voyager, progressivement, dans les autres couches.

C'est le faire sortir du strictement humain.

C'est briser la logique circulaire de l'anthropocentrisme.

C'est ouvrir les portes et les fenêtres donnant, à terme, sur le Réel.

C'est élargir sa conscience jusqu'à outrepasser les limites du cercle humain.

C'est lui faire découvrir combien l'économique et le politique ne sont que de misérables servantes - sans grand intérêt - au service de tout ce qui dépasse l'homme par le « bas » et par le « haut ».

6.4.2. Participabilité : trois exercices

Lucidité. Clairvoyance.

Les développer en s'appuyant sur la participabilité au Réel, c'est-à-dire cette miraculeuse opportunité qu'à l'homme de participer au Tout qui l'entoure, l'englobe et le nourrit.

Cette participabilité repose sur le fait que l'énergie est la substance ultime et continue de tout ce qui existe.

Et cette énergie est une émanation de l'Esprit qui désire s'y réaliser et s'y accomplir dans ses nouvelles dimensions d'espace et de temps.

Tout est donc connecté avec tout, en permanence.

Tout participe de tout avec tout, mais inconsciemment, souvent.

Développer la clairvoyance et la lucidité, c'est conscientiser cette interconnexion cosmique.

Ne plus percevoir/concevoir le monde comme fait d'objets.

Ne plus percevoir/concevoir le monde comme nous le faisons.

Le « voir » comme continuum d'énergie spiritualisée.

Comme océan énergétique spirituel, travaillé de vagues fluentes, toutes uniques, mais toutes indissociables.

C'est chacune de ces vagues que notre langage isole artificiellement afin de lui donner un nom et de la catégoriser « objet ».

Le « voir » aussi comme processus d'accomplissement.

Comme mouvement pur. Comme houle infinie. Comme métamorphose perpétuelle. Comme impermanence absolue. Comme transformation créatrice incessante.

Cultiver la résonance hologrammique entre le ici-et-maintenant de « ma » conscience et le partout-et-toujours de l'Esprit *(qui est la manifestation du Réel)*.
Cette résonance s'appelle lucidité et clairvoyance.

Mais il faut une énergie mentale colossale pour outrepasser la pensée conceptuelle et accéder à la pensée hologrammique. Et l'on sait que pour puiser cette énergie à sa source, il faut quitter la sociosphère (donc entrer dans l'inhumain, dans l'asocial).

Premier exercice spirituel : pratiquer la méditation intérieure à la rencontre de l'immanence pure, la contemplation extérieure à la rencontre de la transcendance pure et la création authentique à la rencontre de la complexité pure.

Ne plus saucissonner notre perception pour la faire entrer dans les moules conceptuels véhiculés par les langages sociaux. Car tout ce qui ne rentre pas dans ces moules est évacué, nié, oublié. Or, ce sont précisément ces déchets, ces « bruits », ces exceptions marginales qui constituent la porte d'entrée dans « l'autre vision ». Ils sont l'indicible, donc l'impensable.
Il faut donc apprendre à dire cet indicible. A penser cet impensable. Libérer la pensée du carcan des moules sociaux.

Le deuxième exercice spirituel est de prendre conscience de ces déchets de la pensée conceptuelle et de les travailler en profondeur. Pour cela, être attentif à tout ce qui se passe à la marge, à la limite. A tout ce qui est liminal. A tout ce qui advient à la cassure, à la faille, à la brisure, à la fissure, à la jointure entre deux « blocs » conceptuels.

Ne plus rien considérer comme objet. Tout ressentir comme processus. Replacer le mouvement et le temps au cœur de tout. Dé-spatialiser. Dé-territorialiser. Tout est chantier.
Tout est accomplissement. La pensée conceptuelle/conventionnelle agit comme un filtre : elle ne garde que les petits cailloux solides et laisse s'épandre le fluide vital. Elle est pensée de pacotille, de verroterie, qui ignore l'essentiel et s'obstine sur le futile.

Troisième exercice : ne plus voir un arbre, mais éprouver l'arborescence à l'œuvre. Ne plus voir la pierre, mais ressentir la pétrification. Ne plus regarder la rivière, mais vivre l'écoulement. Ne plus reconnaître un homme, mais découvrir un cheminement.

6.4.3. Energie mentale : deux voies

Tout être humain a besoin de se recharger en énergie mentale.
Pour cela, il n'y a que deux voies.

L'une, horizontale, la plus facile, pille la sociosphère, c'est-à-dire les autres.

Mais la sociosphère a un volume énergétique limité et, sans apports externes, cette source se tarit en détruisant le tissu des relations humaines à force de terreurs, d'intrigues, de culpabilisations ou de mendicités[86].

L'autre, verticale, plus difficile, plonge vers le bas, dans la biosphère pour s'y imprégner, s'y imbiber, se saturer d'énergie vitale, et s'envole vers le haut, dans la noosphère, pour y étudier et y créer.

L'une comme l'autre sont illimitées, l'une vers le bas, l'autre vers le haut, et se rejoignent dans l'ineffable Réel ultime.

Ces écologues et noéticiens devront, demain, être reconnus clairement comme les grands pourvoyeurs de l'humanité en énergie mentale, c'est-à-dire en joie, en bonheur, en beauté, en pacification individuelle et collective, en qualité de vie, en sens, en valeurs, en repères, etc.

Aujourd'hui, seules les activités intérieures à la sociosphère ont acquis une légitimité, les autres étant, au mieux accessoires et périphériques, au pis superflues.

Ce rapport de légitimité doit impérativement s'inverser dans un très proche avenir, sous peine de voir l'humanité dépérir d'atonie mentale et d'aphasie intellectuelle !

---

[86] Ce sont en effet les quatre tactiques que les humains utilisent pour se chiper mutuellement leur énergie mentale par la peur, par le mystère, par la culpabilisation et par la pitié. A ce propos, lire : « La prophétie des Andes » de James Redfield (Ed. Robert Laffont – 1994). En fait, ces quatre tactiques visent à rendre l'autre dépendant et soumis.

La sociosphère, aujourd'hui, a atteint ses limites. Elle doit impérativement aller chercher de l'énergie mentale hors d'elle-même sous peine de scléroses graves dont l'actuelle recrudescence des dépressions et sinistroses généralisées, de la barbarie urbaine, des lobotomies narcotiques, hédonistes ou télévisuelles, de l'analphabétisme jeune et de la crétinisation scolaire.

Chercher de l'énergie vers le bas, dans la biosphère, en refaisant corps avec la Nature, en s'intégrant harmonieusement à elle et en reprenant une place modeste qui n'aurait jamais dû être délaissée.

Chercher de l'énergie vers le haut, dans la noosphère, en développant toutes les activités noétiques de connaissance et de création, et en accomplissant ainsi la vocation majeure de l'humanité.

Ces énergies nouvelles sont vitales pour l'humanité. Elles apportent avec elles non seulement la Vie, mais aussi, en surabondance, la joie et la paix en chaque homme et entre tous les hommes.

Vivre en Nature. Vivre de la Connaissance et des Idées. Ce sont les deux secrets de la vie épanouie, individuelle et collective, personnelle et sociale de demain.

Nature et Connaissance, plutôt que labourages et pâturages chers à ce bon Sully, seront les deux mamelles de notre avenir humain, si tant est que l'homme rende enfin cet avenir possible.

Nature, soit...

Mais Connaissance ?

6.4.4. Qu'est-ce que la Connaissance ?

D'abord ce qu'elle n'est pas : une accumulation plus ou moins structurée de savoirs, une mémoire même immense, un musée idéel voire idéologique. Tout ce qui pourrait être figé ou statique lui est étranger.

La Connaissance est dynamique, elle est une dynamique, elle est un processus, un cheminement, une création perpétuelle. Création perpétuelle d'Idées, et d'Idées d'Idées, etc.

Cheminement. Et derrière ce cheminement, un curieux et fécond rapport trialectique : le chemineau crée le chemin en cheminant.

Eternelle triade.

Celle du poète romantique : amant, aimé, amour...

Celle du physicien quantique : observateur, observé, observation...

Et derrière cette triade dynamique, cette question brûlante du sens : où va le chemineau ? va-t-il quelque part ? poursuit-il un but clair ou erre-t-il pour la simple et magnifique joie de l'errance ?

Pour le dire plus métaphysiquement, est-ce la Connaissance qui est au service de l'Homme ou est-ce l'Homme qui est au service de la Connaissance ?

Ou encore : l'Homme est-il le but ou est-il l'outil du processus cosmique de complexification ?

Le Zarathoustra de Friedrich Nietzsche avait magistralement répondu : l'Homme est un pont, un passage vers le Surhumain, c'est-à-dire vers ce qui dépasse l'Homme et lui donne sens et justification.

Et le visage de ce Surhumain pourrait bien être la Connaissance au sens le plus cosmique, le plus métaphysique, le plus initiatique de ce terme.

Pour user du langage mythique, tout se passe comme si la Nature avait donné mission à l'Homme de créer le Dieu de demain, Dionysos ou Shiva, un peu comme le petit Prince demanda à Antoine de Saint-Exupéry de lui dessiner un mouton.

Mais qu'est-ce que la Connaissance ?

Question lancinante, obsessionnelle. Paradoxale, aussi, car répondre c'est connaître : la Connaissance peut-elle se connaître elle-même ? N'est-on pas là devant le mur des théorèmes de Gödel[87] ou de Shannon[88] ?

Afin d'échapper à ce paradoxe et de souligner la nature dynamique de la Connaissance en quête et en création d'elle-même, il est temps de changer de mot-clé et de troquer le mot imparfait de « Connaissance » pour le mot plus adéquat d' « Esprit » (précisément conforme à l'étymologie des mots « noétique » et « noosphère » utilisés ici).

La Connaissance reflète et exprime l'Esprit, l'Esprit en marche, l'Esprit en quête de lui-même, l'Esprit en création de lui-même.

---

[87] Le théorème de Gödel, récemment démontré en mathématique pure, exprime que tout système axiomatique logique aboutit nécessairement, au-delà d'un seuil de complexité, à des contradictions internes et à des propositions indécidables.

[88] Le théorème de Shannon (en théorie de l'information) est un théorème mathématique qui démontre qu'il est impossible à un système quelconque de se connaître intégralement lui-même.

Mais alors, qu'est-ce que l'Esprit - car l'étiquette du flacon ne dit rien de l'ivresse du vin ?

L'Esprit est aux cultures et aux civilisations ce que la Vie immortelle est aux organismes vivants et mortels. L'Esprit est le dernier en date des échelons de la Complexité. Il est la forme la plus élaborée, la plus sophistiquée de l'énergie originelle. Il est une nouvelle manière émergente d'organisation dont l'homme est le porteur et le passage, pont qu'il est entre Vie et Esprit comme le fut naguère le premier virus entre Matière et Vie.

La longue et lente démarche de complexification à l'œuvre dans l'univers, est aussi une démarche de dématérialisation : une tonne d'êtres vivants contient des milliards de fois plus d'informations qu'une tonne de charbon.

Dire qu'il y a complexification ou dire qu'il y a densification informationnelle - c'est-à-dire dématérialisation -, revient au même.

L'émergence de l'Esprit au-delà de la Vie s'inscrit dans cette logique. Elle reflète aussi un saut de dématérialisation : une tonne de cerveaux humains contient également des milliards de fois plus d'informations qu'une tonne de viande de bœuf.

Mais, j'y insiste, saut n'est pas rupture : l'Esprit procède indispensablement de la Vie, il la prolonge, il l'accomplit, il en émane totalement. Il serait pénible de retomber encore dans les sables mouvants de l'idéalisme platonicien ou manichéen ou chrétien : l'énergie, la matière, la vie et l'esprit sont des formes variées d'une seule et même réalité unique et unitaire (quel que soit le nom que l'on donne à cette réalité, à ce Réel qui vit « derrière les choses » : Un, Tao, Brahman, Dieu, etc., peu importe). Elles en sont des émanations, des manifestations successives et radicalement neuves, des apparences, des déguisements et des masques, de plus en plus sophistiqués, au long des canaux vénitiens du carnaval cosmique.

En dernière analyse, l'Esprit est le dernier avatar en date de cet élan créateur, unique et fondateur, qui anime l'univers depuis son origine. Il est le dernier avatar de l'entéléchie divine et cosmique. Et il s'accomplit par les chemins de la Connaissance créative.

6.4.5. Langages, encore

Mais l'Esprit, s'il se passe – presque – de matérialité, requiert impérativement un langage pour s'y couler. Langage de mots, de signes, de symboles, de formes, de glyphes, de chiffres, de gestes, de couleurs, de sons... peu importe : tout lui est bon ; et il reste encore, j'en suis sûr, des myriades de langages à inventer.

Mais l'Esprit, sous peine d'évanescence et d'insignifiance, exige formulation, codification ou cryptage, comme on voudra.

Pour le dire clairement, l'Esprit, pour durer, pour se perpétuer, pour se transmettre, pour se construire, ne peut faire l'économie de ce vieux principe de mémoire déjà enfoui dans - et sobrement utilisé par - les particules, matières et organites primitives.

Avec l'émergence de l'Esprit, la Mémoire devient primordiale : l'Esprit, pour perdurer, doit pouvoir graver son contenu, même si le support choisi s'allège au point de paraître inexistant.

Il ne peut y avoir de Mémoire sans Langage. Il ne peut avoir d'Esprit sans Mémoire.

Qu'est-ce donc qu'un langage ?

Ce bon vieux – et toujours précieux – Lalande nous dit : « *Au sens le plus général, tout système de signes pouvant servir de moyen de communication* »[89].

La Connaissance serait alors un vaste système dynamique intégrant de nombreux systèmes de signes et les relations multiples entre eux.

Un exemple : un simple dictionnaire usuel utilise une grosse cinquantaine de signes (les 26 lettres de l'alphabet, les 10 chiffres, et la quinzaine de signes de ponctuation ou autres) liés entre eux par deux types de relations : la relation orthographique qui juxtapose des signes pour en former un signifiant (mot, nombre, etc.) et la relation sémantique qui relie les mots entre eux, selon les règles conventionnelles de la syntaxe, pour leur donner une signification réciproque en une vaste tautologie fermée (chaque mot du dictionnaire ne peut être défini qu'avec d'autres mots du même dictionnaire). A partir de ce

---

[89] André Lalande – « Vocabulaire technique et critique de la philosophie » – Quadrige/PUF – 5ème éd. - 1999

dictionnaire, on peut écrire tous les textes et prononcer tous les discours que l'on veut, en tissant d'autres relations entre ces mots (relations conformes ou non aux règles conventionnelles de la syntaxe). Et tous ces textes et discours peuvent à leur tour être organisés, par des relations d'ordre supérieur, en vastes ensembles que l'on pourra appeler théories, écoles, courants, idéologies, etc.

Pour chaque langage, pour chaque système de signes, l'on pourrait construire une architecture équivalente : les symboles s'organisent en rites, les rites forment des traditions, les traditions s'apparient en courants spirituels et religieux, etc. ou encore : les douze notes de la gamme de l'échelle tempérée (ou les cinq de la gamme pentatonique, ou toute autre série de sons) et les milliers de timbres instrumentaux permettent de créer une infinité de lignes mélodiques qui s'harmonisent entre elles selon les règles du contrepoint (ou d'autres règles, ou pas de règle) pour engendrer des sonates, cantates ou symphonies qui, elles-mêmes, nourrissent des écoles ou des styles musicaux, etc.

En somme, la Connaissance est un vaste réseau d'interconnexion entre diverses architectures culturelles basées sur des systèmes de signe (des langages) divers et complémentaires.

La science associe textes, graphes géométriques et équations mathématiques ; l'herméneutique allie textes et symboles ; le lied apparie poème et ligne mélodique ; l'opéra marie théâtre et symphonie ; la chorégraphie unit mime et musique ; etc... à l'infini.

Cet immense réseau est porté par des myriades de cerveaux biologiques ou informatiques interconnectés plus ou moins lâchement entre eux par des publications, des émissions télévisuelles, des films cinématographiques, des conversations (directes ou téléphoniques), des réseaux informatiques dont Internet, etc... Voilà l'embryon de cette noosphère en émergence.

Ce vaste et dense réseau est dynamique. Il évolue, bouge, s'enrichit ou s'appauvrit, se structure ou se déconstruit, il est vivant, poussé, comme tout système complexe, par le désir de s'accomplir en plénitude ; on peut dire métaphoriquement qu'il est vivifié par l'Esprit.

L'Esprit symbolise donc cette force de vie, cet élan vital qui anime la Noosphère.

LA PENSEE NOÉTIQUE

On peut alors décrire la Noétique comme l'étude de la Noosphère, l'étude de la Connaissance en tant que système complexe organisé, évolutif et dynamique. Ou encore comme l'étude de l'Esprit, ce qui est toujours conforme à l'étymologie.

Notons au passage qu'il est impérieux de soigneusement distinguer la Noétique de cette belle branche de la philosophie qu'est l'épistémologie puisque celle-ci ne se penche que sur la valeur de vérité des savoirs et des méthodes cognitives. La Noétique va infiniment au-delà.

Dès lors qu'est posée l'idée que la Connaissance relie entre eux des éléments culturels de sources et de natures extrêmement variées, il devient impérieux – et passionnant – de se pencher sur la nature et la structure de ces relations.

Relations simples et rigoureuses, mais pauvres et fermées, comme la relation logique, la relation de cause à effet ou la relation hiérarchique. Relations complexes et multivoques, mais riches et ouvertes, comme la relation analogique, la relation métaphorique ou la relation symbolique.

Le lieu n'est pas ici où développer ce passionnant chapitre noétique encore en ses balbutiements. Qu'il me soit seulement permis de souligner que la civilisation occidentale, jusqu'au vingtième siècle, n'a fait intensivement usage que des relations simples (logique, hiérarchie, causalité) naturellement préférées par ce cerveau gauche qu'elle a toujours hypertrophié. L'âge noétique voit réhabilitées les autres formes relationnelles (notamment celles propres au cerveau droit comme la métaphore qui se révèle extrêmement puissante, même en sciences « dures »). Cette évolution salutaire enrichit considérablement le champ ouvert à la pensée et à l'Esprit qui, sinon, viendraient à s'assécher et à se momifier dans les carcans inféconds de la vieille culture rationaliste.

Cet âge émergeant décloisonne, peu à peu, ce que la Renaissance avait emmuré en d'étanches (et d'étranges...) catégories : la science redécouvre la philosophie, l'esthétique et la poésie. La philosophie et la symbolique renouent avec les nombres et les graphes. Depuis plus d'un siècle, les arts se sont affranchis des règles rigides du classicisme et expérimentent de nouveaux espaces, de nouvelles matières, de nouvelles structures (voire de nouveaux langages de base). Etc.

L'Esprit se libère des « savoirs » !

L'âge noétique qui commence, est peut-être avant tout cela : l'âge de la libération de l'Esprit. De son envol. De son essor. De son épanouissement dans l'infinité des espaces infinis de l'immatériel et du culturel. La technologie permet à l'homme – s'il le veut bien, ce qui est loin d'être le cas pour tous, nous l'esquisserons au paragraphe suivant – de s'affranchir de beaucoup des contraintes matérielles de la survie immédiate.

Elle lui libère du temps.

Elle lui livre, à faible coût, l'accès à d'immenses réservoirs de savoirs et de langages.

Mais l'homme est-il capable, est-il prêt d'assumer sa mission noétique ?

6.4.6. Vers une nouvelle aristocratie ?

Emergence et libération de l'Esprit, donc.

Ce saut, cette émergence neuve, cette révolution paradigmatique rendent singulièrement dérisoires et provinciales le chamailleries politiciennes de la « sociosphère » : le problème n'est plus d'être à droite ou à gauche, le problème est d'être en avant, c'est-à-dire engagé dans la percée inouïe du nouveau paradigme et dans l'ouverture béante de ses nouveaux univers immatériels de la connaissance et de l'imaginaire.

L'homme, en tant qu'homme, devient singulièrement périphérique et futile : il n'est plus que vecteur et artisan de l'Esprit.

Révolution néo-copernicienne : l'homme n'est plus ni le centre du monde, ni le centre de lui-même !

Comme la Vie avait infiniment dépassé la Matière, comme la Société a infiniment dépassé les Individus, la Noosphère dépasse infiniment la Sociosphère qui n'est plus que son terreau.

Le problème central de la sociosphère qui était le « comment vivre ensemble ? », n'est plus que souci mineur de pure intendance, sans beaucoup d'intérêt.

Le problème central de la noosphère est plutôt le « comment l'homme peut-il servir l'émergence des nouveaux mo(n)des de l'Esprit ? ».

L'économie et la politique ne sont que l'intendance de l'accomplissement de l'Esprit.

La première en produisant les ressources qui lui sont nécessaires.

LA PENSEE NOÉTIQUE

La seconde en lui garantissant la liberté qui lui est indispensable.

Ernest Renan - que l'on peut difficilement traiter de fasciste ou de réactionnaire au vu de son engagement libéral, au sens XIXème siècle de ce mot - , dans sa fulgurante vision relatée en préface de ses « Souvenirs d'enfance », écrivait ceci [90] : « *Le monde marche vers une sorte d'américanisme (...). Une société où la distinction personnelle a peu de prix, où le talent et l'esprit n'ont aucune cote officielle, où la haute fonction n'ennoblit pas, où la politique devient l'emploi des déclassés et des gens de troisième ordre, où les récompenses de la vie vont de préférence à l'intrigue, à la vulgarité, au charlatanisme qui cultive l'art de la réclame, à la rouerie qui serre habilement les contours du Code pénal (...).*

Le but du monde est le développement de l'esprit, et la première condition du développement de l'esprit, c'est sa liberté. (...)

Au nom des croyances réelles ou prétendues du grand nombre, l'Etat se croit obligé d'imposer à la pensée des exigences qu'elle ne peut accepter. La croyance ou l'opinion des uns ne saurait être une chaîne pour les autres. (...) Un poids colossal de stupidité a écrasé l'esprit humain. (...)

L'ère de la médiocrité en toute chose commence (...). L'égalité engendre l'uniformité, et c'est en sacrifiant l'excellent, le remarquable, l'extraordinaire, que l'on se débarrasse du mauvais. Tout devient moins grossier ; mais tout est plus vulgaire. (...)

Longtemps encore les applaudissements et la faveur du public seront pour le faux. (...)

Peut-être la vulgarité générale sera-t-elle un jour la condition de bonheur des élus. La vulgarité américaine ne brûlerait point Giordano Bruno, ne persécuterait point Galilée. (...)

Noli me tangere[91] est tout ce qu'il faut demander à la démocratie. »

Texte prémonitoire.
Texte dur et désabusé.
Texte vrai.

---

[90] Ernest Renan – « Souvenirs d'enfance » – Ed.: Nelson et Calmann-Lévy
[91] « Noli me tangere » : parole que les Evangiles attribuent à Jésus et qui signifie : « Je ne veux pas que l'on me touche ».

L'émergence de l'âge noétique suscite une humanité à deux vitesses : il y a bifurcation. Il y aura – il y a déjà – ceux d'en-deçà et ceux d'au-delà du seuil [92].

Il y a la grande route qui continue son tracé dans la plaine, et il y a ce petit chemin chevrier qui en bourgeonne, qui s'en écarte et qui commence à grimper la montagne.

Cette scission est-elle une véritable rupture semblable à une mutation génétique ? Ou bien n'est-elle que l'écart qui sépare les pionniers de la masse des suiveurs ? Je laisse le soin aux optimistes et pessimistes de tous poils d'en débattre.

Mais aujourd'hui déjà, la multiplicité des langages, des savoirs et des modèles exclut *de facto* une part importante de la population de la vie technologique, culturelle, intellectuelle, artistique.

Cette part croît et croîtra : le rêve égalitaire de Jules Ferry d'une même éducation pour tous était une impasse, il devient un mensonge, il sera un crime.

Parce que les systèmes éducatifs sont de pures émanations de la sociosphère, parce que les enseignants, par le processus même de leur formation, de leur recrutement et de leur fonctionnement, n'appartiennent pas – ne peuvent appartenir – à la noosphère, il est patent que l'écart entre les deux branches de la bifurcation ne pourra que devenir abyssal.

Mais personne n'a jamais ni prétendu, ni démontré que pour être heureux, que pour être bon, que pour être aimé ou aimable, il fallait être à la pointe de la Connaissance.

La bifurcation noétique n'a aucune incidence ni métaphysique, ni éthique, ni morale, ni politique, ni idéologique : elle est un fait. Comme est un fait l'éruption du volcan ou le surgissement d'une montagne du cœur d'un tremblement de terre. Elle exprime seulement l'émergence d'une voie nouvelle, élitaire, difficile, créatrice de Connaissance. Une voie qui ne brigue aucun pouvoir, aucun privilège, aucune prérogative, (ce sont toutes des valeurs propres à la sociosphère) mais qui affirme haut et fort aux démocraties le *noli me tangere* de Renan.

---

[92] Voir à ce sujet l'excellent « La Parabole du barrage » de Paul Dewandre (Ed.: Les Presses du Management – 1999), ou le fabuleux « Au-delà de la modernité, du patriarcat et du capitalisme » de Marc Luyckx-Ghisi (Ed.: L'Harmattan – 2001) préfacé par Ilya Prigogine. Tous deux m'honorent de leur amitié et je les en remercie ici.

Cependant, il serait dommage, dangereux et simpliste de sombrer dans cette dichotomie (ce binaire) entre élite et exclus. Je m'explique.

6.4.7. Histoire d'un éclatement

Le passage d'une civilisation de l'objet à une civilisation du projet, d'une économie matérielle à une économie immatérielle, est aussi dépassement de la notion de pouvoir.

Dans une économie matérielle, rappelons-le, la valeur vient de la rareté, de la pénurie, de l'excès de demande sur l'offre. Celui qui possède ce qui est rare, est riche et puissant. Ce fut le cas dans les strates historiques successives depuis 30.000 ans : pouvoir de la force, pouvoir du cheptel, pouvoir de la terre, pouvoir de l'argent. Pouvoir unidimensionnel, dans tous les cas, donc société unidimensionnelle (pyramidale, donc) dans tous les cas aussi. Ou bien vous possédez ce qui est rare, ou bien vous ne le possédez pas et vous êtes exclus. Comme l'esclave. Comme le serf. Comme le prolétaire.
Dichotomie : élite ou exclusion. Pas d'alternative.
Avec l'émergence de l'économie de l'immatériel et de la civilisation du projet, c'est-à-dire, en fait, avec l'arrivée de la société de la connaissance et de l'information, c'est-à-dire, encore, avec l'apparition du talent comme source de toute valeur, les règles du jeu changent du tout au tout.
Le talent, à l'inverse des sources anciennes de pouvoir, n'est pas unidimensionnel. Les sources de richesse (dans tous les sens, matériels et immatériels du mot) explosent. Nul ne peut s'approprier une idée. Tout le monde peut s'enrichir sans cesse sans léser quiconque. Chacun peut chercher et trouver une niche où s'épanouir sans jamais piétiner les plates-bandes de qui que ce soit. Que ce talent soit d'expertise (mettre en œuvre, réaliser, appliquer, construire) ou de création (inventer, imaginer, découvrir, trouver), de niveau universitaire ou de niveau artisanal, importe peu.
Les voies de l'accomplissement personnel sont infinies : il y a place pour tout le monde.
Du moins pour tous ceux qui veulent réellement s'accomplir et prendre leur vie en main et en charge pour la sculpter et en faire une œuvre d'art.
Le talent est multidimensionnel, donc il permet à la fois la diversification et l'inclusion.

Il n'y a plus ni élite, ni exclus. Il n'y a plus de hiérarchisation sociale autre que celle de la volonté individuelle de s'accomplir par le talent et la création. Il n'y a plus de concentration du pouvoir sur une seule dimension comme par le passé. On passe d'un monde du pouvoir à un monde du devoir : le devoir de chacun de s'accomplir en plénitude, d'aller au bout de sa vocation et d'exploiter tous ses talents et toutes ses potentialités.

Les seuls laissés pour compte seront les assistés indécrottables, tous ceux qui abandonnent leur vie dans les mains des autres, des institutions, des pouvoirs (c'est là l'unique et épineux problème social de l'avenir).

Passage d'une société de l'Argent à la société du Talent. Passage d'une école des savants à l'école du talent, aussi.

Les processus cognitifs (noétiques) viennent se superposer aux processus productifs, sans s'y substituer, mais en en déplaçant le centre de valeur.

Auparavant, la valeur des personnes, des entreprises, des organisations, des institutions venait de ce qu'elles faisaient (produisaient).

Dorénavant, leur valeur viendra aussi de ce qu'elles font, certes, mais aussi et surtout, de ce qu'elles veulent faire, de ce qu'elles savent faire et de ce qu'elles peuvent faire.

Enrichissement, donc. Eclatement. Multidimensionnalité.

6.4.8. Une vision

Voir la Noosphère...

Voir l'Esprit en marche...

Voir l'Esprit à l'œuvre comme un cœur qui bat et irrigue ce réseau dense, inextricable et mouvant de la Connaissance vivante...

Voir...

Edgar Morin parlait de l'écologie des idées, de la vie des idées dans la noosphère, de l'organisation des idées en « noologie »...[93]. Il écrivait[94] : « *La connaissance spirituelle est la connaissance proprement humaine. Mais le*

---

[93] Edgar Morin – « La méthode – 4. Les idées. Leur habitat, leur vie, leurs mœurs, leur organisation » – Ed.: Seuil – 1991.

[94] Edgar Morin – « La méthode – 3. La Connaissance de la Connaissance » – Ed.: Seuil – 1986

connaissance spirituelle est l'émergence ultime d'un développement cérébral, où s'achève l'évolution biologique de l'hominisation et commence l'évolution culturelle de l'humanité ».

Jacques Monod et Richard Dawkins, repris par le romancier Bernard Werber, ont flirté avec l'idée d'idéosphère...

« Les idées peuvent avoir une autonomie et, comme des êtres organiques, elles souhaitent se reproduire et se multiplier »
(Jacques Monod, in : « Le hasard et la nécessité »)

« Lorsque vous plantez une idée fertile dans mon esprit, vous parasitez littéralement mon cerveau, le transformant en véhicule pour la propagation de cette idée. »
(Richard Dawkins, in : « Le gène égoïste »)

« Les idées se propagent de cerveau en cerveau, en utilisant la voix, les oreilles, les yeux, et aussi la télé et tous les médias »
(Bernard Werber, in : « L'ultime secret »)

A condition de prendre le mot Idée dans son sens le plus large, on peut, comme fait déjà, définir la Connaissance et la Noosphère comme cet ensemble vivant, organisé, structuré, évolutif de toutes les Idées (du grec *eidos* qui signifie « forme ») dont l'Esprit serait le moteur. Chaque Idée est, de fait, un noyau, un nœud de savoirs imaginaires et/ou sensoriels, exprimé dans un des multiples langages possibles (et donc pas uniquement dans un langage conceptuel).

Ce monde - ce fouillis, ce capharnaüm, cette forêt, devrait-on dire - d'Idées qui se dessine, n'est pas le monde immuable des Idées pures et absolues de Platon. De telles Idées fixes sont mortes, momifiées, pétrifiées dans les fantasmes idéalistes de l'absolu et de l'immortalité.

Les Idées réelles, elles, sont vivantes, foisonnantes, mutantes, relatives à un lieu, à une époque, à un groupe, à un mouvement. Elles grouillent en d'étranges essaims enchevêtrés.

Elles se livrent de sanglantes guerres d'écoles, puis se réconcilient en de vastes synthèses inouïes. Elles naissent, croissent, mûrissent, déclinent et meurent : toutes, elles sont mortelles – à l'instar des civilisations, opinerait Charles Péguy !

Qui parlerait encore aujourd'hui de phlogistique ?

Certaines idées ressuscitent comme celle d'Egrégore qui exprime parfaitement la notion de propriété émergente au sein d'un système fusionnel – le Tout est plus que la somme de ses parties.

Certaines auraient dû disparaître depuis longtemps, mais s'obstinent à nuire à force d'acharnement thérapeutique, comme l'idéalisme platonicien ou son rejeton, le dualisme monothéiste chrétien.

Certaines devraient mourir au plus vite - euthanasie ? - telles scientisme, cartésianisme, rationalisme, matérialisme, dogmatisme, totalitarisme, colonialisme, racisme... la liste est bien longue.

Dès qu'une Idée est émise, elle n'appartient plus à son auteur. Elle s'émancipe et se propage.

Elle vit sa vie et se métamorphose et grandit et s'enrichit au fil des cerveaux qui l'hébergent et l'amplifient et la transmettent. Elle s'use aussi, s'érode et se dilue.

La notion de propriété intellectuelle, telle que s'acharnent en vain à la définir - et à la monétiser - les chantres de la sociosphère, est une aberration.

Les Idées n'appartiennent à personne d'autre qu'à elles-mêmes.

Elles naissent ici ou là, par hasard, parce qu'elles sont « dans l'air » : comme cela a déjà été dit maintes fois, si Einstein n'était pas né, la relativité, elle, serait bien née au début du XXème siècle. Parce qu'elle devait y naître. Parce que la physique de ce temps la réclamait à grands cris depuis une décennie au moins. Parce que la science était mûre pour la voir éclore.

Ceci n'enlève évidemment rien ni au mérite, ni au génie d'Albert Einstein, que du contraire puisqu'il a été le premier à oser cette audace inouïe.

Mais la relativité « n'appartient » pas à Einstein ; elle appartient à la noosphère.

Ainsi de toutes les productions intellectuelles, culturelles ou spirituelles de l'humanité.

La sociosphère doit libérer et nourrir la noosphère, pas se l'accaparer, pas se la confisquer, pas se la commercialiser, pas se la monétiser.

L'intendance politique et économique doit suivre, pas contraindre ; elle doit alimenter, pas diriger.

Les créateurs de Connaissance, les porteurs de l'Esprit, ne devraient ni mendier, ni galérer, ni se prostituer comme ils sont contraints à le faire aujourd'hui. Les pouvoirs publics et privés doivent impérativement et rapidement choisir entre sempiternellement aménager les wagons, comme ils le font aujourd'hui, et alimenter sérieusement la locomotive.

Le train humain est aujourd'hui en panne, allant sur son erre, presque à l'arrêt. Et cet arrêt, c'est sa mort. Les wagons seront peut-être joliment repeints, confortablement aménagés, parfaitement sécurisés, mais ils seront condamnés, à terme, à crever sur place, faute de locomotive.

Certes, les investissements en recherche technologique sont importants et croissants, mais c'est être singulièrement myope et criminellement réducteur que de ramener toute la sphère de la Connaissance aux seuls savoirs utilitaires de la technologie (aussi louables et nécessaires soient-ils).

« Science sans conscience n'est que ruine de l'âme » disait François Rabelais dans son Pantagruel. Technologie sans spiritualité, sans esthétique, sans éthique, sans écologie est bien pire.

6.4.9. Comment payer les créateurs de demain ?

Qu'ils soient chercheurs, artistes, inventeurs, créatifs ou concepteurs de tous bords, le problème de la rémunération des créateurs sera un problème central et fondamental à résoudre d'urgence pour que s'épanouisse la société noétique.

Aujourd'hui, il existe trois circuits économiques dominants.

Le premier est celui des bourses de recherche (type CNRS ou autres) qui alimente les universités et les laboratoires officiels et nourrit certains chercheurs académiques (des doctorants, pour la plupart).

Le deuxième est le financement privé des entreprises, au travers des départements de R&D ou de laboratoires privés externalisés. Ce circuit finance la recherche appliquée dont les résultats ne tombent pas dans le domaine public et sont souvent brevetés ou soigneusement cachés par leurs commanditaires (ce qui est bien naturel dans une économie capitaliste de marché).

Le troisième, le plus important, est celui des créateurs indépendants qui vivent (?) du fruit de leur travail, soit en vendant leurs œuvres, soit en touchant des droits d'auteur. Cela signifie qu'ils créent « à risque » et avancent sur fond propre le coût de leur création en espérant un éventuel retour plus tard. C'est pour eux que les juristes s'échinent en vain à tenter de codifier la notion de propriété intellectuelle.

Ces trois circuits continueront de fonctionner demain, mais pas uniquement.

D'autres circuits, aujourd'hui marginaux, vont monter en puissance comme le mécénat (qui fut, ne l'oublions pas, le mode de financement majeur des plus grands artistes et créateurs du XVème au XIXème siècles. Mais il faut alors que les Etats défiscalise en masse ces mécénats).

On peut penser surtout que des fondations, des « fonds pour la création » vont éclore à grande échelle pour financer des créateurs. Ces fonds, destinés à alimenter les talents, draineront de l'épargne privée et/ou des placements d'entreprise, et seront rémunérés soit « en nature », soit avec le fruit des commercialisations des créations (tout en prenant bien garde de ne jamais retomber dans la logique du vedettariat populaire et de la médiocrité créative de masse. Il faut que l'esprit reste non marchand si l'on veut voir éclore des œuvres et des idées vraiment intéressantes). L'octroi de fonds sera de la responsabilité de professionnels (et non de fonctionnaires) sur base de concours et/ou de dossiers.

On peut penser enfin à la rémunération directe de créateurs par les entreprises ou les organisations, hors des schémas classiques du salariat. Une forme d'investissement aveugle et à risque dans le monde des idées (comme pour les start-up, il faut financer au moins dix créateurs pour en voir un seul générer des idées « payantes »).

Les pistes ne manquent pas... et les meilleures restent indubitablement à inventer.

Ce qui est d'ores et déjà clair, c'est que la part de PIB qui doit être investie dans la création et la recherche (hors recherche appliquée spécifique aux entreprises), doit être d'au moins 25%.

Faute de cet effort, l'humanité stagnera et périclitera.

*
**

7. LE MOUVEMENT NOÉTIQUE

« Qui parle sème. Qui écoute récolte. »

Pythagore (VIème s. ACN)

7.1. Prospective : les possibles et les souhaitables

7.1.1. Prospective

La prospective, contrairement à ce que d'aucuns croient, n'est pas l'art de prédire l'avenir.

Elle n'est pas une science divinatoire, sorte de mancie moderne.

Elle ne l'est pas pour la bonne raison que rien n'est écrit et que plus le monde devient complexe, moins il est déterminé et prévisible.

La prospective est un art bien plus qu'une science. Elle repose sur des méthodologies rigoureuses sans prétendre elle-même à la rigueur mathématique.

Elle s'applique à tout depuis le monde pris dans sa globalité jusqu'à tel individu particulier qui s'interroge sur la voie à suivre, en passant par les régions, les secteurs économiques, les écoles de pensée, les partis politiques, les entreprises et toutes les organisations humaines imaginables. La méthode est toujours la même, mais le champ d'application varie en nature et en ampleur, voilà tout.

La prospective pose sur l'avenir deux regards distincts mais complémentaires que l'on appelle « prospective descriptive » et « prospective normative ».

Cette distinction reflète en fait l'idée que l'avenir réel sera un combinat, plus ou moins complexe et toujours incertain, de ce que l'on PEUT devenir (les « possibles ») et de ce que l'on VEUT devenir (les « souhaitables »).

On retrouve là le dialogue systémique entre potentiels intérieurs et opportunités extérieures dont les rencontres forgent le devenir de tout un chacun.

Avoir le talent ne suffit pas, encore faut-il recevoir une chance de le montrer. C'est de la rencontre, passivement fortuite ou intensivement recherchée, entre ce talent et cette chance que naîtra un chemin nouveau d'épanouissement et d'accomplissement.

La *prospective descriptive* est l'art d'extraire du magma informationnel dont nous sommes inondé quotidiennement, les tendances de fond, de voir derrière les ridules de la houle et des risées, les gros courants porteurs, de discerner derrière l'effervescence bouillonnante de la vie les forces durables qui architecturent le monde, les sociétés et le temps.

A partir de cela, la prospective descriptive, comme son nom l'indique, décrit les « possibles » c'est-à-dire les scénarii d'évolution qui sont compatibles avec ces forces durables et ces tendances lourdes.

Encore un fois, il s'agit de combinatoire, chaque scénario découlant d'une certaine combinaison de ces forces et tendances.

On peut raffiner l'approche en évaluant la probabilité (au sens de la théorie des probabilités et de la théorie des jeux) de ces divers scénarii et d'en exprimer les plus probables : mais l'exercice, alors, devient dangereux car ces probabilités ne reflètent, le plus souvent, que des jeux de l'esprit assez aléatoires ou les préférences du modélisateur.

Nous voilà donc en possession d'un ensemble de scénarii qui forme ce que l'on appelle le « cône des possibles ».

La *prospective normative* prend alors le relais dans la démarche. Elle vise à déterminer un autre cône : le « cône des souhaitables », c'est-à-dire l'expression des désirs du système considéré, de ses talents, de ses potentialités.

Le point de départ de la démarche est toujours de répertorier et de décrire proprement les potentialités réelles, activées ou non, du système étudié. Ou ce qui revient au même (c'est ce que nous ferons pour décrire les souhaitables de la révolution noétique) ses forces et ses faiblesses profondes.

« Que pourrait-il faire bien ? » est la question centrale. Ou, symétriquement : où sont les dangers majeurs ? Certains potentiels sont déjà exploités, le sont-ils bien ? le sont-ils assez ? le sont-ils toujours ? etc. D'autres ne sont pas exploités, pourquoi ? comment les activer ? que faut-il faire ou apporter pour qu'ils se déploient ? etc.

Reste à présent à croiser le descriptif et le normatif, à superposer le cône des possibles et le cône des souhaitables afin de déterminer leur intersection, c'est-à-dire l'ensemble restreint des scénarii de vie qui sont à la fois possibles et souhaitables.

S'il y en a beaucoup, le choix sera difficile, mais l'accomplissement sera riche, s'il y en a peu, la liberté de manœuvre sera plus étroite, s'il n'y en a pas, on a un vrai problème de vie.

Répétons-le, cette méthodologie prospective est souvent appliquée à des régions, des secteurs, des entreprises ou des organismes divers, mais elle peut l'être également - nous le faisons souvent pour des dirigeants ou pour du team building - à des personnes qui veulent objectiver leur vocation, leurs talents et leurs potentiels (c'est la face normative), qui veulent analyser leur champ de vie réel et ses tendances profondes (c'est la face descriptive) et qui veulent en tirer un « plan de vie » qui deviendra la norme profonde leur existence et de leur action quotidiennes.

7.1.2. *Le contexte*

Cette méthodologie prospective, nous l'avons appliquée au monde — surtout au monde occidentalisé, c'est-à-dire la quasi totalité de la sociosphère, en fait — afin de comprendre mieux les enjeux et scénarii de la révolution noétique en cours.

Bien sûr, l'hypothèse implicite sous-jacente est claire : la révolution noétique est un fait et non une élucubration. Nous vivons bien la naissance (l'explosion) de la noosphère et l'humanité (et ses ICT[95]) est bien le vecteur et le moteur de cette naissance.

Cette hypothèse est évidemment centrale tout au long de ce livre.

Le problème de base se pose ainsi : l'humanité (ou, du moins, une part d'elle) est confrontée au défi immense d'être le vecteur et le moteur de l'émergence de la noosphère hors de la sociosphère humaine. Cette noosphère, embryonnairement présente en tout et partout depuis l'aube des temps, a trouvé sur Terre, grâce à l'homme et à ses technologies, le terreau propice à sa germination et à sa pousse. C'est l'homme lui-même, l'humanité elle-même qui constituent ce terreau. Cinq milliards de cerveaux humains sont susceptibles de nourrir ce processus de déploiement noétique dans l'arborescence créatrice et créative des connaissances[96].

Mais pour que ce défi réussisse, l'homme doit se transformer en profondeur et sortir du cocon anthropocentrique de la sociosphère afin de se mettre au service de ce qui le dépasse.

Le pourra-t-il ? Et s'il ne le peut pas, que se passera-t-il ?

Le défi noosphérique est le plus grand, sinon le seul, que l'humanité ait à relever.

L'homme enfant-roi termine son règne[97] ; l'homme adulte au service de sa mission et de sa vocation doit advenir.

Et entre enfance et maturité, le passage est ardu et douloureux.

Toutes les sociétés traditionnelles connaissent ces rites de passage de l'adolescence où « meurt » l'enfant et où « naît » l'homme.

---

[95] ICT : « information and communication technologies ». Ces technologies de l'information et de la communication (TIC) regroupent toutes les sciences et techniques liées à l'informatique (hardware et software) et aux télécommunications, la théorie de l'information (Shannon et consorts), les nanotechnologies et la micro-électronique, les technologies du laser et des fibres optiques, etc...

[96] Connaissance est toujours pris au sens le plus large tel que décrit au chapitre précédent « La pensée complexe ».

[97] Et Dieu sait si ce règne a parfois (rarement) été génial mais a le plus souvent consisté à faire des caprices et à tout casser autour de lui. L'homme enfant-roi laisse derrière lui une planète en sang, épuisée et pillée qui ne cicatrisera peut-être jamais plus. Gaïa, la Mère, a été torturée, violée, tourmentée par son Homme enfant-roi au-delà du descriptible. Mais ceci n'est pas l'objet de nos propos.

Quels seront nos rites de passage à l'échelle de la planète ?

Qui seront le sorcier ou le shaman qui conduiront ces rites initiatiques ?

Et cet Homme, jeune encore[98], fragile malgré tout, survivra-t-il aux épreuves ?

Autant de questions que notre méthodologie prospective va nous aider à éclairer dans les paragraphes qui suivent.

7.1.3. Les possibles

D'un point de vue macro-historique, il n'y a que trois scénarii possibles.

Premier scénario : il peut être envisagé que l'homme s'enferme dans la sociosphère et refuse d'en sortir, ni vers la biosphère, ni vers la noosphère.

Bref, le monde reste tel qu'il est, l'homme demeure la mesure de toute chose, et son orgueil et son égoïsme continue de lui laisser croire que tout lui est permis et qu'il peut continuer à tout casser autour de lui pour satisfaire ses caprices de sale enfant gâté.

Ce scénario conduit évidemment à la catastrophe majeure : la Terre ne pourra plus supporter les tortures que lui inflige l'homme.

Elle pourra réagir de deux façons.

Première variante : une révolte brutale de la biosphère dans le but clair d'éliminer l'homme et de préserver la vie. C'est en partie de ce scénario que relèvent les épidémies de SIDA et autres maladies « nouvelles » et les catastrophes « naturelles » qui touchent l'homme et ses artefacts bien plus que les autres espèces : la Nature tapera là où l'homme est faible.

Seconde variante : la biosphère renonce et se laisse mourir sous les coups absurdes d'une humanité débile et stupide, et la Vie disparaîtra de la Terre pour recommencer son aventure ailleurs, avec des partenaires plus adultes.

Au vu de l'actualité et du siècle écoulé, à moins prise de conscience brutale, ce premier scénario semble bien le plus probable et je penche, personnellement, pour la première variante.

---

[98] Qu'est-ce que ces malheureuses 30.000 années en regard de l'histoire cosmique ?

Deuxième scénario : il peut aussi être envisagé que l'homme, sous la pression des mouvements écologistes principalement, se détourne de la sociosphère et de ses activités économiques et culturelles, pour se replonger totalement dans la biosphère.

C'est le scénario du retour massif à la Nature. Nous serons tous des chevriers cévenoles ou des bergers sur le Larzac.

Le scénario est plausible à l'échelle de deux générations. Mais il impliquerait une baisse énorme de la démographie : la Terre est devenue trop petite pour porter et nourrir cinq ou six milliards d'apprentis paysans. Il n'y a plus assez de terres cultivables sur Terre pour que chacun puisse, avec sa famille, y vivre en autarcie vivrière naturelle.

Les terres cultivables d'aujourd'hui peuvent nourrir toute l'humanité à la condition sine-qua-non de mettre en œuvre tous les procédés propres aux industries agricoles et agroalimentaires.

Un retour massif aux méthodes traditionnelles et archaïques de culture, avec ses brûlis, ses déforestations, ses chasses et pêches anarchiques, aboutirait à un résultat tellement anti-écologique que l'issue en sera le même que dans le scénario précédent.

Donc, si « retour à la nature » il doit y avoir, ce sera dans la perspective des mouvements dit de « deep ecology »[99] qui estime que la Terre peut nourrir et porter au plus 500 millions d'êtres humains. Que deviennent alors les quatre milliards et demi qui sont de trop ? On les euthanasie ? on les laisse crever de faim ? on les extermine en réhabilitant les techniques de ce cher Himmler ? on les stérilise massivement comme ce fut le cas en Suède il y a deux ou trois décennies ? on limite les naissances à un enfant pour cinq couples pour amplifier les méthodes chinoises ? on élimine neuf enfants sur dix à la naissance après avoir sélectionné les plus aptes à une vie saine et naturelle dans les champs et les bois ?

Bref, on le voit, ce second scénario n'ouvre guère de réjouissantes perspectives, non plus... Mais ce scénario n'est certainement pas à rejeter : il reste un possible... même s'il n'est guère très souhaitable.

---

[99] Ces mouvements, californiens à l'origine, prône un renversement des valeurs et mettent la vie humaine au service de la Vie (ce qui est positif) mais considère l'homme comme un parasite infect qu'il faut faire cesser de nuire par tous les moyens (ce qui peut moins l'être).

Troisième scénario : il peut enfin être envisagé que l'homme relève son défi, qu'il assume sa mission, qu'il reconnaisse sa vocation. L'homme alors devient noétique, pionnier de la noosphère. Il échappe à la sociosphère par le haut tout en se mettant au service de la biosphère par le bas.

Noologie et écologie se rejoignent en amenant l'homme à se dépasser lui-même, à devenir adulte et mature, à créer beaucoup de Connaissance tout en prélevant peu de Nature.

C'est la fin de l'homme égocentrique et des sociétés anthropocentriques.

C'est la fin du primat du politique et de l'économique sur l'humain.

Dans les paragraphes qui suivent, c'est évidemment ce troisième scénario que nous allons développer de plusieurs points de vue.

7.1.4. *Le processus de rupture de paradigme*

Le passage de l'âge industriel à l'âge noétique marque un saut de complexité qui fait passer de la sociosphère (et de ses moteurs centraux que sont le politique et l'économique) à la noosphère.

Ce passage, comme tout changement de paradigme est un processus de croisement entre une vague montante (le nouveau paradigme) et une vague descendante (l'ancien paradigme).

Au point de rencontre de ces deux vagues, la prépondérance de l'ancienne s'effondre au profit de la nouvelle : c'est ce point de rupture que nous vivons depuis la fin des années quatre-vingt et que nous vivrons encore pendant de une ou deux décennies à une ou deux générations[100].

Ce processus de croisement implique trois type de comportement de transition.

---

[100] Rappelons encore que la prospective n'est pas une science exacte. Certains modèles proposent une découpe de l'histoire humaine en cycle paradigmatique d'environ 500 ans qui « colle » relativement bien à l'histoire de ces trois derniers millénaires. Selon ce modèle, l'âge noétique durerait donc de 2000 à 2500 PCN et devrait atteindre sa pleine maturité entre 2100 et 2150. Mais les cycles « matériels » d'antan sont-ils transposables ?

D'abord il y a la *déconstruction* des structures anciennes devenues obsolètes comme l'Etat Nation, le capitalisme spéculateur, l'éducation rationaliste et laïque, les méthodologies cartésiennes, etc.

Ensuite, il y a la *refondation* des piliers de base du nouveau paradigme : ces bases, pour nous, sont le cognitif (la connaissance au sens le plus large et le plus riche), le créatif (aussi au sens le plus large et riche) et le qualitatif (idem). Nous y reviendrons ci-après.

Enfin, il y a le *reconstruction* de nouvelles structures radicalement autres que les anciennes, tant en nature, qu'en architecture ou qu'en niveau de complexité qui sera incroyablement supérieur au monde un peu simplet et simpliste dans lequel nous vivons encore.

Chacune de ces trois étapes devra être regardée de près du triple point de vue politique, économique et culturel qui forment les trois dimensions du développement des civilisations et des sociétés humaines.

7.1.5. La déconstruction des structures anciennes

Nous avons repéré trois moteurs principaux de déconstruction des structures de l'ancien paradigme. Celui-ci était essentiellement bâti sur le pilier étatiste pour la facette politique, sur le pilier capitaliste pour la facette économique et sur le pilier rationaliste pour la facette culturelle. Pour sortir d'un paradigme, il faut d'abord s'extraire de ses rets, il faut couper les liens qui entravent et se libérer des ordres anciens : bref, il faut déstructurer.

Trois libérations majeures, donc.

Se libérer de l'Etatisme: cette libération progressive de l'Etat se devine au travers de nombreux processus parmi lesquels on peut relever :
-    La globalisation, la mondialisation et le mondialisme,
-    les dénationalisations et désétatisations, ou les retentissantes faillites des entreprises publiques,
-    la déconfiture des systèmes de sécurité sociale et autres assistanats institutionnels,
-    l'impasse notoire des éducations nationales,
-    l'éclatement des pouvoirs nationaux entre pouvoirs régionaux et locaux et pouvoirs supranationaux,

- le juridisme exacerbé[101] qui provoque une inflation de dossiers et qui engorge et paralyse les tribunaux,
- l'effondrement des « services » publics médicaux, hospitaliers et de soins de santé,
- le renforcement constant des effectifs de Police[102] qui mène la société à un totalitarisme mou et doux où la docilité et l'obéissance seraient les vertus dominantes,
- l'indifférence quasi générale de la société civile pour la politique et l'exercice de la démocratie,
- la dégénérescence de la démocratie en démagogie et en clientélisme généralisés,
- la dérégulation – de fait plus que de droit – qui, dans les interstices entre lois et règlements locaux, laisse de vastes espaces « sauvages »,
- la déliquescence de la presse d'idées au profit de la presse à sensation ou à scandale,
- etc.

Se libérer du Capitalisme: cette libération progressive du Capital se ressent aussi par plusieurs côtés parmi lesquels :
- l'éboulement durable des systèmes boursiers et de toutes les institutions spéculatives,
- le blocage permanent de l'esprit d'entreprise par la logique de placement des fonds de pension,
- la baisse notoire des besoins en capitaux des entreprises de l'immatériel et de la connaissance[103],
- les fluctuations incohérentes et erratiques du prix de l'argent selon les déraisons et lubies des arbitrages internationaux,

---

[101] Aussi éloigné que possible des concepts de Justice ou d'Equité. Le problème n'est plus de rendre Justice, le problème est de gagner des procès : la nuance est énorme.

[102] Ne jamais oublier qu'un paradigme obsolète, parce qu'il « nourrit » énormément de monde, a tendance à se maintenir par la force et dans la violence. La Police est l'instrument de cette violence. Tous les régimes totalitaires se fondent sur leur Police pour perdurer.

[103] Il faut des millions pour créer une industrie, quelques milliers d'euros suffisent largement pour créer un cabinet de conseil ou un bureau créatif.

- les délocalisations absurdes qui visent la rentabilité financière à court terme en négligeant les immenses pertes de savoir-faire à moyen et long terme,
- le massacre permanent de tissus de PME par une grande distribution étrangleuse,
- la tyrannie du bas prix qui induit la généralisation de produits industrialisés de très basse qualité au détriment des vrais savoir-faire artisanaux,
- le développement de mouvements pour le commerce équitable,
- la lutte de plus en plus forte entre écologisme et industrialisme (surtout aux USA mais aussi au Japon, en Chine, etc.),
- les actions violentes et fréquentes de révolte contre l'OMC, la Banque Mondiale, les G5 ou 7 ou 8, etc.,
- la montée exubérante du pouvoir et de la puissance des organisations maffieuses,
- la baisse constante du taux de création d'entreprise, tant pour des raisons externes (financement inaccessible, obstacles administratifs) que pour des raisons internes (perte du goût d'entreprendre, dégoût économique, indifférence financière),
- etc.

Se libérer du Rationalisme: cette libération progressive de la Raison se repère enfin à de nombreux indices dont :
- la fin de la foi aveugle en le progrès en général, et en le progrès par la science et la technologie en particulier,
- le retour aux spiritualités et savoirs traditionnels,
- la perte de confiance en la médecine occidentale classique et le recours de plus en plus fréquents aux méthodes des médecines douces, traditionnelles ou non intrusives,
- l'abandon chez beaucoup de jeunes des études scientifiques et techniques au profit des filières humaines ou artistiques,
- la démassification généralisée (de la presse aux modes en passant par les produits de consommation ou les loisirs) au profit d'une personnalisation plus gratifiante même si le prix ne peut plus intégrer les mêmes économies d'échelle,

- la fin de la logique « carrière » chez beaucoup de cadres et employés qui privilégient la qualité de vie au pouvoir d'achat,
- l'accent mis sur les « relations humaines » et sur les dimensions psychologiques, irrationnelles et subjectives de la vie quotidienne,
- la rupture croissante des 40 ans et plus d'avec les circuits professionnels et sociaux classiques,
- le collapsus des méthodes pédagogiques classiques cartésiennes qui ne cessent de produire des chômeurs sans pouvoir répondre aux besoins réels du monde réel,
- de manière générale, la perte d'importance du quantitatif au profit du qualitatif,
- le dégoût croissant pour la ville et la concentration urbaine,
- la crise majeure des banlieues et HLM pourtant conçus rationnellement comme des paradis urbains de vie collective[104],
- etc.

Ces trois mouvements de libération sont à l'œuvre sous nos yeux. Ils deviennent de plus en plus puissants et ne feront que s'amplifier.

Un monde meurt.

Un paradigme s'éteint.

Inexorablement. Et toutes les gesticulations politiciennes ou idéologiques n'y feront rien.

André Comte-Sponville et Luc Ferry auront beau faire et soupirer : Descartes, le siècle des « Lumières » et Jules Ferry ne font déjà plus partie de notre avenir, ils sont passés à la trappe de leurs limites et de leurs simplismes.

Mais déconstruire sans construire, c'est se condamner au chaos stérile des matériaux épars.

Déconstruire est nécessaire mais n'est jamais suffisant.

En parallèle de l'œuvre de déconstruction, il faut entreprendre les œuvres de refondation et de reconstruction.

---

[104] Merci Le Corbusier ! Exemple typique où l'aveuglement idéologique (communiste en l'occurrence) occulte complètement la réalité humaine. Au nom du collectivisme et du romantisme « socialiste », on a oublié que l'homme est un animal qui hait la promiscuité et dont la socialité est infiniment plus faible que l'individualité.

7.1.6. La refondation des piliers de base

Après s'être libérer de l'ancien paradigme, il faut établir les nouveaux piliers sur lesquels le nouveau paradigme pourra se construire, un peu comme une plate-forme de forage en mer qui s'établit sur des piliers ancrés au plus profond du socle rocheux.

Le nouveau paradigme sera à la fois qualitatif, cognitif et créatif.

<u>Du point de vue politique, il sera qualitatif.</u>
Nous sortons d'une ère étatique où tout est quantifié et quantitatif, une ère matérialiste où l'objet et la quantité étaient rois, une ère où tout se mesure et où tout se chiffre, où la vie se ramène à des statistiques, à des ratios, à des quotas, à des scores.

La démocratie tout entière se réduit à des sondages, à des statistiques, à un nombre de suffrages (quelle que soit la qualité de celui qui vote : le voyou pèse autant que le saint).

La gestion se réduit à des budgets comptables qui ne tiennent absolument pas compte de l'essentiel.

L'unité dernière et finale de tout est l'argent, lui si nécessaire, mais si insuffisant.

Demain, le fonctionnement de la société ne fera pas abstraction du quantitatif et de l'argent, mais il ne s'y limitera pas. La qualité de la vie primera sur le pouvoir d'achat.

La qualité des relations interpersonnelles primera sur l'effervescence superficielle et artificielle des contacts mondains. La qualité des produits et des services primera sur le prix et la consommation à tout crin. En très gros, cela signifie que les critères du cerveau droit primeront sur ceux du cerveau gauche. L'évaluation analytique et quantitative déclinera au profit de l'estimation globale et qualitative.

Dès lors que l'évaluation de l'existence et du rapport aux autres échappe aux critères analytiques et quantitatifs, dès lors que la qualité de vie, au sens le plus individuel, prime sur les considérations idéologiques et statistiques, dès lors que l'homme de la rue, l'électeur moyen et la ménagère de quarante ans sont enfin perçus comme des fictions absurdes aussi détachées que possible de la réalité, alors tout le substrat concret de la vie politique de nos cités s'effondre.

Une nouvelle politique est alors à inventer qui privilégie, bien sûr le qualitatif, mais qui, surtout, devient notoirement périphérique par rapport à le vraie vie.

Le politique, symbolisé par la carte d'identité ou le passeport, devient pourvoyeur de services au même titre qu'une carte de crédit : ni plus, ni moins.

Sa seule mission fondamentale est d'assurer la paix et la liberté à tous et à chacun.

La vie redevient essentiellement privée, personnelle, spécifique.

Le concept de citoyen n'a plus aucun sens.

Les idéaux absurdes — et meurtriers — d'Egalité, de Justice, de Démocratie, de Citoyenneté, ces idéaux que les romantiques, Hugo et Michelet en tête, ont réinventés et prêtés aux « révolutionnaires » de 1789 qui n'étaient que des bourgeois jaloux face à une monarchie pourrie et finissante, ces idéaux sont morts.

Il ne reste que la personne humaine en quête d'accomplissement personnel dans une intériorité fortement étrangère à toute socialité.

La personnalité se libère enfin de la collectivité.

L'homme n'est pas un animal social.

Le social était un mal nécessaire tant que la solidarité concrète était un facteur important de survie.

L'âge noétique, en recentrant la personne sur ses talents et son œuvre la libère des contraintes et des entraves collectives.

Une nouvelle politique est à créer qui se centre non plus sur la collectivité mais sur des individualités.

Du point de vue économique, il sera cognitif.

Nous sortons de l'ère capitaliste où tout patrimoine, toute valorisation, tout actif étaient strictement financier et soumis aux fluctuations spéculatrices.

L'entrée dans l'âge noétique bouleverse la donne et inverse le courant.

On l'a vu, le quantitatif sera subjugué au qualitatif du point de vue politique et social ; il le sera aussi du point de vue économique.

La valeur qualitative des entreprises, mais aussi de tous les biens et de tous les services (en termes de qualité totale), prendra une part croissante dans l'appréciation que l'on en fera.

La valeur ajoutée et le goodwill seront largement déterminés par la somme de Connaissance qui y sera investie : c'est en cela qu'il faudra parler d'économie cognitive.

Mais que vaut une connaissance ?

Comment introduire la notion de valeur quantifiée sur quelque chose d'impalpable, d'évanescent, de volatile, sur quelque chose qui échappe à la notion de rareté, sur quelque chose qui a d'autant plus de valeur qu'elle est plus partagée gratuitement ?

Comment valoriser, donc acheter ou vendre, une entreprise dont la valeur fondamentale réside dans les talents et connaissances de quelques cerveaux que rien n'oblige vraiment à demeurer dans cette entreprise-là ?

On l'a vu, déjà, mais il est bon d'y réinsister, les fondements mêmes de l'économie cognitive sont totalement étrangers à ceux de l'économie industrielle et capitaliste.

Deux points méritent d'être soulignés.

Le premier est que l'économie cognitive, du fait de sa très haute volatilité et des rythmes très rapides de temps qui la scandent, échappera quasi totalement aux pratiques spéculatives propres à l'économie industrielle et capitaliste aux travers des jeux boursiers et des produits dits financiers.

Le second, qui va dans le même sens, est que les entreprises de l'immatériel n'ont presque pas besoin de capitalisation du fait que leurs investissements de base ne coûtent que du temps et du talent de la part des associés : leur problème financier majeur n'est pas de capital, mais de trésorerie à court terme.

Enfin, il est bon de rappeler que l'émergence de l'économie cognitive n'effacera pas l'économie industrielle et capitaliste, mais elle la rendra complètement marginale, ainsi que la révolution industrielle, en instaurant l'économie capitaliste, n'a pas éliminé l'économie agraire antérieure mais l'a marginalisée (moins de 3% de la population active d'Europe s'occupe encore d'agriculture et d'élevage).

On peut parier que, dans le demi siècle qui vient, l'économie cognitive prendra plus de 80% de l'économie mondiale totale, le reste étant partagé entre industrie (y compris les industries du service comme la banque ou l'assurance) et agriculture (y compris l'élevage).

Du point de vue culturel, il sera créatif.

Nous sortons de l'ère rationaliste où n'avait de réelle valeur intellectuelle que ce qui ressortissait de la rationalité (réelle ou apparente...).

Cette tyrannie cartésienne a entraîner l'atrophie dramatique des autres facultés mentales de l'homme au travers du filtre terrible de méthodes pédagogiques et de systèmes éducationnels quasi totalitaires : des pans entiers de culture traditionnelle (notamment les parlers locaux ou les savoirs empiriques et heuristiques des « gens de terrain » comme les remèdes de bonne fâme [105] ou la connaissance des plantes) ont été savamment et systématiquement saccagés et détruits.

On commence à peine à mesurer l'étendue du désastre que cela représente, maintenant que les limites des méthodes dites rationnelles ont été atteintes et franchies dans tant de domaines.

Pendant les cinq siècles qui nous séparent de la Renaissance italienne Seul le cerveau gauche, a eu droit de cité dans le monde occidental.

Toutes les cultures traditionnelles ont été taxées de « primitives » et traitées comme telles avec hargne ou dérision.

Heureusement, parce qu'elles ont longtemps été tenue à l'écart des filières éducationnelles, les femmes ont souvent préservé les facultés de leur cerveau droit : c'est ce que l'on appelle leur sixième sens ou l'intuition féminine ou la sensibilité féminine, etc...

L'âge noétique, en réhabilitant le cerveau droit et ses pouvoirs, réhabilitera du même coup les valeurs féminines qui y sont attachées.

Mais avant tout, l'âge noétique s'épanouira en étant créatif (la créativité est un des piliers de ce cerveau droit si longtemps massacré).

Jusqu'il y a peu, le créatif était marginal : artiste un peu bizarre, savant un peu singulier, inventeur un peu fou, mystique un peu « à la masse »...

Il avait réussi à passer entre les mailles du filet éducatif, et vivait à l'écart avec un statut proche du « simplet » du village ou du « ravi » provençal.

Etrange et donc étranger... Honte des familles et douleur des parents...

« Ne dites pas à ma mère que je suis dans la pub, elle croit que je suis pianiste dans un bordel », disait avec humour mais justesse Jacques Séguéla.

Aujourd'hui, tout change, tout s'inverse : les savoirs sont mieux protégés et sont plus accessibles dans les mémoires informatiques que dans les mémoires humaines. La logique déductive est aisément informatisable

---

[105] Et non « de bonne femme » comme trop souvent écrit. Il s'agit de remède de bonne réputation (du latin *fama* : « réputation »)

(systèmes experts et moteurs d'inférence) et ne nécessite plus que les cerveaux humains s'y échinent.

En gros, la rationalité sera de plus en plus l'affaire des ordinateurs qui font cela plus vite et plus sûrement que les hommes.

Restera à l'homme l'immense part non informatisable de l'activité mentale et spécialement l'activité créative.

Cela implique une transformation complète de tous les systèmes éducatifs qui délaisseront l'apprentissage des savoirs pour s'investir dans l'apprentissage des langages, des méthodes de recherche d'information et des techniques de créativité.

Le stockage des savoirs si rapidement obsolètes n'a plus guère de sens : l'érudition cèdera le pas à l'investigation.

Retour donc à Montaigne[106] : des têtes bien faites et non des têtes bien pleines.

Beaucoup plus difficile à réussir, non ?

Le problème général de demain ne sera plus de posséder des savoirs, mais de créer de la connaissance : la possession s'efface devant la création, l'avoir s'efface devant le devenir.

Regard neuf, totalement neuf, sur la production artistique et scientifique, sur le cheminement philosophique et spirituel, sur le développement personnel et relationnel avec les autres, sur le fonctionnement familial et social, sur l'épanouissement sentimental et sexuel, etc... : ne plus chercher à posséder mais chercher à créer.

Cela me rappelle cette superbe phrase de Cécile B. Loupan : « L'enfant n'est pas un vase qu'on remplit, mais un feu que l'on allume. ».

Avis donc à tous les parents et à tous les « éducateurs et enseignants ».

7.1.7. La reconstruction des structures nouvelles

L'avenir ne sera plus ni étatiste, ni capitaliste, ni rationaliste.
Il se bâtira sur un trépied qualitatif, cognitif et créatif.

---

[106] Avec Héraclite et Nietzsche, avec les sages et mystiques de toutes les authentiques traditions occidentales et orientales, Montaigne sera un des phares de la philosophie de l'âge noétique. Platon, Aristote et tous les autres passeront enfin à la trappe de l'oubli. Le rationalisme et l'idéalisme sont totalement moribonds. Ouf !

Mais quels seront les moteurs de construction du nouveau paradigme et des sociétés humaines qui en découleront ?

Nos observations et études ont abouti à formuler trois moteurs essentiels : dématérialisation, réticulation et nomadisme.

Dématérialisation

L'âge noétique, parce qu'il se concentre sur l'émergence de la noosphère, s'investit essentiellement dans la Connaissance et les Idées, donc dans l'intangible, l'impalpable, l'immatériel. Et qui dit immatériel, dit dématérialisation.

Pour reprendre Aristote, tout ce qui existe est à la fois substance et forme (nous dirions aujourd'hui « support » et « information »).

Ce qui change fondamentalement avec l'âge noétique, ce qui fonde ce moteur de dématérialisation, c'est la rapport entre le poids/valeur du support et la quantité/valeur d'information[107].

Un exemple : la monnaie[108]. Originellement, la monnaie était du métal précieux (or, argent et laiton essentiellement) frappé d'une quelconques effigie officielle. L'arrivée des lettres de change templières, des traites lombardes et des assignats français ont introduit progressivement le papier-monnaie bien moins lourd et encombrant que la monnaie métallique : le rapport valeur/poids augmente d'un coup. Mais avec l'apparition des cartes bancaires et de crédit, ce rapport explose littéralement : une carte magnétique de quelques grammes peut « valoir » des millions d'euros.

Cet exemple montre la tendance que l'on retrouvera en tout : faire des économies drastiques en matériaux (non seulement pour des raisons écologiques, mais aussi pour des raisons économiques : la matière pondérale coûte infiniment plus cher que l'information) qui transporteront de plus en plus d'informations, donc de « formes ».

Bien sûr, toutes les nanotechnologies participent de ce courant, mais pas seulement.

Les nouveaux matériaux composites ultra-légers aussi.

---

[107] A ce sujet, voir un chapitre précédent.

[108] Lire à ce sujet le fabuleux travail de René Sédillot : « Histoire morale et immorale de la Monnaie » (Ed. Bordas - 1989)

Le remplacement des rivets par des colles en industrie aéronautique aussi.

Sans parler des téléphones et ordinateurs portables, des appareils photo et caméras digitales, des compact disks, etc.

Et sans parler surtout du Web et d'Internet qui, de n'importe où, donnent accès aux plus immenses bibliothèques du monde entier, bibliothèques elles-mêmes concentrées sur quelques centaines de milliers de disques mémoires.

Une part de plus en plus importante de nos existences quotidiennes sera virtuelle[109], comme l'argent de ma carte de crédit, comme ma réunion en vidéo-conférence, comme le texte que j'écris ici sur mon ordinateur, comme le voyage que je fais en regardant un documentaire sur Odyssée, etc.

Par dématérialisation, il faut aussi entendre cette tendance à sortir des valeurs et pratiques matérialistes. Tendance forte et riche, encore diffuse, mais de plus en plus présente[110].

Elle se traduit par le passage déjà exprimé du qualitatif au quantitatif, de l'essoufflement de la société dite de consommation, de la prise de conscience progressive du vide et de l'amertume engendrés par l'hédonisme exacerbé ambiant, de la dégradation des relations sociales engluées dans l'égoïsme généralisé et dans l'assistanat institutionnalisé qui rend les solidarités réelles secondaires, de la mauvaise qualité de ces vies dénuées de projet qui les dépasse, du désespoir repu qui n'a d'autre exutoire que la drogue, l'alcool ou la griserie du spectacle et du spectaculaire vains.

Réticulation

On l'a vu, cartésianisme oblige, l'âge « moderne » était tout entier construit sur la relation hiérarchique : l'Etat face aux citoyens, le patron face aux employés, le chef de famille face à sa femme et à ses enfants, le Président d'association face à ses membres, le Professeur face à ses étudiants, le Curé face à ses ouailles, l'Evêque face à ses curés et le Pape face à ses évêques, etc.

Cette relation simple, voire simpliste, peut fonctionner – a fonctionné – à peu près correctement dans des organisations simples comme l'armée.

---

[109] Ce mot « virtuel » pour exprimer le fait qu'il s'agit de quelque chose d'immatériel, est bien impropre car « virtuel » signifie en fait potentiel, non encore advenu donc pas encore réalisé, donc irréel. Or, ce que l'on nomme « virtuel » avec les nouvelles technologies est tout sauf irréel : cela existe réellement mais sous forme digitale et non pas matérielle.

[110] Voir le paragraphes traitant des « cultural creatives ».

Dès lors que la complexité croît, ce mode de relation devient totalement inadéquat parce que trop réducteur. De nouveaux comportements, de nouvelles logiques relationnelles doivent impérativement prendre le relais.

La pyramide hiérarchique est la plus simple et la plus pauvre de toutes les figures géométriques. Elle ne convient plus dans un monde ultra-complexe et ultra-turbulent : la voie hiérarchique est trop lourde, trop rigide et trop lente pour pouvoir agir et réagir en milieu turbulent imprévisible.

A la pyramide succèdera le réseau[111].

Le processus de réticulation produit des réseaux dont les caractéristiques principales sont les suivantes :

-   ils sont non hiérarchiques c'est-à-dire que leur fonctionnement n'est plus régulé par l'autorité du pouvoir, mais par l'autorité du savoir ;
-   ils sont condamnés à faire confiance n'ayant ni les moyens ni le temps de passer par le contrôle ;
-   ils sont fédérés par un projet (donc par une Idée, une vocation) dont l'accomplissement favorise clairement les intérêts et désirs personnels de tous leurs membres ;
-   ils sont souples et adaptent leur forme générale aux propriétés du milieu où ils agissent, comme les mailles d'un filet flottant épousent les contours des vagues marines ;
-   ils sont impermanents : leurs membres vont et viennent dans un climat relationnel évolutif en fonction des projets et attentes personnelles des membres ;
-   ils favorisent la multi-appartenance : chacun peut être membre d'un grand nombre de réseaux selon la variété de ses activités et de ses désirs ;
-   ils ne survivent que tant qu'il y a convergence forte entre leur vocation/projet global collectif et les vocations/projets personnels de leurs membres ;
-   ils sont gérés par une équipe d'animateurs/fédérateurs dont la mission essentielle est double : stimuler un relationnel riche et enrichissant entre les membres, fournir aux membres une logistique positive et satisfaisante ;
-   etc.

---

[111] Lire notamment Daniel Parrochia : « La Philosophie des Réseaux » (Ed. PUF – 1993)

Nomadisme

De la Renaissance italienne à Hiroshima, l'immense majorité des hommes a été fondamentalement sédentaire, rivée à un terroir souvent de quelques kilomètres carrés : le voyageur était l'exception plutôt mal perçue, montrée du doigt, entourée de méfiance et de défiance.

Etranger partout, bienvenu nulle part, sauf lorsqu'il apporte avec des denrées, des nouvelles, des distractions.

Les coureurs de routes et chemins sont rares, minoritaires : leur culture, leur comportement, leurs valeurs sont bizarres, méconnues ou ignorées. Ils n'ont aucune influence réelle sur la société qui les environne.

Après la seconde guerre mondiale, avec la démocratisation des moyens de locomotion à longue distance et l'internationalisation de la vie économique et politique, tout commence à changer.

Les frontières naturelles s'estompent progressivement et sont remplacées (depuis l'invention de la carte d'identité par les Allemands durant la guerre 14-18) par des frontières administratives et douanières encore impensables au XIXème siècle.

Bref, depuis lors, les hommes et les femmes voyagent de plus en plus, de plus en plus loin, de plus en plus vite, de plus en plus longtemps. Un nouveau nomadisme géographique et itinérant s'installe.

Mais avec l'âge noétique, c'est la nature même du nomadisme qui change et se généralise : il ne s'agit plus tant d'un nomadisme matériel lié à la géographie (les transports coûtent beaucoup trop cher tant économiquement qu'écologiquement), que d'un nomadisme immatériel.

Si l'on définit le nomadisme comme le changement permanent de lieu, il apparaît comme cheminement et itinérance généralisée à tous les lieux qu'habite l'homme.

Lieu physique et matériel d'abord, bien sûr : un terroir, une maison, un jardin. Mais surtout lieux noétiques et immatériels : métiers, domaines de compétence, croyances, valeurs, appartenances, projets, nationalités, vocations, etc.

Ce sera dans ces lieux-là, bien plus que dans le lieu physique, que se nichera le nouveau nomadisme.

Le mouvement, la transhumance, le voyage humains de demain sera un perpétuel cheminement professionnel, spirituel, intellectuel, passionnel.

Le « Je » naguère fixé et rivé à sa carte d'identité, s'en libère et se transforme sans cesse au travers de ses activités créatrices. La vie était existence ; elle devient cheminement.

Et ce cheminement perpétuel est rendu possible par toutes les technologies « portables », légères à emporter, partout accessibles, partout connectables.

Cela pourra paraître paradoxal, mais la montée en puissance du nouveau nomadisme noétique fera s'effondrer le nomadisme géographique (le transports, sur longue distance, des choses et des gens) tant pour des raisons économiques (le coût du transport) qu'écologiques (économie des énergies et lutte contre les pollutions physiques et culturelles).

Fidèle à notre méthode, nous allons indiquer quelques conséquences de la mise en œuvre de ces trois moteurs du triple point de vue politique, économique et culturel.

Du point de vue politique, c'est-à-dire de l'organisation de la vie sociale et de l'ordre social, on peut entrevoir ceci :
- l'éclatement des frontières entraînera la disparition progressive de toutes les appartenances nationales : la carte d'identité sera assimilée à une carte de crédit donnant accès à certains services et à certains avantages. De plus en plus, la notion de citoyen du monde pourrait remplacer celle de citoyen national ;
- la multi-nationalité, comme application particulière du processus de multi-appartenance, pourrait aussi émerger (en lieu et place du concept, plus utopique, de citoyen du monde). On peut très bien, comme moi aujourd'hui, être né dans un pays, en habiter un autre, détenir le passeport d'un troisième et avoir ses revenus dans un quatrième ;
- l'organisation sociale nationale, fixe et hiérarchique sera remplacée par une organisation sociale transnationale, fluide et réticulée. C'est déjà le cas aujourd'hui pour de nombreuses mouvances religieuses, idéologiques, initiatiques, écologistes ou maffieuses qui vivent très bien « hors-la-loi ». Comment ce type d'organisation pourra-t-il se généraliser ? Répondre à cela, c'est faire de la politique-fiction : il est trop tôt pour voir se dessiner ces structures latentes. Certains

parlent de « tribus » et de nouveau tribalisme : le mot est acceptable. Chaque tribu aurait sa loi et ses instances, et toutes les tribus seraient soumises à une espèce de « constitution mondiale de l'humanité », nouveaux « dix commandements » irréfragables établis par un groupe de Sages élus à cet effet. Les litiges entre « tribus » ou avec des personnes sans appartenance tribale, seraient tranchés par des instances mondiales. Oui, peut-être : on verra bien... ;
- etc.

Du point de vue économique, on peut entrevoir ceci :
- l'économie noétique, on l'a vu, devra redéfinir de fond en comble les notions de propriété, de valeur, de profit, de commerce, de gratuité, de partage, etc... Il en résultera un grand chamboulement théorique et pratique ;
- comme déjà mentionné, l'effondrement des activités boursières et spéculatives ainsi que des entreprises de transport est hautement probable ;
- les hommes changeront de métier et de compétence principale plusieurs fois (au moins 4 ou 5 fois...) durant leur existence ;
- le salariat, trop fixiste, trop réglementé, trop inadéquat, sera remplacé par le partenariat. Chacun se réappropriera ses propres talents et compétences et se gérera lui-même en tant que son propre fond de commerce ;
- la durée de vie des entreprises (au sens juridique) sera courte, le temps d'un projet. La durabilité économique se développera bien plus dans les patrimoines cognitifs et créatifs véhiculés par les hommes et les réseaux que dans les raisons sociales ;
- les entreprises sous-traiteront de plus en plus tous ce qui ne relève pas directement de leur propre cœur de compétence. Ainsi, chaque entreprise créera autour d'elle, par externalisation massive, son propre réseau de partenariats et de sous-traitances ;
- l'économie ancienne forgeait les entreprises autour de leur centre de production aujourd'hui largement automatisé et robotisé : le problème n'est plus la production. L'économie

noétique se développera autour de deux pôles complémentaires : ses centres de commercialisation (les talents de séduction) et ses centres d'innovation (les talents de création). Ces centres seront le plus souvent logés dans des coquilles juridiques différentes, avec des actionnariats différents, et ils auront entre eux des liens de partenariat, sans plus ;

- la notion de commerce équitable sera le cristallisoir d'une autre manière de commercer et de répartir la richesse mondiale. Des expériences du type Max Havelaar, surtout dans le café, sont à ce titre à suivre de près ;

- à l'intérieur des entreprises, les structures par fonctions (rendues inefficaces par le processus d'externalisation) céderont le pas à des structures par projets, chaque personne jouant des rôles différents dans différents projets ;

- la coordination générale de l'entreprise sera reconnue comme métier à part entière, et non comme prérogative ou récompense. Elle s'exercera par autorité de compétence, et non plus par autorité de pouvoir ;

- l'importance qui sera prise par la qualité de vie au travail, impliquera que le wellness management deviendra une mission stratégique essentielle des chefs d'entreprise s'ils veulent capturer et conserver et développer les talents dont ils ont impérativement besoin ;

- l'économie noétique étant basée sur le talent et la créativité, devra comprendre que l'inspiration, l'idée, le génie viennent quand ils veulent et pas forcément pendant les heures de bureau : le principe classique d'heures de présence et de rémunération à l'heure devient absurde. La rémunération à la tâche redeviendra la norme...

- la structure du temps individuel va se transformer profondément. Anciennement, le temps professionnel était unique et strictement organisé, le reste du temps personnel était dévolu aux loisirs et aux tâches familiales. Demain, la plupart de gens seront impliqués dans de multiples activités, emboîtées les unes dans les autres, ayant des synergies entre elles, certaines rémunératrices et d'autres non lucratives. Cette multi-activité individuelle, conséquence à la fois de l'implanifiabilité de l'idée et de la réappropriation par chacun de son fond de commerce personnel, fera de la gestion du temps une activité complexe, subtile et stratégique ;

- symétriquement, le notion de lieu de travail perd beaucoup de son sens. La création, la réflexion, l'étude, l'inspiration n'ont d'autre lieu que celui, très versatile, qui les stimule. Le télé-travail ramène la dépendance aux lieux à sa plus simple expression. Une part de plus en plus importante du travail se fera hors des lieux traditionnellement construits à cet effet (bureaux, usines, etc...) ;

- de là vient cette évidence que la spéculation immobilière sur les surfaces de bureau, sur les zones industrielles et sur le résidentiel dans ou autour des villes va s'effondrer ;

- de là aussi vient que les villes, comme lieux de travail commun, perdront totalement leur attrait (difficultés de circulation et prix exorbitants aidant) au profit de lieux de travail individuels ou cellulaires, disséminés dans les campagnes. Les lieux de travail centralisés dans les villes, seront des lieux loués ad hoc (salles ou salons d'hôtel, par exemple), de petite superficie, essentiellement des lieux de réunion, de formation et de coordination : l'essentiel du travail d'étude, de création et de production d'idées se fera ailleurs, dans des lieux indéterminés. La notion de siège social deviendra de plus en plus virtuelle ;

- etc.

Du point de vue culturel, on peut entrevoir ceci :

- l'école et l'université seront totalement remodelées et partiellement nomadisées : l'apprentissage théorique se fera plus souvent seul devant un ordinateur qu'en groupe dans un amphithéâtre ;

- l'apprentissage pratique se fera de plus en plus selon des formules semblables à celle du compagnonnage, auprès de maîtres réputés, dans des lieux ouverts de création, de travail, de méditation ou de maïeutique, du type « ashram ». Un exemple typique à observer de près est le processus d'apprentissage de ceux qui sont appelés à devenir de grands cuisiniers : leur art est complexe, transrationnel, quasi initiatique, plein de secrets et de mystères (vrais ou faux...), transmis pieusement, mais avec plein d'innovations, selon des filières généalogiques souvent tortueuses mais toujours traçables (traçabilité alimentaire oblige, probablement...) ;

- l'accent de l'éducation sera mis bien plus sur l'apprentissage des langages, des méthodes de recherche de la connaissance et des techniques de créativité que sur l'accumulation des savoirs ;

- la notion d'accomplissement intérieur prendra le pas sur celle de réussite sociale. Qualité de vie, wellness, bonheur, joie, notoriété seront des valeurs dominantes et remplaceront celles de fortune, de statut, de plaisirs, de mondanité, de consommation, etc... ;

- la spiritualité, si longtemps vouée aux gémonies par le cartésianisme, le matérialisme et l'athéisme ambiants, réintègrera en force la vie intime et quotidienne des hommes. Mais ce sera une spiritualité personnelle, un cheminement intérieur, protéiforme et multiple, plus initiatique que liturgique, le plus souvent à l'écart des religions instituées ;

- la recherche scientifique, artistique et mystique sortira des ghettos académiques et institutionnels, et se disséminera tout autour de la planète en des millions de centres quasi individuels, reliés entre eux par le Web ;

- les œuvres créées par les créateurs circuleront librement sur le Web, court-circuitant ainsi les canaux traditionnels d'édition, de production et de diffusion. De nouvelles modalités de rémunération des créateurs devront donc être imaginées en-dehors des traditionnels droits d'auteur dont la gestion se révèlera de plus en plus impraticable du fait des « copies pirates » généralisées ;

- la démographie étant ce qu'elle est, une place sociale et économique de plus en plus grande sera faite aux seniors dont les besoins spécifiques prendront un poids proportionné à leur nombre : énorme ;

- l'alimentation, sous la pression conjointe de l'écologie et de la diététique, évoluera considérablement. Aujourd'hui on

observe l'affrontement de deux tendances totalement contraires : celle de l'agroalimentaire artificiel et rapide, industrialisé et standardisé, qui mise tout sur le goût exhaussé, le prix bas et la « facilité/rapidité » de la préparation (pour des gens soi-disant pressés qui ne savent que gaspiller leur temps libre dans des désastres culturels et sociaux), et celle de la cuisine authentique dans laquelle on investit le temps (et le cœur...) qu'il faut pour en faire un lieu et un moment privilégié d'amour, de convivialité, de socialité et de plaisir partagé. Il s'agit moins d'un hypothétique combat de titans entre Mac Do et Joël Rebuchon, que du combat quotidien entre Fleury-Michon ou Liebig, et le jambon de chez Marcel ou les primeurs de chez Aziz. La notion, de plus en plus prégnante, de qualité et de qualité de la vie, jointe à l'influence de l'écologie et des soucis diététiques (face à la déferlante d'obésité et de maladies cardio-vasculaires que l'Europe, après les USA, subit de plein fouet), me font prendre le pari de la déconfiture probable des grandes surfaces, des marques blanches et des industries agroalimentaires, spécialement celles des plats préparés. La bonne bouffe, les plaisirs de la table et la cuisine de terroir ont de beaux jours devant eux... du « fait maison », mais dans le souci de la diététique et de la frugalité ;
- etc.

7.1.8. Les souhaitables

Les mouvements et tendances relevées dans les paragraphes qui précèdent, ne relèvent d'aucune volonté, d'aucun choix : ce sont des mouvements inéluctables dès lors que l'on s'engage dans le scénario noétique face aux deux autres scénarii possibles de la stagnation mortifère dans la sociosphère et de la régression létale dans la biosphère.

Nous pensons que l'homme n'a pas d'autre choix réel que de relever le défi noétique.

LE MOUVEMENT NOÉTIQUE

Dès lors qu'il le fait, tous les mouvements et bouleversements décrits dans les pages qui précèdent, seront plus que probables dans les décennies qui viennent.

Nous croyons avoir démontré que le choix de l'engagement dans la révolution noétique est plus que souhaitable, il est vital. Mais chacun se forgera son opinion.

C'est le souhaitable primordial et principal.

Ensuite, une autre gamme de souhaitables reste à définir : ceux liés au « comment » de la transition et de la mutation de paradigme.

Ce sont les souhaitables concernant les conditions et modalités de cette révolution noétique qui nous paraît le seul chemin de survie de l'humanité.

Dans les paragraphes qui suivent, nous allons en explorer quelques unes.

Rappelons-le, l'expression des souhaitables vise à cibler les potentialités latentes ou sous-exploitées qu'il faudrait pouvoir activer ou amplifier, et à cerner les faiblesses et dangers qui risquent de faire rater la mutation.

Il est souhaitable que la transition de l'âge « moderne » à l'âge noétique soit à la fois douce et rapide. Douce afin d'éviter autant que faire se peut, toute brutalité, toute violence : les révolutions violentes échouent toujours. La révolution anglaise a donné Cromwell, la révolution française a donné Robespierre et Bonaparte, la révolution russe à donné Lénine et Staline et la révolution chinoise a donné Mao et la bande des quatre. La révolution noétique sera une révolution douce ou ne sera pas : la société noétique à venir ne peut être établie en niant d'emblée les principes féminins qui sont les siens, dont la non-violence. Cette révolution sera un enfantement, certes douloureux, certes difficile, mais elle ne sera pas une guerre.

Révolution douce mais rapide car il y a urgence absolue : d'une part, la Terre se dégrade à grande vitesse et de manière de plus en plus irréversible, mais d'autre part, les sociétés humaines contemporaines dégénèrent aussi à grande vitesse vers un mal-vivre généralisé, vers une violence omniprésente, vers une corruption et un pourrissement banalisés, vers un financiérisme spéculateur, égoïste et à courte vue, vers un totalitarisme mou et doux...

La biosphère et la sociosphère se dégradent : la noosphère doit advenir très vite pour revivifier la Terre et l'Homme.

Il est souhaitable que tout soit mis en œuvre pour préserver, d'abord, et développer, ensuite, une humanité plurielle : une sorte de principe d'humano-diversité qui reconnaisse à chaque être humain le droit et le devoir d'affirmer et de cultiver ses différences au-delà des inégalités réelles et de l'égalité idéalisée. Il faut en finir avec la pensée unique, avec le politiquement correct, avec l'américanisation mondiale, avec la médiocrisation généralisée. Il s'agit de dépasser radicalement toutes les ethnies et toutes les patries, et de favoriser la mise en œuvre d'un réel développement des personnes et des cultures dans le respect absolu des différences.

La normalisation, la standardisation et le conformisme sont des maladies sociales graves qui réduisent le phénomène humain à une impasse aseptisée. La richesse des hommes est dans leurs différences : aucune combinatoire complexe n'est possible en n'associant que du même avec du même. La voie de la complexification vers la noosphère passe nécessairement par la synthèse dialectique des différences. Plus ces différences sont fortes et grandes, plus leurs combinaisons harmonieuses seront riches en nouvelles propriétés émergentes.

Il est souhaitable que le chemin de la complexification évite soigneusement les impasses de la complication[112].

Vers les années 1950, le monde occidental a raté un virage important de son histoire : la guerre mondiale avait ébranlé fortement toutes les certitudes d'antan et toutes les structures de jadis, la technologie, dopée par l'effort de guerre, avait fait de multiples bonds en avant, notamment en électronique (radar, téléguidage, informatique, cybernétique, robots, aéro- et astronautique, etc...), la contraception libérait la femme et rendait possible le rêve des suffragettes, tout était en place pour voir poindre la nouvelle complexité et tailler le monde humain à sa mesure.

Au lieu de cela, au lieu de répondre à la complexité naissante par des systèmes complexes, tant à L'Ouest qu'à l'Est, la réponse fut bureaucratique, c'est-à-dire compliquée sans être complexe. De là la main-mise de l'Etat, dès 1948, sur les principaux rouages de la vie quotidienne : les cotisations sociales obligatoires ont remplacé les solidarités volontaires, les réglementations et normalisations sans nombre et sans fin commencèrent à régenter toutes les activités sociales, d'abord, et individuelles, ensuite, bref : au plus grand mépris de la complexité du réel, la machinerie bureaucratique de l'Etat prétendit résoudre tous les problèmes de société par de la procédure fonctionnaire.

Echec total, évidemment.

---

[112] Sur la capitale nuance entre « complexification » et « complication », telle que mise en évidence par Edgar Morin, voir le chapitre premier sur le « Complexité ».

C'est *la loi des effets pervers* bien connue en systémique : intervenir sur un système d'un certain niveau de complexité avec les outils trop simples, induit, de la part de ce système, des réactions qui vont toujours à l'inverse des effets escomptés.

Ce virage raté des années '50 ne peut pas se reproduire sous peine d'être mortel.

Un souhaitable majeur est donc que l'Etat et ses machineries bureaucratiques se retirent du processus et qu'il se cantonne à ne gérer, toujours aussi mal, que les « affaires en cours ». On l'a dit le politique (donc l'Etat) est condamné à devenir périphérique et à ne plus servir qu'à assurer l'intendance. La révolution noétique ne doit pas passer par le politique (ni par l'économique, d'ailleurs, pour les mêmes raisons) : elle passera par la société civile, par les hommes réels dans leur vie réelle.

Il est souhaitable que l'on favorise, par tous les moyens, un décloisonnement général du monde humain, tant à l'intérieur que vers l'extérieur.

S'il fallait le dire d'un mot : liberté de passer.

Etablir partout, en tout, toujours une libre circulation absolue des personnes, des biens et des idées.

C'est par le brassage que les différences se rencontrent et créent ainsi les opportunités nouvelles pour l'accomplissement des potentialités latentes.

Décloisonnement radical de tous les pays, de toutes les religions, de toutes les langues, de toutes les disciplines intellectuelles, de toutes les races.

Le « village planétaire » de Mac Luhan[113] doit être totalement ouvert.

Tant pis pour tous les protectionnistes, racistes, nationalistes. Tant pis pour tous les douaniers du monde.

La libre circulation absolue est bien plus qu'un droit, c'est une nécessité.

Il est souhaitable que la déclaration universelle des droits de l'homme soit dépassée. Elle a été écrite par des occidentaux, avec des mots occidentaux, nourries de valeurs et de principes occidentaux : elle n'est qu'occidentale et n'a été contre-signée par beaucoup de ces pays que l'on disait du « tiers-monde » qu'en échange d'assistances économiques et militaires.

Une grande part des cultures du monde ne s'y reconnaissent nullement.

---

[113] Herbert Marshall McLuhan (1911 – 1980) est un sociologue canadien qui, dès le début des années '60, avait prédit la prépondérance des techniques audiovisuelles et la mondialisation médiatique.

La démocratie, l'égalité, la liberté individuelle sont des concepts ressentis avec horreur par beaucoup. Bien sûr par ceux qui détiennent un pouvoir dictatorial ou de caste, mais aussi par ceux, nombreux, qui savent que la démocratie mène toujours à la démagogie corrompue et au clientélisme, que l'égalité mène toujours à l'égalitarisme et au nivellement par le bas, que l'exacerbation de la liberté individuelle mène presque toujours à l'égoïsme capricieux et cynique[114].

Cette déclaration universelle des droits de l'homme doit être dépassée par une charte des devoirs de l'homme qui transforme l'actuelle humanité « fin en soi » en une humanité « vecteur du projet noétique ».

Donner du sens à la vie humaine, à l'existence individuelle et collective, par la création noosphérique.

Le monde humain meurt de n'avoir ni sens, ni projet.

Il ne lui reste qu'à s'enliser dans la jouissance amère des biens et des avoirs, des autres que l'on a chosifiés, de la vie que l'on a réduite à ses fonctions les plus élémentaires (manger, boire, baiser, rire,...).

Cet enlisement sera – est déjà – sa mort s'il n'est pas arrêté par un nouvel élan majeur et mondial de dépassement de l'humain par l'homme : l'enjeu est immense.

Il est enfin souhaitable que le monde soit réenchanté et la vie resacralisée.

Il faut qu'au plus profond de lui, à chaque instant, chaque humain apprenne à être émerveillé d'être là, de vivre, de contempler la Vie à l'œuvre dans tout ce qui existe et se transforme et lutte.

Il faut absolument respiritualiser la Vie et le Monde, au-delà de toutes les religions institutionnalisées, au-delà des Eglises et des Mosquées, au-delà des sectes et des chapelles.

Respiritualiser l'Humanité elle-même, tout entière, dans le dépassement de tous les idéalismes et de tous les codes, de toutes les croyances et de tous les rites.

« L'arbre est deux fois plus utile que les fruits », disait Cicéron ; ainsi de la spiritualité par rapport aux religions.

Il est temps de revenir à l'arbre, aux « spiritualités vivantes » (pour faire un clin d'œil à Jean Herbert et à Marc de Smedt[115]).

---

[114] Il faut en effet beaucoup de maturité pour renoncer à la liberté de tout faire et de tout prendre, et pour lui préférer la voie de la libération intérieure et de la liberté créatrice.

[115] L'un puis l'autre ont dirigé une collection somptueuse du même nom chez Albin-Michel.

Pierre Teilhard de Chardin avait prophétisé l'avènement de la noosphère comme étape de la spiritualisation de la Matière et du Monde.

Le XXIème siècle, d'après Malraux, ne devrait pas lui donner tort. Osons l'espérer et faire tout ce qu'il faut pour lui donner raison.

7.1.9. La synthèse : Dix pistes pour l'avenir

L'ère « moderne » que nous quittons, a été la plus violente, la plus meurtrière, la plus barbare que la Terre ait subie. Des centaines de millions d'assassinats, rien que pendant le XXème siècle. Les guerres mondiales et locales, les communismes, les colonialismes, le nazisme et les fascismes, les mafias, sans parler des cynismes spéculateurs et profiteurs, ni des hédonismes égoïstes et ravageurs, ni de l'industrialisme irresponsable et désertifiant, ni des militarismes débiles et revanchards, ni des nationalismes cocardiers et xénophobes, ont mis le monde en coupe réglée pendant des décennies.

Maintenant, il suffit : baste !

Aujourd'hui, il nous faut construire un Monde vivable et viable pour nos petits enfants.

Un nouveau mode d'humanité doit émerger qui vise l'éradication définitive des causes de Violence afin d'établir la Paix, tant intérieure avec soi-même, qu'extérieure avec les autres et avec la nature.

Pour réussir cette mutation radicale sans violence (car la violence n'entraînerait que la radicalisation des résistances), il ne s'agit pas tant de combattre que de dépasser, de transcender, de sublimer.

1. Dépasser le capitalisme spéculateur par le capitalisme entrepreneur.

L'explosion des « bulles spéculatives », l'effondrement de la soi-disant « nouvelle économie », la dictature des actionnaires institutionnels et des fonds de pension ont démontré les limites et les impasses du capitalisme classique.

La spéculation est toujours destructive, toujours irresponsable, toujours immorale.

Le monde doit s'affranchir de la finance sous peine de s'y asphyxier. Il doit retrouver le goût de l'entreprise, de l'aventure, du travail créatif et constructif pour reconstituer ce tissu économique local et vital détruit sous les bottes du terrorisme et du totalitarisme marchand.

Que faire ? Remplacer le concept de valeur d'échange par celui de valeur d'usage en redéfinissant fondamentalement la notion de valeur ajoutée.

Considérer globalement l'emploi comme un faux problème : le plein emploi, comme le profit, n'est pas un but, mais une conséquence.

Mesurer non pas le nombre de chômeurs, mais la durée moyenne du chômage.

Défiscaliser totalement les revenus du travail et la propriété de patrimoines, mais taxer très lourdement tous les produits financiers et spéculatifs.

Constituer des fonds d'investissements importants, privés, publics et mixtes, gérés par des professionnels de terrain, destinés à financer la recherche et la création dans toutes les disciplines et à stimuler la construction efficace d'un vaste tissu de PME/PMI dans tous les domaines de l'économie douce (cfr. infra).

Arrêter net tout protectionnisme, tout acharnement thérapeutique, toutes subsidiations au profit de tous les secteurs dangereux, polluants, militaires ou moribonds.

Libérer totalement toutes les PME des obligations du droit social issu de vieilles luttes qui ne les concernent pas, entre syndicats et industries lourdes.

Lever les carcans réglementaires des banques afin de les forcer à faire leur vrai métier de financeur des risques de la vie économique réelle.

2. Dépasser le déplacement physique par la mobilité virtuelle

Tous les moyens de transports brûlent et gaspillent des quantités phénoménales d'énergies non renouvelables, tuent impunément des milliers d'humains tous les jours et polluent par les fumées, les déchets, les épaves et le bruit.

Or, la grande majorité des déplacements physiques des personnes est désormais totalement inutile du fait des réseaux informatiques et télécommunicationnels.

Que faire ?

Augmenter drastiquement les taxes sur tous les carburants et sur tous les véhicules.

Généraliser et augmenter les péages sur les autoroutes et les routes, notamment et spécialement pour les poids lourds.

Favoriser la généralisation du train pour les indispensables déplacements professionnels.

Stimuler le développement des ateliers et commerces de proximité, ainsi que le télétravail.

Décourager toutes les formes de tourisme car il ravage les trésors naturels et culturels du monde, il favorise toutes les formes de prostitution humaine tant physique que mentale, et il détruit les tissus économiques locaux au profit de toutes les sources d'argent facile.

Développer exponentiellement la quantité et la qualité des banques documentaires culturelles et naturelles, et en permettre l'accès gratuit à tous, depuis le domicile.

Favoriser la dépollution et la propreté des villes, et la création et l'entretien des espaces verts de proximité.

Eradiquer toutes les formes d'urbanisme concentrationnaire.

3. Dépasser les industries lourdes par les technologies douces.

La plupart des matériaux lourds (lourds pas spécialement en poids, mais lourds en coûts énergétiques et écologiques) qui nous semblent indispensables, peuvent être remplacés par des matériaux « doux ». Mais surtout, nous pouvons en diminuer drastiquement le nombre et la quantité, sans nuire à notre confort de vie. La question fondamentale derrière tout cela est double : de quoi avons-nous réellement besoin pour vivre bien ? quel prix nos petits enfants devront-ils payer pour ce confort ou ces caprices ?

Que faire ?

Bien prendre conscience que les industries lourdes, polluantes, épuisantes, désertifiantes, héritées des XIXème et XXème siècles, ne sont pas un mal inéluctablement nécessaire : on peut vivre très bien (vivre mieux !) avec moins d'acier, moins d'aluminium, moins de pétrole, moins de produits chimiques, moins de ciment, moins de plastiques, de papier et de cartons.

Faire jouer, donc, le principe de frugalité (cfr. infra) dans toutes les facettes de nos existences.

Comprendre que chaque minerai, que chaque roche, que chaque glaise, que chaque arbre, que chaque ruisseau arrachés à la Terre est une blessure réelle et que cette blessure c'est la chair de nos chairs qui en saignera. Il n'y a là aucun écologisme : seulement un effort de lucidité que seuls les aveugles égoïstes refusent de faire.

Promouvoir la recherche et la créativité pour la fabrication douce et le bon usage de matériaux complexes, issus de l'industrie douce : les matériaux recyclables sont une première et timide avancée en ce sens, même s'ils engorgent souvent des parcs entiers dans l'attente d'un improbable recyclage... Il faut aller beaucoup plus loin.

Sortir de la logique de consommation pour entrer dans une logique de la durabilité.

Cesser de subir grégairement et dénoncer les futiles effets de mode : c'est un corollaire du passage de la valeur d'échange à la valeur d'usage.

Apprendre à acheter un vêtement, une paire de chaussures, un appareil, une voiture, un ordinateur pour les user à la corde, et non pour frimer.

Sortir d'une économie d'acharnement thérapeutique envers la sidérurgie et ses consœurs moribondes et les laisser mourir naturellement. Le « chômage » que cela entraînera n'est plus un problème dès lors que l'allocation universelle est appliquée (cfr. infra).

4. Dépasser l'asservissement économique par la création noétique.

La vieille société marchande a tout chosifier afin de pouvoir tout vendre et tout acheter, même l'être humain, même la faune et la flore, même la Vie dans ses principes : civilisation de l'objet, donc de la pénurie puisqu'un objet, quel qu'il soit, est unique, donc rare. Et cette logique de la pénurie entraîne celle de la compétition, de la spéculation, de la précarité, de la convoitise et de l'appropriation de gré ou de force.

Or, notre époque voit éclore les technologies de l'information et les immenses champs de la création de connaissances et d'œuvres culturelles. L'immatériel et l'information impliquent d'autres logiques que celles de la pénurie et de la propriété : lorsque je donne une information, je ne m'en prive nullement, je la partage tout en la gardant entièrement pour moi.

Que faire ?

Remplacer le concept de travail (et particulièrement de travail salarié) par le concept d'activité créatrice de valeur (quantitative et/ou qualitative).

Stimuler et libérer tous les talents et toutes les expertises, toutes les créativités.

Eradiquer les logiques de rémunération à l'heure : ce n'est plus du temps que le travailleur doit fournir, mais de l'énergie mentale.

Ne plus apprendre des savoirs mais apprendre à apprendre et à créer de la connaissance.

Généraliser l'usage des ordinateurs connectés et en organiser l'apprentissage permanent, dès le plus jeune âge.

Cultiver toutes les formes de création, scientifiques, intellectuelles et artistiques, sur support informatique et en faciliter la diffusion à très grande échelle.

Accélérer la reconversion des industries de l'édition sur support classique (papier, film, disque) en services de diffusion d'œuvres sur support virtuel (via câble, satellite ou Internet).

Accélérer la disparition des télévisions classiques et développer les techniques d'importation numérique de toutes les œuvres cinématographiques, musicales et télévisuelles (y compris les émissions d'information), à la carte, à partir du câble ou du satellite, afin de les stocker sur le disque dur du téléviseur et de les visionner quand bon il semble.

5. Dépasser la dépendance sociale par l'allocation universelle.

Nous touchons ici un des points les plus simples et les plus complexes à la fois.

Il s'agit, tout simplement, d'abolir tous les systèmes de dépendance sociale (allocations de chômage, retraite légale, allocations familiales, allocations de maladie-invalidité, assistance sociale, etc...) et de payer, une fois pour toute, à vie, à tous les citoyens, une allocation mensuelle définitive (dès la naissance, à condition de prévoir des protections contre les parents peu scrupuleux) qui soit suffisante pour assurer une survie décente à chaque personne, de sa naissance à sa mort, quels que soit, par ailleurs, ses choix de vie (toute autre rémunération viendra en sus).

Ce schéma a été maintes fois étudié : les actuels revenus de la TVA suffisent à financer cette allocation universelle pour l'Europe.

Dans cette logique, il n'y aura donc plus de chômeurs, d'assistés, de quémandeurs, de profiteurs, de parasites, mais il y aura des gens qui choisissent de pratiquer des activités, rémunératrices ou pas, en plus de leur revenu de base. Les riches pourront continuer à vouloir être plus riche, mais les moins aisés ne seront plus pauvres, et ceux qui se contentent de peu, pourront consacrer leur vie à autre chose qu'à la gagner.

Cela signifie aussi que les entreprises pourront adapter en permanence leurs effectifs à leur juste besoin, mais que, pour attirer et conserver leurs collaborateurs précieux, elles ne pourront plus compter seulement sur l'appât du gain et la peur de la misère ou du chômage : elles devront mettre en place de réels processus de séduction et de motivation bien au-delà des gadgets psychosociologiques actuels.

Que faire ?

Décider, au niveau européen, de changer de logique fondamentale et décider de mettre en place l'allocation universelle.

Réorganiser la structure et les circuits de la finance collective afin de faire basculer les fonds de la charité-pitié-dépendance vers les comptes de la dignité-solidarité-liberté.

Démanteler les actuels systèmes de dépendance sociale et libérer les fonctionnaires qui y fonctionnent.

Enclencher le nouveau système, pour tous, au même moment.

6. Dépasser la démocratie parlementaire par la responsabilité personnelle.

L'ère qui s'achève était l'ère des Etats, royaux d'abord, bourgeois ensuite, populaires enfin.

Etats omniprésents, voulant tout contrôler, tout régenter, tout organiser, tout financer : Etats totalitaires, donc, même s'il s'agit d'un totalitarisme doux et confortable, lénifiant et démagogue.

Que faire ?

Prendre conscience que cet Etat-là, que cette politique-là ont perdu toute crédibilité ; que la « démocratie » qu'ils prétendent sanctifier n'est plus qu'une démagogie insipide au profit d'un clan de professionnels du pouvoir ; que toute bureaucratie, publique comme privée, est condamnée, par essence, à l'inefficacité et à la gabegie (cfr. les études de Michel Crozier) et qu'il faut en débarrasser nos sociétés ; que ces institutions ne se « justifient » plus que par les allocations multiples qu'elles ont inventées pour se légitimer, et s'effondrent dès lors que fonctionne l'allocation universelle.

Savoir que l'Etat providence est en faillite et qu'il va entraîner avec lui toute l'économie locale et domestique par vampirisme, s'il ne lui est pas appliquer d'urgence le principe de séparation de l'Etat et de l'Entreprise, comme naguère celui de la séparation de l'Etat et de l'Eglise : l'économique et le politique n'ont rien à faire l'un avec l'autre ; toute collusion entrer eux est néfaste et corruptrice.

Organiser donc cette séparation, strictement.

Remplacer l'actuelle « démocratie » parlementaire, lourde et inefficace, partisane et disciplinée, par cette démocratie directe que les moyens informatiques remettent à portée de main après trois milles ans d'éclipse, et rénover l'éducation citoyenne en fonction.

Retirer à l'Etat et à ses succursales le pouvoir de régenter, de réglementer, de forcer nos vies privées et restaurer la responsabilité individuelle au-delà de tous les pseudo-assistanats que l'on nous assène : chaque individu doit être libre de ses appartenances (y compris de sa « nationalité ») et de ses solidarités (y compris avec ses concitoyens). Le seul rôle du politique est de faciliter la lutte contre la violence, sans rien violenter.

Restaurer le rôle et le vocable de « gardien de la paix » et éradiquer ceux de « gens d'arme » et de « forces de l'ordre » : les mots ne sont jamais neutres.

Entériner, enfin, l'éclatement des Etats nationaux, désormais inutiles, et accélérer leur disparition par la redistribution effective des pouvoirs stratégiques vers le haut (l'UE, l'ONU, etc...) et des pouvoirs opérationnels vers le bas (les terroirs, les communautés, etc...).

Très généralement, remplacer, partout, en tout, ceux qui détiennent le pouvoir par ceux qui font autorité.

7. Dépasser le pillage des ressources naturelles par la frugalité écologue.

Loin de tout écologisme militant (dont la portée et les motivations réelles sont loin de ce que l'on croit), il est temps de remettre l'homme à sa place dans le monde. La Terre n'est ni la servante, ni l'esclave, ni la nourrice de l'homme. Elle en est la Mère ! Et il est temps que ce fils prodigue fasse amende honorable et cesse de martyriser cruellement et stupidement celle qui le porte. La Terre et son manteau de Nature sont épuisés à force de pillages, de pollutions, de saccages, de tortures en tous genres. Même si l'homme disparaissait demain, il n'est pas sûr qu'elles guériraient...

Que faire ?

D'abord, changer nos mentalités : l'homme ne peut plus être un conquérant, un guerrier, un héros vainqueur, il doit devenir jardinier, humble, doux, au service de la Vie, dans la durée, chacun autour de soi.

Remplacer les valeurs masculines de virilité et de violence, par les valeurs féminines de fécondité et de paix.

Eradiquer partout, en tout, la valeur d'échange (le pilier de la machination marchande) et instaurer la valeur d'usage, avec, en corollaire, la prise en compte non seulement des coûts directs de production mais aussi des coûts indirects de dégradation (pollution, gaspillage, bruit, laideur, nuisances, déchets, recyclage, effets secondaires sur la santé physique et psychique, etc...).

Refondre, en ce sens, toutes les règles et plans de la comptabilité des Etats et des entreprises.

Inoculer, partout, tout le temps, par l'école et tous les médias, le principe de frugalité et bien faire comprendre que le superflu est toujours nuisible et néfaste, pour soi, pour les autres et pour le monde. Il ne s'agit ni de macération, ni de privation, ni d'ascétisme ; il s'agit d'une simple et saine sagesse de vie au quotidien. Le superflu est devenu la raison de vivre de tous ces déboussolés, surtout citadins, qui n'ont trouvé que le strass (le superficiel, le futile, le spectacle, la mode, le snobisme...) et l'ivresse (l'alcool, la drogue, la techno, les discothèques, les « vacances »...) pour y noyer leur désespérance, leur vide intérieur, leur pauvreté existentielle.

Re-sacraliser, ré-enchanter le monde et la nature, la Terre et le Ciel, afin de gommer les erreurs froides et calculées de cinq siècles de rationalisme réducteur et de scientisme totalitaire.

8. Dépasser les bureaucraties fonctionnaires par la gratuité.

Il n'y pas que les ministères et les administrations publiques qui soient bureaucratisés. La bureaucratie est omniprésente. L'esprit fonctionnaire s'est universalisé.

La forme a pris le pas sur le fond. La lettre sur l'esprit. Le « comment » sur le « pourquoi ».

La modalité sur la finalité.

La bureaucratie, le fonctionnarisme, c'est ravaler l'humain au plan du robot, de la machine, de la mécanique programmée : sacralisation de la procédure et du formulaire, déification de la routine et de la répétition, diabolisation de l'innovation et du changement, anathème sur la créativité et la fantaisie.

Que faire ?

Comprendre que les systèmes procéduriers sont d'incroyables simplifications et réductions de la complexité réelle du monde réel. Et que cette complexité croissant, les systèmes bureaucratiques et fonctionnaires seront toujours plus inefficaces, inopérants, bloquants, suffocants. Donc dangereux !

Savoir que la réalité n'est qu'un tissu épais de multitudes de cas particuliers irréductibles à quelque règle ou procédure que ce soit : la standardisation, possible il y a cinquante ans, ne l'est plus aujourd'hui.

Prendre conscience que, face à l'exponentielle complexité du réel, les seules issues, les seules tactiques de vie – et de survie – sont la souplesse et la créativité, soit tout l'opposé de la rigidité et de la fixité bureaucratiques.

S'imprégner de l'idée que l'usager, le client, l'homme-de-la-rue, le citoyen, la ménagère de quarante ans, n'existent que dans l'imaginaire des statisticiens, ne sont que des concepts manipulatoires, pour faire acheter ou voter : en réalité, il n'y a que des individus, tous respectables en tant que tels, ayant tous des talents, des opinions, des sensibilités et des besoins différents, tous uniques.

S'affranchir donc de la dictature des raisonnements statistiques, des enquêtes d'opinion, des sondages, des études de marché, des audimats et autres cotes de popularité : tout cela est trop réducteur, trop simpliste, trop massique, trop infantile pour tout dire.

Comprendre que les inventeurs de la standardisation visaient la réduction des coûts et le gain de temps, mais que l'on sait aujourd'hui, du fait de la croissance de la complexité, que le bon marché finit toujours par coûter très cher, et que chercher à gagner du temps en fait perdre beaucoup.

Face à l'échec des standardisations, transformer notre rapport au temps et au monde en y introduisant la notion de gratuité, celle de qualitatif, celle de créatif.

Réapprendre à écouter. Prendre son temps et ne plus se le laisser voler au nom de chimères ; et là, retrouver la vraie efficacité, celle qui fait mouche parce que l'on est aller assez loin, assez profond pour ne plus fourguer, à la va-vite, la solution toute faite, étudiée pour tout le monde et qui ne convient, en fait, à personne... parce que tout-le-monde, ça n'existe pas !

Réapprendre à flâner, à errer, à sortir de toutes les routines car c'est toujours ailleurs que se trouve l'idée féconde : il n'y a ni heure, ni lieu pour le génie qui souffle où et quand il veut, au total mépris des contrats, des horaires, des planifications et des budgets.

9. Dépasser le juridisme légaliste par l'éthique individuelle.

Nos sociétés sont minées de juridisme : la menace du tribunal est partout, la vénalité des avocats aussi. Le corps judiciaire n'a plus mission de rendre Justice, mais de jouer avec le meccano absurde et incohérent des décrets et procédures légaux pour justifier ce qui n'est plus qu'un avatar de la loi du plus fort ou du plus rusé : les mieux défendus sont toujours les plus coupables !

Que faire ? Déconfisquer la Loi, décodifier le Droit et les rendre à la société civile.

Simplifier toutes les procédures.

Généraliser le recours systématique à l'arbitrage et au référé.

Combattre toutes les formes de juridisme.

Dénoncer le cercle vicieux, mais lucratif, des lois faites par des juristes élus ou mandatés, pour des juristes avides et égocentriques.

Rendre les avocats personnellement responsables de leurs dossiers.

Généraliser le principe du « no cure, no pay ».

Cesser de légiférer sur tout et n'importe quoi.

Combattre la rage réglementaire et l'obsession disciplinaire afin de briser net la spirale de la violence civile : prohibition, provocation, répression, insurrection.

Se rappeler que l'alcoolisme n'a jamais été aussi grave aux USA que durant la « Prohibition » qui n'a eu d'autre effet que d'enraciner et d'enrichir la mafia (c'est la loi des effets pervers).

Supprimer l'immunité de l'Etat, des institutions de pouvoir (y compris la magistrature et la police) et des politiques (y compris les partis et les syndicats).

Abolir la raison et le secret d'Etat.

Comprendre qu'une « loi pour tous » emprisonne tout le monde sauf les quelques pour-cents de racaille qu'elle est censée empêcher de nuire.

Comprendre aussi que l'inflation de lois et règlements ne fait qu'amplifier la délinquance qui répond à la violence légale par de la violence illégale : la solution des problèmes n'est pas dans la répression des comportements, mais bien dans la compensation des immenses déficits d'éducation, tant à l'école que dans les familles.

Pallier les déficiences morales des populations par une intense initiation continue, dès le plus jeune âge, aux philosophies, aux spiritualités, aux religions, aux écoles éthiques de toute l'humanité, de toutes les époques : il ne s'agit ni d'embrigader, ni d'inculquer des « valeurs », ni d'imposer des comportements, il s'agit plutôt de conscientiser, d'éveiller l'esprit critique, de faire mesurer la portée des actes et des paroles, d'établir le lien fort entre bonheur pour soi avec les autres et quête de soi dans les autres.

10. Dépasser le matérialisme hédoniste par l'accomplissement spirituel.

Au fond, l'homme d'aujourd'hui est un sale enfant gâté qui tourne en rond au manège de ses caprices. Mais il a cassé presque tous ses jouets : la femme, l'enfance, la nature, la joie, l'émerveillement, le sacré, le divin, l'espérance, la vie même...

L'homme a épuisé l'homme.

L'humanisme qui ramène tout à l'homme, a trouvé sa limite : il est une impasse.

La source inépuisable du bonheur humain n'est pas en l'homme.

L'assouvissement effréné de tous les caprices ne laisse finalement qu'un vide amer, qu'un fond de désespérance, qu'un manque immense.

« La chair est triste hélas, et j'ai lu tous les livres », dit le poète du désespoir.

« Humain, trop humain », répond le philosophe de l'au-delà de l'homme.

Que faire ? D'abord et avant tout, ne réinventer ni ce Dieu-le-Père contre-Nature, ni les dieux de pacotille, ni les idoles grotesques, ni les superstitions débiles, ni les mysticismes de bazar.

Ne jamais croire aux panacées : il ne suffit pas de quelques contorsions de hatha-yoga pour trouver « la Plénitude d'être dans le Devenir ».

Par contre, savoir au plus profond de soi que l'homme ne prend sens et signification, ne reçoit valeur et dignité, ne connaît joie et plénitude, qu'au service de ce qui le dépasse infiniment, de ce qui est ineffable, irreprésentable, inintellectualisable, de ce qui est infiniment au-delà de toutes les religions et de toutes les philosophies, tout en étant ici-et-maintenant, totalement en nous et avec nous.

Réinventer une mystique de la Vie et s'y dévouer intégralement en créant, en cultivant, en suscitant, en facilitant tous les épanouissements possibles de ces graines de vie que l'homme, depuis trop longtemps, gâche, piétine, détruit.

Ces dix pistes constituent les points essentiels d'un manifeste pour des temps nouveaux.

Elles peuvent certainement être formulées ou reformulées avec d'autres mots.

Elles peuvent assurément être regroupées ou éclatées selon d'autres grilles.

Qu'importe !

Le temps n'est plus ni aux tergiversations salonardes, ni aux arguties spécieuses.

Il ne s'agit pas de faire la Révolution (l'histoire montre que toutes les révolutions se noient dans le sang qu'elles font couler), mais d'anticiper une révolution qui dépasse l'homme et qui le liquidera s'il ne cesse pas de contempler le nombril de ses désastres.

7.2.   *Résistances et moteurs*

7.2.1. Le « *change management* » : un peu de théorie

Tout projet de changement proposé à un groupe quelconque, induit trois attitudes universelles.

L'enthousiasme auprès d'une minorité.

L'opposition auprès d'une autre minorité.

L'indifférence auprès de la majorité ; indifférence due soit à l'incompréhension, soit au désintérêt.

En général, lorsqu'il s'agit de conduire le changement dans l'entreprise (donc dans un groupe de population relativement restreinte), les constations et règles suivantes s'avèrent de bonne pratique :
- Le groupe des indifférents compte environ 70% des effectifs, les 30% restant étant partagés par moitiés entre les deux minorités d'enthousiastes et d'opposants.

- Les enthousiastes sont toujours enthousiastes : ce sont toujours les mêmes qui aspirent à autre chose. Symétriquement, les opposants sont toujours ceux qui s'opposent à tout, souvent par paresse, parfois par peur, quelque fois par goût du sabotage et de l'échec.

- Tenter de convaincre les opposants est inutile. Leur hostilité n'a rien de raisonnable : ils font de l'obstruction leur raison de vivre, et leur fond de commerce s'ils sont syndicalistes. Il faut les neutraliser, c'est-à-dire les empêcher au maximum de nuire en les écartant notoirement des facteurs critiques de succès de l'opération.

- Par contre, il faut cultiver les enthousiastes et en faire les moteurs de changement sur le terrain en leur donnant les moyens et les latitudes pour mener le projet à bien, chacun à son niveau, dans son domaine.

- Enfin, la masse des indifférents restera indifférente quoiqu'on fasse. Cependant, une bonne information, un peu de charisme et un zeste de stimulation permettront à un tiers de cette masse d'œuvrer positivement pour le projet (sans jamais en devenir des enthousiastes). Les reste fera comme toujours : le moins possible, le moins mal possible, le plus lentement possible.

- A-priori, les poches de résistance potentielle ne sont pas connues : on sait qu'il y aura des opposants en nombre et des meneurs à leur tête, mais on peut rarement prédire de qui il s'agit (sauf si l'on connaît très bien l'entreprise ou si elle a connu récemment des mutations ou des réorganisations assez profondes pour avoir révélé les structures de contre-pouvoir). Il faut donc observer attentivement les réactions aux communications et repérer au plus vite le cœur des poches de résistance afin de les neutraliser.

- Enfin, il faut exploiter tous les « tremplins » du changement, c'est-à-dire tous les événements ou faits qui sont susceptibles de favoriser la mutation. Par exemple, la résiliation d'un contrat avec un gros client pour cause de qualité insuffisante, est évidemment un « tremplin » puissant pour galvaniser les troupes et accélérer le processus...

Ces quelques considérations typiques de la conduite du changement en entreprise, peuvent-elles être appliquées à l'échelle d'une nation ou d'un continent ?

La réponse est probablement négative sauf en ce qui concerne la dernière remarque concernant les « tremplins » du changement : les calamités climatologiques, les catastrophes écologiques ou les épidémies nouvelles sont autant de catalyseurs de prise de conscience de l'importance de changer radicalement nos manières de vivre. Du moins le sont-ils potentiellement car la mémoire est courte, la frayeur éphémère et les bonnes résolutions vite oubliées.

Il semble qu'il y ait de moins en moins de gens indifférents, beaucoup sont vaguement au courant du problème posé de la fin d'un cycle, de la fin d'un monde et de la fin d'un mode de vie... mais de là à être des enthousiastes du changement à opérer, il y a plus qu'une nuance.

Au contraire, on le verra, du fait des intérêts personnels liés à l'ancien paradigme, une large majorité est a-priori sinon hostile, du moins réfractaire au changement, malgré sa « prise de conscience ».

La bataille risque donc d'être rude et notre premier souhaitable qui était que la mutation soit douce et rapide, est loin d'être acquis...

Mais, dit la sagesse chinoise, « un voyage de mille li commence toujours par un pas » : à nous tous de le faire ce premier pas !

7.2.2. Les sources de résistances au changement

La révolution noétique est en marche.

Le paradigme humain mute.

Ira-t-il au bout de lui-même, ou les forces de résistances et d'inerties triompheront-elles ?

Toute la question de l'avenir humain sur Terre est dans la réponse à cette question.

Quelles sont ces forces de résistances et d'inerties face au mouvement vers la noosphère ?

Elles sont de deux ordres. Elles ont deux sources majeures : ceux qui ont peur d'entrer dans la noosphère (la peur de l'inconnu) et ceux qui ont peur de quitter la sociosphère (la peur du mouvement).

Il semble bien que la première catégorie soit bien moins nombreuse que la seconde qui se gonfle des rangs de tous ceux qui, de près ou de loin, directement ou indirectement, font leurs choux gras de la situation actuelle, quelque suicidaire soit-elle à moyen terme.

Avant de pointer plus en détail les forces de résistance, un mot sur la peur. La résistance au changement s'ancre toujours dans la peur : on l'a vu, peur de l'inconnu ou peur du mouvement.

Curieuses ces peurs. Curieuse cette absence d'esprit d'aventure, de goût d'entreprendre ; curieuse cette absence de curiosité.

Est-elle inhérente à l'être humain ? L'aventurier ou l'entrepreneur seraient-ils alors des « martiens » ou des fous, des excentriques à tout le moins ?

Ou est-elle propre à notre époque repue, amorphe, assistée, lobotomisée ?

Je laisse ces questions ouvertes.

La peur, en tous cas, est réponse au danger, au danger imaginaire parce que, dans la plupart des cas, face à un danger bien réel, on n'a pas le temps d'avoir peur : on agit.

Réponse à un danger imaginaire, donc... A ce que l'on imagine être ou pouvoir être un danger, à la perception négative que l'on se fait de l'inconnu, à l'image inquiétante que l'on se fabrique de cet inconnu.

Est-ce parce qu'il naît terriblement faible et qu'il reste longtemps dépendant, que l'homme est si couard ? Est-ce cette couardise qui l'a rendu intelligent ? Faut-il voir dans sa faiblesse physique la source de sa force mentale ?

Mais fermons ici cette parenthèse et revenons à nos forces de résistance.

Puisque l'enfermement dans la sociosphère contre la révolution noétique est bien un crime – le crime le plus grave qui mène l'humanité à la mort – la question est : à qui profite le crime ?

Quels sont ceux qui n'ont aucun intérêt à voir se marginaliser le politique et l'économique, ni à voir basculer les « valeurs » anciennes ?

Dans la sphère politique, d'abord...

Il y a tout d'abord toute la classe politique qui aujourd'hui tient le haut du pavé avec ses prérogatives, ses privilèges (les privilèges du pouvoir) et ses prébendes. Demain, la classe politique ne sera pas désœuvrée, mais elle sera décentrée, marginalisée, banalisée : les politiciens seront des intendants : adieu gloire, bains de foule, hystérie électorale, meeting de militants, exaltation médiatique... Il ne restera plus qu'un boulot à faire, au quotidien, sans gloire ni panache.

Il y a, derrière cette classe politique, tous ses satellites, tous ceux qui vivent des appareils partisans, du militant au permanent en passant par l'imprimeur d'affiches, le pique-assiette et les demi-mondaines, sans parler des bénéficiaires du clientélisme généralisé (lorsqu'il n'y a plus d'idées, plus de projets, plus de vocations[116], il ne reste que le clientélisme pour remplir les urnes...).

Il y a aussi les légions de fonctionnaires et assimilés qui gonflent outrageusement les effectifs de la bureaucratie publique : des légions, pour la plupart, d'inutiles, de parasites, de fainéants qui, comme l'a démontré, en son temps, Michel Crozier dans son délicieux « Le phénomène bureaucratique », passent leur temps à s'inventer des choses à faire qu'ils ne feront pas pour prouver qu'ils sont débordés donc en sous-effectif ; CQFD. Ces cohortes-là disparaîtront en grande partie, la partie restante devant devenir une véritable force d'efficacité au service des servants de la noosphère. Chômage ? Drame social ? Non ! Allocation universelle.

Il y a encore les assistés de tous poils, à tout crin. Tous ceux qui, légitimement pour certains, illégitimement pour la plupart, vivent en parasites de la sociosphère et qui dépendent totalement d'elle pour leur survie quotidienne. Tous ceux-là tètent à longueur de temps les mamelles de ces pouvoirs politiques qui prétendent leur assurer pitance, loisir et sécurité, sans autre contrepartie que leurs suffrages. Sans parler de la « gestion » de tous ces assistanats qui génère des bureaucraties pléthoriques. Encore une fois, l'allocation universelle résout tout ceci d'un coup.

Il y a de plus toutes ces entreprises qui ne vivent que de marchés d'Etat et d'adjudications ministérielles : elles pourront continuer à travailler pour l'intendance étatique, mais beaucoup moins, avec d'autres contraintes, avec d'autres exigences, avec d'autres prix.

Il y a enfin tous nos braves nationalistes et patriotes, soucieux ou obsédés de souveraineté nationale, si fiers d'être ce qu'ils sont (ils ont raison) et si sûr de valoir bien mieux que les autres, les étrangers (ils ont tort), tous ces partisans du chacun chez soi, de la sédentarité pétrifiante (ce qui est totalement autre que l'ancrage préférentiel dans un terroir), tous ces thuriféraires de tous les protectionnismes, tous ces amoureux des frontières et

---

[116] Et comment y en aurait-il en ces temps de pensée unique ?

de leurs gardes (sauf lorsqu'ils fraudent leur gnole), tous ces ethnocentriques pourtant historiquement bâtards pour la grande majorité. Pour tous ceux-là, l'excentration du politique et la montée en puissance d'autres pouvoirs, tous transnationaux, sont vécus comme un drame de l'ego, de l'identité, du quant-à-soi : ils s'y opposeront donc à la force de leurs drapeaux. A tous ceux-là, je renvoie le mot de Max Planck : « La vérité ne triomphe jamais, ce sont ses ennemis qui disparaissent ».

Dans la sphère économique, ensuite...

Il y a le monde de la finance et des financiers : pour eux, la marginalisation de l'économique et l'effondrement des mécanismes capitalistes signent la fin des haricots. Si la plus grande part de l'économique à venir, vouée aux métiers de l'immatériel, n'a plus besoin de capitaux, n'a plus besoins de financement à moyen ou long terme, n'a plus besoin d'investissements lourds, les marchés de l'argent seront cantonnés dans le financement des trésoreries à court terme, avec des rendements si faibles que l'épargne n'y trouvera plus son fruit et que les plantureuses masses salariales des hommes de finance fondra comme neige au soleil. L'exode est garantie.

Il y a les systèmes boursiers et la cohorte des boursicoteurs, des fonds de pensions et autres agents de change : l'économie noétique signe bien la quasi fin de la spéculation financière, non pour des raisons idéologiques ou morales, mais bien par disparition naturelle des niches de spéculation (du fait de la non-capitalisation, de la durée de vie très courte des entreprises, du risque lié aux recherches noétiques, de l'imprévisibilité croissante des marchés...). Dès lors, pèse sur tous ces gens une menace inouïe : la fin de l'argent facile qui « travaille tout seul » comme l'on disait naguère.

Il y a les pilleurs et pollueurs de la nature, toutes les industries, tous les transporteurs et tous ces métiers qui ne vivent qu'en massacrant et en salissant la Nature, souvent de manière irréversible. Le principe de frugalité induira des baisses drastiques de consommation de leurs produits et, donc, la fermeture des portes de beaucoup d'entre eux. Le principe de valeur d'usage[117] induira une montée prohibitive des prix de vente de ces produits par l'intégration immédiate de tous les coûts réels et futurs induits par leur fabrication. Et tout simplement, le principe d'écologie les empêchera de nuire. Ces entreprises ne pourront que s'opposer ou se reconvertir...

---

[117] Voir chapitre précédent où l'on souligne le passage de la valeur d'échange à la valeur d'usage pour tous les biens et les services.

Il y a les transporteurs, non plus au titre de pollueur, mais au titre de secteur en régression puisque le nouveau nomadisme sera bien plus virtuel que réel, puisque l'économie de consommation sera de plus en plus locale, avec des produits régionaux et de saison[118], puisque le principe de frugalité impliquera la réduction à leur plus strict minimum de tous les déplacements de personnes et de choses. Le train sera le moyen de transport très largement prépondérant pour ce qui restera à transporter. Derrière les transporteurs, ce seront évidemment les industries aéronautiques et automobiles qui se réduiront, ainsi que les compagnie aériennes (le marasme actuel n'est qu'un début), les industries du tourisme, les entreprises de travaux publics, les compagnies d'autoroutes à péage, etc...

Il y a les syndicats et les activités connexes : ils perdront toute leur utilité dès lors que le salariat et ses réglementations et contraintes, disparaissent majoritairement. Déjà aujourd'hui, aux dernières élections prud'homales en France, il y avait 67,4% d'abstention ; le grand vainqueur (la CGT communiste) ne représentait *in fine* que 12% de la population votante, donc rien ! Mais ces gens sont aguerris à préserver, bec et ongle, leur fond de commerce depuis ces soixante ans où ils ne servent plus à grand-chose d'autre qu'à revendiquer le « travailler moins pour gagner plus ». Inutiles, mais coriaces.

Il y a les bureaucrates privés qui, tenant la main de leurs collègues publics, s'accrochent à leurs tâches ancillaires et procédurales, archaïques et superfétatoires à l'heure de la fluidité et de l'informatique. L'âge noétique n'aura plus besoin d'eux.

Il y a surtout tous les incompétents, tous les sous-qualifiés, tous les quasi analphabètes qui comprendront peut-être un jour que le passage à la société de la connaissance et de la création risque de faire d'eux des exclus, des handicapés culturels profonds, des laissés pour compte.

Nous vivons une intense mutation paradigmatique, nous changeons non pas LE monde, mais DE monde. Les grandes entreprises industrielles vont disparaître, surtout dans nos régions. Les masses laborieuses qu'elles utilisaient vont se répartir selon trois voies : une part (la mieux éduquée et la plus « cérébrale »), sera absorbée par les métiers de l'immatériel (services à haute valeur ajoutée, expertises et créations, recherches et formations), une part (la plus habile en termes de savoir-faire pratique) se redéploiera dans les métiers de l'artisanat (auquel je promets le plus bel avenir) et la dernière part

---

[118] Donc plus besoin des grandes importations/exportations par ces camions qui obstruent, engluent et empestent les routes.

se blottira dans les systèmes d'assistanat (tant que les Etats qui les financent ne seront pas en totale banqueroute, ce qui ne saurait tarder).

Quelle que soit la voie envisagée, la mutation passe par l'entrepreneuriat.

Le tissu économique qui survivra à la grande « Révolution Noétique » (le passage de la société industrielle et capitaliste à la société de la connaissance et de l'information, le passage de la société de l'argent à la société des talents) sera un vaste tissu, très interconnecté en réseaux, de PME (cognitives, créatives et artisanales) dont l'immense majorité n'existe pas encore et qu'il faudra créer d'urgence.

Quoiqu'il en soit, pour beaucoup, il est trop tard. Rien de réellement sérieux et efficace ne pourra être tenté pour eux : leurs capacités d'apprentissage et de créativité sont mortes. Les gesticulations démagogiques ou humanitaires n'y feront rien. L'allocation universelle les sauvera et leur permettra de finir leur vie tranquillement, sereinement, avec des joies et des peines à leur échelle. Sans allocation universelle, ce sera le drame infâme de l'exclusion et de la misère, de la quart-mondisation. Cyniquement, tous ceux-là ne constituent pas intrinsèquement une force de résistance puisqu'ils n'ont pas la capacité de comprendre la mutation immense en cours, mais ils peuvent être récupérés et manipulés et utilisés par d'autres et asservis à leurs intérêts.

Dans la sphère culturelle, enfin...

Dans la sphère culturelle, la révolution noétique rencontrera la résistance que d'une seule catégorie d'opposants, mais elle est énorme : celle des jouisseurs égoïstes, celle des hédonistes irresponsables, celle des obsédés de la consommation, du « confort » ou du « niveau de vie », celle du « après nous, les mouches », celle de tous ceux qui n'ont pas envie de « sacrifier » quoique ce soit à l'avenir de l'humanité si cela les prive de quelques menus plaisirs, de la satisfaction de leurs petits caprices ou de leur paraître.

Ils comprennent parfaitement que l'humanité court à sa perte en s'enfermant comme elle le fait dans la sociosphère. Mais ils s'en foutent.

Moi d'abord, l'humanité après s'il en reste.

Mais que ceux-là viennent à être victime (d'un attentat, d'une pollution, d'une épidémie nouvelle, d'une canicule perdurante, d'une pénurie de n'importe quoi, de la hausse des prix, de la spéculation boursière ou immobilière, etc...), et c'est le drame : que fait le gouvernement ?

Où est le bouc émissaire ? Qui est responsable ? Que les têtes tombent !

Ils deviennent subitement aveugles puisqu'ils ne voient pas que ce n'est pas le gouvernement qui doit prendre leur vie en charge, mais eux-mêmes, puisqu'ils ne voient pas qu'il n'y a d'autre bouc émissaire ou responsable qu'eux-mêmes, puisqu'ils ne voient pas qu'une seule tête tombera : la leur.

Cette catégorie si nombreuse est celle des hommes immatures, infantiles, incapables de s'assumer et de se prendre en main, celle de tous ces coconisés du corps et du cœur, de l'intellect et de l'âme, qui croient que le bonheur est dans l'insouciance repue et douillette, celle de tous ces adeptes de la politique de l'autruche qui, à la moindre contrariété, enfoncent leur tête vide dans leur caviar.

C'est cet infantilisme endémique qui sera, plus que toutes les autres, la grande source de résistance à la révolution noétique. Il en sera l'ennemi numéro un. Il faudra le combattre et la seule arme possible est le Verbe : des livres, des conférences, des émissions de radio et de télévision, des stages et séminaires, des rédactionnels, des publications...

7.2.3. *Les moteurs du changement*

Le changement est en cours. Naturellement. L'âge noétique s'ouvre, mais il peut encore se refermer si les forces de résistance triomphent.

Le changement doit donc être activé afin que le processus ne s'enraye pas.

Il y a deux manières d'envisager l'activation du changement.

La première est mécanique : c'est le mythe de la Révolution, toujours romantique, toujours violente, menée par une poignée de « guérilleros » héroïques qui prennent le pouvoir et instaurent le nouvel ordre. C'est la méthode type « che » Guevara, pour utiliser ce peu reluisant personnage comme image. Ce type de révolution dont procèdent les révolutions anglaise, française, russe et chinoise, débouchent, toujours, on l'a vu, sur des régimes pires que celui qu'il a déboulonné : la violence induit la violente et l'amplifie.

La révolution anglaise (1648) du parlement a été absorbée par le mouvement puritain de Cromwell qui a instauré une sanglante dictature personnelle. La révolution française (1789) s'est enlisée dans la terreur (1793) puis dans le bonapartisme (1799). La révolution russe (1917) a été confisquée par les bolcheviks de Lénine pour sombrer dans le stalinisme.

La révolution chinoise (1911) a été récupérée par Mao Tsé Toung et a dégénéré en « grand bond en avant » (1958) catastrophique et en « révolution culturelle » (1966) des plus sanglantes.

La seule révolution qui ait échappé à cette fatalité, est la révolution américaine (1776) parce que, précisément, elle ne fut pas une révolution « mécanique ».

La seconde manière d'activer le changement est systémique, c'est-à-dire qu'elle procède par percolation (on dirait aujourd'hui, par « marketing viral »), par effet boule de neige, par propagation en tache d'huile, de proche en proche.

Si minorité agissante il doit y avoir, ce sera, un peu partout, de proche en proche, par le verbe et l'exemple, au sein des « cultural creatives », les créatifs culturels.

Il est curieux que l'enquête menée tant au USA qu'en Europe par Paul H. Ray[119] (Institute of Noetic Sciences – Sausalito Ca – www.noetic.org) révèle que près de 30% des populations adultes interrogées participent déjà, peu ou prou, de la culture et du paradigme noétiques, tout en considérant qu'ils sont tous des exceptions marginales et totalement isolées[120].

Le mouvement viendra de la société civile, du moins, d'une part de la société civile (essentiellement les créatifs culturels). Les institutions, elles, on l'a vu, qu'elles soient politiques ou économiques ou académiques ou religieuses, sont globalement du côté de la résistance au changement : il ne faudra donc pas compter sur elles.

Du point de vue politique (du moins au niveau national, ce sera peut-être moins vrai au niveau transnational : Unesco / UE... ou local : communautés de terroir...) et culturel (académique et religieux), l'affaire est claire : les institutions de pouvoir, parce qu'elle repose ontologiquement sur le paradigme « moderne » et ses idéologies, ne peuvent que s'opposer au mouvement noétique.

Du point de vue économique, l'affaire est moins claire : si les secteurs primaire d'extraction, secondaire (industries) et tertiaire (services : finances et grande distribution) seront naturellement opposants, les secteurs primaire agricole, secondaire artisanal, tertiaire boutiquier et quaternaire (les activités

---

[119] Lire son « Emergence des créatifs culturels, un changement de société » (Ed. Yves Michel – 2001)

[120] Voir ci-avant le paragraphe consacré aux « cultural creatives » dans le chapitre « L'homme noétique ».

de recherche, d'expertise et de création) peuvent, dans certains cas, se montrer très partisans de la montée en puissance du paradigme noétique.

Pour faire simple, le monde économique se casse de plus en plus en deux avec, d'un côté, la plupart des grandes entreprises classiques, et de l'autre, les PME et artisans, avec quelques grandes entreprises dont le fonctionnement est celui d'une réseau de PME « internes ».

Ces dernières grandes entreprises, probablement déjà fort avancées dans les activités du secteur quaternaire, auront un rôle crucial à jouer dans la révolution noétique (elles ont une puissance et une visibilité que n'ont pas les personnes, les artisans et les PME).

Mais il faudra prendre garde à ce qu'elles ne récupèrent pas le mouvement pour le ramener à leurs intérêts et préoccupations purement « sociosphériques » : leur rôle sera plus de mécénat que d'investissement ou de financement classique.

On le voit, à condition qu'elle soit convenablement activée et continûment stimulée, la révolution noétique sera une révolution douce et pourrait même être rapide : le tissu social est prêt à devenir buvard pour les taches d'huile que l'on y posera.

7.3.   *Les grands chantiers*

La révolution noétique est en marche.
Elle est la seule chance de survie de l'humanité.
Elle doit être stimulée, nous venons d'en parler.
Elle doit aussi être orientée.
C'est l'objectif des paragraphes qui suivent d'explorer certaines pistes qui nous paraissent être les chantiers prioritaires de réflexion et de travail pour les toutes prochaines années.

7.3.1. La Recherche

La recherche, d'une façon générale, sera l'activité de base de l'âge noétique.

Et le mot « recherche » doit être pris dans son sens le plus large : scientifique (dans les quatre domaines des sciences de la matière, de la vie, des sociétés et de la pensée), technologique, systémique, philosophique, éthique, spirituelle, esthétique, artistique, etc. Enrichir constamment la noosphère sera le souci majeur et constant des hommes noétiques : tout le reste sera subordonné à cette activité centrale et stratégique.

Mais il est des domaines plus spécifiques que l'âge noétique naissant fait apparaître comme plus particulièrement prioritaires pour l'accélération de la révolution noétique.

Le premier concerne toutes les sciences cognitives, en général : le cerveau, l'architecture des fonctions mentales, les langages, les concepts et les théories (on frôle ici l'épistémologie), les représentations comme fondement de l'esprit, etc.

Le deuxième est celui des techniques créatives et des méthodes de créativité : comme toute virtuosité, la créativité demande probablement un don, au départ, mais elle demande surtout beaucoup de technique et beaucoup d'exercice, comme le violon ou le piano. Et puis tous les musiciens ne sont pas forcément des génie, il est plein de « tâcherons » de la musique comme moi qui, faute de génie, travaille la musique pour le plaisir. Pour la créativité, il en est de même : certes il y a et y aura des génies créatifs exceptionnels, mais il y aura surtout énormément de travailleurs créatifs qui doivent être nourris de techniques et de méthodes pour pallier leur manque de génie...

Le troisième travaille les métalangages : ces langages non linéaires complexes (comme la métaphore ou les méthodes symboliques) seuls aptes à appréhender et à communiquer globalement une problématique complexe. Le domaine est vaste et largement inexploré, à ma connaissance.

Le quatrième vise les théories et modèles combinatoires qui permettront de systématiser et de partiellement automatiser les méthodes et opérateurs de combinaisons multiples entre les éléments de connaissance afin de fournir au cerveau droit tout un champ complet de solutions possibles à un problème donné. A son tour, par intuition ou illumination, celui-ci devra alors choisir, tester, décliner, valider celles des solutions proposées qui semblent optimales.

Le cinquième concerne, en général, les sciences du complexe et les théories qui y sont attachées (structures dissipatives, chaos, fractales, attracteurs, catastrophes, etc.), mais aussi leurs applications dans tous les domaines : le management, l'informatique, les télécommunications, la robotique, l'organisation, la cybernétique, etc.

Le sixième (le plus avancé, aujourd'hui) continue de développer toutes les théories et technologies liées au traitement, au stockage et à la transmission des informations. On trouve là les ITC, les nanotechnologies liées à la miniaturisation extrême des supports informationnels et les technologies de transmission de données à très haute vitesse.

Le septième et dernier domaine particulier plus prioritaire, est l'étude des structures et processus d'évolution, au sens le plus large, non seulement pour retracer les généalogies et les arborescences évolutives passée, mais aussi pour développer des méthodes non pas prédictives (rien n'est écrit !) mais prospectives qui permettent de mieux cerner les possibles et de mieux évaluer les souhaitables.

7.3.2. L'Education

Après la recherche qui est au cœur et qui est le cœur (au sens quasi anatomique) de l'âge noétique, l'éducation (au sens large anglo-saxon qui englobe tous les enseignements de tous niveaux et toutes les formations de tous types) est la priorité majeure dès aujourd'hui.

Il faut y consacrer quelques lignes.

L'école de Jules Ferry, républicaine, laïque, gratuite et égalitaire pour tous, a été une bénédiction du début des années 1880 à la fin des années 1940.

Depuis, politisation, syndicalisation et inadéquation progressives, assorties d'une kyrielle de réformes « expérimentales » catastrophiques et d'une fonctionnarisation dramatique des corps enseignants, ont fait sortir le système éducatif de ses rails pour aboutir, aujourd'hui, à une impasse majeure.

L'école est devenue une usine à fabriquer des analphabètes, des voyous et des chômeurs.

La finalité pédagogique de base : apprendre à lire, écrire et compter, n'est même plus atteinte.

La plupart de mes étudiants de troisième cycle (bac plus 4 ou 5) sont incapables d'écrire une seule page sans au moins une dizaine de fautes orthographiques et syntaxiques majeures.

L'avènement de l'Euro a démontré combien peu étaient capables d'une simple multiplication mentale de conversion et ce, au travers de toutes les tranches d'âge.

Le niveau de beaucoup de concours d'entrée a dû être notoirement baissé si l'on voulait atteindre la masse critique minimale d'étudiants.

Les branches scientifiques, réputées ardues du fait de l'aversion grandissante pour les mathématiques, sont désertées alors que la société réelle est face à une pénurie croissante et bientôt grave, d'ingénieurs, de chimistes, de biologistes, de physiciens, etc... : les sciences humaines ont, elles, la cote, mais avec quels débouchés ?

Ces sciences humaines sont toutes focalisées sur la sociosphère, par définition, et attire les jeunes au moment précis où la sociosphère sort du centre des priorités.

Bref, l'enseignement et l'éducation sont à réinventer.

Repenser l'enseignement – à tous les étages, à tous les niveaux – implique d'affronter un dilemme ardu.

D'une part, apprendre à savoir perd de plus en plus d'intérêt alors que les mémoires électroniques sont infiniment plus massives et fiables que nos mémoires neuronales : le cerveau humain est une fabuleuse usine pour créer mais non pour mémoriser.

Plutôt que de le farcir, que de le gaver de faits, de données et de formules qu'il devra ingurgiter et restituer par cœur, mieux vaut lui apprendre à chercher, à capter, à valider les informations : apprendre à apprendre, donc.

Apprendre les langages, les méthodes et les moteurs de recherche d'informations de qualité.

Apprendre qui sait. Apprendre où chercher. Apprendre à croiser et à valider.

Savoir que cela existe sans nécessairement savoir ce qui existe.

Apprendre plus les typologies et l'organisation de la Connaissance que les connaissances elles-mêmes.

Mais d'autre part, en reprenant la métaphore culinaire, pour créer des réponses ou des idées, pour chercher des solutions, il faut des ingrédients de qualité, des « fonds de sauce », des ustensiles et des casseroles. Le cerveau ne peut être efficient sans être truffés de savoirs basiques et synthétiques, typologiques et méthodologiques sans lesquels aucune recherche, aucune création authentiques ne sont possibles.

Tout le dilemme est là : non plus apprendre des objets (des faits, des données, des théories, des modèles), mais apprendre des processus (des méthodes, des langages, des typologies).
La différence est cruciale.
« Waterloo 1815. Blücher ou Wellington. », tout cela importe très peu ; ce qui importe, c'est le processus historique sous-jacent, la dégénérescence de la Révolution française depuis Robespierre jusqu'à cet empire totalitaire et guerrier contre lequel les aristocraties européennes se sont liguées. Waterloo est un épiphénomène inéluctable : Napoléon devait être éradiqué parce qu'aucune structure n'est viable à terme dans et par la violence. Voilà ce qu'il faut savoir. L'abjection napoléonienne n'en est que l'illustration. L'effondrement des communismes en est une autre.
Toutes les disciplines doivent ainsi être revisitées et être reformulées en termes de processus illustrés par des faits (que l'on s'empressera d'oublier puisqu'ils jonchent les manuels et les encyclopédies).

Il s'agit donc d'inventer une pédagogie dynamique (celle des processus) au-delà des pédagogies statiques (celles de faits et des objets, celles des épiphénomènes).

Mais il s'agit aussi d'inventer d'autres lieux, d'autres méthodes d'apprentissage.
A l'heure du télétravail et du Web, est-il encore concevable de pratiquer l'Ecole classique ?
Cela a-t-il encore un sens de concentrer les écoliers et les étudiants dans des classes ou des amphithéâtres selon des horaires fixes ?
Bien sûr, le contact des « maîtres » est indispensable. Bien sûr, le travail en équipe doit aussi s'apprendre. Bien sûr, l'apprentissage est aussi apprentissage de la socialité.
Il n'est nullement question du « tout, tout seul, chez moi, quand je veux ».
Tout ? Non, bien sûr. Mais beaucoup...

L'apprentissage de demain, à tous les âges, sera majoritairement de l'auto-apprentissage.

L'école et l'université seront largement virtuelles : étudier, ce sera surtout se mettre devant son ordinateur, et travailler sa matière dans un bureau à l'heure la plus propice, et communiquer avec les maîtres par courriel pour la correction des exercices ou pour les explications complémentaires.

Mais elles ne seront pas que virtuelles : elles seront aussi des lieux réels d'apprentissage pratique, des lieux d'expérimentation, des lieux de démonstration, des lieux de confrontation avec le réel, précisément.

Bref, des lieux de pratique et non plus des lieux de théorie, comme c'est le cas aujourd'hui.

Et cette pédagogie du pratique ne pourra faire l'économie de quitter la voie des enseignements ex-cathedra devenus digitalisés : les mandarins devront disparaître.

Elle devra réinventer des méthodes nouvelles dont les pistes sont offertes par cette merveilleuse école de la pratique du plus haut niveau que sont les Compagnonnages.

Le programme « Erasmus » n'est-il pas un sorte de Tour de France compagnonnique redécouvert et rénové ?

N'est-ce pas la réponse au vœu de Montaigne de têtes bien faites plutôt que de têtes bien pleines ?

N'est-ce pas la voie de l'excellence reconnue depuis des siècles ?

N'est-ce pas la voie de la resacralisation de la connaissance par l'apprentissage initiatique plutôt qu'académique ?

Restera les questions de la logistique éducative : quels diplômes ? quelles filières ? quelles méthodes d'évaluation des étudiants ?

Il paraît évident que l'actuelle structure cloisonnante (facultés, spécialités, filières) ne peut qu'éclater, d'abord parce que ces cloisonnements induisent une inefficience interne (double-emploi, redite) et externe (inadéquation notoire par rapport au marché de l'emploi), ensuite parce que la complexification ambiante impliquera toujours plus de transdisciplinarité et de nomadisme, toujours plus de personnalisation des programmes (études à la carte au sein de logiques de prérequis), toujours plus d'interconnexion et d'interactions entre des connaissances classiquement étrangères les unes aux autres.

La notion de diplôme global est appelée à disparaître au profit de celle de certificats spécifiques.

S'il est un avenir pour les universités, ce sera comme lieu de recherche collective et de pratique partagée, et non comme lieux de mémoire et de discours.

Le travail individuel ou dialogique, de recherche comme d'apprentissage, se fera hors ses murs, par voie virtuelle.

L'université de demain sera d'abord un laboratoire, un athanor alchimique où les idées rencontreront la matière (inerte, vivante ou humaine) pour d'improbables transmutations.

Plus généralement, l'éducation humaine, jusqu'ici cantonnée dans l'exercice des seules capacités intellectuelles rationnelles, doit enfin comprendre l'homme comme un Tout, comme une alchimie qui devrait être harmonieuse, entre un corps qu'il faut apprendre à soigner, un cœur qui doit apprendre à aimer et à ressentir, un esprit qui doit apprendre à comprendre et à créer et une âme qui doit apprendre à contempler et à méditer.

Il faut que cesse cette perversion analytique du saucissonnage de l'homme : l'école produit peut-être des cerveaux cartésiens (bien que de plus en plus ignares), mais elle produit aussi des corps obèses, des cœurs secs et frustrés, des âmes vides et désespérées.

7.3.3. *La Santé*

Le problème de la Santé se complexifie selon trois dimensions : le vieillissement de la population, la faillite des systèmes de sécurité sociale et les impasses de la médecine cartésienne.

Le vieillissement de la population est une donnée démographique incontournable, une tendance durable. Ce vieillissement induit des transformations lourdes dans les structures de besoins individuels et collectifs d'ordres différents : ordre diététique et hospitalier, mais aussi infrastructures collectives, prothèses, kinésithérapie, déplacements, cosmétiques et produits de soin, loisirs, séniories, etc. Il appelle aussi de nouvelles recherches pour une meilleure connaissance des processus de sénescence. Mais il pose surtout le problème de la relation entre seniors et noosphère car les techniques et pratiques noétiques sont souvent totalement étrangères aux couches les plus âgées de la population qui, de fait, s'en trouvent exclues.

LE MOUVEMENT NOÉTIQUE

Les outils et modalités de communication virtuelle, par courriels essentiellement, pourraient être des palliatifs importants à la solitude et à l'abandon des plus vieux, mais encore faut-il qu'ils aient accès, techniquement et intellectuellement, à un poste de travail totalement repensé pour eux.

La faillite des systèmes de sécurité sociale est inéluctable, non seulement du fait de leur mauvaise gestion, de leur bureaucratisation et de leur fonctionnarisation, mais, plus profondément, parce que leur fondement est vicié à la base et incompatible avec le fonctionnement de la société noétique.

Je m'explique.

Les systèmes classiques de sécurité sociale sont nés d'une volonté politique socialisante et égalitaire louable, à l'issue de la seconde guerre mondiale, dans l'euphorie de l'étatisation du processus de reconstruction. Il en est résulté une machinerie mécanique d'assistanat généralisé et de gabegie démagogique dont l'effet le plus lourd est la totale déresponsabilisation des individus (patients et médecins, hôpitaux et cliniques, personnels soignants et pharmaciens) par rapport à la santé et à son coût social.

Porte ouverte, donc, à tous les abus : on croque à présent du médicament comme des bonbons.

Au moindre bobo, on court chez le médecin.

Au moindre rhume, on se rue aux urgences.

A la moindre ride, on recourt à la chirurgie dite esthétique.

A la moindre contrariété, on se gave de tranquillisants, d'anxiolytiques et de somnifères qui appellent, au réveil, des excitants pour contrer la torpeur qu'ils instillent.

Au moindre souci professionnel, on s'offre un congé-maladie.

Abus, complaisance, mercantilisme, corporatisme, clientélisme, sont le lot naturel d'un système qui déresponsabilise tout ce qu'il touche de son assistanat forcené.

Et cela finit par coûter trop cher. Et cela mène à la faillite. Et les gesticulations politico-financières de « réforme » de la Sécu ne sont que dérisoires.

C'est le principe même du système qui est faussé.

Chaque personne doit se réapproprier sa propre santé et dé-confisquer sa propre responsabilité envers elle.

Le principe de l'allocation universelle va en plein dans ce sens.

Mais cela ne suffit guère : il s'agit avant tout d'un problème d'éducation qu'il faudra bien reprendre à sa base.

Apprentissage continu, dès le plus jeune âge, des pratiques d'hygiène, de diététique, de prophylaxie, de premiers soins, de massage, d'exercice physique, etc...

Oui : contre l'idéalisme scientiste et puritain, l'école doit d'urgence réintégrer le corps dans son cursus.

Les impasses de la médecine cartésienne se dévoilent de plus en plus souvent, face à des épidémies nouvelles, parfois, mais surtout face au mal-être et au mal-vivre de la plupart de nos contemporains (surtout citadins).

Un ami médecin, mais aussi philosophe lucide, faisait ce calcul : plus de 75% des patients souffrent de « maladies » psychosomatiques qui, pour guérir, ne demandent qu'un peu d'attention, un peu d'amour, un peu de commisération. Comme les médecins sont tous devenus stakhanovistes, ils n'ont pas (plus ?) le temps de prendre le temps, donc il y a de plus en plus de malade et de moins en moins de guérisons, donc les médecins ont encore moins de temps, donc ils laissent à la chimie le soin de masquer le mal-être qu'il n'ont pas le temps de regarder...

Pour ces 75% de patients-là, nul besoin de médecine, en fait.

Et de psychologues (ce apprentis-sorciers de l'âme) encore moins : avec eux, la loi des effets pervers[121] joue encore plus que dans tout autre domaine.

Reste donc 25% des cas où la médecine peut réellement jouer son rôle.

Et là, la réussite est bien faible : la médecine occidentale classique est mécaniste et analytique.

Elle charcute et dissèque bien. Elle analyse bien. Mais elle ne comprend pas du tout le Tout de l'homme. Elle n'y comprend même presque rien. Or, dans la plupart des cas, c'est de son Tout que l'homme souffre, et cette souffrance globale ne fait que s'exprimer par des effets particuliers et locaux, souvent changeants et évoluant selon des « logiques » étranges.

L'homme est un être homéostatique[122] qui doit être pris comme un tout.

---

[121] Comme déjà dit ailleurs, cette loi dit que toute intervention ponctuelle sur un système complexe induit des réactions qui tendent à amplifier les effets que l'intervention voulait corriger ou éradiquer. Le cas typique est celui des actions de politique économique qui, à terme, induisent toujours plus de crise et de misère qu'elles n'espéraient en diminuer. Le plus bel exemple en est cette calamité des 35 heures inventée par cette autre calamité de Martine Aubry.

[122] L'homéostasie est un principe systémique qui exprime la notion d'équilibre dynamique global. L'exemple le plus connu est celui de la température du corps qui est homogène et régulée avec précision dans l'ensemble du corps, sans qu'il y ait de thermostat ou de chaudière centralisés.

La médecine doit donc devenir impérativement holistique et renoncer à ses modèles mécanistes.

Ce champ de recherche est immense... et urgentissime si la médecine entend contribuer à diminuer le mal-vivre dans nos sociétés.

Et là, tout n'est pas à réinventer. Les médecines extrêmes-orientales et certaines médecines dites douces ou traditionnelles possèdent déjà un immense réservoir de connaissances sous-exploitées qu'il faut apprendre à intégrer et à utiliser.

Il n'y a pas de panacée. Il serait faux de sombrer dans le romantisme d'un « bon vieux temps » qui n'a jamais existé.

Il serait criminel de croire que les remèdes de bonne fâme[123] seraient la réponse universelle à tous nos maux.

Mais il serait – il est – criminel de rejeter en bloc toutes ces connaissances-là sous prétexte qu'elles n'entrent pas dans le moule du scientisme rationaliste.

Pour être à la hauteur de la société noétique qui s'installe, la médecine devra renoncer à sa superbe et à son orgueil, et bien voir qu'elle ne connaît presque rien à la Vie.

Elle devra renoncer à sa vision mécaniste (Descartes parlaient des animaux-machines et des corps-machines) et analytique (la dissection comme outil d'investigation : espérer comprendre de la vie en ne regardant que du mort en petits morceaux).

Elle devra renoncer à soulager et apprendre à guérir.

7.3.4. Le Politique

Première dimension du problème : la Vie, le Monde, le Réel sont complexes, et nos Sociétés et leurs institutions ne sont que compliquées. Et la complication n'est jamais une réponse adéquate à la complexité.

Nos sociétés et institutions sont donc de plus en plus inadéquates face à la complexification croissante du monde réel. De là l'explication des ruptures de plus en plus profondes et radicales entre la société civile et le politique.

---

[123] Encore une fois... du latin *fama* : « réputation ». Rien avoir avec les « bonnes femmes ».

A la source de ces inadéquations, il y a le fait que nos institutions politiques et leurs références fondatrices s'ancrent dans des idéologies[124] toutes fabriquées durant le XIXème siècle scientiste, positiviste et rationaliste.

La pensée politique en est restée là. C'est un peu comme si la physique théorique d'aujourd'hui continuait d'ignorer les découvertes d'Einstein, de Planck, de Bohr, d'Heisenberg, de Lemaître, de Feynman et consorts, pour se cantonner obstinément dans les concepts d'atome insécable, d'espace et de temps absolu, de mécanique newtonienne et de mouvement galiléen.

Pourquoi la politique s'est-elle enfermée ainsi ?

Le processus s'est passé en trois temps.

Premier temps : les idéologies dominantes ont été créées et pensées selon les méthodes de leur temps : réductionnisme et simplisme. Le marxisme en est l'exemple typique : réduire toute la complexité sociale à la lutte des classes (de deux classes, en fait, la bourgeoisie possédante et le prolétariat) est simplement stupide. De même, la croyance libérale en la « main invisible » d'Adam Smith comme seul régulateur de la sociosphère est une foi bien charbonnière. Mais l'époque le voulait ainsi. Même la grande boucherie mondiale de 14-18 n'a pas ouvert les yeux de la plupart, même si certains (comme Romain Rolland ou Paul Valéry) prenait intimement conscience du « malaise ».

Deuxième temps : surtout depuis la fin de la seconde guerre mondiale, la complexité réelle du monde a décollé creusant peu à peu le fossé d'avec ces idéologies simplistes.

Mais le contexte démocratique étant devenu démagogique[125], par la force des choses face à l'ignorance et à l'irréflexion des masses électorales, il était aussi devenu impossible de changer les repères du discours politique ; au contraire, le recours de plus en plus systématique aux mass media amplifiait d'autant le besoin de simplification à outrance jusqu'à ce que le slogan ou l'invective tiennent lieu de programme.

Troisième temps : encore fallut-il, ensuite, décliner ces slogans absurdes et inadéquats dans le pratique institutionnelle afin de répondre aux attentes du clientélisme ambiant. Il fallait des « mesures », des « réformes », des « plans » conformes avec le simplisme des « idées » mais confrontées à la

---

[124] Cela est vrai pour les capitalismes, les libéralismes, les socialismes, les communismes, les social-démocraties et les mouvements chrétiens issus de l'encyclique « Humanum genus »...

[125] Répétons-le : faute d'un projet collectif fort (comme l'accomplissement noétique de l'homme), la démocratie est condamnée à tourner en démagogie. Il n'y a pas d'alternative.

complexité du réel : de là l'émergence de cette complication institutionnelle, fonctionnaire et bureaucratique qui empoisonne tout le fonctionnement social et qui prouve, si nécessaire, qu'il est impossible de faire du complexe avec du simpliste.

Aujourd'hui, le politique est enfermé dans ses propres tabous obsolètes : voulez-vous être lynché avant d'avoir fini votre phrase, alors mettez en doute l'étatisme, la démocratie, les services publics, l'égalitarisme, etc... ? Mettez en doute les piliers inamovibles du vocabulaire politique et l'on vous traitera de fasciste en vous exhibant sous le nez les infamies de tous ces totalitarismes qui ont ensanglanté notre pauvre Terre.

Comme si la seule alternative à la démocratie était le totalitarisme.

Comme si la « démocratie » vécue aujourd'hui n'était pas un totalitarisme d'Etat, mou et insidieux, cultivant les méthodes gestapistes en matière de fiscalité et les répressions policières en matière de « sécurité ».

Comme si le pouvoir politique n'était pas confisqué par un tout petit groupe de gens (quelques centaines, guère plus) qui, quel que soit le résultat des élections, seront toujours au centre de ce jeu politique, artificiel et superficiel, de plus en plus éloigné de la réalité complexe et irréductible à quelque slogan que ce soit.

Seconde dimension du problème : le politique, en tant qu'une des deux faces de la sociosphère, s'excentre jusqu'à devenir marginal et « logistique » par rapport au centre noétique des sociétés de demain.

La seule fonction qui lui reste, est d'assurer la Paix afin que le processus noétique puisse se dérouler dans la sérénité et la tranquillité. Cette excentration induit les grandes résistances au changement que l'on a étudiées plus haut, de la part de tous ceux (et ils sont nombreux) qui vivent directement ou indirectement de l'ancienne place centrale du politique dans le fonctionnement de nos sociétés.

Politiciens, courtisans, militants, fonctionnaires, journalistes politiques, publicitaires, entreprises publiques, services publics, fournisseurs de l'Etat, etc... sans compter les bénéficiaires des toutes les prébendes, de tous les clientélismes et népotismes.

Le chantier urgent, en matière politique, est de faire fondre ces résistances à la révolution noétique, non pas tant en affaiblissant l'Etat – ce serait faire le lit de toutes les puissances extrémistes et/ou maffieuses qui n'attendent que cela – qu'en engendrant deux mouvements complémentaires et parallèles.

D'abord, en... dépolitisant le politique, en le banalisant, en le ramenant à ce qu'il est : un ensemble de services (assurances, transports, infrastructures, etc...) à la disposition de ceux de ses membres qui préfèrent des solutions publiques aux solutions privées concurrentes.

La carte d'identité doit devenir de même nature qu'une carte de crédit : une appartenance que l'on choisit librement, qui implique une cotisation fiscale et qui donne droit à certains services (bien gérés, ce qui est loin d'être le cas).

Ensuite en renforçant la responsabilité personnelle des individus qui doivent impérativement se réapproprier leur propre vie et l'assumer par eux-mêmes. Ce chantier de la lutte farouche contre toute forme d'assistanat est probablement le chantier le plus urgent. Tout le paradoxe actuel repose sur une confusion très chrétienne entre solidarité et charité.

La solidarité : oui !

La charité : non !

La charité entraîne la dépendance et l'assistanat institutionnel ; elle avilit, elle blesse, elle frustre, elle renforce les disparités et les exclusions au lieu de les amenuiser[126], elle est une injure à la dignité humaine.

La charité est toujours cousine de la condescendance, de la bonne conscience ; elle ne vise qu'à soulager (un bref temps) la douleur, mais jamais à guérir le mal. Au contraire, par la dépendance qu'elle induit, elle le confirme et le nourrit.

Nietzsche dénonçait déjà (ô combien virulemment) les morales d'esclavages et de pitiés induites par la généalogie chrétienne des idées. Il ne fut pas entendu... et l'on voit aujourd'hui où la vague caritative nous a mené : dans les impasses des ghettos, des violences, des exclusions et des quart-mondes irréductibles, irréversibles, inguérissables.

Ce serait le sujet d'une belle pièce de théâtre que d'instruire le procès de la charité, un peu sur le ton de la « Controverse de Valladolid »...

La charité : non !

La solidarité : oui !

Mais quelle solidarité ? Une solidarité impersonnelle, anonyme, imposée à tous pour tous par un Etat souverain, seul moteur de ponction et de redistribution ? Une solidarité purement financière et monétaire qui ne rend personne solidaire de personne et qui se contente d'organiser la charité publique ou la soupe populaire ? Une solidarité « Restos du cœur » qui, quelque sympathique et spontanée (et réellement solidaire et libre) qu'elle

---

[126] C'est toujours l'application de la loi des effets pervers...

soit, ne fait pas l'économie, depuis quelques années, de la question des dépendances et des assistanats institutionnalisés qu'elle a induit ?

Tout le problème vient de ceci : il n'est de solidarité authentique et efficace que de proximité.

Les grand plans globaux, les grandes manœuvres générales, les grandes actions collectives, les grands programmes nationaux sont condamnés à l'inefficience de simple fait qu'ils ne peuvent pas tenir compte de l'essentiel : la complexité réelle des besoins individuels des personnes concernées.

Une « solidarité » standardisée, égalitaire, formalisée et procéduralisée ne rencontre que l'apparent, l'accessoire, le superficiel.

Cette solidarité-là se réduit à distribuer de l'argent, du quantitatif, du pondéral alors que la désespérance réelle va bien au-delà et pleure tout autre chose.

Mais pour aller jusque là, il n'est d'action qu'individuelle, personnalisée, proximale.

Et cette action est de construction, de libération, d'exigence et de formation ; pas de pitié !

Pourquoi ne pas rappeler ici ce beau proverbe chinois si souvent répété : « donner un poisson, c'est apaiser la faim pour un jour ; apprendre à pêcher, c'est n'avoir plus faim pour toute la vie ».

S'il fallait résumer les urgences politiques en quelques mots, on pourrait dire :

- Abolir tous les tabous idéologiques (désacralisation des mots et destruction des idoles).
- Défonctionnariser et professionnaliser tous les services publics.
- Dépolitiser et banaliser le politique.
- Responsabiliser chacun à se réapproprier et à assumer sa propre existence.
- Combattre toutes les formes d'assistanats et de dépendances.
- Libérer et personnaliser les solidarités.
- Instaurer l'allocation universelle[127].

---

[127] Ce dernier point, parce qu'il a fait l'objet de développements antérieurs importants, n'est pas réexpliciter ici.

7.3.5. L'Economique

Le chantier économique est l'exact symétrique du chantier politique.

Lui aussi est travaillé par deux forces, l'une d'idéologie qui creuse l'écart entre les décideurs économiques et le monde réel, l'autre d'excentration qui expulse l'économique du centre de la scène.

Regardons-les d'un peu plus près.

Comme le monde politique empêtré dans ses mots tabous : « démocratie », « égalité », « solidarité », « sécurité », etc..., le monde économique traîne également de grosses gamelles derrière lui qui, si vous les mettez en cause, vous fait traiter de tous les noms d'oiseau.

Ces mots sont « concurrence », « liberté », « profit », etc...

Comme pour le monde politique, le monde économique ancre son idéologie auprès de penseurs du XIXème siècle (Smith, Ricardo, Bentham, Malthus, Marx, etc...) et du début du XXème siècle (Hayek, Keynes, Friedman, etc...).

Mêmes causes, mêmes effets : les modèles économiques réducteurs et simplistes qu'utilisent encore la grande majorité des économistes et des décideurs sont obsolètes et en totale inadéquation avec la complexité du monde économique réel[128].

D'où les bévues, crashes, faillites à la pelle dont tous subissent les effets depuis les crises pétrolières des années '70.

Ce n'est pas le monde qui est en crise, c'est la pensée économique qui est en crise.

Plusieurs pistes peuvent en être tracées.

Première piste : à l'instar des mécanismes de régulation dans les écosystèmes réels, la concurrence et la compétition (le « struggle for life » darwinien) ne peuvent plus être considérées comme les seuls processus d'équilibrages économiques. Bien au contraire, les processus coopérateurs ou

---

[128] Voir en ce sens plus haut, les arguments pratiques qui expliquent cette divergence croissance, notamment le fait que les vitesses de propagation (et la masse) des événements sont devenues notoirement plus importantes que les vitesses de réaction (et le pouvoir réel) des acteurs.

symbiotiques ou mutuellistes sont à la fois plus riches, plus probables et plus efficients.

Le dogme concurrentiel doit donc être largement atténué et les modèles de gestion des entreprises, des secteurs ou des régions doivent être fondamentalement repensés au travers de ces autres mécanismes de régulation.

Il faut élargir ce dicton d'affaires américain : « If you can't beat them, join them », et proposer : « avant d'envisager de les combattre, envisager de coopérer avec eux ».

Curieux comme le monde des affaires est encore terriblement médiéval, avec ses baronnies, ses territoires, ses guerres ou guéguerres, ses serfs taillables et corvéables à merci, sa soldatesque mercantile et ses mercenaires[129] avec ou sans scrupule...

A remarquer que l'économie médiévale, à force de batailles et de destructions de récoltes incessantes, fut de grande misère : n'en est-il pas de même aujourd'hui avec ces ridicules et absurdes guerres des prix qui assassinent des pans entiers du tissu de ces PME qui génèrent la toute grande majorité des nouveaux emplois ?

Aux problèmes de fond posés par la concurrence exacerbée – et confortée par la pensée unique ambiante -, les processus de réticulation et les architectures en réseau offrent des réponses techniques satisfaisantes, même si, et c'est bien normal face à la complexification du monde, elles sont plus complexes à mettre en œuvre et à gérer que le gros coup de bâton sur le nez du voisin...

Mais ces solutions techniques ne prendront leur réel envol que sur un changement de mentalité profond qui substituera aux valeurs masculines (l'image du héros vainqueur, grand conquérant de territoires et de richesses et de pouvoirs) des valeurs féminines (l'image du jardinier cultivant, dans la durée et la qualité, avec frugalité et grand soin, un lopin de terre de la bonne taille pour vivre heureux sans superflu).

« Small is beautiful » disait-on déjà en Californie dans les années '70... en effet, là où aucune économie d'échelle n'est plus possible (c'est-à-dire dans l'immense majorité des cas puisque la vitesse d'obsolescence a dépassé la vitesse d'amortissement), la taille devient un handicap bien plus qu'un atout.

Mais comment en convaincre tous ceux qui ne rêvent que de pouvoir et de puissance ?

---

[129] Dont je fus, pendant dix années de pratique des redressements et des restructurations d'entreprises pour compte de tiers.

Deuxième piste : les notions de profit et de patrimoine.

Dans le raisonnement capitaliste, la rémunération du capital connaît deux voies : le dividende sur le profit et la plus-value sur le patrimoine. Les cycles courts de la spéculation et la tyrannie des actionnaires ont largement privilégié le service de dividendes et l'atrophie des patrimoines. Cette logique s'effrite.

Les patrimoines de l'entreprise noétique de demain seront essentiellement qualitatifs et invendables du fait de l'extrême volatilité de leur goodwill (l'explosion de la bulle spéculative dite de « nouvelle économie » en mars 2002 en a été la brillante démonstration, bien pénible pour tant de petits et grands porteurs fascinés par les prophéties de leurs aveugles gurus).

Que vaut un talent ? Que vaut une renommée ? Que vaut un relationnel ? Bref : que vaut un homme qui peut partir du jour au lendemain ?

De plus, les entreprises noétiques ont besoin de très peu de capitaux, fonctionnent en association de talents-actionnaires et réinvestissent tous leurs bénéfices en créations et innovations immatérielles.

La durée de vie de l'entreprise noétique est courte : elle n'existe que pour porter un projet spécifique et s'évanouira avec lui. Aucune spéculation à moyen ou long terme n'y a de sens. Il n'y aura, en somme, plus que des start-ups à haut risque financier.

Enfin, la gestion d'une entreprise noétique est opportuniste et qualitative, « on a cash basis »[130], sans planification ni outil de contrôle autre que l'état de la trésorerie : de quoi effrayer tous les banquiers et tous les investisseurs... non ?

Toutes le considérations qui précèdent signent la fin de l'hégémonie de la finance sur l'économie. L'argent, aune du quantitatif, devient secondaire dans une économie qualitative basée sur l'expertise et le talent créatif, donc sur l'humain plus que sur l'objet marchand.[131]

---

[130] Cette expression technique exprime en fait le principe de l'économie ménagère de base : on ne dépense que l'argent que l'on possède. Point à la ligne. Il s'agit d'une gestion de boutiquier sur recettes et dépenses, sans endettements. Les Banques vont entrer durablement en période de « vaches maigres », dirait-on...

[131] Que l'on me fasse l'amitié de ne pas me croire naïf. Il ne s'agit pas d'abolir l'argent ou de le dénigrer ou de nier l'importance d'une saine gestion financière. Il s'agit de faire de l'argent le serviteur d'un projet (du projet d'entreprise) et non plus d'en faire LE projet.

Troisième piste : la valeur d'échange et la valeur d'usage.

Le principe de frugalité, déjà largement exploré, impose un autre regard sur la marchandise, quelle qu'elle soit.

La loi de l'offre et de la demande joue dans l'instant, « on the spot ». Le prix, donc la valeur marchande du bien est sa valeur d'échange : ce que l'acheteur est prêt à payer pour l'acquérir.

Ce prix n'inclut pas explicitement l'ensemble des coûts liés à la création, à la fabrication, à la livraison, à l'usage et au déclassement final du produit.

En effet, tous les coûts de création ne sont pas répercuté dans le prix de vente puisque la grande part de la connaissance investie a été prise gratuitement.

Les coûts de fabrication et de livraison n'incluent que les charges facturées : l'air et les pollutions n'entrent pas souvent dans l'équation.

Les (sur)coûts liés à l'usage (entretien, dépannage, énergie, durée d'apprentissage, temps d'utilisation,...) ou au déclassement (démantèlement, démontage, recyclage, incinération, enfouissement, et les pollutions qui y sont liées à court et long terme,...) ne sont pas inclus non plus.

Tous ces coûts cachés (qui peuvent représenter de 50 à 500% du prix d'échange du produit) sont escamotés, mais sont payés cash, implicitement, indirectement, par la communauté humaine dans sa totalité.

La valeur d'usage, elle, intègre tous ces coûts directs et indirects et permet un tout autre regard sur l'économie, notamment sur ceci que la plupart des produits « bon marché » sont des produits dont la valeur d'échange a été artificiellement baissée en engendrant souvent d'énormes coûts d'usage qui n'apparaissent nulle part. Comme le répète souvent mon copain paysan : le bon marché finit toujours par coûter très cher !

Etant donné l'impact majeur et dramatique des facteurs de pollution sur l'homme et la nature, donc sur l'avenir et la survie de l'espèce humaine, il semble évident que la situation actuelle est intenable.

Il faudra bien que les produits se vendent à leur valeur d'usage et non plus à leur seule valeur d'échange : la loi de l'offre et de la demande continuera de jouer, mais sur un tout autre registre, ce qui sonnera le glas pour des pans entiers de l'industrie automobile, agroalimentaire, sidérurgique ou pétrolière, par exemple...

Quatrième piste : la responsabilité entrepreneuriale.

Sans pour autant entrer dans les concepts fumeux d'entreprise citoyenne et autres fadaises qui évacuent vers l'entreprise les responsabilités sociales et politiques qui ne sont pas les siennes, il est clair que l'économie en général et l'entreprise en particulier ne pourront plus faire l'impasse sur leurs responsabilités opérationnelles réelles vis-à-vis de ce qui les entoure et dont elles se nourrissent parfois honteusement.

Il ne s'agit pas de sombrer dans l'écologisme ou dans le crétinisme à la José Bovet. Il s'agit plutôt de dépasser et d'éradiquer tous ces infantilismes encore très prégnants dans le monde économique où le caprice tient souvent lieu de stratégie et où le je-m'en-foutisme irresponsable est encore trop souvent la règle.

Il faut que l'on parle d'économie propre (et que l'on agisse pour elle).

Il faut que l'on parle de commerce équitable (et que l'on agisse pour lui).

Non pour des raisons idéologiques ou partisanes, mais pour des raisons pratiques de survie, de santé et de paix dans le monde.

Je ne parle pas ici de pureté, d'équité, de justice, d'égalité, etc... tous ces mots trop gros ne seraient que des soubresauts d'idéalisme.

Je parle d'une vision holistique de notre petite Terre surpeuplée et martyrisée par nous, les hommes.

Je parle d'aller au bout de la redéfinition des notions de profit et de patrimoine (à l'échelle mondiale et collective) et de la logique de la valeur d'usage.

Je parle de libérer l'économie de l'emprise de la spéculation et de l'argent facile.

Je parle d'une économie enfin assainie, enfin guérie de ses maladies infantiles.

Cinquième piste : le patrimoine de talents.

La société et l'économie noétiques ne se fonderont plus sur la valeur quantitative des produits et services, mais sur la valeur qualitative des talents de création et d'expertise.

Ce basculement dans le qualitatif entraîne avec lui une transformation complète, outre des structures éducatives déjà étudiées plus haut, des méthodes de gestion tant publique que privée.

L'homme et ses talents reprennent la place centrale dans l'économie[132].

Fin de la chosification de l'homme.

Fin de la réification du travail.

---

[132] Ce qui n'implique nullement un nouvel humanisme puisque ce basculement, précisément, ne fait plus de l'homme « la mesure de toute chose », mais le met totalement au service de ce qui le dépasse.

Fin de la notion classique de travail salarié au profit de la notions de multi-activités indépendantes et associées.

Fin de la rémunération à l'heure au profit de la rémunération à la tâche.

Fin de la syndicalisation au profit de la personnalisation.

Fin du « effectiveness management » au profit du « wellness management ».

Explosion des carcans des législations sociales au profit de la libération de tous les talents et de la responsabilisation de tous les individus.

Sixième piste : partage et gratuité.

Ce point a déjà été évoqué. Il faut y revenir, il est crucial.

L'économie de l'information remet totalement en cause la notion de propriété, on l'a vu, on le sait.

De plus la valeur de l'information dépend essentiellement de sa prolifération donc, à la fois, du fait qu'elle est plus partagée et qu'elle est plus gratuite.

Ceci démontre à la fois l'impasse juridique qu'est la notion de « propriété intellectuelle », et la nécessité de définir de nouveaux circuits de rémunération pour les créateurs, les chercheurs, les experts et tous les autres artisans de la connaissance et de la création.

Septième piste : notre avenir dépend essentiellement de notre capacité à entreprendre, de notre esprit d'entreprise, et du contexte (aujourd'hui totalement rebutant et hostile) que l'on offrira aux créateurs d'entreprise (débureaucratisation, défiscalisation, déjuridisation, déréglementation).

Notre avenir dépendra aussi cruellement de notre capacité à éduquer les jeunes afin d'en faire les créateurs et entrepreneurs de demain (nos systèmes éducatifs actuels font tout le contraire : ils fabriquent des fonctionnaires et des assistés).

Mais à y regarder de près, le paradoxe vient du monde économique lui-même.

A de très rares exceptions près, les « grands patrons » qui font la une des journaux, les représentants des « patrons » dans les fédérations, les ténors de l'économie, les gurus de la finance, les consultants vedettes, AUCUN n'a créé son entreprise !

Tous sont des experts et des gestionnaires, AUCUN n'est entrepreneur.

Les statistiques le démontrent à foison : les écoles de commerce et assimilées fabriquent des gestionnaires et non des entrepreneurs. Leurs diplômés entrent majoritairement faire carrière de cadre dans de grandes entreprises, et presque aucun ne se lance dans sa propre aventure entrepreneuriale.

Paradoxe ? Pas tant que cela... Dans une société où le paraître prime sur le faire, où les signes extérieurs de richesse priment sur les signes intérieurs de sagesse, où le statut et la frime priment sur l'accomplissement réel de soi, il est bien logique que la course aux gros salaires entraîne ces diplômés tout neufs vers des carrières de gestionnaires professionnels.

Mais qu'ils prennent bien garde...

Déjà l'échelle salariale s'inverse : demain ce sont les experts (et les vendeurs et les artisans et les créatifs) qui gagneront le plus d'argent et non les gestionnaires.

Dans un monde incroyablement turbulent et largement imprévisible, les outils et modèles classiques de gestion prévisionnelle seront mis au rebut. Le complexité croissante de la sphère économique globalisée et technologisée conduit les « gestionnaires » tout droit vers le cimetière aux éléphants.

La gestion devient de plus en plus un métier comme les autres, plutôt banal et périphérique (comme le sont la comptabilité ou le juridique ou le contrôle) : un mal nécessaire. Elle ne sera plus, comme elle l'a été, comme elle l'est encore parfois, le cœur de l'entreprise.

Elle n'aura plus le pouvoir : là est l'essentiel.

Les gestionnaires feront leur boulot, mais ils ne seront plus les décideurs.

Les structures de pouvoir institué et hiérarchique (basées sur les titres, les fonctions et les organigrammes) s'effondrent et cèdent la place aux structures de pouvoir éclatées vers les experts qui font autorité, chacun dans son domaine.

Les sommets ne seront plus occupés par les gestionnaires mais par les entrepreneurs, c'est-à-dire par ceux qui créent et non par ceux qui gèrent.

Ce mouvement, ce basculement sont inéluctables et irréversibles.

Il entraîne une évolution du sécuritaire vers le libertaire, de l'argent vers le talent, du conformisme vers la créativité, du rigide vers le souple, du hiérarchique vers le coopératif.

Mais même inéluctable, ce bouleversement engendre ces propres obstacles, ses propres résistances.

D'abord la résistance des gestionnaires eux-mêmes, accrochés aux privilèges et pouvoirs et revenus de leur profession, qui feront du « job protection » à tout crin : il ne faudra pas compter sur eux qui détiennent le pouvoir hiérarchique et bureaucratique dans toutes les grandes entreprises et organisations, pour se saborder et pour scier la branche sur laquelle ils sont si confortablement assis.

Ensuite la résistance de l'establishment (politique, social, privé) qui, comme toujours, saura se montrer solidaire envers ses amis : l'establishment, par essence, est réactionnaire et conservateur, il n'aime pas changer d'interlocuteurs, surtout si ceux-ci sont des créatifs, des chiens fous, des empêcheurs de s'assoupir en rond, des illuminés porteurs de projets innovants et bousculants.

Enfin l'obstacle éducatif : nos filières d'enseignement primaire et secondaire n'incluent nulle part une formation générale à la création et au développement de l'entreprise. Elles abhorrent le créatif, le risque, le droit à l'échec, l'individualisme entrepreneurial. Elles sont des machines (au sens quasi mécanique et mécaniste du terme) à fabriquer du « social », du conforme, du sécuritaire, du fonctionnaire, de l'assisté. Comment un fonctionnaire de l'éducation nationale pourrait-il insuffler l'esprit d'entreprise, lui le planqué, le syndiqué, le barémisé, lui pour qui le temps-plein compte 20 à 25 heures effectives, 9 mois par an (alors qu'un entrepreneur travaille de 70 à 80 heures par semaine 50 semaines par an) ?

De même, au niveau des écoles de gestion, de commerce ou de management.

Les professeurs y sont le plus souvent des fonctionnaires académiques qui vivent dans la théorie et ne connaissant rien à l'entreprise réelle (et en tous cas pas aux PME), ou, s'ils viennent du « privé », ce sont en général des gestionnaires de grosses entreprises ayant notoriété et pignon sur rue, donc tout sauf des entrepreneurs.

On y cultive bien volontiers la « gonflette » carriériste et élitiste, mais on n'y cultive guère ni le goût d'entreprendre ni l'apprentissage de terrain.

On y perpétue l'enseignement des modèles et techniques de l'ère industrielle, donc les dinosaures du management jurassique, mais on y passe allègrement à côté des forces de demain : les PME, l'artisanat, les métiers de l'immatériel, la management de l'incertitude et de l'imprévisibilité, l'opportunisme stratégique et la veille, les talents de la création et de la vente, pour n'en citer que quelques uns.

Aujourd'hui, l'économie « officielle » et visible est confisquée par les gestionnaires et les financiers. Elle devra s'en libérer d'urgence si elle veut rencontrer le plus grand défi de son histoire : créer des milliers d'artisanats et de PME dans toutes les niches à haute valeur ajoutée, que ce soit dans les métiers de l'immatériel et de la connaissance, ou dans les métiers de l'expertise pratique.

En résumé, les chantiers économiques les plus urgents sont :
- Stimuler, faciliter et favoriser le travail de coopération en réseau contre les comportements concurrentiels.
- Changer la métaphore du héros conquérant en celle du jardinier cultivant.
- Redéfinir les notions de profit et de patrimoine.
- Eradiquer l'économie spéculative au profit de l'économie créative.
- Substituer en tout la valeur d'usage à la valeur d'échange.
- Favoriser l'économie propre et le commerce équitable.
- Développer tous les patrimoines immatériels et les talents.
- Libérer tous les talents et responsabiliser toutes les personnes.
- Eradiquer la notion de propriété intellectuelle.
- Créer de nouveaux circuits de rémunération pour les noéticiens.
- Stimuler l'esprit entrepreneurial contre les anciens gestionnaires.

7.3.6. L'Ethique

On peut rêver d'une humanité faisant le « grand bond en avant » et pratiquant, spontanément, unanimement, les valeurs morales aptes à garantir la Paix et l'Harmonie commune.

Ce serait sombrer dans un angélisme puéril.

D'abord, parce qu'il n'y a point de valeurs morales absolues et universelles.

Ensuite, parce que l'homme n'est pas un animal moral[133] et qu'il n'agit, en tout, qu'en fonction de ses intérêts immédiats et égoïstes.

---

[133] Tout comme, d'ailleurs, contrairement au dogme positiviste d'Auguste Comte (vous savez, celui qui a tout faux sur tout !), l'homme n'est pas un animal social. La société (comme la morale) n'est qu'un mal nécessaire censé augmenter les chances de survie individuelle par mutuellisation de certains risques. L'homme social est un gué boueux et bourbeux entre l'homme biologique et l'homme noétique.

Il ne s'agit donc pas de fonder de nouvelles valeurs censées être meilleures ou plus profondes ou plus efficientes.

Il s'agit de fonder une éthique amorale.

Au-delà du paradoxe apparent des mots, le concept qui se cache derrière cette idée d'éthique amorale, est simple : plutôt que d'épiloguer sans fin (comme on le fait depuis Socrate) sur le choix et l'énoncé de valeurs morales toutes plus relatives et discutables les unes que les autres, il conviendrait de s'attacher à clarifier les conditions du processus éthique.

En cela nous sommes conséquent avec notre méthode générale : ne pas s'occuper des objets qui ne sont qu'épiphénomènes [134] (ici les valeurs morales), pour s'attacher à l'étude des processus qui génèrent ces objets.

L'éthique amorale oppose donc les valeurs morales au processus éthique.

Il ne s'agit pas tant de faire **le** Bien[135] que de faire mieux.

Cette éthique amorale est celle de l'accomplissement en plénitude de tout en tout.

M'accomplir moi en me dépassant ; et me dépassant, accomplir ce qui me dépasse.

Peu importe le chemin. Peu importe les spécificités de ce moi qui s'accomplit tel qu'en lui-même, peu importe les valeurs relatives qui seront les plus aptes à cet accomplissement ; ce qui importe, c'est le processus d'accomplissement lui-même de soi et de l'au-delà de soi.

L'éthique amorale, parce qu'elle participe d'une vision holistique du monde et de la Vie, postule que l'accomplissement personnel n'est pas possible CONTRE le monde (et les autres) mais n'est possible qu'AVEC le monde (et les autres[136]).

Ce point, on s'en doute, est capital.

M'accomplir en accomplissant le monde et mes proches, sans juger a-priori quelles doivent être les voies de cet accomplissement.

---

[134] Les objets, les faits, les événements ne sont que les bulles de l'écume au sommet de la vague. Ils sont sans importance et sans intérêt. Ce qui importe, ce sont les forces de l'océan à l'œuvre dans les courants, dans les vagues et, *in fine*, dans l'écume.

[135] Qui, rappelons-le n'existe pas ailleurs que dans les délires idéalistes.

[136] Non pas tous les autres (l'homme, l'humanité qui ne sont que des abstractions inaccessibles dans l'action) mais bien ces autres qui forment la proximité concrète et pratique, les proches, le prochain (au sens étymologique et non évangélique).

Il n'y a ni Bien, ni Mal, dès lors qu'il y a du mieux pour chacun et pour tous.

Une industrie polluante n'est pas éthique dès lors que pour satisfaire quelques uns, elle empoisonne tout le monde.

Mais dès lors qu'elle mène une réelle action écologique, elle devient éthique puisqu'elle continue de satisfaire les besoins de quelques uns tout en améliorant le milieu de vie de tous.

L'éthique amorale est, au fond, un processus de convergence généralisé entre les aspirations individuelles et les conditions collectives : m'accomplir en accomplissant ce qui me dépasse, c'est-à-dire, aussi, ce qui m'englobe, ce qui me nourrit, ce qui m'entoure.

Convergence ontique entre la vocation individuelle et le projet cosmique.

Mise en phase, en quelque sorte, du local et du global, de l'unique ici et de l'Un partout.

Mise en phase, est-il écrit, et non, selon la morale chrétienne, renoncement et abnégation, sacrifice et abandon : l'accomplissement du tout ne peut pas se concevoir CONTRE l'accomplissement de chaque partie, mais seulement AVEC lui.

On comprend aussi que cette éthique amorale induit du sens : puisque l'accomplissement du soi peut (c'est le possible) et doit (c'est le souhaitable) converger avec l'accomplissement de ce qui le dépasse, l'existence prend sens (dans les deux sens de « direction » et de « signification ») dans ses moindres fibres, pour chacun et pour tous.

L'égoïsme natif de l'homme s'y retrouve dans l'accomplissement de soi, mais celui-ci serait une impasse stérile et futile, s'il n'était transcendé par l'accomplissement de ce qui dépasse ce soi, en lui donnant poids, ampleur et grandeur.

Il faut remarquer que cette éthique amorale, contrairement aux morales classiques des « valeurs », n'est pas une éthique de la contrainte et de la souffrance contre soi. Elle est accessible à tout quiconque, quel que soit son niveau culturel ou intellectuel.

Cette éthique de l'accomplissement dans la convergence peut être accaparée à tous les niveaux, du plus modeste et local au plus philosophique et global.

Elle induit une pédagogie très simple et très pratique : une pédagogie de l'effort positif vers soi ET le monde, à l'opposé des vieilles pédagogies de la contrainte et de la punition, du prêche et de la culpabilisation, du péché et de l'enfer.

On comprend donc que ce chantier éthique rejoint celui de l'éducation développé antérieurement.

Mais il va plus loin puisqu'il renie toutes les morales anciennes et dénonce le mensonge millénaire de l'indispensable combat entre soi et les autres, et du choix qu'il y aurait à faire entre eux.

Dénonciation de toute morale chrétienne de l'abnégation et du sacrifice ou de la mortification du moi en offrande à l'autre, aux autres, au Tout-Autre.

Dénonciation de toute morale hédoniste et matérialiste de l'hypertrophie du moi, de ses plaisirs contre les autres qui ne sont que soit obstacles, soit objets.

L'éthique amorale dénonce, dépasse et transcende ces morales-là.

Elle a bien des applications pratiques.

Au niveau de l'éducation, on l'a dit[137].

Au niveau des activités professionnelles, aussi, où le souci premier de tout dirigeant, de tout chef d'entreprise, parce que c'est indispensable à l'épanouissement des talents dans son entité, doit impérativement organiser concrètement la convergence forte entre le projet de l'entreprise (dont il est le porteur et le garant) et les projets de vie personnelle des porteurs de talent qu'il emploie.

Au niveau des familles qui doivent devenir un lieu privilégié de joie et d'épanouissement pour chacun et tous, une communauté compacte et sécurisée où chacun s'accomplit en accomplissant les autres, bien loin des « valeurs » familiales traditionnelles d'obéissance, de piété filiale, de sacrifice parental, etc...

Au niveau du couple où l'accomplissement réel et profond du « deux » passe aussi par l'accomplissement serein de chaque « un » dans toutes ses dimensions, bien loin des valeurs conjugales classiques de fidélité, de soumission, de renoncement à soi, d'inféodation à l'autre.

---

[137] Il est, en ce sens, tout-à-fait indispensable de réactiver les enseignements éthiques, non sous la forme traditionnelle et perverse de l'embrigadement moral (type « catéchisme » ou cours de morale laïque) mais sous la forme de la mise en exercice et en pratique de l'éthique amorale de la convergence des accomplissements. Apprendre le très nietzschéen « Deviens ce que tu es » complété par mon « en devenant avec le monde et les autres ».

En tout, il y a ce que l'on accomplit en commun et ce que l'on accomplit en soi, pour soi : pourquoi, au nom de quoi, faudrait-il sacrifier l'un à l'autre, alors que l'un et l'autre s'enrichissent mutuellement, s'activent mutuellement, se nourrissent mutuellement.

On le sent bien, ce chantier est à la fois très accessible et immense.

Il implique un total renversement des valeurs et des comportements, et notamment l'abandon de cette hypocrisie bien chrétienne, même chez les militants les plus athées, de l'apparence altruiste pour masquer la réalité égoïste.

Il n'y a pas à choisir entre « moi » et « les autres ».

Il n'y a aucune divergence ou incompatibilité ontologique entre ces deux pôles.

Comme toutes les dichotomies « fondatrices », celle-ci aussi est un simplisme, un réductionnisme criminel.

Le « vivre ensemble » peut échapper à ce simplisme réductionniste des morales classiques (celles du compromis, du moindre mal, du sacrifice et du péché) en acceptant de toujours remplacer le OU par le ET, en dépassant les justes milieux pour entrer dans la convergence et la synthèse.

Le seul prix à payer pour cela, est d'accepter, d'assumer et de construire une complexité supérieure dans les relations entre les hommes.

7.3.7. L'Ecologie

Vaste chantier que celui de l'action écologique.

Bien au-delà de tous les écologismes, plus ou moins militants, plus ou moins sincères, plus ou moins cryto-gauchistes ou crypto-communistes, plus ou moins mondains, il y a une vraie tragédie, un vrai cataclysme, un vrai méga-problème.

Il y a trop de monde sur notre trop petite planète.
Et ce trop de monde salit, détruit, pille, saccage tout, tout le temps.
Et cette trop petite planète n'arrive plus à se soigner et à cicatriser.

C'est de cette façon que le problème est bien posé.
Il n'y en a pas d'autre qui vaille. Le problème n'est ni moral, ni politique, ni humanitaire... ni écologiste, même. Le problème a un énoncé très simple et des

solutions très complexes[138] : ni les idéalistes pétitions de principe, ni les angélismes médiatiques n'y pourront rien.

Les solutions ? La planète étant ce qu'elle est, c'est l'humanité qu'il faut changer. Quantitativement et qualitativement.

Quantitativement, d'abord : sans sombrer dans les thèses extrêmes des mouvements « deep ecology », il faut bien assumer le fait qu'il y a trop d'humains sur Terre et qu'il est grandement temps de généraliser les politiques de contrôle des naissances, de contraception et de planning familial, de dépénaliser le suicide, l'avortement et l'euthanasie, d'éradiquer toute forme d'acharnement thérapeutique et de promouvoir l'idée d'une mort en dignité, de limiter les aides « humanitaires » à ceux qui protègent et promeuvent la Vie. Bref, il faut sortir des valeurs morales de l'humanisme et de l'humanitarisme, de la pitié et de la charité.

L'homme n'a pas de valeur en soi ; il n'a de valeur que par ce qu'il fait, dit et pense, par ce qu'il apporte, par ce qu'il construit, par ce qu'il contribue : s'il fait la guerre, s'il détruit la nature, s'il pille la terre, qu'il crève.

Qualitativement, ensuite : l'homme, aujourd'hui, se comporte massivement comme un parasite nuisible, comme un prédateur imbécile qui scie la branche sur laquelle il est assis. Comportement puéril d'un enfant capricieux et insatiable qui casse tous ses jouets et qui tue sa mère à petit feu.

Ici, encore, point d'angélisme. Les bons prophètes et les belles âmes auront beau hurler (et j'hurlerai jusqu'au bout avec eux), l'égoïsme imbécile à courte vue demeure une caractéristique humaine très généralisée.

Mais au fond, qu'est-ce qui pollue ? Dans les pays dits développés : l'industrie et les transports. Il faut donc leur tordre le cou en passant de la valeur d'échange à la valeur d'usage. Une vie frugale et les télécommunications rendent la plupart des produits industriels et la plupart des déplacements totalement inutiles. Alors ?

---

[138] Une fois encore, je répète que le simple et le complexe se répondent et se complètent. Mais l'un comme l'autre sont incompatibles avec le « compliqué ». Et malheureusement, toutes les solutions actuellement proposées à la tragédie écologique, sont infiniment compliquées (principe absurde de précaution, traçabilité stérile, normes artificielles, traités internationaux sans suites ni rétorsions, embargos bidons,...) donc totalement inadéquates puisqu'elles ne répondent ni à la simplicité du problème, ni à la complexité de la solution.

Dans les pays dits en voie de développement : des méthodes d'agriculture débiles (parce qu'inadaptées à la croissance démographique[139]) et destructrices de forêts et de terres et de rivières. Il faut donc généraliser des accompagnements agronomiques intensifs et des reforestations massives.

Bien sûr tout n'est pas aussi simple. Bien sûr il y a mieux et bien plus à faire. Bien sûr le problème est bien plus profond et bien plus inextricable parce qu'infiniment complexe.

Mais bien sûr, aussi, qu'il y a d'abord une mentalité à transformer radicalement en ouvrant le débat de fond sur des vues simples, sur des actions simples, sur des mesures simples.

Et j'ai bien écrit « le débat de fond » et non les faux débats.

Un exemple de faux débat : celui sur l'énergie. Tout ce qui se prétend « écolo » est forcément opposé à l'énergie nucléaire, alors que les centrales thermiques (charbon ou fuel) polluent vraiment et énormément (les taux de CO_2 en Chine et en Russie sont effrayants, mais aussi les charbonnières productrices de charbon de bois et destructrices de forêt en Afrique et ailleurs) tout en brûlant, donc en détruisant, des réservoirs immenses de macromolécules organiques qui forment le pétrole et qui pourraient être infiniment mieux utilisées en pharmacologie ou en matériaux légers. Mais : haro sur le nucléaire qui, lui, ne pollue ni l'air, ni l'eau, est tout-à-fait fiable et dont les déchets[140] sont parfaitement maîtrisables. Rien n'y fait : l'irrationnel et les slogans qui font peur, triomphent et font les choux gras des industries pétrolières et chimiques. Paradoxe ! Greenpeace et Exxon : même combat !

Faut-il rappeler cette confidence d'un dirigeant « écolo » : « le nucléaire est la seule issue, mais nous nous sommes nous-mêmes piégés dans l'anti-nucléaire. Nous ne pouvons plus, ni politiquement, ni idéologiquement, faire marche arrière. » Il n'y a que les imbéciles qui ne changent pas d'avis : dont acte.

Mais tout cela constitue un faux débat. Le vrai débat est : de l'énergie pour quoi faire ? Le vrai débat n'est pas « quelle énergie ? », mais « moins d'énergie ! ».

---

[139] Bien des techniques autochtones ancestrales étaient admirables d'astuce, d'efficacité et de respect de l'environnement, mais elles ne peuvent nourrir que des familles ou tribus peu nombreuses. L'explosion démographique dont l'humanitarisme médical est très largement responsable, a totalement déséquilibré ces régions et les fait inexorablement glisser vers la misère la plus noire. C'est encore la loi des effets pervers.

[140] Un de mes sujets de thèse.

Un autre vrai débat est celui des méfaits du tourisme, sous presque toutes ses formes.

Je ne parle pas ici de tourisme noble, de cette rencontre réelle et vécue avec un ailleurs que l'on respecte, que l'on aborde avec humilité et bienveillance, de cette approche de l'autre à qui l'on tend la main et le sourire sans attendre de lui qu'il ne se vende, qu'il ne nous serve, qu'il ne se prostitue (physiquement ou socialement, ou culturellement), qu'il ne nous vende son âme.

Je ne parle pas ici du voyageur authentique, du nomade véridique.

Je parle de ces viandes à bronzer qui promènent leurs crèmes solaires, leurs envies de frites et d'ice-creams, leurs déguisements de bob et bananes, de bermudas et de T-shirts chamarrés.

Je parle de tous ces touristes en caravane (de Hollande ou d'ailleurs) ou à vélo qui se comportent comme en terre conquise. Je parle ici du tourisme vulgaire.

Toutes ces transhumances impliquent des déplacements et des installations extrêmement polluants : voitures, avions, paquebots, hors-bords, jet-skis, remontes-pentes, pistes, quads, motos, campings, etc... sans parler de ces tonnes de déchets laissé après le départ, sans parler de ces incendies allumées par bêtise ou par méchanceté, par connerie ou par jalousie.

Mais le plus grave n'est pas là, je le constate tous les jours dans la Provence touristique qui jouxte ma Provence sauvage. Le plus grave est que ce tourisme-là apporte avec lui toutes les prostitutions à l'argent : prostitution sexuelle féminine, masculine ou enfantine pas seulement en Thaïlande, prostitution comportementale avec tous les dérèglements de la nuit (drogue, alcool, jeux, bruits, frime, fric puant), prostitution sociale avec la généralisation de la servilité, prostitution culturelle avec le travestissement en folklore débile de toutes les authentiques traditions, prostitution professionnelle où les métiers et artisanats de terroir disparaissent au profit de l'hôtellerie ou du faux artisanat des « souvenirs de vacances ».

Ce tourisme est désastreux partout où il sévit. Et spécialement dans les pays pauvres où l'argent dépensé aux futilités touristiques laisse l'autochtone (blessé, avili et frustré) rêver à de faux eldorados, là-bas dans ces « paradis » dont proviennent ces touristes gros et cons, bardés de dollars et d'euros.

Une région vous plaît ? Mais venez vous y installer, venez y vivre, modestement, respectueusement. Venez y travailler avec vos instruments portables et nomades, loin de tous ces bureaux citadins inutiles. Alors, oui, vous alimenterez vraiment l'économie et l'artisanat locaux qui pourront se développer noblement, proprement, authentiquement.

7.3.8. La Consommation

Sans sombrer dans les sympathiques outrances d'un Jean-Pierre Coffe, la « mal bouffe » et le « mal acheter » sont des maladies du siècle. La pub et la grande distribution en sont les grands responsables, et les mouvements consuméristes, parce qu'idéologiquement marqués et visiblement partiaux, ne sont guère crédibles.

La course au « toujours moins cher » induit de pernicieux mécanismes de non qualité gravissime. La course au « achetez toujours plus » déplace la valeur du produit vers son emballage. La course au « toujours plus vite » éjecte les produits de base du circuit au profit de préparations industrielles toutes faites où les exhausteurs de goût et les farines diverses font office de nutriments. La course au « satisfaites tous vos caprices n'importe quand, n'importe comment » fait oublier les produits de saison et de pleine maturité pour des produits dénaturés, forcés, déboussolés. La course à « l'exotique » fait s'effondrer les produits de terroir et de proximité au profit de produits importés à grand frais, fourgués trop vite, trop verts, trop trafiqués.

Bref, rien ne va plus au royaume de la consommation. Le constat n'est ni neuf, ni original.

Pourquoi ne pas rendre les publicitaires ET leurs commanditaires pénalement responsables non seulement des mensonges qu'ils véhiculent, mais aussi des effets nocifs, directs et indirects, des produits qu'ils vantent ? Pourquoi ne pas rendre la grande distribution pénalement responsable des faillites qu'elle provoque et induit auprès des artisans locaux qu'elle conduit au suicide économique, par chantage, par abus de puissance, par abus de droits ? Pourquoi ne pas imposer des prix conformes à la valeur d'usage des produits en lieu et place de ces prix tronqués et fallacieux basé sur la valeur d'échange ?

L'urgence est de rouvrir ces vrais débats et de les mener à leur terme sans se contenter de vœux pieux. Mais l'urgence première est encore éducative : pourquoi ne pas s'inspirer du permis de conduire en instaurant un « permis de consommer »[141], indispensable à tout achat, renouvelable tous les trois ans, assorti de formations de base préparées en détail par des experts reconnus ?

---

[141] Ceux qui n'auraient pas ce permis n'auraient pas le droit d'acheter quoique ce soit et devraient donc s'appuyer sur d'autres mieux informés et plus

7.3.9. Les Infrastructures

L'âge noétique, la société de la connaissance sont avant tout le lieu de l'explosion des technologies de l'information, sous toutes leurs formes, encore largement inconnues et à inventer.

L'accès à l'information et la transmission d'informations seront (sont déjà) des priorités absolues tant en quantité (de très gros volumes à très grande vitesse) qu'en qualité (de bons moteurs de recherche pour trouver de la bonne information, de bons sites pour diffuser de la bonne création). Cela signifie que l'infrastructure de base essentielle de demain sera l'ensemble des réseaux à haut débit qui doivent encore couvrir la terre entière comme une immense « toile d'araignée » (c'est le sens du mot anglais « web »). Cette toile est bien l'infrastructure de base sur laquelle la noosphère se greffera et se développera.

En ce domaine, la technologie des fibres optiques enfouies dans le sol est en compétition avec les réseaux hertziens par satellite.

Il y a fort à parier qu'aucun des deux ne « gagnera » et que la solution de demain sera une combinaison astucieuse de ces deux technologies et de toutes celles encore à inventer.

Chaque pièce de chaque maison et de chaque plateau de bureaux doit être impérativement équipée d'une prise d'accès à haut débit vers le Web : ceci est aussi impératif qu'une prise de courant, de téléphone ou de télévision. Les architectes doivent intégrer ceci dans tous leurs concepts, dans tous leurs plans : nomadisme et connectivité seront des critères fondamentaux d'habitabilité.

L'entrée dans l'âge noétique passe aussi par la généralisation de l'usage permanent de l'ordinateur, partout, par tous. Il faut que chacun en ait un à sa disposition. Il faut donc que chacun reçoive la formation de base pour en utiliser les fonctions les plus triviales, au moins.

---

conscientisés qu'eux. A remarquer que le contenu de ces formations induiraient nécessairement une adaptation positive de tous les fabricants de produits de consommation qui, sinon, perdraient d'énormes parts de marché.

Il n'est peut-être pas absurde de reprendre l'idée de Jacques Lesourne qui permit, en son temps, la généralisation gratuite des terminaux minitel en France.

Pourquoi ne pas envisager une opération équivalente avec des ordinateurs personnels de base, connectables, configurés avec tous les outils standards.

Ce point pose le problème ardu des standards, justement. Quelles normes ? La guerre des normes est-elle en voie de se terminer ? Pour ne parler que des systèmes de base, il y eut Microsoft contre Mac Intosh/Apple. Il y eut IBM contre les deux autres. Il y a Linux contre Microsoft. Il faudrait aussi citer les normes et formats d'échange.

Il y aurait aussi les normes graphiques, vocales. Les normes CD et DVD. Les normes GSM et SMS. Ce point est essentiel.

Les normes et formats sont à la noosphère ce que l'alphabet et les chiffres sont aux langages courants. Les enjeux sont énormes et les luttes, colossales.

Internet a triomphé des multiples normes antérieures de transfert de données en les intégrant toutes : la stratégie fut excellente et assura le succès de sa diffusion rapide partout dans le monde.

Linux adopte la stratégie très noétique de la gratuité : c'est la voie de la prolifération rapide et de la norme de fait.

Mais Microsoft a plusieurs longueurs d'avance dans le temps et est déjà la norme de fait presque partout. Alors ?

Guerre des normes, guerre infrastructurelle.

Concrètement, en résumé, donc :
- Transmission généralisée de gros volumes à haut débit.
- Connectivité et nomadisme généralisés.
- Un ordinateur connecté par personne.
- Coopération des normes et formats.

7.4.   *Conclusions provisoires*

> *« L'éternité n'est et ne sera jamais autre chose*
> *que le moment où je suis. »*

Maurice Mikhaïlovitch (XXème s. PCN)

La révolution noétique n'est pas à faire.

Elle se fait. Elle se fera. Elle continuera de se faire. Avec ou sans nous, les humains.

Elle est dans la logique de ce qui nous dépasse.

Elle a une dimension cosmique face à laquelle l'humanité est infime, insignifiante.

L'univers a tout son temps : si nous ne réussissons pas ici, il recommencera avec d'autres, ailleurs, plus tard... mais nous, humains, auront disparus pour avoir manqué ce premier rôle qui était notre seule vocation.

L'histoire s'invente à chaque pas, rien n'est écrit, tout est possible sauf une seule chose : retourner en arrière.

Celui qui ne marche plus, rejoint l'immobilité de la mort.

Ceux qui n'ont jamais marché, n'ont jamais vécu.

Celui qui n'accomplit pas sa vocation, n'a aucune justification à son existence.

Le propos est terrible, j'en suis conscient. Mais il est tellement vrai.

Comment vivre heureux hors de nous-mêmes et de notre accomplissement en plénitude ?

Comment trouver sens sans s'inscrire dans l'accomplissement de ce qui nous dépasse ?

Philosophie que tout cela ? Oui, et alors ?

N'est-il pas temps de sortir la tête du sable et de reposer les bonnes questions,   les   grandes   questions ? N'est-il pas temps de relire l'histoire humaine et de la trouver bien médiocre, bien sanglante, bien pauvre ?

N'est-il pas temps de donner à l'humanité un autre souffle, un autre projet que celui, si triste, de son petit confort, de ses petits plaisirs, de ses petits caprices ?

Ce travail peut-il recevoir une conclusion ? Peut-il être conclu alors qu'il n'est que points de départ, esquisses, poignées de grains semés au vent ?

Tant reste à faire.

Tout reste à faire, à penser, à écrire.

Ce livre est un point de convergence et un point de divergence.

Il est point de convergence parce qu'il tente un synthèse multidisciplinaire de recherches et points de vue récents.

Il est point de divergence parce que point de départ de nouvelles recherches plus précises, plus focalisées qui feront leur chemin jusqu'à la prochaine synthèse.

Tout ici est inachevé, partiel, partial, fragmentaire.

Tout ici n'est qu'esquisse, on l'a dit.

Une sorte de brouillon que l'on trace à grands traits.

Ce livre est un carrefour.

Carrefour d'idées. Carrefour de disciplines. Carrefour de regards.

Ce livre est un voyage.

Un voyage en noosphère.

Un récit de voyage tissé de notes prises à la hâte dans de vastes paysages entraperçus.

Une somme de fulgurances et de visions, de regards lointains et de... cloches aux pieds.

Car la marche est parfois douloureuse en terres inconnues.

Les obstacles sont innombrables.

Il faut les passer un à un, les contourner parfois par de longs détours, car beaucoup sont encore infranchissables aujourd'hui, par manque de mots, de concepts, de métaphores.

Mais l'air est vif et la lumière intense.

Ce livre est donc un croisement, un petit nœud au croisement de très longues arborescences généalogiques. Tout commence au VIème siècle avant l'ère chrétienne, avec Lao-Tseu en Chine[142], avec les upanishads en Inde, avec les Prophètes en Israël, avec les pré-socratiques[143] en Grèce. Puis, deux siècles plus tard, avec Platon et consorts, tout bascule : l'intuition holistique est gommée et remplacée par la tyrannie analytique et rationnelle... pour plus de deux millénaires.

---

[142] Voir « Le Tao et l'entreprise » (www.arbredor.com)
[143] Héraclite d'Ephèse en tête, bien sûr...

Aujourd'hui, elle reprend force et vigueur.

C'est aussi de cette histoire-là que parle ce livre.

Elle passe par Denys l'Aréopagite, Maître Eckart, Montaigne, Jacob Boehme, Friedrich Nietzsche, Henri Bergson, Pierre Teilhard de Chardin...

Et puisqu'il faut conclure, voici, en quelques phrases, les principales idées qui étayent ce livre.

— L'émergence des concepts de complexité et d'évolution cosmique, conjuguée avec le développement des technologies de l'information et des télécommunications, induisent la germination de la noosphère, cette « couche » nouvelle qui couvre la Terre de connaissance et d'esprit.

— Cette germination induit à son tour la révolution noétique comme passage de l'âge « moderne » à l'âge noétique, de la société industrielle à la société de la connaissance.

— Cette révolution implique de vastes remises en cause dans tous les domaines de l'intellectualité humaine :

> — Les méthodologies holistiques et systémiques dépassent les méthodologies analytiques et cartésiennes, et fondent une nouvelle cosmologie ;
>
> — Le cerveau droit (analogique, créatif et intuitif) dépasse le cerveau gauche (logique, normatif et déductif) ;
>
> — Les métalangages métaphoriques et symboliques dépassent les langages classiques (verbaux et mathématiques) ;
>
> — Les philosophies monistes et réalistes dépassent les philosophies dualistes et idéalistes ;
>
> — La métaphysique du Devenir dépasse les métaphysiques de l'Être ;
>
> — Les spiritualités individuelles dépassent les religions instituées ;

— Cette révolution implique aussi de vastes chambardements dans tous les domaines de l'activité humaine :

> — Le politique et l'économique deviennent singulièrement périphériques, cantonnés dans une fonction logistique globale, le premier pour assurer la paix, le second pour assurer l'intendance ;

- L'économie informationnelle de la gratuité et du partage dépasse l'économie capitaliste de la rareté et de la spéculation ;
- Les gros moteurs du changement sont à l'œuvre en tout : globalisation, dérégulation, démassification, centrage, qualité, innovation, dématérialisation, réticulation et nomadisme ;
- La triple libération de l'étatisme, du capitalisme et du rationalisme ;
- Le patrimoine des talents (expertise et création) dépasse les patrimoines matériels et financiers ;
- L'allocation universelle dépasse les assistanats et dépendances sociales ;
- La diversité culturelle et plurielle dépasse l'uniformisation de la pensée unique et du mode de vie standardisé ;

- Cette révolution implique enfin de vastes chantiers touchant toutes les facettes de la vie sociale :
  - La recherche (métalangages, sciences cognitives, techniques créatives, systémique) ;
  - L'éducation (enseignement virtuel, laboratoires pratiques, compagnonnage);
  - La santé (vieillissement, médecines douces et holistiques, wellness)
  - Le politique (désétatisation, défonctionnarisation, déjuridisation) ;
  - L'économique (définancisation, impermanence, créativité, expertise) ;
  - L'éthique (éthique amorale) ;
  - L'écologie (anti-tourisme, anti-pollution, frugalité) ;
  - Les infrastructures (réseaux à haut débit, anti-virus centralisés, ordinateur pour tous, connectivité).

Voilà.
Tout est dit.
Ou plutôt, tout reste à dire.

8. LE SITE INTERACTIF DU LIVRE

Le site interactif, ouvert à tous, permet de continuer les découvertes et les échanges autour de la noétique et de ce nouvel âge de la connaissance avec les débats, les interviews, les informations... Chacun peut participer en intervenant sur le site. Allez donc voir.

Vous y trouverez :
- un journal avec les news de la noétique
- les articles parus, les interviews de l'auteur, de personnalités, d'utilisateurs... (les interviews et les vidéos seront également disponibles dans un agrégateur innovant : FireAnt[144].)
- les dates de conférences, les événements...
- ...

Accédez également aux notes et aux liens mentionnés au sein de ce livre.

Le site interactif : www.lanoetique.com

Vous trouverez également des informations sur le site de l'auteur : **www.noetique.org**

---

[144] www.GetFireAnt.com

9. GLOSSAIRE

9.1.   Termes

Nous n'avons pas réinventé le dictionnaire, mais il se fait que certains mots ne s'y trouvent pas encore, et que d'autres méritent d'être revisités. La noétique est une science contributive au langage.

Accomplissement (processus d'accomplissement) (1 des 10 pistes d'avenir)
Tout système, surtout complexe, est le détenteur de potentialités qui constituent sa vocation intime et intrinsèque et qui ne cherchent qu'à se réaliser au travers des rencontres avec les opportunités offertes par son milieu.

Anthropocentrique / anthropocentrisme
Attitude de pensée et de vie qui fait de l'homme et/ou de l'humanité le centre du cosmos. L'humanisme (« L'homme est la mesure de toute chose ») en est l'expression la plus courante. Le modèle « anthropique », prôné par quelques physiciens, en est un nouvel avatar, quand il affirme que les constantes universelles de la physique (qui résultent des raisonnement et modèles et regards humains) « prouvent » que l'Homme est le but de l'univers.

Age noétique
L'âge noétique est le nom donné au nouveau paradigme qui émerge notamment sous la forme de la société de la connaissance et de l'information. Il succède et remplace l'âge moderne, cette suite du Moyen-Age qui, depuis la Renaissance jusqu'à la chute du mur de Berlin (événement symbole plus qu'événement majeur) a produit l'économie industrielle et capitaliste et la

politique étatiste et coloniale. L'âge moderne que nous quittons se nourrissait de la pensée cartésienne, c'est-à-dire de pensée rationaliste, analytique, mécaniste et déterministe. L'âge noétique commence donc par le dépassement de toute cette « modernité » sur tous les plans, notamment économique, politique et épistémologique.

Allocation universelle (1 des 10 pistes d'avenir)

L'idée d'allocation universelle date de l'antiquité grecque. Il s'agit de servir à tout citoyen une allocation financière qui puisse subvenir à ses besoins vitaux, à vie, quoi qu'il fasse de ses jours. Il s'agit d'éradiquer, à la fois, toute misère grave et tout assistanat institutionnalisé. Chacun naît en ayant la certitude d'avoir le minimum vital « à vie ». Le coût de cette allocation universelle est moindre que l'ensemble des « aides et allocations » actuelles et des salaires et frais des fonctionnaires censés les administrer.

Authenticité

Le principe d'authenticité est commun, à la fois, aux présocratiques et aux taoïstes anciens, et aux créatifs culturels les plus contemporains. L'authenticité, plus qu'un concept, est un mode de vie. L'aphorisme de Nietzsche « Deviens ce que tu es » est probablement le cœur de cette voie de vie. Frugalité. Rejet de toute artificialité, de tout superflu, de toute artificialité. Transparence avec soi-même et les autres. Rejet de toute tricherie, de toute supercherie.

Big Bang

Suite au modèle de la théorie de la relativité générale d'Albert Einstein (1916), développé en modèle d'univers ouvert et infini (par de Sitter en 1917) et non statique (par Friedman en 1922), le chanoine Lemaître propose en 1931 (après ses travaux, en 1927, avec Eddington sur le décalage spectral vers le rouge des rayons lumineux déviés par gravitation) la théorie de l' « atome primitif » qui sera reprise sous le nom « big-bang » par Gamow en 1948. Cette cosmologie est aujourd'hui universellement adoptée par la communauté scientifique. Elle considère l'univers comme le déploiement d'une singularité originelle ponctuelle qui explosa il y a quelques milliards d'années et qui, depuis, se dilate en s'organisant progressivement.

Biosphère / biosphérique

La biosphère est le nom générique donné à la « couche » des être vivants (végétaux, animaux et autres) qui peuple la lithosphère terrestre, c'est-à-dire la couche minérale dont la couche vitale a émergé voilà bien longtemps.

Capitalisme (classique/spéculateur)

Le capitalisme classique est spéculateur en ce sens qu'il se fonde sur deux principes majeurs. Le premier indique que tout peut être acheté et vendu selon, les lois de l'offre et de la demande. Le second est que celui qui détient l'argent, détient le pouvoir réel puisqu'il peut spéculativement, freiner ou accélérer le cours naturel des flux économique.

Capitalisme entrepreneur (1 des 10 pistes d'avenir)

Le capitalisme entrepreneur dépasse le capitalisme spéculateur en affirmant que l'argent est indispensable au bon fonctionnement du système économique, mais que celui-ci (et la richesse individuelle qu'il induit parfois) ne peut être une fin en soi. L'économique n'a de sens qu'en se mettant au service d'un projet (d'où l'adjectif « entrepreneurial ») qui le dépasse. La sagesse antique affirmait : « L'argent est un bon esclave mais un mauvais maître ».

Catastrophes (Théorie des catastrophes)

La théorie des catastrophes (René Thom, années 1950) est une théorie mathématique complexe qui modélise les différentes modalités de déploiement des singularités au sein d'un espace topologique. Pour un espace de moins de 4 dimensions, Thom exprime sept scénarii de déploiement singulier (ce qu'il nomme une catastrophe).

Chaos (Théorie du chaos)

La théorie du chaos (les théories, faudrait-il dire) étudie les modalités de développement de structures au sein de systèmes turbulents et/ou volatils tels qu'une flamme de bougie, un nuage, la fumée d'un feu, etc. (voir aussi Structures dissipatives). La théorie du chaos a, par exemple, une importance croissante en météorologie. Il s'agit en somme de découvrir des structures organisationnelles subtiles derrière l'apparent désordre de ces systèmes évanescents.

Cartésianisme

Descartes a systématisé la méthodologie cartésienne (qui date de Platon et d'Aristote) en quatre principes : le principe d'évidence (douter de tout sauf de ce qui est évident), le principe d'analycisme (le Tout doit s'expliquer intégralement par ses parties), le principe de réduction (le Tout se réduit à l'exacte somme de ses parties) et le principe d'exhaustivité (pour comprendre le Tout, il faut tout comprendre de toutes ses parties). La pensée noétique est post-cartésienne dans ce sens qu'elle observe que la méthode cartésienne ne s'applique qu'aux systèmes simples. Dès qu'un système est complexe, rien n'est évident puisque tout dépend du regard que l'on porte (relativisme), le Tout et ses parties évoluent dialectiquement (systémisme), le Tout est bien plus que la somme de ses parties (holisme) et le Tout se comprend à partir de ses finalités indépendamment de ses parties (téléologie).

Cerveau (gauche/droit)
Il s'agit d'un modèle bien décrit, notamment par Lucien Israël (Ed. Plon 1995). Ce modèle décrit le fonctionnement mental humain selon deux modalités complémentaires : l'une (cerveau gauche) verbale, analytique et logique, l'autre (cerveau droit) globale, intuitive et symbolique.

Colonialisme
Globalement, le(s) colonialisme(s) exprime(nt) la mise en œuvre de la forte tendance ancestrale des peuples à envahir et à assujettir d'autres peuples pour s'approprier leur espace, leurs ressources, leur force de travail, leur capacité reproductive ou sexuelle.
L'ère coloniale est concomitante à l'ère dite « moderne » débutant avec les « grandes découvertes » du XVème siècle (Colomb, Cortés, Magellan, Vespucci, etc...) et se terminant dans les guerres d'indépendance de la seconde moitié du XXème siècle.

Communisme
Le communisme est une idéologie politique issue des utopies socialistes du XIXème siècle et façonnée par Marx et Engels. Au-delà de toute considération « philosophique », le concret du communisme, tel qu'implanté en URSS par Lénine, Staline et leurs successeurs, en Chine par Mao, et partout ailleurs, se résume à un totalitarisme violent et tortionnaire, subordonnant l'homme à un « idéal » humain uniformisé, aseptisé et lobotomisé. Le communisme, avec le nazisme, est responsable de plus de cent millions de meurtres entre 1917 et aujourd'hui.

Complexité

Irréductibilité du réel à la juxtaposition de « briques » élémentaires soumises à des lois universelles et fixes d'interaction entre eux.

Concept
Un concept est une idée, en général compacte, qui tente de préciser un point de principe d'une doctrine ou d'un projet. Le concept se forge autour d'un (ou quelques) mot phare dont le champ sémantique englobe (est censé englober) les principes dimensions concernées.

Connaissance (différente de Savoir)
La Connaissance, à la différence des savoirs qui sont figés dans les mémoire (« je sais que Marignan, c'est 1515 », « je sais que le n° de téléphone de Dominique est le 555555 »), est un processus dynamique d'intégration, de structuration et d'interconnexion d'informations au sein d'un vaste complexe de systèmes idéels vivants.

La connaissance intègre et vivifie les savoirs. Elle exprime « l'Esprit » à l'œuvre dans le monde.

Conscience
La conscience est « Con-Science », savoir avec, savoir que l'on sait... (page 41). La conscience tisse des liens de « vécu » avec son objet (soi, les autres, le monde, l'inconnu, le transcendant, etc...). Elle est une propriété émergente et holistique non réductible à des mécanismes neurobiologiques.

Cosmologie systémique de la complexification
Vision de l'évolution universelle comme une montée progressive dans l'échelle de la complexité, chaque échelon correspondant à un niveau d'architectures stables entre deux transitions.

Créativité
La créativité est un concept « tiroir » qui rassemble tous les talents et toutes les techniques qui engendrent du neuf à partir des matériaux des sens ou de la mémoire ou de la conscience.

La créativité est le don des génies, mais elle est aussi accessible à tout quiconque s'y exerce avec volonté.

Créativité noétique (1 des 10 pistes d'avenir)

La créativité noétique est un sous-ensemble du concept plus large de créativité, plus spécialement dédicacé à la création de connaissance (voir ce mot).

Créatif culturel
Les créatifs culturels sont une des trois catégories sociologiques mises en évidence par Paul H. Ray (« Institute of Noetic Sciences » de Sausalito - Ca – USA). Ils représentent environ 30% des populations américaines et européennes. Ils se distinguent des « modernistes » (matérialistes, hédonistes, athées ou agnostiques, consuméristes, pragmatiques) et des « traditionalistes » (idéalistes, puritains, fondamentalistes, ascétiques, moralistes) en ceci qu'ils sont : spiritualistes, épicuriens (au vrai sens philosophique du terme), « mysticisants », frugaux, volontaristes. Ces créatifs culturels sont le fer de lance de la révolution noétique.

Cybernétique
Au départ (depuis 1945), sciences et techniques liées au fonctionnement des automates et des robots. Ensuite, par extension, étude de la régulation (notamment des boucles de rétroaction).

Darwinisme
Charles Darwin (1809-1882) n'est pas l'inventeur de la théorie de l'évolution qui existe depuis longtemps (notamment dans l'idée de création/émanation progressive du monde pendant les « six jours » de la Genèse biblique). Lamarck, avant lui, l'avait déjà explicitée pour rendre compte de l'existence de fossiles ne correspondant à aucun vivant. Par contre Darwin est bien le premier à avoir formulé le principe de la sélection naturelle du plus apte comme mécanisme de l'évolution des espèces. Ce principe reflète l'idéologie victorienne du temps. Il est aujourd'hui largement relativisé par la biologie contemporaine qui voit, dans ce mécanisme, un des très nombreux mécanismes de régulation des écosystèmes.

Deep Ecology
Mouvement américain qui, à l'inverse des mouvements écologistes classiques prônant l'exploitation raisonnable et parcimonieuse de la Nature, refuse à l'homme le droit de s'ériger en maître et exploiteur de la nature et met l'homme au service de la Nature, et non l'inverse. L'aile extrême du mouvement affirme que la Terre ne peut porter qu'un demi milliard d'humains au maximum et qu'il y a donc 5.5 milliards d'êtres humains en trop.

Dématérialisation

La dématérialisation est un mouvement qui tend à inscrire de plus en plus d'informations et de connaissances dans un toujours plus petit volume de matière. La carte bancaire ou le DVD ou l'ordinateur de bord de votre voiture en sont de bons exemples.

Dieu

Symbole de tout l'inconnu, de la transcendance, de tout ce mystère qui interpellent et nourrissent la pensée humaine.

Le mot « Dieu » est dangereux parce qu'il est souvent pris dans son étroite acception chrétienne de Dieu personnel, purement transcendant, créateur mais distinct absolument du monde créé.

Dans son acception plus large, partagée par toutes les traditions monistes d'Orient (Vedanta, Taoïsme, Zen) et d'Occident (Kabbale, Soufisme, Eckart), Dieu est plutôt le nom-symbole de la face inconnaissable et mystérieuse du Réel, non dissocié et non distinguable de celui-ci.

Ecologie

A distinguer furieusement de l'écologisme et des idéologies que celui-ci véhicule trop souvent. L'écologie est une science, pas une idéologie. L'écologie est la science des comportements collectifs du vivant. Elle étudie et démontre l'indispensable interdépendance vitale et systémique de tout ce qui existe. Elle exprime un monisme pragmatique, à l'échelle terrestre comme à l'échelle cosmique. Philosophiquement, elle rejoint parfois un panthéisme à la Spinoza ou à la Teilhard de Chardin. L'écologie n'est ni de droite, ni de gauche : elle est en avant.

Ecologisme(s)

Mouvement(s) politique(s) tentant de récupérer la vague montante de l'écologie (voir ce mot) pour y inscrire indûment des revendications idéologiques et sociales héritières des mouvements gauchistes et communistes, et de leurs déçus ou surgeons.

Ecologue

Qui a trait à l'écologie en tant que science.

Economie cognitive ou noétique

L'économie classique est basée sur les notions de rareté et de pénurie : un objet m'appartient ou ne m'appartient pas, et sa valeur dépend de sa rareté. L'économie des idées est tout autre. Une idée n'appartient à personne et le fait de la partager ne lèse pas celui qui la possède. Au contraire, une idée prend d'autant plus de valeur qu'elle devient norme, c'est-à-dire qu'elle est plus partagée, et elle sera d'autant plus vite partagée par prolifération qu'elle est plus gratuite. On pourrait presque parler d'anti-économie : celle des actifs immatériels (*intangible assets*) et des processus de créativité au-delà des normes de productivité (cf. Peter Drucker).

Economie industrielle et capitaliste
C'est l'économie classique, matérielle, fondée sur la valeur de rareté et de pénurie des objets matériels

Ecosystème
Au sens strict, l'écosystème d'un système quelconque est la part de son milieu avec laquelle il interagit (et comme tout interagit avec tout....).
On peut restreindre le terme au monde des entreprises économiques ou des institutions politiques en lui donnant l'acception de la part de la sociosphère où celles-ci apportent ou dont celles-ci reçoivent une influence visible.

Egocentrisme
Tendance typiquement humaine à se prendre pour le nombril du monde : moi, je...
L'égocentrisme, poussé à ses limites, confine au narcissisme, à l'égoïsme, à l'ipséisme et, *in fine*, à l'autisme.

Entéléchie
Terme inventé par Aristote pour désigner la tendance naturelle, universelle et profonde de tout système à vouloir s'accomplir en plénitude, à vouloir aller au bout de lui-même et de ses potentialités, à vouloir se réaliser totalement.

Entropie
Concept thermodynamique qui mesure, au sein de tout système délimité, le taux d'inhomogénéité. L'entropie est maximale lorsque l'homogénéité est parfaite, lorsque tout est uniforme, lorsqu'il n'existe plus aucun gradient de quoi que ce soit.

Epistémologie
Branche de la philosophie qui s'intéresse à la valeur de vérité des savoirs et des méthodes cognitives.

Esprit
Mot large et dangereux. Ici, il sera pris dans un sens parallèle à celui de « Vie ». La Vie est à tout ce qui évolue ce que l'Esprit est à tout ce qui pense.

Ethique
D'après Lalande : « Science ayant pour objet le jugement d'appréciation en tant qu'il s'applique à la distinction du bien et du mal ».

Ethique amorale
Processus de convergence généralisé entre les aspirations individuelles et les conditions collectives : m'accomplir en accomplissant ce qui me dépasse, c'est-à-dire, aussi, ce qui m'englobe, ce qui me nourrit, ce qui m'entoure. Ethique parce que régulatrice des décisions d'action humaine. Amorale parce qu'affranchie de toute notion de valeur absolue.

Ethique individuelle (1 des 10 pistes d'avenir)
Il s'agit de mettre en évidence un mouvement souhaitable de prise en charge par chacun de ses propres normes de comportement en symbiose avec la collectivité humaine et la nature. Cette attente est en totale opposition avec l'actuelle réalité de la détention par l'Etat (les lois) des normes de comportement imposée à tout quiconque.
Il s'agit donc de passer de l'enfance soumise et rebelle à l'âge adulte conscient et maître de soi.

Etre biotique
Tout existant animé d'une forme de Vie quelconque.

Evolutionnisme cosmique
Théorie née de la rencontre entre relativité générale et big-bang d'une part, et vision téléologique à la Bergson ou à la Teilhard d'autre part. L'idée centrale est que l'univers, pris comme un Tout unique et unitaire, est un système complexe qui évolue en se dilatant et en se complexifiant, poussé par une force téléologique vers son entéléchie (voir ces mots dans le glossaire).

Fraternité

La Fraternité implique un comportement de Frères appartenant à une même famille, nourris au sein d'une même Mère et éclairés par le même Père. Elle se distingue de l'amitié en ce sens qu'elle n'est pas un sentiment, mais une construction, un e volonté, un projet.

Frugalité écologue (1 des 10 pistes d'avenir)

Cette notion est l'exact opposé de lu moteur de la société de consommation. Il s'agit de vivre en consommant frugalement, c'est-à-dire le moins et le mieux possibles. Il ne s'agit ni d'ascétisme, ni de privation, ni de jeûne, ou autres. Il s'agit de prélever ce qui est nécessaire et de refuser le superflu (tous les superflus). Il s'agit d'engendrer plus que l'on ne détruit pour vivre.

Gnoséosphère / gnoséosphérique

Ce mot, forgé sur le même structure que lithosphère, biosphère, sociosphère ou noosphère, mais sur la racine « gnoséo » (connaissance globale), indique la « couche » qui viendra se superposer à la noosphère, dès que celle-ci aura construit la capacité de la faire émerger.

La gnoséosphère sera le lieu de l'appariement et de l'interaction des connaissances (noosphère) en systèmes de connaissance, exactement comme la sociosphère est le lieu de l'appariement et de l'interaction des êtres vivants en sociétés organisées et structurées.

Gratuité (1 des 10 pistes d'avenir)

La notion de gratuité est centrale pour le développement de l'économie cognitive ou noétique (voir ce mot) au-delà de l'économie classique. Les idées et informations gratuites prolifèrent bien plus vite que les autres et deviennent donc plus facilement la « norme » (c'est l'effet « rumeur ») : elles prennent donc d'autant plus vite de « valeur ».

Herméneutique

Contrairement à l'exégèse qui s'occupe du positionnement d'un texte dans son contexte local et historique, l'herméneutique s'occupe des différents niveaux de lecture, d'interprétation et de signification des textes.

Fractale (Benoît Mandelbrot)

Objet géométrique abstrait de dimension fractionnaire. La théorie des fractales a joué un double rôle dans la compréhension des systèmes complexes (qui évolue presque toujours selon des processus fractals) et du chaos (les attracteurs chaotiques sont des fractals).

Holisme / holistique

De *holon* en grec : entité globale, totalité, etc. Le principe holistique exprime que le Tout est plus que la somme de ses parties du fait de propriétés émergentes originales qui n'appartiennent à aucune des parties, mais qui naissent de leurs interactions. Le cassoulet est bien plus que la juxtaposition de ses ingrédients. La mayonnaise est irréductible à ses composants. Etc. Cette caractéristique holistique des systèmes rend la méthodologie cartésienne (analytique et réductionniste) inopérante et inadéquate.

Homme noétique

L'homme noétique n'est ni de droite ni de gauche, il est en avant (voir 'Créatif culturel').

Humanisme

La définition classique de l'humanisme repose sur cet aphorisme : « L'homme est la mesure de toute chose ». En somme, l'homme n'a de compte à rendre qu'à lui-même. L'homme est le centre, le sommet et le but du cosmos. Tout doit être fait pour l'homme. L'homme a une dignité inaliénable et incontournable du simple fait d'être homme et indépendamment de ce qu'il fait.

Humilité

Attitude qui consiste à considérer que le monde, l'univers, le cosmos et, plus généralement, la Vie et l'Esprit, nous dépassent infiniment, que nous sommes infimes et insignifiants face au Réel et que le respect et la modestie s'imposent en tout.

Idées (idées noétiques)

Du grec « *eidos* » qui signifie « forme » au sens aristotélicien du terme (par opposition à « substance »). Les idées, au sens le plus large, sont les êtres immatériels qui peuplent la noosphère. Ce sont des noèmes, des concepts, des informations, des symboles, mais aussi des théories, des modèles, des méthodologies...

Idéologie(s)

Système de doctrine ou de pensée politique décrivant dogmatiquement la structure et le fonctionnement de la société humaine idéale, et des valeurs et principes qui la sous-tendent.

Idéosphère
Nom parfois donné à la noosphère par certains penseurs, que la connotation « mystique » du mot « noosphère » forgé par Teilhard de Chardin gêne.

Immatériel
Dépourvu de matérialité. Est immatériel tout être informationnel comme un concept, une idée, une donnée. Tout être immatériel a impérativement besoin d'un support matériel pour exister, mais il se distingue radicalement de celui-ci. Le poème et son sens et son émotion ne sont possibles que par une impression du texte sur un papier avec un alphabet donné, mais le poème ne se réduit jamais à ce substrat.

Incertitude (principe d'Heisenberg)
Dès 1927, Heisenberg formule ce principe d'incertitude qui dit qu'il est impossible de connaître simultanément la position et la vitesse d'une « particule », non pour des raisons d'instrumentation, mais pour des raisons intrinsèques. La généralisation de ce principe a permis de mettre en évidence l'imprévisibilité des systèmes complexes et leur indéterminisme.

Lithosphère / lithosphérique
C'est la couche de matière minérale (les cristaux, les fluides plus ou moins visqueux formés de molécules enchevêtrées) qui constitue la « masse » des astres (et de la Terre) et sur laquelle, parfois, prend racine la biosphère des êtres vivants qui s'en nourrissent.

Loi des effets pervers
Cette loi est une conséquence de la théorie des systèmes complexes. Elle exprime qu'une cause ponctuelle induit des processus de réaction dont les résultats sont souvent inverses de ceux escomptés. Un exemple connu est l'effet inverse sur le chômage de la loi sur les 35 heures de travail hebdomadaire de Martine Aubry : une mesure simpliste imposée à un système complexe produit des catastrophes. C'est le syndrome des apprentis-sorciers.

Matière

Forme stabilisée d'énergie agglomérée en « particules » qui s'agglomèrent, à leur tour, sur différents étages de complexité (quarks, leptons et baryons, atomes, molécules, cristaux ou fluides visqueux ou virus, etc...). D'après les toutes dernières théories physiques, la matière se ramènerait, *in fine*, à des « super-cordes » qui seraient des vibrations particulières du « vide quantique ». La matière elle-même s'avérerait « dématérialisée ».

Mémoire cosmique

Sous cette notion, se déploie l'idée que toute activité engendre des « traces » qui se conservent dans « l'étoffe » cosmique. La métaphore pertinente est celle de l'arbre dont le tronc montre des cercles concentrique perpétuant tous les avatars de l'arbre au fil des saisons et des ans.

Métalangage

Par métalangage, il faut comprendre l'émergence de langage « au-delà » des langages classiques qui, tous sont analytiques et réducteurs, ne transmettant du réel qu'une suite ordonnée d'éléments sans pouvoir exprimer sa globalité. L'analogie, la métaphore, le symbole participent de ces métalangages.

Métaphore

La métaphore est un processus de transmission globale d'une idée. Il ne s'agit plus d'une transmission analytique : « il y a ceci, et cela, et ceci fait cela et cela interagit comme ceci avec ceci, etc. », mais d'une transmission globale : « Tout se passe comme... ». Exemple : la gestion d'une entreprise, c'est comme skipper un voilier sur une mer tempétueuse... Disant cela, on transfère du global, de l'intégré.

Mobilité virtuelle (1 des 10 pistes d'avenir)

Liée au nomadisme, cette notion implique que le mouvement s'intériorise et que l'essentiel n'est plus de passer d'un lieu à un autre, mais d'une idée à une autre.

Modernité

Par « modernité », on entend le concept historien de l'âge « moderne » qui s'initie à la Renaissance italienne et qui se termine avec la fin des idéologies et l'émergence des TIC (fin des années '80).

Mondialisation (occidentalisation/américanisation)

Mondialisation et mondialisme sont deux des vocables qui couvrent l'actuel mouvement profond de globalisation et d'intégration des activités économiques et politiques humaines, dans la sociosphère. L'humanité est devenue, selon Mc Luhan, un « village planétaire » où tout interagit avec tout, tout le temps, partout. Tout est en concurrence et en coopération avec tout.

Malheureusement, plutôt que de respecter et de favoriser la bio-, ethno- et noo-diversité, cette globalisation tend à uniformiser en imposant le seul standard occidental, et plus particulièrement américain, comme norme de vie et de comportement.

Monisme

Vision métaphysique qui inscrit tout ce qui existe, connu ou inconnu, perceptible ou non, dans une unité absolue : l'Un. Le monisme est un dépassement du panthéisme (qui ne voit que le Tout sans le transcender dans le Un). Il s'oppose radicalement à tous les dualismes (dont le platonisme qui distingue radicalement Idée et Monde) et tous les monothéismes (dont le christianisme qui distingue radicalement le monde spirituel divin et le monde matériel).

Le monisme est la seule métaphysique logiquement compatible avec la pensée noétique.

Morale / morale humaniste

Le monde « moderne » véhiculait une éthique et des valeurs morales tout droit issues du christianisme : une « morale d'esclave », selon Nietzsche, fondée sur la pitié, la charité, la pureté, le sacrifice, la culpabilité, le péché. Cette morale s'est traduite dans la déclaration « universelle » des droits de l'homme.

Mythe

Le mythe est une métaphore exprimée sous forme d'un récit dont l'interprétation symbolique fournit, analogiquement, des clés de connaissances (surtout métaphysiques ou éthiques). Chaque « tribu » humaine véhicule ses propres mythes (plus ou moins nombreux, plus ou moins riches) qui fondent sa culture, ses croyances et ses normes spécifiques. Les mythes fondateurs d'une « tribu » sont ceux qui lui donnent du sens.

Mythologie

Ensemble cohérent des mythes propres à une culture spécifique.

Nanosphère / nanosphèrique
Sur le modèle du mot « biosphère » ou « noosphère », nom donné à la première « couche » de l'oignon cosmique où s'engendrent et se combinent les particules dites élémentaires.

Noéconomie
Néologisme signifiant « économique noétique » ou « économie de la connaissance » (voir ce mot).

Noéticien
Personne dont le métier ou la pratique est la noétique (voir ce mot).

Noétique
La noétique (du grec 'noos : connaissance, esprit, intelligence) est l'ensemble des sciences, techniques et outils propres à la noosphère. Elle se concentre sur l'étude et le développement de toutes les formes de connaissance et de création qui engendrent et nourrissent la noosphère. L'on peut parler d'un nouveau domaine ; celle-ci s'appuie sur d'autres disciplines comme la philosophie, l'anthropologie, la physique, la systémique.
Sens courant (dictionnaire 'Petit Robert') : « De la pensée (noèse) », adj. 1950, du grec *noêtikos*.
OU
Etude de la noosphère, étude de la connaissance en tant que système complexe organisé, évolutif et dynamique, étude de l'Esprit.

Noèse/Noème
Le noème est l'entité noétique, l'entité de la connaissance autonome.
Sens courant (dictionnaire 'Petit Robert') : « L'acte par lequel on pense (ce que l'on pense est le Noème), n.f. 1043, du grec *noêsis*. »

Noologie
Nom donné par Edgar Morin aux sciences de la connaissance. En ce sens, synonyme de « noétique ».

Noosphère / noosphèrique
La noosphère est cette « couche » de savoirs et de connaissances qui recouvre toute la Terre et ses réseaux, elle se superpose à la sociosphère. Ce mot a été créé par Teilhard de Chardin (1881-1955) qui lui donnait cette

définition : « Noosphère (ou sphère pensante) super-imposée coextensivement (...) à la biosphère » in *La Place de l'homme dans la nature* (éd. Seuil, 1995).

La noosphère désigne génériquement l'ensemble des réseaux d'idées et de connaissances où se déroulent les processus de création, de mémorisation, de transformation et de transmission des noèmes (voir ce mot). Elle est le lieu de leurs proliférations autonomes.

La noosphère est une « couche » immatérielle souchée sur la sociosphère humaine mais distincte d'elle (comme l'arbre est souché dans l'humus mais distinct de lui).

Oosphère / oosphèrique

Dans le modèle de l'oignon cosmique qui symbolise la superposition successive de « couches » de complexité croissante, l'oosphère désigne la couche fondamentale, lieu de l'énergie native et chaotique: elle est la toile de fond du cosmos.

Paradigme

Ensemble des valeurs, repères, référentiels et principes, souvent implicites voire inconscient, qui forme le substrat idéologique d'un groupe, d'une ethnie, d'une culture, d'une civilisation. Ainsi, le paradigme noétique est appelé à remplacer le paradigme « moderne » fondé sur le matérialisme, l'anthropocentrisme, le cartésianisme, l'athéisme et le mercantilisme.

Pensée noétique

La pensée noétique inclut l'ensemble des chemins de connaissance qui dépassent la simple et classique pensée cartésienne. Elle réhabilite des modes de penser tels que l'intuition, la métaphore, la symbolique, les logiques non aristotélicienne, les méthodes systémiques et les modèles holistiques, etc...

Post-rationalité

La post-rationalité est le dépassement à la fois de la rationalité et de l'irrationalité. Elle exprime l'impérieuse nécessité de réhabiliter et de développer des voies et méthodes de connaissance alternatives et complémentaires à la seule raison. Au titre de ces méthodes se trouvent les métalangages (dont les langages symboliques et métaphoriques) et les métalogiques (dont les analogies et les logiques dia- et trialectiques).

Processus noétique

Tout processus par lequel de la connaissance se crée ou se transforme.

Photosphère / photosphérique
Deuxième des couches de l'oignon cosmique où l'énergie chaotique de l'oosphère primordiale s'organise en vibration électromagnétique pour engendrer la « lumière » (*phos* en grec)

Prospective
Discipline et techniques visant non pas à « prédire » l'avenir (l'avenir est imprévisible et sera ce que l'on fera) mais à en étudier les processus, les possibles et les souhaitables. Il s'agit plus de chercher et de trouver dans le présent les germes dont l'avenir pourrait faire usage pour s'épanouir.

Réductionnisme (Voir cartésianisme)

Réel
Notion métaphysique qui désigne le fond ultime de tout ce qui existe et qui est la source unique et profonde de tous les messages perçus et conçus par notre conscience humaine. Cette notion de « Réel » tend à dépasser les notions caduques de la métaphysique classique telles que l'Être-en-soi, le noumène, etc...

Le Réel est ce qui existe et ce qui advient indépendamment du regard que lui porte l'homme ; celui-ci n'en perçoit et n'en désigne que les apparences perçues au travers les étroites fenêtres partiales et partielles de ses sens.

Religion
Les religions sont des expressions collectives et institutionnalisées d'une foi souvent fondée sur les paroles et actes d'un prophète fondateur, ou sur l'interprétation de textes dits sacrés.

Il est essentiel de bien différencier les notion de Foi (croyance spirituelle ou métaphysique personnelle), de Tradition (corpus spirituel propre à un groupe), de Religion (expression collective et normée d'une tradition) et d'Eglise (institution humaine s'érigeant comme conservatrice ou défenderesse d'une religion particulière).

L'âge noétique verra le renforcement de la Foi, le métissage des Traditions, le déclin des Religions et la disparition des Eglises.

Réseau

Un réseau, au sens le plus large (et mathématique) est un ensemble de nœuds reliés par des liens. Remarquons que le nombre de liens possibles croît comme le carré du nombre des nœuds.

Outre les réseaux technologiques dont le rôle noétique est crucial (télécommunications, Internet, satellites géostationnaires, etc...), le réseau deviendra aussi un mode courant de fonctionnement collectif, antithèse des classiques hiérarchies pyramidales.

Le réseau est toujours plus souple et plus adaptatif que la hiérarchie ne serait-ce que parce qu'il déploie un nombre beaucoup plus grand de relations possibles entre ses nœuds.

A remarquer, aussi, que la noosphère est le réseau de toutes les connaissances, au sens le plus large de ce mot.

Responsabilité personnelle (1 des 10 pistes d'avenir)

Le passage de l'enfant à l'adulte est un affranchissement de la relation d'autorité normative et coercitive (modèle parental) et l'entrée dans l'autonomie (prise en charge de soi). Le passage de l'âge moderne à l'âge noétique lui est similaire : l'homme devra s'affranchir de la tutelle des institutions (Etats, lois, gendarmes) qu'il s'est inventées afin de gagner son autonomie, de se prendre en charge et d'assumer ses propres responsabilité par rapport à lui-même, les autres, la nature et le monde.

Révolution copernicienne

La Terre, le monde humain donc l'Homme, n'est plus le centre du monde. L'humanité n'est plus qu'un accident périphérique de l'histoire de la vie dans le cosmos.

Révolution évolutionniste

L'homme n'est plus le centre et le sommet de la « création ». Il n'est plus un dieu déchu ou l'image d'un dieu transcendant. Il n'est plus que le chaînon intermédiaire entre le pré-humain et le sur-humain.

Révolution noétique

L'homme devient noétique, pionnier de la noosphère, s'il relève son défi, assume sa mission, reconnaît sa vocation. Il échappe à la sociosphère par le haut, tout en se mettant au service de la biosphère par le bas. Noologie et écologie se rejoignent en amenant l'homme à se dépasser lui-même, à devenir adulte et mature, à créer beaucoup de Connaissance tout en prélevant peu de Nature. C'est la fin de l'homme égocentrique et des sociétés anthropocentriques. C'est la fin du primat du politique et de l'économique sur l'humain.

Rite

Mise en œuvre codifiée des mythes propres à une « tribu ». Le rite est une mise en scène symbolique des récits fondateurs et métaphoriques spécifiques à un groupe culturel humain.

La Pâque juive, la Messe chrétienne, la Prière musulmane ou l'Initiation maçonnique en sont des exemples.

Savoir (différent de connaissance)

A la différence de la connaissance qui est vivante et dynamique, un savoir est un élément fixe et rigide de mémoire : « *je sais que la bataille de Marignan a eu lieu en 1515* ». La connaissance met en œuvre des savoirs en les combinant, les triturant, les associant, etc...

Sens (quête de sens)

Toute conscience, même à peine éveillée, se pose la question fondamentale du « pourquoi ». Pourquoi y a-t-il quelque chose plutôt que rien (Leibniz) ? Pourquoi vivre (Camus) ? Toutes les traditions métaphysiques et spirituelles se sont construites à partir de ces questionnements fondamentaux. L'univers a-t-il un sens ou n'est-il qu'une absurdité, jouet du hasard et de la nécessité ? Avec Teilhard et d'autres, la noétique répond : l'univers a un sens qui est celui d'accomplir tous les possibles par voie de complexifications successives, notamment, ici et maintenant, en sautant du stade sociosphérique au stade noosphérique.

Science(s)

La science ou les sciences constituent une part particulière de la connaissance. Est dite scientifique une connaissance répondant à des critères précis d'observabilité, de reproductibilité, de prédictibilité ou de falsifiabilité (cf. Karl Popper). Avec l'émergence des physiques de l'infiniment petit, de l'infiniment grand et de l'infiniment complexe qui échappent souvent à l'impératif premier d'observabilité, ces critères perdent souvent de leur pertinence et la frontière entre connaissance scientifique et non scientifique devient de plus en plus floue.

Sciences cognitives

Ensemble des disciplines et domaines scientifiques traitant de la connaissance et de ces processus, tant au niveau neurobiologique qu'au niveau purement noétique (épistémologie, méthodologie, métalangages, métalogiques, etc...)

Société de l'information et de la communication
La société de la connaissance et de l'information est l'expression sociologique (dans le quotidien vécu) de l'âge noétique. A remarquer que l'Union Européenne, dans sa déclaration de Lisbonne a reconnu que nous entrions dans la société de la connaissance et de l'information et a exprimé son souhait de voir l'Europe y œuvrer en pionnier.

Société industrielle et capitaliste
C'est la société « moderne » dont nous sortons et qui sera remplacé par la société noétique ou société de la connaissance et de l'information.

Société noétique (voir 'Age noétique')
Quasi synonyme de « société de la connaissance et de l'information » (voir ce mot)

Sociosphère / sociosphérique
Au sein du modèle de l'oignon cosmique, la sociosphère regroupe l'ensemble des organisations complexes de vie collective tant hétérogène (une forêt, une mare) qu'homogène (une ruche, une tribu humaine). Au sens restreint, la sociosphère indiquera souvent les seules sociétés humaines.

Spiritualité
La spiritualité est un nom générique pour désigner l'ensemble de toutes les voies et de toutes les ascèses vers plus de transcendance, plus de sagesse, plus de sens ou plus de maîtrise. Toute spiritualité exprime une foi en un dépassement de l'homme par l'homme, par voie religieuse ou non, par voie physique (hatha-yoga ou bushido) ou mentale (zazen, prière ou contemplation).

Structures dissipatives (Ilya Prigogine)
Ilya Prigogine (Prix Nobel 1977) est à l'origine des théories thermodynamiques des systèmes loin de l'équilibre. Il a notamment mis en évidence la modélisation théorique de l'émergence d'organisation complexe et spontanée (ce sont les structures dissipatives) au sein de milieu soumis à de

forts gradients. L'émergence de ces structures (comme les cellules de Bénart dans de l'eau qui bout) démontre que l'ordre (de la néguentropie, donc) peut naître spontanément, dans certaines circonstances, au sein du désordre, ce qui semblait totalement contradictoire avec le second principe de la thermodynamique (dit principe de Carnot) qui veut que tout système tende naturellement à maximiser son entropie.

Symbole / pensée symbolique

Est symbole tout signifiant débarrassé de son (ses) signifié(s). Un objet ou un mot deviennent symbole dès lors qu'on les regarde non plus en tant que ce qu'ils désignent immédiatement, mais en tant que porteur d'une signification latente ou cachée qu'il s'agit de découvrir ou d'inventer. La pensée symbolique est une méthode de création de connaissance qui met en scène un ensemble de symboles.

Technologies douces (1 des 10 pistes d'avenir)

Par « technologies douces », il faut entendre l'ensemble des techniques non violentes qui mettent en œuvre peu d'énergie et qui consomment peu de matières. Face à elles, on trouve les technologies « dures » ou « lourdes » comme la sidérurgie ou l'industrie automobile, etc.

Téléologie / Principe téléologique

La téléologie est, étymologiquement, le discours sur les finalités.

Plus précisément, le principe téléologique est le principe systémique qui exprime que tout système évolue afin d'accomplir sa vocation intime en fonction des opportunités offertes par son écosystème. Cela signifie donc que tout système évolue comme s'il poursuivait un but, une finalité (celle de s'accomplir en plénitude). Mais ces finalités étant relatives et variables dans le temps, il faut se garder de tomber dans le finalisme.

TIC (Technologies de l'Information et de la Communication)

Les technologies de l'information et de la communication regroupent toutes les sciences et techniques liées à l'informatique (*hardware* et *software*) et aux télécommunications, la théorie de l'information, les nanotechnologies et la microélectronique, les technologies du laser et des fibres optiques...

Théologie(s)

Etymologiquement, il s'agit du « discours sur Dieu ou sur les dieux ». Historiquement, il n'est de théologie que chrétienne ou musulmane. Pour les autres religions ou mouvements spirituels, rien ne peut être dit de ni sur le Divin (ils sont dits « apophatiques »). La(les) théologie(s) forme(nt) une branche particulière de la philosophie rationnelle qui est à l'opposé de la « mystique » qui se place au-delà de la raison et qui ne dit rien de Dieu mais vit en Dieu.

Thermodynamique

La thermodynamique est la partie de la physique qui étudie les échanges d'énergie au sein de milieux macroscopiques.

Elle est fondée sur deux grands principes : celui de la conservation de l'énergie et celui de la maximisation de l'entropie (c'est-à-dire de l'homogénéité).

Notamment au travers des travaux de Prigogine, la thermodynamique a été le point de départ de bien des explorations dans le domaine des systèmes instables ou complexes. Ces travaux ont permis de clarifier les difficiles notions d'ordre et de désordre, ainsi que celles de processus évolutifs et de structures organisationnelles.

Transcendance

Est transcendant ce qui est au-delà, au-dessus, ce qui englobe et intègre, ce qui contient et donne sens. Au sens classique, la transcendance est un des attributs divins puisque Dieu est au-delà, au-dessus de ce Tout qu'il englobe, intègre et dépasse infiniment. La transcendance (Dieu est au-dessus de tout), en ce sens, fait face à l'immanence (Dieu est EN tout). Opposition apparente que les Upanishads et le Vedanta indiens résolvent dans l'équation Brahman (transcendance absolue) est identique à Atman (immanence absolue)

Univers

L'univers est l'ensemble de tout ce qui existe (spécialement au sens des sciences physiques). En ce sens, le mot est quasi synonyme de « nature » ou de « cosmos ».

L'univers peut aussi être considéré comme la part matérielle de l'Être, la part non matérielle (spirituelle) relevant du divin, par exemple. Remarquons que ces dualismes Esprit/Matière, Dieu/Univers, etc... sont tous aussi artificiels les uns que les autres et qu'ils se résolvent simplement dans la vision moniste commune au paradigme noétique et aux traditions taoïstes, hindouistes, bouddhistes, kabbalistes, soufies et mystiques.

Valeur

Plus quelque chose a de valeur, plus elle est chère, dans les deux sens de ce mot. Chère au sens économique : est cher ce qui coûte beaucoup. Chère au sens affectif : est cher ce à quoi l'on tient fort. Le regard noétique sur ces deux sens du mot valeur est critique. A la notion classique de valeur d'échange des objets, il préfère la notion de valeur d'usage. A l'idée de « valeur morale », il préfère l'idée d'éthique amorale (voir ce mot).

Vie (Survie)

L'histoire de la notion de vie (voir le livre d'André Pichot portant ce titre) montre à souhait la difficulté de définir la Vie. Qu'est-ce qui est vivant ? La noétique répond : Tout. La Vie est une caractéristique cosmique inhérente à tout ce qui existe, même à ce qui semble inerte (de même pour la Pensée, d'ailleurs). On peut alors parler l'hylozoïsme (tout ce qui existe, vit).

Dès lors qu'il y a évolution cosmique, il y a Vie cosmique en voie d'accomplissement et de réalisation.

Vocation

La notion de vocation est centrale dans la vision noétique : tout système, quel qu'il soit, exprime l'accomplissement d'une vocation c'est-à-dire la réalisation progressive d'un germe de potentialités qui s'épanouit au gré des rencontre avec les opportunités offertes par le milieu où il vit. Ceci est vrai pour un arbre, pour chaque homme, pour une entreprise ou une civilisation.

Ceci est vrai pour la Terre prise comme un tout, pour Gaïa, donc.

9.2.   Personnalités citées

Les accoucheurs de la révolution noétique

Atlan, Henri
Biologiste français contemporain. Penseur de la post-rationalité (« *A Tort et à Raison* » et « *Tout. Non. Peut-être.* ») et des méthodes systémiques (« *Entre Cristal et Fumée* »).

Aristote
Disciple de Platon, précepteur d'Alexandre le Grand, grand inspirateur de la philosophie médiévale, on peut en faire le fondateur du rationalisme (qui est une des formes de l'idéalisme platonicien : celui du « Vrai » absolu »). Le traité « De l'Âme » (Peri Psukhê) est le premier à traiter de la « noèse », l'acte de pensée, et de la « noétique ».

Bachelard, Gaston
Penseur français. Grand initiateur de la pensée métaphorique (« *La Flamme d'une chandelle* »).

Baudelaire, Charles
Poète français. L'un des piliers majeurs de l'école symboliste (« *Les Fleurs du mal* »).

Becquerel, Henri
Physicien français. Il a été le premier à découvrir la radioactivité des atomes rompant ainsi avec le mythe scientiste de la « brique » élémentaire insécable, immuable et universelle.

Bergson, Henri
Philosophe français. Il a été le grand penseur de l'évolutionnisme (« *L'Evolution Créatrice* ») et de la spiritualisation de la matière (« *Matière et Mémoire* »).

Boehme, Jacob
Mystique suédois, cordonnier de son état. Grand représentant du monisme radical en Occident chrétien, avec Maître Eckart et quelques autres.

Buber, Martin
Philosophe juif. Il fut le théoricien de la notion philosophique de la Rencontre (« *Je et Tu* »).

Capra, Fritjof
Physicien américain contemporain, auteur du fameux « *Le Tao de la physique* ». Il fut un des premier (après Heisenberg) a cherché des correspondances fortes et profondes entre la les théories physiques contemporaines et les mystiques orientales.

Darwin, Charles
Biologiste anglais d'origine écossaise. Théoricien de l'évolution des espèces et inventeur de la loi de la sélection naturelle du plus apte.

Dawkins, Richard
Biologiste anglais post-darwinien. Il prétend, dans « Le gène égoïste » que la seule finalité de toute existence est la transmiision du patrimoine génétique.

De Bono, Edward
Chercheur américain de l'école de Palo Alto. Il a contribué fortement à établir de nouvelles techniques de créativité (« *Lateral thinking* »).

Descartes, René
Militaire français exilé en Hollande. Esprit curieux et touche-à-tout. Se piquant de physique et de physiologie dans un cadre strictement mécaniciste, et opposant de Newton et de Pascal. Auteur du (trop) célèbre « *Discours de la méthode pour bien conduire sa raison et chercher la vérité dans les sciences.* » qui allait formaliser durablement, malgré tous ses échecs scientifiques, les règles de la pensée rationaliste, analytique et réductionniste

Eckhart (Maître Eckhart)
Dominicain allemand. Le chef de file dans mystiques rhénans, défenseur d'un monisme radical et du « détachement ».

Einstein, Albert

Physicien juif américano-allemand, dernier grand génie de la physique mécaniste classique et précurseur génial de la physique quantique. Il est à lui seul la charnière entre l'ancien et le nouveau paradigme.

Ferguson, Marilyn
Ecrivain américaine (« *La Conspiration du Verseau* »). Précurseur de Paul Ray, cette inspiratrice du New Age a mis en évidence un changement de mentalité fondamental et a découvert, avant la lettre, l'existence de créatifs culturels.

Héraclite d'Ephèse (dit l'Obscur)
Philosophe grec présocratique. Le premier a avoir pensé une métaphysique du Devenir avec son « *panta rheï* » : tout coule

Lamarck, Jean-Baptiste de
Naturaliste français. Le père de l'évolutionnisme moderne (transformisme), bien avant Darwin.

Lemaître, Georges (chanoine Lemaître)
Ecclésiastique belge, professeur à Louvain. Il fut parmi les premiers, entre Friedman et Gamow, a ouvrir la porte au modèle cosmologique appelé aujourd'hui le big-bang.

Lao-Tseu
Sage et philosophe chinois (VIème s. ACN) auteur (présumé) du Tao Té King (« Classique de la Voie et de la Vertu »). Il est le fondateur de la spiritualité taoïste qui, dans sa rencontre par Bodhidharma avec le bouddhisme du Grand Véhicule a donné le Ch'an en Chine, devenu le Zen au Japon. Il y développe une puissante métaphysique du Devenir et de l'impermanence, du détachement et du rejet des artifices humains au profit d'une vie en profonde harmonie avec la Nature. En ce sens, avec Héraclite d'Ephèse, il est probablement le plus ancien précurseur de la pensée noétique.

Lovelock, James
Naturaliste et écologue anglais contemporain. Il est le père de l'hypothèse Gaïa (« *La Terre est un être vivant* ») qui sort radicalement de la vision analytique pour prendre la Terre comme un Tout intégré et intégrant, un organisme vivant unitaire et unique.

Mandelbrot, Benoît
Mathématicien français ayant vécu aux USA. Il est le créateur du concept de fractal qui devient de plus en plus central au cœur des théories des systèmes complexes.

Montaigne, Michel Eyquem de
Penseur et sage bordelais d'origine marrane. Dans ses « *Essais* », il développe un vision déjà très noétique de l'homme, dans le droit fil de la philosophie stoïcienne.

Morin, Edgar
Sociologue français contemporain. L'un des premiers à avoir tenté de formaliser la pensée et la méthode systémique.

Nietzsche, Friedrich
Philosophe d'origine allemande : il faut rappeler qu'il se prétendait anti-allemand et profondément européen. Le tout grand précurseur, voire fondateur, de la pensée noétique (aphorismes, métaphores, symboles) et de la métaphysique du Devenir (« Deviens ce que tu es ») est aussi le plus grand pourfendeur de la pensée « moderne » rationaliste et de la morale chrétienne.

Apollon et Dionysos
Nietzsche oppose la vision apollinienne et la vision dionysiaque du monde. Le dieu grec de la beauté, de l'ordre, de la lumière et de l'harmonie symbolise l'idéalisme, à l'exact opposé de Dionysos, le dieu laid de l'ivresse, des forces souterraines terrestres (chtoniennes), de l'*hubris* (la démesure) mais aussi de la connaissance inventive et créatrice au-delà des savoirs figés.

Dans la vision apollinienne, le monde est à la recherche du repos; de l'immuabilité, de l'harmonie établie. Pour la dionysiaque, le monde est en fusion chtonienne, travaillée éternellement de forces ténébreuses qui le forgent en des alternances créatives et destructives. Dionysos est le Shiva occidental. De Dionysos se rapproche le philosophe présocratique Héraclite d'Ephèse en opposition totale avec le très apollinien Parménide d'Elée.

Parménide d'Elée
Philosophe présocratique, contemporain et opposé d'Héraclite d'Ephèse. Il fonde la métaphysique de l'Être immuable au-delà du temps et des « accidents » qui font la vie existentielle.

Pascal, Blaise

Philosophe et mathématicien français, ennemi de Descartes. Ses « *Pensées* » reflètent une démarche intérieure fiévreuse (dionysiaque, pourrait-on oser...) qui allie, en les dépassant, la raison raisonnante et l'intuition mystique.

Prigogine Ilya
Physicien russe devenu belge. Il est un des piliers des développements récents des théories des systèmes complexes et de leurs conséquences philosophiques.

Saint-Exupéry, Antoine de
Ecrivain français ayant puisé dans ses expériences de pilote de l'aéropostale l'inspiration pour exalter le sens de l'œuvre à accomplir au-delà des médiocrités de l'ego (« *Citadelle* »).

Sheldrake, Rupert
Biologiste anglais post-darwinien. Il est l'inventeur de la théorie des champs morphiques (« *L'Ame de la nature* »).

Shiva
Dans le panthéon hindou, Shiva est l'exact pendant du Dionysos grec. A la fois constructeur et destructeur (au sein de cycle dialectique où l'on retrouve le modèle chinois du yin et du yang),
Avec Brahmâ et Vishnou, il compose la Trimurti (le système trinitaire hindou). Brahmâ est le fondateur/fondement du Tout. Vishnou (l'équivalent de l'Apollon grec) symbolise l'équilibre, le repos, l'apaisement alors que Shiva est l'effervescence créatrice, le mouvement et la Vie au travers de ses Morts/Naissances incessantes.

Tchouang-Tseu
Philosophe et sage chinois. Successeur de Lao-Tseu, probablement un siècle ou deux après lui. Il est le métaphysicien du Devenir par excellence. Son style est essentiellement aphoristique et métaphorique.

Teilhard de Chardin, Pierre (S.J.)
Jésuite français ayant passé la majeure partie de sa vie en Chine, en opposition douloureuse avec le dogmatisme catholique. Il est aujourd'hui réhabilité par l'Eglise de Rome. C'est à ce grand penseur, à la fois

philosophique, scientifique et mystique, de l'évolutionnisme cosmique qu'on doit le mot « noosphère ».

von Bertalanffy, Ludwig
Médecin et systémicien américain. Le premier à avoir écrit une « *Théorie générale des systèmes* ». (1968)

9.3.   Bibliographie

Amzallag Gérard Nissim, « *L'Homme végétal. Pour une autonomie du vivant* », préface de Bernard Werber, éd. Albin Michel, 2003

Andler Daniel, « *Introduction aux sciences cognitives* », Folio Essais inédit, éd. Gallimard, 1992

Atlan Henri, « *Tout Non Peut-être. Education et Vérité* », La Librairie du XXe siècle, Seuil, 1991

Atlan Henri, « *Entre Le Cristal Et La Fumée. Essai sur l'organisation du vivant* », coll. Sciences, éd. Points, 1986

Atlan Henri, « *A Tort Et A Raison. Intercritique de la science et du mythe* », éd. Seuil, 1986

Attali Jacques, « *Dictionnaire du XXIème siècle* », éd. Fayard, 1998

Benkirane Réda, « *La Complexité, vertiges et promesses. 18 histoires de sciences* ». Entretiens avec Edgar Morin, Ilya Prigogine, Francisco Varea, éd. Le Pommier, 2002

Berger Pierre, Pomeau Yves, Dubois-Gance Monique, « *Des Rythmes du chaos* », coll. Opus, éd. Odile Jacob, 1997

Bergson Henri, « *L'Evolution créatrice* ».

Bertalanffy Ludwig von, « *Théorie générale des systèmes* », éd. Dunod, 1980

Cheng Anne, « *Histoire de la pensée chinoise* », Seuil, 1997

Crozier Michel, « *Le Phénomène bureaucratique* ».

Dennet C.Daniel, « *La Conscience expliquée* », éd. Odile Jacob, 1993

Descartes René, « *Discours de la méthode* », 1637

Dewandre Paul, « *La Parabole du barrage. Vers une nouvelle organisation du travail* », éd. Les Presses du Management, 1999

Drucker Peter F. « *Post-capitalist society* », coll. HarperBusiness, HarperCollinsPublishers, 1993

Eckart (Maître), « *Traité du détachement* ».

Einstein Albert, « *Pensées intimes* », éd. Du Rocher, 2000

Feyerabend Paul, « *Contre La Méthode. Esquisse d'une théorie anarchiste de la connaissance* », coll. sciences, éd. Points, 1979

Gaudin Thierry, L'Yvonnet François, « *Discours de la méthode créatrice* », coll. Ose Savoir, éd. le Relié, 2003

Gleick James, « *La Théorie du chaos. Vers une nouvelle science* », éd. Champs Flammarion, 1991

Granet Marcel, « *La Pensée chinoise* », Albin Michel.

Halévy Marc, « *Tao et Management* », www.arbredor.com, 2004

Halévy Marc, « *De l'Etre au Devenir* », www.arbredor.com, 2004

Halévy Marc, « *L'Entreprise réinventée. Le grand virage des managers* », éd. Presses Namuroises, 2003

Halévy Marc, « *Flâneries en Noétique* » dans l'ouvrage collectif « Théories et pratiques de la création » sous la direction du Centre Interdisciplinaires d'Etudes Philosophiques de l'Université de Mons-Hainaut (CEPHUM), 2003

Halévy Marc, « *Lorsque Je Devins Roi...* », Le Hêtre Pourpre, 1995

Halévy Marc, « *La Métamorphose de l'homme papillon* », Presses Interuniversitaires Européennes, 1989

Herbert Jean, « *La Spiritualité hindoue* » coll. « spiritualités vivantes », éd. Albin Michel.

Koestler Arthur, « *Le Cheval dans la locomotive* », coll. Génie et folie de l'homme, éd. Calmann-Lévy, 1967

Lalande André, « *Vocabulaire Technique et critique de la philosophie* », Quadrige/PUB, 5ème éd., 1999.

Lao-Tseu, « *Tao Te King* », préface et traduction d'Etiemble, La Pléiade

Laszlo Ervin, « *Aux Racines de l'univers. Vers l'unification de la connaissance scientifique* », coll. Le temps des sciences, éd. Fayard, 1992

Laszlo Ervin, « *La Grande Bifurcation. Une fin de siècle cruciale* », préface Ilya Prigogine, éd. Tacor International, 1990

Le Moigne Jean-Louis, « *La Théorie du système général. Théorie de la modélisation* », éd. Presses Universitaires de France (PUF), 1977

Lévy Elisabeth, « *Les Maîtres censeurs* », éd. Lattès, 2002.

Lipovetsky Gilles, « *L'Ere du vide. Essais sur l'individualisme contemporain* », Les Essais CCXXV, Gallimard, 1983

Lovelock James, « *La Terre est un être vivant. Pourquoi il faut sauver la terre* », coll. l'Esprit et la Matière, éd. du Rocher, 1986

Lupasco Stéphane, « *Les Trois Matières* », 10/18, éd. Julliard, 1960

Luyckx Gisi Marc, « *Au-delà De La Modernité, du patriarcat et du capitalisme. La société réechantée?* », préface d'Ilya Prigogine, éd. L'Harmattan, 2001

L'Yvonnet François (direction), « *D'Un Millénaire à l'autre. La grande mutation* », coll. Espaces libres, éd. Albin Michel, 2000

Mac Luhan Marshal Herbert, « *Le Village planétaire* »

Monod Théodore, « *Et Si L'Aventure humaine devait échouer...* »

Morin Edgar, « *Pour sortir du XXe siècle* », coll. Points, éd. Seuil, 1981

Morin Edgar, « *La Méthode* » (4 tomes), coll. Points, éd. Seuil, 1997-1980-1986-1991

Morin Edgar, « *Le Paradigme perdu: la nature humaine* », coll. Points, éd. Seuil, 1973

Nicolescu Basarab, « La Transdisciplinarité. Manifeste », coll. transdisciplinarité, éd. du Rocher, 1996

Nietzsche Friedrich, *Œuvres*– Coll. « Bouquins » – Laffont

Nottale Laurent, Ghaline Jean, Grou Pierre, « *Les Arbres de l'évolution* », éd. Hachette Littératures, 2000

Parrochia Daniel, « *Philosophie des réseaux* », coll. La politique éclatée, éd. Presses Universitaires de France (PUF), 1993

Pascal Blaise, « *Pensées* », éd. Livre de Poche.

Peters Tom, « *Le Chaos du management. Manuel pour une nouvelle prospérité de l'entreprise* », InterEditions, 1988

Prigogine Ilya, « *L'Homme devant l'incertain* », coll. sciences, éd. Odile Jacob, 2001

Prigogine Ilya, « *La Fin des certitudes* », coll. sciences, éd. Odile Jacob, 1996

Prigogine Ilya, « *Les Lois du chaos* », coll. Champs, éd. Flammarion, 1994

Prigogine Ilya et Stengers Isabelle, « *Entre Le Temps et l'éternité* », éd. Fayard, 1988

Prigogine Ilya et Stengers Isabelle, « *La Nouvelle Alliance. Métamorphose de la science* », bibliothèque des sciences humaines, éd. Gallimard, 1979

Prigogine Ilya, « *Physique, Temps et Devenir* », éd. Masson, 1982

Ray H. Paul, « *Emergence des créatifs culturels, un changement de société* », éd. Yves Michel, 2001

Renan Ernest, « *Souvenirs d'enfance* », éd. Nelson et Calman-Lévy

Rosnay Joël de, « *Le Macroscope. Vers une vision globale* », éd. Points, 1975

Rosnay Joël de, « *L'Homme symbiotique* », éd. Points, 1995

Royer Philippe, « *Le Romantisme allemand* », MA Editions, 1985

Ruelle David, « *Hasard et Chaos* », coll. Opus, éd. Odile Jacob, 1991

Ruyer Raymond, « *Gnose de Princeton* », éd. Fayard, 1974

Samuelson Paul « *L'Economique* », éd. Dunod.

Sapoval, « *Universalités et Fractales* », éd. Champs Flammarion, 1997

SCEPS, « *Quadrillage du futur* » (tome 2. Les réponses), SCEPS, éd. Presses Interuniversitaires européennes, 1997

Sédillot René, « *Histoire morale et immorale de la monnaie* », éd. Bordas, 1989.

Sheldrake Rupert, « *L'Ame de la nature* », coll. Espaces Libres, coll. Albin Michel, 2001

Smedt Marc de, » *L'Eloge du silence* » coll. « spiritualités vivantes », éd. Albin Michel.

Stewart, « *Dieu joue-t-il aux dés? Les mathématiques du chaos* », préface de Benoît Mandelbrot, coll. Champs, éd. Flammarion, 1994

Teilhard de Chardin Pierre, « *Œuvres complètes* » - éd. Seuil.

Thom René, « *Prédire n'est pas expliquer* », coll. Champs, éd. Flammarion, 1991

Thom René, « *Paraboles et Catastrophes* », coll. Champs, éd. Flammarion, 1980

Trinh Xuan Thuan, « *Le Chaos et l'Harmonie. La fabrication du réel* », coll. Le temps des sciences, éd. Fayard, 1998

Walliser Bernard, « *Systèmes et Modèles. Introduction critique à l'analyse des systèmes* », éd. Seuil, 1977

Watzlawick Paul, « *La Réalité de la réalité. Confusion, désinformation, communication* », éd. Points, 1978

NOTES